公式 TOEIC® Listening & Reading 800+ plus

はじめに

『公式 *TOEIC*® Listening & Reading 800+』へようこそ。本書は、*TOEIC*® Listening & Reading Test（以下、*TOEIC*® L&R）で高得点を目指す人が押さえておきたい難問の解法に特化した教材です。本書では、*TOEIC*® L&R の過去のテスト結果のデータに基づき、正答率が低かった（10%～40%程度）問題を選別し、パート別に掲載しています。これらの問題に集中的に取り組みながら、難問の傾向を把握します。難問に確実に正解するために必要な着眼点を身に付けましょう。

本書の特長

● 3 部構成で、難問に対応できる高度なリスニング力、リーディング力が身に付きます。

Section 1	パートごとに難問の傾向と解き方を解説。
Section 2	過去のテスト結果のデータを基に、難問 100 問を厳選。 その解法ポイントを丁寧に解説。
Section 3	本番と同形式の *TOEIC*® L&R テスト 1 回分（200 問）を掲載。 難問と考えられる問題を「解答と解説」で詳しく解説。

※ 難問は「難問アイコン」で示されています。

●全て、ETS が制作した問題を使用しています。各セクションで掲載されている問題数は以下の通りです。

	TOEIC® L&R 掲載問題数	うち難問
Section 1	24 問	11 問
Section 2	238 問	100 問
Section 3	200 問	27 問
	計 462 問	計 138 問

● Section 3 の「本番形式テスト 200 問」では、「参考スコア範囲の換算表」でスコア範囲を算出できます。

●本誌の語注から難易度の高い 220 の語句を抜粋し、別冊『単語集』に収録しています。本誌の学習を終えた後に見出し語を見て、語義がすぐ分かるかどうか確かめ、自分の語彙にできるよう復習しておきましょう。

本書が、*TOEIC*® L&R で高得点取得を目指す人の受験準備、そして皆さまの英語学習のお役に立つことを願っております。

付属 CD-ROM について

付属 CD-ROM には、本誌で学習に使用する音声の mp3 ファイルが収録されています。音声ファイルは全部で 171 あります。ファイルごとの収録内容は p.372 の「mp3 音声ファイル一覧表」をご覧ください。音声ファイル番号は、本誌では右のようなアイコンで示されています。

CD-ROM 取り扱いのご注意

- CD-ROM に収録されている音声ファイルは、CD/DVD ドライブ付きのパソコンで再生することができます。一般的な CD プレーヤーでは再生できませんので、ご注意ください。
- CD-ROM をパソコンの CD/DVD ドライブに入れ、iTunes などの音声再生ソフトで取り込んでご利用ください。詳しい取り込み手順その他は、ご利用になる音声再生ソフトのヘルプページなどでご確認ください。
- CD-ROM に収録されている音声ファイルは、専用サイトでダウンロード・再生することもできます。

音声ダウンロードの手順

※ 株式会社 Globee が提供するサービス abceed への会員登録（無料）が必要です。

1. パソコンまたはスマートフォンで音声ダウンロード用のサイトにアクセスします。右の QR コードまたはブラウザから下記にアクセスしてください。
   https://app.abceed.com/audio/iibc-officialprep

2. 表示されたページから、abceed の新規会員登録を行います。すでに会員の方は、ログイン情報を入力して上記 1. のサイトへアクセスします。
3. 上記 1. のサイトにアクセス後、「公式 *TOEIC*® Listening & Reading 800+」の画像をクリックします。クリックすると、教材詳細画面へ移動します。
4. スマートフォンの場合は、アプリ「abceed」の案内が出ますので、アプリからご利用ください。パソコンの場合は、教材詳細画面の「音声」からご利用ください。
   ※ 音声は何度でもダウンロード・再生ができます。

ダウンロードについてのお問い合わせは下記にご連絡ください。
E メール：support@globeejphelp.zendesk.com
（お問い合わせ窓口の営業日：祝日を除く、月～金曜日）

Contents
目　次

公式 *TOEIC*®
Listening & Reading
800+

本書の使い方

本書は、Section 1～3 の 3 部構成で難問の傾向を知り、確実に正解するための解法ポイントを押さえ、本番でもしっかり対応できる力を養っていきます。

Section 1 パート別 難問の傾向

TOEIC® L&R の Part 1～7 について、難問の傾向と解法のポイントを、例題とともに見ていきます。

各パートの問題形式の説明

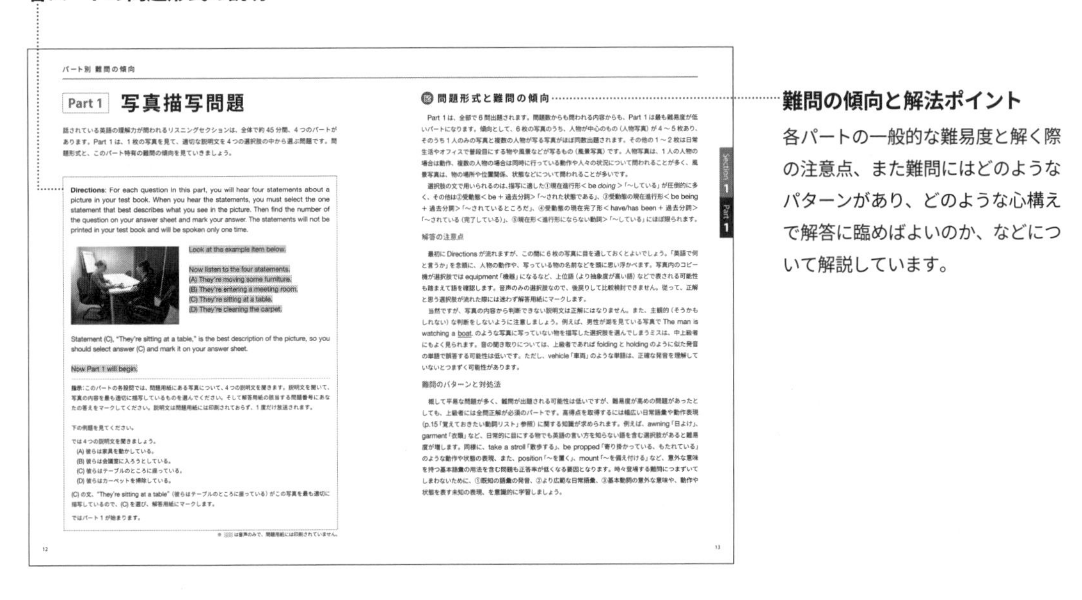

パート別 難問の傾向

Part 1 写真描写問題

話されている英語の理解力が問われるリスニングセクションは、全体で約 45 分間、4 つのパートがあります。Part 1 は、1 枚の写真を見て、適切な説明文を 4 つの選択肢の中から選ぶ問題です。問題形式と、このパート特有の難問の傾向を見ていきましょう。

Directions: For each question in this part, you will hear four statements about a picture in your test book. When you hear the statements, you must select the one statement that best describes what you see in the picture. Then find the number of the question on your answer sheet and mark your answer. The statements will not be printed in your test book and will be spoken only one time.

Look at the example item below.

Now listen to the four statements.
(A) They're moving some furniture.
(B) They're entering a meeting room.
(C) They're sitting at a table.
(D) They're cleaning the carpet.

Statement (C), "They're sitting at a table," is the best description of the picture, so you should select answer (C) and mark it on your answer sheet.

Now Part 1 will begin.

指示：このパートの各設問では、問題用紙にある写真について、4 つの説明文を聞きます。説明文を聞いて、写真の内容を最も適切に描写しているものを選んでください。そして解答用紙の該当する問題番号にあなたの答えをマークしてください。説明文は問題用紙には印刷されておらず、1 度だけ放送されます。

下の例題を見てください。

では 4 つの説明文を聞きましょう。
(A) 彼らは家具を動かしている。
(B) 彼らは会議室に入ろうとしている。
(C) 彼らはテーブルのところに座っている。
(D) 彼らはカーペットを掃除している。

問題形式と難問の傾向

難問の傾向と解法ポイント

各パートの一般的な難易度と解く際の注意点、また難問にはどのようなパターンがあり、どのような心構えで解答に臨めばよいのか、などについて解説しています。

例題　実際の問題を例に、難問の傾向を確認します。

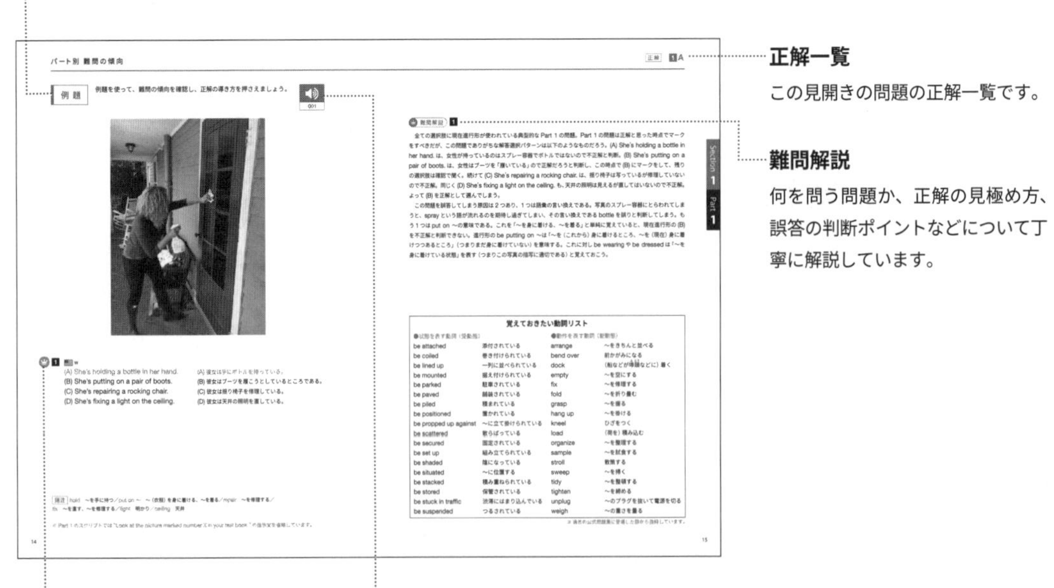

パート別 難問の傾向

例題　例題を使って、難問の傾向を確認し、正解の導き方を押さえましょう。

(A) She's holding a bottle in her hand.
(B) She's putting on a pair of boots.
(C) She's repairing a rocking chair.
(D) She's fixing a light on the ceiling.

覚えておきたい動詞リスト

be attached	添付されている	arrange	～をきちんと並べる
be coiled	巻き付けられている	bend over	前かがみになる
be lined up	一列に並べられている	dock	(船などが埠頭などに) 着く
be mounted	据え付けられている	empty	～を空にする
be parked	駐車されている	fix	～を修理する
be paved	舗装されている	fold	～を折り畳む
be piled	積まれている	grasp	～を握る
be positioned	置かれている	hang up	～を掛ける
be propped up against	～に立て掛けられている	kneel	ひざをつく
be scattered	散らばっている	load	(荷を) 積み込む
be secured	固定されている	organize	～を整理する
be set up	組み立てられている	sample	～を試食する
be shaded	陰になっている	stroll	散策する
be situated	～に位置する	sweep	～を掃く
be stacked	積み重ねられている	tidy	～を整頓する
be stored	保管されている	tighten	～を締める
be stuck in traffic	渋滞にはまり込んでいる	unplug	～のプラグを抜いて電源を切る
be suspended	つるされている	weigh	～の重さを量る

正解一覧

この見開きの問題の正解一覧です。

難問解説

何を問う問題か、正解の見極め方、誤答の判断ポイントなどについて丁寧に解説しています。

難問アイコン　難問を示します。

音声アイコン　CD-ROM 内の音声ファイル番号です。

Section 2　難問100選 演習

Part 1～7の難問100問に挑戦します。難問に該当する問題には「難問アイコン」と「難問解説」（難問解説）が付いています。

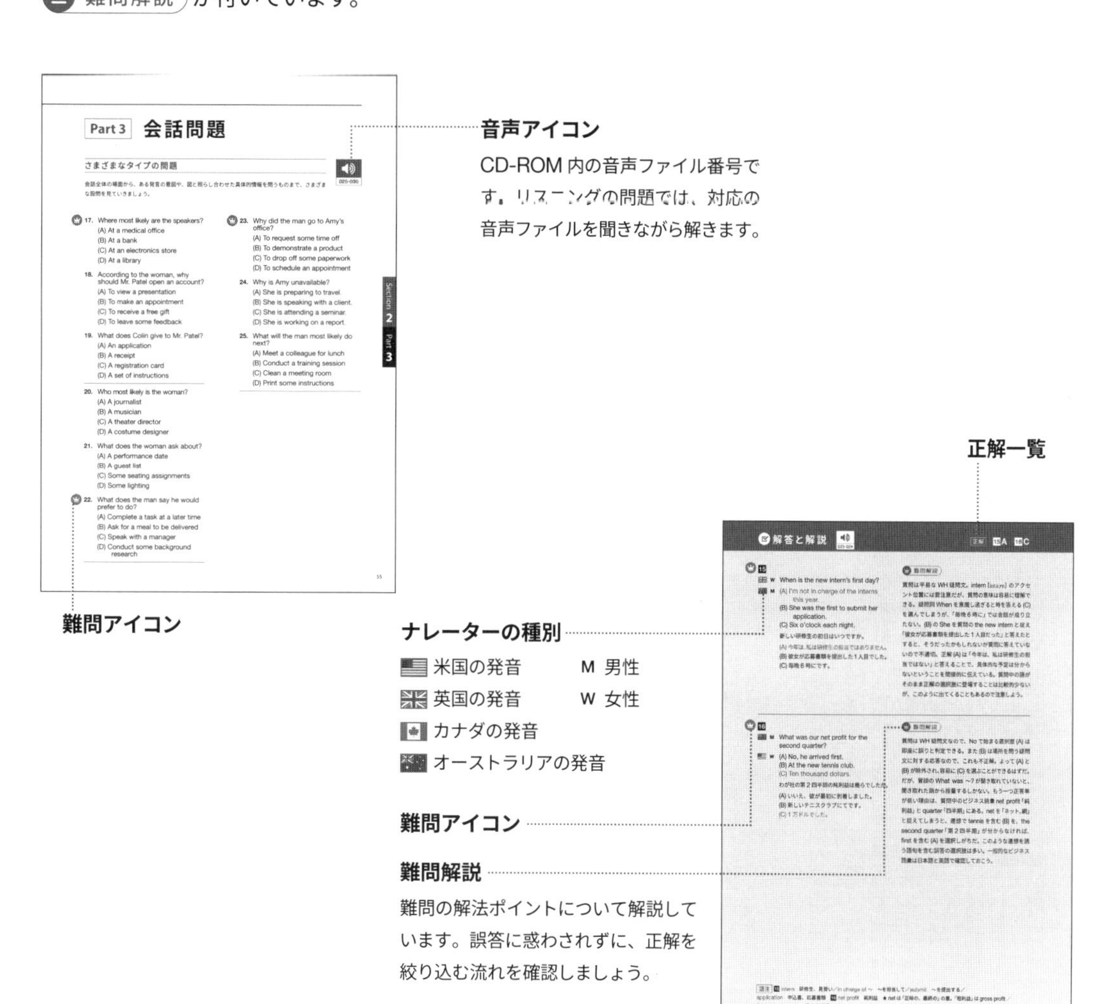

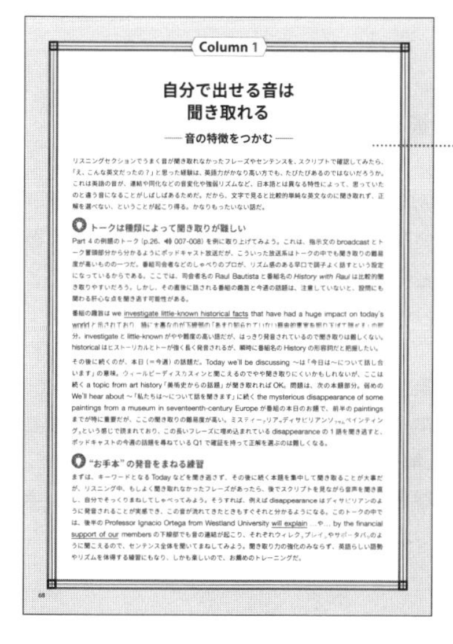
Column 1

自分で出せる音は
聞き取れる

―― 音の特徴をつかむ ――

トークは種類によって聞き取りが難しい

"お手本"の発音をまねる練習

コラム

p.68、74、88、94のコラムでは難問に対応できるようになるために、英語のリスニング力や理解力を高める練習を紹介しています。学習の参考にしましょう。

Section 3 本番形式テスト 200問

TOEIC® L&R のテスト１回分（200問、約２時間）に挑戦します。制限時間内に、難問を含め、確実に解き切る集中力と判断力を養いましょう。

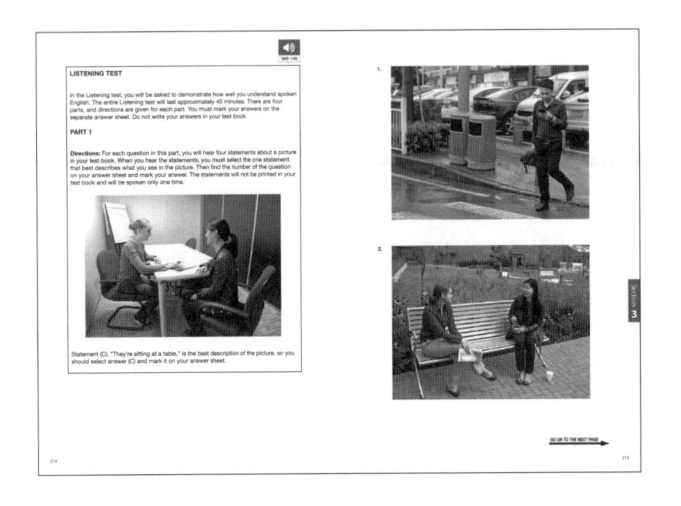

LISTENING TEST

本番形式テスト 200問

テストの問題ページです。リスニングセクションは、途中で音声を止めずに、音声と誌面の指示に従って解答を進めましょう。リーディングセクションは、その後すぐに続けて、時間を計りながら75分間で解き進めましょう。

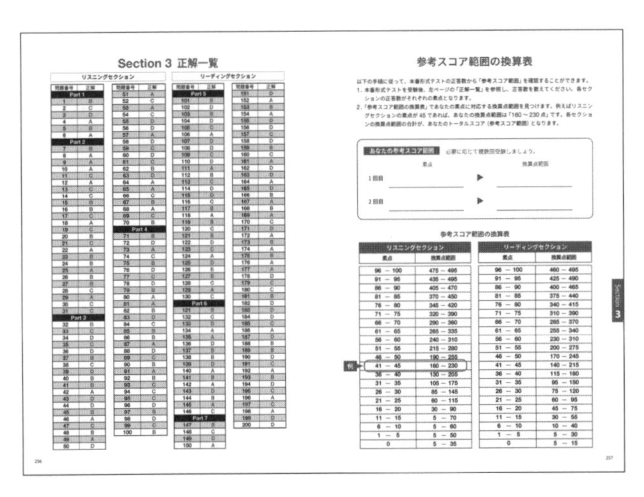

Section 3 正解一覧

参考スコア範囲の換算表

正解一覧

テストの全200問の正解一覧です。

参考スコア範囲の換算表

テストの正答数から、参考スコアの範囲が分かります。ご自身のスコアレベルの目安にしてください。

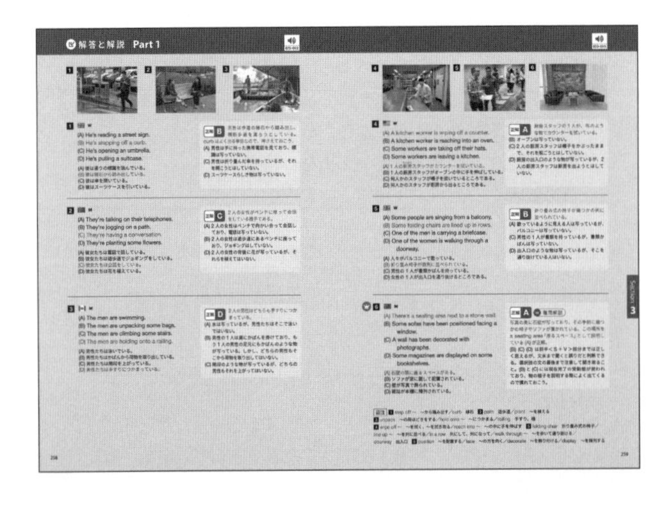

解答と解説 Part 1

解答と解説

テストの解答と解説ページです。解説をよく読んで、間違った問題や解答に自信がなかった問題を復習し、疑問点を解消しましょう。難問と考えられる問題には、難問アイコンと 難問解説 が付いています。

効果的な学習のために、一定の期間を置いて、再度挑戦してみましょう。問題を解き直すことで、解くスピードも上がり、語彙も身に付きます。反復練習で苦手なタイプの問題を減らしていきましょう。

別冊付録　単語集

別冊付録として、本誌に登場した単語や語句の中から、難易度の高いものを例文付きでまとめました。
本誌から切り離せるので、外出先など、さまざまな場面での語彙学習に役立ててください。

見出し語
本誌の Section 1～3 の問題に登場した語句から、難易度の高いものが選ばれています。

音声アイコン
CD-ROM 内の音声ファイルの番号です。見出し語（英語）に続けて、語義（日本語）、例文（英語）が収録されています。

本誌の掲載ページ
見出し語と英語の例文が登場した本誌のページ数を示しています。

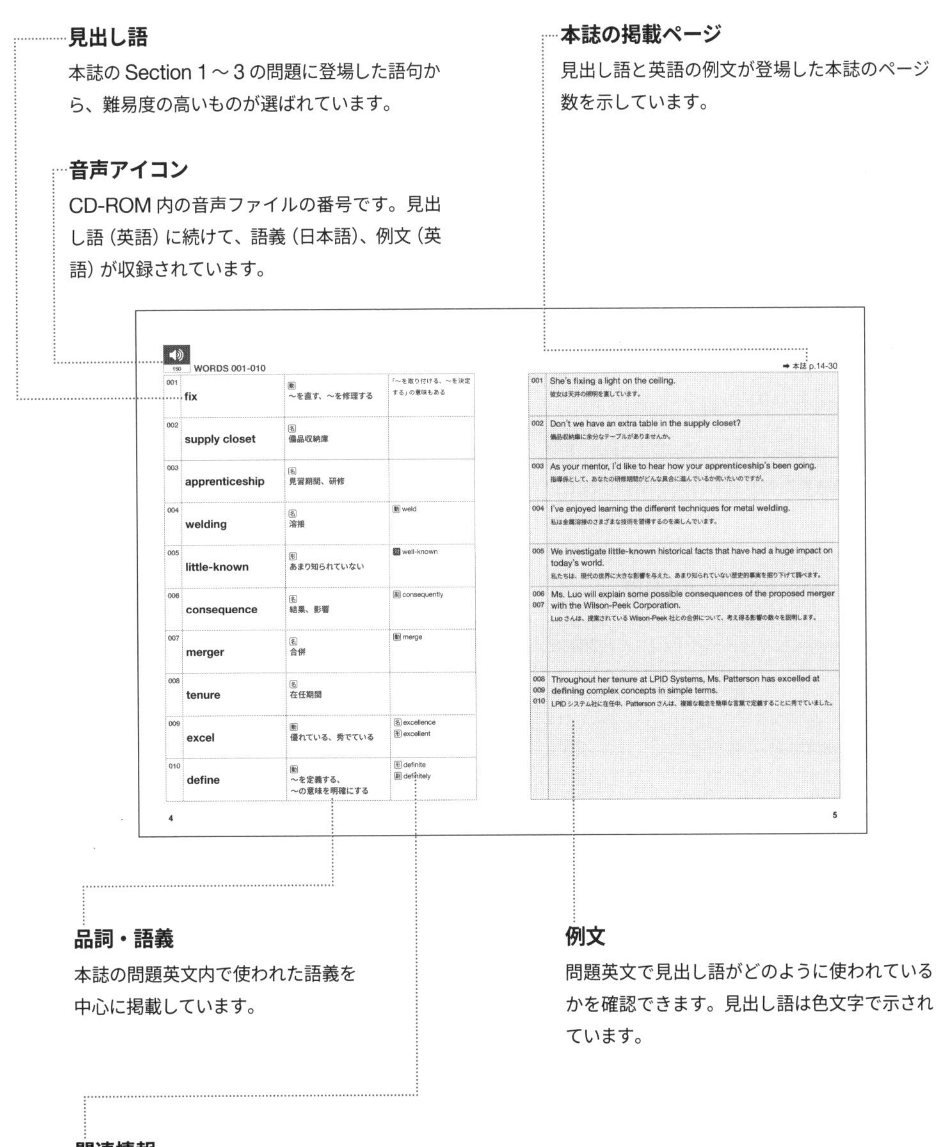

品詞・語義
本誌の問題英文内で使われた語義を中心に掲載しています。

例文
問題英文で見出し語がどのように使われているかを確認できます。見出し語は色文字で示されています。

関連情報
見出し語の派生語や、よく使われる他の語義などを紹介しています。

TOEIC® Listening & Reading Test について

■ TOEIC® Listening & Reading Test について

TOEIC® Listening & Reading Test（以下、TOEIC® L&R）は、TOEIC® Program のテストの一つで、英語における Listening（聞く）と Reading（読む）の力を測定します。結果は合格・不合格ではなく、リスニングセクション 5 〜 495 点、リーディングセクション 5 〜 495 点、トータル 10 〜 990 点のスコアで評価されます。スコアの基準は常に一定であり、英語能力に変化がない限りスコアも一定に保たれます。知識・教養としての英語ではなく、オフィスや日常生活における英語によるコミュニケーション能力を幅広く測定するテストです。特定の文化を知らないと理解できない表現を排除しているので、誰もが公平に受けることができる「グローバルスタンダード」として活用されています。

■ 問題形式

- リスニングセクション（約 45 分間・100 問）とリーディングセクション（75 分間・100 問）から成り、約 2 時間で 200 問に解答します。
- テストは英文のみで構成されており、英文和訳や和文英訳といった設問はありません。
- マークシート方式の一斉客観テストです。
- リスニングセクションにおける発音は、米国・英国・カナダ・オーストラリアが使われています。

※ テスト中、問題用紙への書き込みは一切禁じられています。

リスニングセクション（約 45 分間）

パート	Part Name	パート名	問題数
1	Photographs	写真描写問題	6
2	Question-Response	応答問題	25
3	Conversations	会話問題	39
4	Talks	説明文問題	30

リーディングセクション（75 分間）

パート	Part Name	パート名	問題数
5	Incomplete Sentences	短文穴埋め問題	30
6	Text Completion	長文穴埋め問題	16
7	・Single Passages ・Multiple Passages	1 つの文書 複数の文書	29 25

TOEIC® Listening & Reading 公開テストのお申込み

IIBC 公式サイト **https://www.iibc-global.org** にてテスト日程、申込方法、注意事項をご確認の上、申込受付期間内にお申し込みください。試験の実施方法などに変更があった場合には IIBC 公式サイト等でご案内いたします。

お問い合わせ　一般財団法人 国際ビジネスコミュニケーション協会　IIBC 試験運営センター
〒100-0014　東京都千代田区永田町 2-14-2　山王グランドビル
TEL：03-5521-6033（土・日・祝日・年末年始を除く 10:00 〜 17:00）

Section 1

パート別 難問の傾向

Types of Questions

Part 1 写真描写問題

話されている英語の理解力が問われるリスニングセクションは、全体で約 45 分間、4 つのパートがあります。Part 1 は、1 枚の写真を見て、適切な説明文を 4 つの選択肢の中から選ぶ問題です。問題形式と、このパート特有の難問の傾向を見ていきましょう。

Directions: For each question in this part, you will hear four statements about a picture in your test book. When you hear the statements, you must select the one statement that best describes what you see in the picture. Then find the number of the question on your answer sheet and mark your answer. The statements will not be printed in your test book and will be spoken only one time.

Look at the example item below.

Now listen to the four statements.
(A) They're moving some furniture.
(B) They're entering a meeting room.
(C) They're sitting at a table.
(D) They're cleaning the carpet.

Statement (C), "They're sitting at a table," is the best description of the picture, so you should select answer (C) and mark it on your answer sheet.

Now Part 1 will begin.

指示：このパートの各設問では、問題用紙にある写真について、4 つの説明文を聞きます。説明文を聞いて、写真の内容を最も適切に描写しているものを選んでください。そして解答用紙の該当する問題番号にあなたの答えをマークしてください。説明文は問題用紙には印刷されておらず、1 度だけ放送されます。

下の例題を見てください。

では 4 つの説明文を聞きましょう。
(A) 彼らは家具を動かしている。
(B) 彼らは会議室に入ろうとしている。
(C) 彼らはテーブルのところに座っている。
(D) 彼らはカーペットを掃除している。

(C) の文、"They're sitting at a table"（彼らはテーブルのところに座っている）がこの写真を最も適切に描写しているので、(C) を選び、解答用紙にマークします。

ではパート 1 が始まります。

※ ▇▇ は音声のみで、問題用紙には印刷されていません。

問題形式と難問の傾向

Part 1は、全部で6問出題されます。問題数からも問われる内容からも、Part 1は最も難易度が低いパートになります。傾向として、6枚の写真のうち、人物が中心のもの（人物写真）が4～5枚あり、そのうち1人のみの写真と複数の人物が写る写真がほぼ同数出題されます。その他の1～2枚は日常生活やオフィスで普段目にする物や風景などが写るもの（風景写真）です。人物写真は、1人の人物の場合は動作、複数の人物の場合は同時に行っている動作や人々の状況について問われることが多く、風景写真は、物の場所や位置関係、状態などについて問われることが多いです。

選択肢の文で用いられるのは、描写に適した①現在進行形＜be *doing*＞「～している」が圧倒的に多く、その他は②受動態＜be＋過去分詞＞「～された状態である」、③受動態の現在進行形＜be being＋過去分詞＞「～されているところだ」、④受動態の現在完了形＜have/has been＋過去分詞＞「～されている（完了している）」、⑤現在形＜進行形にならない動詞＞「～している」にほぼ限られます。

解答の注意点

最初にDirectionsが流れますが、この間に6枚の写真に目を通しておくとよいでしょう。「英語で何と言うか」を念頭に、人物の動作や、写っている物の名前などを頭に思い浮かべます。写真内のコピー機が選択肢ではequipment「機器」になるなど、上位語（より抽象度が高い語）などで表される可能性も踏まえて語を確認します。音声のみの選択肢なので、後戻りして比較検討できません。従って、正解と思う選択肢が流れた際には迷わず解答用紙にマークします。

当然ですが、写真の内容から判断できない説明文は正解にはなりません。また、主観的（そうかもしれない）な判断をしないように注意しましょう。例えば、男性が湖を見ている写真でThe man is watching a boat.のような写真に写っていない物を描写した選択肢を選んでしまうミスは、中上級者にもよく見られます。音の聞き取りについては、上級者であればfoldingとholdingのように似た発音の単語で誤答する可能性は低いです。ただし、vehicle「車両」のような単語は、正確な発音を理解していないとつまずく可能性があります。

難問のパターンと対処法

概して平易な問題が多く、難問が出題される可能性は低いですが、難易度が高めの問題があったとしても、上級者には全問正解が必須のパートです。高得点を取得するには幅広い日常語彙や動作表現（p.15「覚えておきたい動詞リスト」参照）に関する知識が求められます。例えば、awning「日よけ」、garment「衣類」など、日常的に目にする物でも英語の言い方を知らない語を含む選択肢があると難易度が増します。同様に、take a stroll「散歩する」、be propped「寄り掛かっている、もたれている」のような動作や状態の表現、また、position「～を置く」、mount「～を備え付ける」など、意外な意味を持つ基本語彙の用法を含む問題も正答率が低くなる要因となります。時々登場する難問につまずいてしまわないために、①既知の語彙の発音、②より広範な日常語彙、③基本動詞の意外な意味や、動作や状態を表す未知の表現、を意識的に学習しましょう。

例 題 例題を使って、難問の傾向を確認し、正解の導き方を押さえましょう。

1 W

(A) She's holding a bottle in her hand.
(B) She's putting on a pair of boots.
(C) She's repairing a rocking chair.
(D) She's fixing a light on the ceiling.

(A) 彼女は手にボトルを持っている。
(B) 彼女はブーツを履こうとしているところである。
(C) 彼女は揺り椅子を修理している。
(D) 彼女は天井の照明を直している。

語注 hold ～を手に持つ／put on ～ ～（衣服）を身に着ける、～を着る／repair ～を修理する／fix ～を直す、～を修理する／light 明かり／ceiling 天井

※ Part 1 のスクリプトでは "Look at the picture marked number X in your test book." の指示文を省略しています。

難問解説 1

全ての選択肢に現在進行形が使われている典型的な Part 1 の問題。Part 1 の問題は正解と思った時点でマークをすべきだが、この問題でありがちな解答選択パターンは以下のようなものだろう。(A) She's holding a bottle in her hand. は、女性が持っているのはスプレー容器でボトルではないので不正解と判断。(B) She's putting on a pair of boots. は、女性はブーツを「履いている」ので正解だろうと判断し、この時点で (B) にマークをして、残りの選択肢は確認で聞く。続けて (C) She's repairing a rocking chair. は、揺り椅子は写っているが修理していないので不正解。同じく (D) She's fixing a light on the ceiling. も、天井の照明は見えるが直してはいないので不正解。よって (B) を正解として選んでしまう。

この問題を誤答してしまう原因は 2 つあり、1 つは語彙の言い換えである。写真のスプレー容器にとらわれてしまうと、spray という語が流れるのを期待し過ぎてしまい、その言い換えである bottle を誤りと判断してしまう。もう 1 つは put on ～の意味である。これを「～を身に着ける、～を着る」と単純に覚えていると、現在進行形の (B) を不正解と判断できない。進行形の be putting on ～は「～を（これから）身に着けるところ、～を（現在）身に着けつつあるところ」（つまりまだ身に着けていない）を意味する。これに対し be wearing や be dressed は「～を身に着けている状態」を表す（つまりこの写真の描写に適切である）と覚えておこう。

覚えておきたい動詞リスト

●状態を表す動詞（受動態）		●動作を表す動詞（能動態）	
be attached	添付されている	arrange	～をきちんと並べる
be coiled	巻き付けられている	bend over	前かがみになる
be lined up	一列に並べられている	dock	（船などが埠頭（ふとう）などに）着く
be mounted	据え付けられている	empty	～を空にする
be parked	駐車されている	fix	～を修理する
be paved	舗装されている	fold	～を折り畳む
be piled	積まれている	grasp	～を握る
be positioned	置かれている	hang up	～を掛ける
be propped up against	～に立て掛けられている	kneel	ひざをつく
be scattered	散らばっている	load	（荷を）積み込む
be secured	固定されている	organize	～を整理する
be set up	組み立てられている	sample	～を試食する
be shaded	陰になっている	stroll	散策する
be situated	～に位置する	sweep	～を掃く
be stacked	積み重ねられている	tidy	～を整頓する
be stored	保管されている	tighten	～を締める
be stuck in traffic	渋滞にはまり込んでいる	unplug	～のプラグを抜いて電源を切る
be suspended	つるされている	weigh	～の重さを量る

※ 過去の公式問題集に登場した語から抜粋しています。

Part 2 応答問題

リスニングセクションの Part 2 は、問い掛け（質問または発言）に対する適切な応答を 3 つの選択肢の中から選ぶ問題です。問題形式と、このパート特有の難問の傾向を見ていきましょう。

Directions: You will hear a question or statement and three responses spoken in English. They will not be printed in your test book and will be spoken only one time. Select the best response to the question or statement and mark the letter (A), (B), or (C) on your answer sheet.

Now let us begin with question number 7.

指示：英語による 1 つの質問または発言と、3 つの応答を聞きます。それらは問題用紙には印刷されておらず、1 度だけ放送されます。質問または発言に対して最も適切な応答を選び、解答用紙の (A)、(B)、または (C) にマークしてください。

では、問題 7 から始めましょう。

※ [網掛け] は音声のみで、問題用紙には印刷されていません。

問題形式と難問の傾向

Part 2 は、全部で 25 問出題されます。問い掛けは純粋な質問（疑問文）がほとんどですが、相手に直接的に回答を求めない発言（平叙文）も出題されます。文字情報がなく音声のみに集中できる反面、25 問の短いやりとりを一定のリズムで聞き続け、緊張感を持って最後まで解答し続けるには相当な集中力を要します。高得点を目指すには、まず集中力の途切れによる聞き逃しを減らすようにします。特に難易度が高い後半では集中力を一段階引き上げ、それまでの解答ペースを保つように心掛けましょう。

解答の注意点

問い掛けの冒頭

英語の疑問文は冒頭（特に疑問詞）の聞き取りが重要です。例えば When ～? と Where ～? は音が似ているので、集中していないと混同してしまう場合があります。直前の問題をマークし終えたら、すぐに頭を切り替え、冒頭の聞き取りに集中しましょう。

類似音を持つ語彙や連想を促すような語彙

問い掛けで同じ語や似た音を持つ語には注意しましょう。問い掛けの内容から容易に連想できる語を含む選択肢は誤答であることが多いです。

①似た音を持つ語　▶ book（動詞と名詞）を用いた間違いの選択肢

例）Who booked the airline tickets?　「誰が航空券を予約しましたか」

→ ×　Laura returned the book.　「Laura がその本を返却しました」

②連想を促す語　▶ tour guide「ツアーガイド、見学の案内人」の連想を促す間違いの選択肢

例）How long will the factory tour take?　「工場見学はどのくらいの時間がかかりますか」

→ ×　The new guide.　「新任のガイドです」

問い掛けの文の形式

問い掛けは WH 疑問文や Yes/No 疑問文といった基本的なものが大多数です。一方、出題頻度は低いですが、以下のような疑問文や平叙文も登場するので、即座に意味が取れるようにしましょう。

①付加疑問文　We've sent the notice, haven't we?
「私たちはお知らせを送りましたよね？」

②否定疑問文　Don't you know how to install the software?
「そのソフトウエアをインストールする方法を知らないのですか」

③選択疑問文　Would you rather get the printing done by yourself, or ask someone to do it?
「自分で印刷を済ませたいですか、それとも誰かにそれをお願いしたいですか」

④提案・依頼・許可の疑問文　Could you mail this envelope for me?
「この封書を私の代わりに投函（とうかん）してもらえませんか」

⑤平叙文　Ms. Stanton will take this afternoon off.
「Stanton さんは、今日の午後休みを取る予定です」

間接的な応答

問い掛けと同様、応答のパターンにも慣れが必要です。特に次のような間接的な応答に慣れていないと、正解に気付かないうちに問題が終わってしまいます。

①Yes/No を明示しない応答

例）Could you mail this envelope for me?　「この封書を私の代わりに投函してもらえませんか」

→ ○　Jane is off to the post office.　「Jane が郵便局に行くところですよ」

②質問による応答

例）We've sent the notice, haven't we?　「私たちはお知らせを送りましたよね？」

→ ○　Do you think we should double-check?　「再確認した方がいいと思いますか」

難問のパターンと対処法

Part 2 で正答率が低いのは、上に挙げたような正解が間接的な応答で、さらに誤答の選択肢に問い掛けからの連想を促す語句が含まれる問題です。特に問い掛けが平叙文の場合は、ほとんどの応答が間接的なものになるので注意しましょう。

例）Ms. Stanton will take this afternoon off.　「Stanton さんは、今日の午後休みを取る予定です」

→ ×　Off-peak tickets are cheaper.　「オフピーク（混雑した時間帯以外）の切符はより安いです」

○　When is she leaving?　「彼女はいつ（社を）出るのですか」

語彙については、少し難しい単語やビジネス語彙を用いたものが正答率が低くなる傾向があります。重要なのは、単語の表面的な意味に惑わされず、実際のやりとりをイメージして正解を選ぶことです。

例 題 例題を使って、難問の傾向を確認し、正解の導き方を押さえましょう。

 **1** W Are you available for an interview next Tuesday?

M (A) Yes, I'd be happy to come in.
(B) A bit earlier next time.
(C) Sure, let's go over the weekend.

来週の火曜日の面接には都合がつきますか。

(A) はい、喜んでまいります。
(B) 次回は少し早めに。
(C) もちろんです、週末にかけて行きましょう。

 **2** M Don't we have an extra table in the supply closet?

W (A) We're using it for the holiday party.
(B) Yes, you can close it.
(C) Maria just ordered more paper.

備品収納庫に余分なテーブルがありませんか。

(A) 休日のパーティー用にそれを使うんです。
(B) はい、それは閉めていいですよ。
(C) Maria がちょうど追加の用紙を注文したところです。

 **3** M What happened at the workshop yesterday?

M (A) It's been working fine.
(B) I missed it, too.
(C) I like that shop.

昨日の研修会では何がありましたか。

(A) うまく動いていますよ。
(B) 私もその会を欠席しました。
(C) 私はあの店が好きです。

語注 **1** available 都合がつく／interview 面接、面談／a bit 少し、ちょっと／over the weekend 週末にかけて **2** extra 余分の／supply closet 備品収納庫 **3** workshop 研修会、講習会／work （正常に）機能する、（薬などが）効き目がある、（計画などが）うまくいく／miss ～（会議など）に欠席する、～（機会）を逃す

難問解説 **1**

質問は Are you ～? で始まる「来週の火曜日の面接には都合がつきますか」を意味する Yes/No 疑問文。最も基本的な疑問文だが、素直に Yes から始まる正解の (A) を選べない理由は come in ～を単に「～に入る」という意味で覚えているためである。つまり「面接」→「ぜひ入りたい」という流れが不自然だと感じてしまう。覚えておくべきは come in for an interview「面接を受けに行く」という表現。これを知っていれば速やかに interview → come in の組み合わせを把握し正解を選ぶことができるだろう。

この表現を知らないと、質問に含まれる next の入った (B)「次回は少し早めに」や、同じく質問の next Tuesday からの連想で weekend を使った (C)「もちろんです､週末にかけて行きましょう」を選んでしまうことになる。また、「Yes/No 疑問文に素直に Yes または No で答える選択肢は正解にならない」という初中級者の先入観から、内容を考えず (A) のような Yes で始まる選択肢を即断で除外してしまう可能性もある。真の意味でレベルアップするには、語彙の知識を基に確実に内容を理解した上での正解判断が必須となる。

難問解説 **2**

質問は Don't we ～? で始まる否定疑問文 (Yes/No 疑問文に否定語 not が付いた形)。Yes/No で答えるのが一般的だが、相手に確認や同意を求める表現であることに注意。この問題では、質問が「備品収納庫に余分なテーブルがありませんか」と確認していることを聞き取る。ここではまず「テーブルが必要だが見当たらない」という状況→「備品収納庫に予備があるはずだ」という発言者の意図を把握する。それにより、選択肢が流れた際にすぐ (A) の it が extra table を指すことが分かり、「それは別の用途に使う予定だ」ということを伝えている (A) を選ぶことができる。

この質問は語彙や音の点から前半部分の Don't we have ～? より後半部分の extra table や supply closet の方がインパクトがあるため、初級者は一番耳に残る文尾の語 closet から類似音 close が入った (B) を選んでしまう可能性が高い。また、中級者は supply「供給」から連想される ordered「注文した」を含む (C) を正解だと考えてしまう傾向がある。上級者を目指すには、このような表面的なリスニングでは通用しないことを肝に銘じておきたい。

難問解説 **3**

質問は What ～? で始まる WH 疑問文である。質問だけ見れば「昨日の研修会では何がありましたか」という平易なものだが、正答率が低い理由は What happened at ～ ?「～で何が起きましたか」が期待させる答え方にある。通常、この質問を聞いた瞬間に、The director gave a speech.「所長がスピーチをしました」や It ended early.「早く終わりました」など、起きた出来事を述べる選択肢が頭に浮かんでしまう。従って、最も多かった誤答は (A)「うまく動いていますよ」で、これは時制も適切な動詞も異なることに気付かず選んでしまう結果である。会などが「うまく進む」は go fine/well を使うので、It went fine. なら正解となる。work fine/well は機械などが快調に作動しているときに使う表現。

正解は意表を突く返答の (B)「私もその会を欠席しました」だが、最後の too から、質問者と同様に応答者も昨日の研修会に欠席したことを即座に理解できないと、正解に至らないだろう。(C)「私はあの店が好きです」は質問の workshop に含まれる音を用いた選択肢。返答としてかみ合わないのが明白なので、中上級者であれば選ばないだろう。

Part 3 会話問題

リスニングセクションのPart 3は、2人または3人の話者による会話を聞き、それに関する3つの設問に対して正しい答えを4つの選択肢の中から選ぶ問題です。問題形式と、このパート特有の難問の傾向を見ていきましょう。

Directions: You will hear some conversations between two or more people. You will be asked to answer three questions about what the speakers say in each conversation. Select the best response to each question and mark the letter (A), (B), (C), or (D) on your answer sheet. The conversations will not be printed in your test book and will be spoken only one time.

指示：2人あるいはそれ以上の人々の会話を聞きます。各会話の内容に関する3つの設問に答えるよう求められます。それぞれの設問について最も適切な答えを選び、解答用紙の(A)、(B)、(C)、または(D)にマークしてください。会話は問題用紙には印刷されておらず、1度だけ放送されます。

問題形式と難問の傾向

Part 3の会話は13セットで、設問は各会話につき3つ（計39問）出題されます。会話の場面は、主にオフィス（連絡、打ち合わせ、トラブル相談など）や店舗、レストラン、病院など（売り場や商品の質問、注文、予約など）で、電話でのやりとりの場合もあります。

設問文と選択肢は問題用紙に掲載されており、図表を含む会話も3題程度出題されます。音声のみのPart 2とは異なり、文字情報（設問文と選択肢）の速読力も試される問題となっています。会話を聞いた後で設問文と選択肢を読む場合、会話の内容を記憶にとどめておく必要がありますが、これはかなり難しいことです。従って、Part 3で正答率を上げるには、可能であれば、音声が流れる前に設問文を確認して聞き取りのポイントを判断しておく手順を踏むとよいでしょう。

解答の注意点

Part 3の問題は、概要を問う問題と詳細を問う問題に大別できます。

概要を問う問題

Where do the speakers work? など、ヒントとなるキーワードが会話の途中の複数箇所で流れる問題です。会話全体の話題、会話が行われている場所、話者の職業や立場、起こっているトラブルなどについて問うものがあります。会話全体の流れや雰囲気からも正解を判断できる、比較的容易な問題が多いです。

詳細を問う問題

通常、正解に必要な情報が 1 カ所でしか流れません。正解に直結する箇所（単語や語句、文）を聞き逃すと、それ以外の部分から正解を判断できない、より難易度が高い問題です。詳細を問う問題の代表的なものには、以下のようなものがあります。

①提案内容を問う問題

例）What does the woman recommend? 「女性は何を勧めていますか」

話者が相手に提案や助言している内容を問う問題です。正解に必要な情報は、提案表現 Why don't you ～?「～はどうですか」や You should ～.「～すべきです」の後で流れることが多いです。正解の情報を聞き取れても会話が終わった直後に忘れてしまうことが多々あります。先に設問文を読んでおき、必要な情報を聞き取ったらすぐに選択肢に目を通して、正解にマークしてしまうのもよいでしょう。

②次の行動を問う問題

例）What will the man most likely do next? 「男性は次に何をすると考えられますか」

話者の 1 人がこの後で何をするつもりかを問う問題です。会話の最後で話者が発する I'm going to ～.「～するつもりです」や Let me ～.「私に～させてください」の後に注意して、必要な情報をキャッチします。

3 人の話者による会話は、基本的に 2 人の話者による会話と同じ手順で解答できます。ただ、What will Nelson probably do next?「Nelson はおそらく次に何をしますか」のように、名前を挙げて話者の 1 人について尋ねる場合もあります。そのような問題では必ず、会話の中で名前が述べられます。途中で名前の呼び掛けが聞こえたら、ほとんどの場合、次に話す話者はその名前の人物なので、名前と発言内容を覚えておきましょう。

難問のパターンと対処法

問題タイプから見ると、次のような発言の意図を問う問題の正答率は低い傾向が見られます。

例）What does the woman mean when she says, "No problem"?

「女性は "No problem" という発言で、何を意味していますか」

発言の文字通りの意味ではなく、発言の前後の文脈から、そのように述べた意図を問う問題です。各話者のやりとりを正確に追っていく必要があることに加え、この問題パターンが難問となる理由は選択肢にもあります。発言の説明なので英文が長く、4 つの選択肢を素早く読んで理解する読解力（速読力）が求められます。

なお、図表に関する問題（Look at the graphic. ...）は詳細を問うものですが、図表の種類や内容による差が大きく、一概に難問とは言えません。図表がリスニングの助けにもなるので、図表に出合ったら、会話が流れる前に図表とそれに関する設問をチェックしておきましょう。

例 題

例題を使って、難問の傾向を確認し、正解の導き方を押さえましょう。

Questions 1 through 3 refer to the following conversation.

問題 1-3 は次の会話に関するものです。

W Hello, Dan. You've been training with us for a couple of months now — as your mentor, I'd like to hear how your apprenticeship's been going.

こんにちは、Dan。あなたはこれで数カ月間、当社で研修を受けています——指導係として、あなたの研修期間がどんな具合に進んでいるか伺いたいのですが。

M It's been going well. I've enjoyed learning the different techniques for metal welding, and I like seeing the finished products.

順調に進んでいます。金属溶接のさまざまな技術を習得するのを楽しんでいますし、仕上がった製品を見るのが好きです。

W I'm glad to hear that. There're still a few weeks left in your training program — but you know, your work is so good that we've decided to offer you a promotion when your training is complete.

それを聞いてうれしいです。研修プログラムはまだ数週間残っています——ですが、実は、あなたの仕事がとても優れているので、研修終了時に、あなたに昇格してもらうことに決めました。

M That's great news! I'd be happy to be part of the team here.

それは素晴らしい知らせです！ここのチームの一員になれたらうれしいです。

語注 train 研修を受ける／a couple of ～ 幾つかの～／mentor 指導者、助言者／apprenticeship 見習期間、研修／go well 順調に進む／welding 溶接／offer ～を提示する／promotion 昇格／complete 完了した
1 trainee 研修生 **2** reference 推薦者、照会先 **3** time off 休み、休暇

1 Who most likely is the man?
(A) A manager
(B) A consultant
(C) A client
(D) A trainee

男性は誰だと考えられますか。
(A) 管理者
(B) コンサルタント
(C) 顧客
(D) 研修生

2 What does the woman ask the man for?
(A) Some feedback
(B) Some assistance
(C) Some references
(D) Some dates

女性は男性に何を求めていますか。
(A) 意見
(B) 手伝い
(C) 推薦者
(D) 日取り

3 What will the man receive?
(A) Extra time off
(B) A promotion
(C) Bonus pay
(D) An award

男性は何を受け取りますか。
(A) 追加の休暇
(B) 昇格
(C) 賞与金
(D) 賞

難問解説 2

Q2 は女性が男性に依頼している内容を尋ねるもの。このような具体的な情報を問う問題には、正解に必要な情報を含む箇所に気付くこと、そして選択肢からその言い換えとなる語や表現を見抜くことの 2 つが必須。設問文にある ask for ～「～を求める、～を要求する」を見た段階で、相手にお願いする発言（依頼表現など）が流れる心構えをしておくとよい。そうすることで、会話の冒頭で女性が I'd like to *do*「～したいと思っている」と言うのが聞こえた瞬間、後に続く部分に集中することができる。hear how your apprenticeship's been going については、apprenticeship「研修期間」が聞き取れなくても hear how your ～ been going「～がどのように進んでいるか聞く」の部分から、女性は「何かについての様子・感想を聞きたい」のだろうと推測できる。これを手掛かりに選択肢をチェックすれば (A)「意見」がその言い換えであることに気付けるだろう。

この部分を聞き逃すと、その後の会話全体の雰囲気から「女性は男性に助けを求めている」と臆測し、(B)「手伝い」を選んでしまうことになる。また、別の箇所で聞き取った細かい情報からの類推で (C) や (D) を選んでしまうかもしれない。やはり、会話が始まる前に設問文を確認し、正解に結び付く発言内容を予測して待ち構えることが有効である。

Part 4 説明文問題

リスニングセクションの Part 4 は、1 人の話者によるトークを聞き、それに関する 3 つの設問に対して正しい答えを 4 つの選択肢の中から選ぶ問題です。問題形式と、このパート特有の難問の傾向を見ていきましょう。

Directions: You will hear some talks given by a single speaker. You will be asked to answer three questions about what the speaker says in each talk. Select the best response to each question and mark the letter (A), (B), (C), or (D) on your answer sheet. The talks will not be printed in your test book and will be spoken only one time.

指示：1 人の話し手によるトークを聞きます。各トークの内容に関する 3 つの設問に答えるよう求められます。それぞれの設問について最も適切な答えを選び、解答用紙の (A)、(B)、(C)、または (D) にマークしてください。トークは問題用紙には印刷されておらず、1 度だけ放送されます。

問題形式と難問の傾向

Part 4 のトークは 10 セットで、設問は各トークにつき 3 つ（計 30 問）出題されます。トークの種類はアナウンス（店内、社内、乗り物など）、録音メッセージ（留守番電話、自動応答）、事前説明（ガイドツアーやイベントの案内など）、人物紹介（スピーチの導入）、会議の抜粋、広告・宣伝などです。

設問文と選択肢、図表問題（2 題程度）の形式は Part 3 と共通です。正答率を上げるには、設問文の先読みが効果的であることも Part 3 と共通です。情報が途切れなく与えられるので集中力を要する難問パートですが、構成が明確なので話の展開が分かりやすく、Part 3 に比べると、正解するために必要な情報が流れるタイミングを予測しやすいパートと言えます。

解答の注意点

Part 3 と同様、概要を問う問題と、詳細を問う問題に大別できます。詳細を問う問題の中でよく出るのは、①詳細情報を問う問題、②次の行動を問う問題です。最も出題数が多いのは、詳細情報を問う①のタイプの問題です。

概要を問う問題

トークの場面設定は、直前に流れる指示文 Questions 00 through 00 refer to the following xxxxx. の xxxxx から判断できます。この部分を確実に聞き取り、事前にトークの種類に特有の流れを予測します。トークの場面や目的、話し手の職業などが問われますが、概してこれらはトークの冒頭部分から判断できます。最初の設問であることが多いので、設問文にさっと目を通しておくと聞きどころがつかめるでしょう。

詳細を問う問題

①詳細情報を問う問題

トークの内容に関する具体的な情報が問われます。What ～? が多く、Why ～? で理由を尋ねるものも出題されます。設問内容は多岐にわたりますが、基本的に、トークで流れた情報は選択肢では別の表現に言い換えられています。設問文に先に目を通しておくことで正解に関わる情報はキャッチできますが、正解するには選択肢を速読する読解力と、言い換えに気付く英語力が必要となります。

②次の行動を問う問題

次の行動に関する問題には、聞き手が次に取ると思われる行動を問うもの（What will the listeners probably do next? など）と、話し手が聞き手に求めている行動を問うもの（What are the listeners asked to do? など）があります。これらに関する情報はたいていトーク終盤にかけて述べられます。トークの展開を意識しながら聞くことで、どの辺りから終盤のまとめへと入るのかが予想できるようになります。

トークの展開を学習するには、公式問題集などで同じ種類（advertisement、notice など）ごとに英文と日本語で確認するといいでしょう。それにより、どのタイミングでどんな情報が提示されるのかを知ることができます。

難問のパターンと対処法

正答率が低い難問の一つに、次のような話者の意図を推測する問題があります。Part 3 と同じく、文字通りの意味ではなく文脈を踏まえた上での解答が求められる設問です。ただし、1 人の話者が話す Part 4 ではトークに一貫性があるので、発言のイントネーションなども手掛かりにして話者の意図を把握することができます。

例）Why does the speaker say, "It took him two days to create it"?

下線部の訳　「彼がそれを制作するのにかかったのは 2 日でした」

→ ○　To highlight an accomplishment.　（業績［達成までの期間の短さ］を強調するため）

例）What does the speaker imply when he says, "That's a very big order"?

下線部の訳　「それは非常に大口の注文ですね」

→ ○　He thinks a request may be incorrect.

（彼は依頼が［大き過ぎて］間違いの可能性があると考えている）

この例のように、しばしば数字（two days など）や形容詞（big など）が含まれる発言が問われますが、文脈においてその数字は多いのか少ないのか、その形容詞を使って何を表現したいのかを、話者の観点から理解するようにしましょう。訳の［　］内が話者の気持ちや感想を表した部分で、これを自分で補って考えられるようになれば、間違わずに正解にたどり着けるようになります。

また、図表に関する設問（Look at the graphic. ...）も難問となる傾向があります。会話とトークの情報量の違いに応じて、Part 4 の図表に含まれる情報量（文字情報）は多くなる傾向がありますが、図表をトークの前にしっかり確認しておき、聞き取りに備えましょう。

例 題 例題を使って、難問の傾向を確認し、正解の導き方を押さえましょう。

Questions 1 through 3 refer to the following broadcast.

問題 1-3 は次の放送に関するものです。

M

Hi, everyone. My name is Raul Bautista and this is *History with Raul*, the weekly podcast where we investigate little-known historical facts that have had a huge impact on today's world. Today we'll be discussing a topic from art history. We'll hear about the mysterious disappearance of some paintings from a museum in seventeenth-century Europe. Professor Ignacio Ortega from Westland University will explain what happened. But before we speak to Professor Ortega — please remember, this program is only made possible by the financial support of our members. Visit historywithraul.org today.

こんにちは、皆さん。Raul Bautista です、そして『Raul と歴史を』のお時間です。現代の世界に大きな影響を与えた、あまり知られていない歴史的事実を掘り下げて調べる、週 1 回のポッドキャストです。今日は、美術史からの話題について話し合います。私たちは、17 世紀にヨーロッパのある美術館から絵画数点が不可解に消えた出来事について話を聞きます。Westland 大学の Ignacio Ortega 教授が、何が起こったのかを説明してくださいます。ですが、Ortega 教授とお話しする前に——どうぞお忘れなく、この番組は会員の方々の資金援助によってのみ成り立っています。今日にでも historywithraul.org にアクセスしてください。

語注 investigate　～を徹底的に調査する／little-known　あまり知られていない／have an impact on ～　～に影響を及ぼす／huge　巨大な／disappearance　消失、行方不明／financial　金銭の、財政上の
1 monument　記念碑／missing　行方不明の／composer　作曲家 **3** apologize　謝罪する／proposal　提案

1 What is the topic of this week's podcast?
今週のポッドキャストの話題は何ですか。

(A) Historical monuments
(B) Some missing paintings
(C) Classical literature
(D) European composers

(A) 歴史的記念碑
(B) 行方不明の絵画
(C) 古典文学
(D) ヨーロッパの作曲家

2 Who is the guest on this week's podcast?
今週のポッドキャストの特別出演者は誰ですか。

(A) An actor
(B) A travel agent
(C) A politician
(D) A professor

(A) 俳優
(B) 旅行代理店従業員
(C) 政治家
(D) 教授

3 Why does the speaker say, "this program is only made possible by the financial support of our members"?
話し手はなぜ "this program is only made possible by the financial support of our members" と言っていますか。

(A) To encourage the listeners to make a donation
(B) To apologize for a limited number of episodes
(C) To prevent people from getting a bonus
(D) To express concern about a proposal

(A) 聞き手に寄付をするよう促すため
(B) 限られた放送回数について謝罪するため
(C) 人々が特典を受け取れないようにするため
(D) 提案についての懸念を表すため

 難問解説 

トークの中で放送（broadcast）は、この例にあるポッドキャストを含め、ほぼ番組の冒頭部分のみが流される。最初に何についての放送なのかが明確に述べられ、以降もそれに関する内容が続くので、普通、Q1 のような話題を問う問題は容易である。しかしながら、この問題の難易度が高いのは、正解が述べられる（と思えてしまう）箇所（冒頭の番組名 this is *History with Raul* と Today の直後）が明示的過ぎることにある。この 2 カ所で history を聞き取った結果、番組名と今週のテーマは同じではないこと、art history「美術史」と historical monuments「歴史的記念碑」はまったく別のものであることに考えが及ばず、history の形容詞（historical）を含む (A) を選んでしまう。もう少し辛抱して、直後の We'll hear about ～「～について話を聞く」をしっかり聞き取ることができれば、the mysterious disappearance of some paintings「絵画数点が不可解に消えた出来事」が今週の話題だと気付けるだろう。

正解は disappearance「消失」を missing「行方不明の」と言い換えた (B)。他の 2 つの選択肢である (C) と (D) は、トークの本文に出てきた語や内容からの連想を促すものだが、誤答する可能性は低いだろう。

Part 5 短文穴埋め問題

さまざまな英語の文書の読解力を測るリーディングセクションは、全体で 75 分間、3 つのパートがあります。Part 5 は、1 つの文の中で 1 カ所の空所に適切な語や句を選んで埋め、文を完成させる問題です。問題形式と、このパート特有の難問の傾向を見ていきましょう。

Directions: A word or phrase is missing in each of the sentences below. Four answer choices are given below each sentence. Select the best answer to complete the sentence. Then mark the letter (A), (B), (C), or (D) on your answer sheet.

指示：以下の各文において語や句が抜けています。各文の下には選択肢が 4 つ与えられています。文を完成させるのに最も適切な答えを選びます。そして解答用紙の (A)、(B)、(C)、または (D) にマークしてください。

問題形式と難問の傾向

Part 5 は、全部で 30 問出題されます。このパートでは語彙、文法、品詞に関する知識が問われ、語彙に関する問題と文法・品詞に関する問題が半分ずつくらい出題されることが多いです。30 問のうち、空所の前後から判断して即答できる問題も多くあります。後のパートに時間を残すためにも、Part 5 全体で 10 分以内に解答することを目標にしましょう。

解答の注意点

語彙、文法、品詞という 3 つの知識はそれぞれ次のような形で問われます。

語彙に関する問題

選択肢に品詞が同じ語が 4 つ並んでいる問題です。基本的な動詞、名詞、前置詞の意味を問う問題も多いですが、高得点を目指すには、次のような高難度の語を問う問題に正解できる語彙力が必要です。

例) By signing this form, you agree to ------- to the revised protocol for client confidentiality.

「この用紙にサインすることで、顧客の機密保護のための改訂規約に従うことに同意することになります」

(A) convene (B) remain (C) adhere (D) divulge 正解 (C)

普段から、知らない語に出合ったら、コロケーション (一緒に使われる頻度が高い単語の組み合わせ) も含めて積極的に覚えるように努め、語彙力増強を図りましょう。

文法に関する問題

動詞 (時制・態など)、接続詞、代名詞に関する問題が多く出題されます。特に接続詞と前置詞 (の役割をする語句) の違いを問う問題には注意が必要です。

例) ------- many of the attendees were late because of traffic, the president's presentation began on time.

「出席者の多くが交通渋滞により遅刻しましたが、社長のプレゼンテーションは時間通りに始まりました」

(A) As soon as (B) So that (C) Rather than (D) Although 正解 (D)

また、頻度は低いですが、次のような関係代名詞の知識を問う問題にも注意しましょう。

例) We would like to thank employees ------- ideas led to recent department improvements.

「私たちは、そのアイデアが最近の部署の改善につながった従業員の方々に感謝したいと思います」

(A) whichever (B) whom (C) whose (D) whatever 正解 (C)

品詞に関する問題

同じ語幹を持つ、品詞や活用形の異なる語が 4 つ並んでいるものです。語彙に関する問題の次に出題頻度が高いです。

例) Crum Carpeting's profits have risen ------- since the company introduced a new environmentally friendly carpet line.

「Crum カーペット社の利益は、同社が環境に優しい新たなカーペット製品を発売して以来、着実に上昇しています」

(A) steadiness (B) steadying (C) steadily (D) steadied 正解 (C)

また、次のような修飾関係を問う問題も頻出します。英文が長めで構文が複雑な場合は、修飾関係を見抜くことが難しくなるので、より正確な文構造の理解が求められます。

例) Visit our travel section for ------- information about local hotel discounts.

「地元のホテルの割引に関する役立つ情報を得るには、当方の（ウェブサイトの）トラベルセクションにアクセスしてください」

(A) helps (B) helpfully (C) helpful (D) helped 正解 (C)

難問のパターンと対処法

正答率が低い問題には、動詞の用法や語法、難語の語義に関するものがあります。

自動詞と他動詞の区別がポイントとなるもの

例) When the customer complained about the cold soup, the server ------- and offered to bring a new bowl.

「客が冷めたスープについて苦情を言うと、給仕係は謝罪し、新しいスープを持ってくると申し出ました」

(A) behaved (B) asserted (C) apologized (D) excused 正解 (C)

▶ (B) と (D) は他動詞で、空所に入れても目的語がないので不可。(A) は意味的に合致しない。

語義と語法の理解がポイントとなるもの

例) Business travel is ------- for Shawton Associates by Young-Pyo Kim at Wright Air Transit.

「出張は、Wright 航空輸送社の Young-Pyo Kim によって、Shawton Associates 社のために取りまとめられます」

(A) equipped (B) attributed (C) coordinated (D) concurred 正解 (C)

▶ (A)「備わって（いる）」、(B)「起因して（いる）」、(D)「賛同されて（いる）」。いずれも、意味上も語法上もこの文に当てはまらない。

その他、二重目的語を取れる動詞／取れない動詞などに関する知識も問われます。動詞は、意味だけではなく、語法と一緒に覚えるようにしましょう。

例題　例題を使って、難問の傾向を確認し、正解の導き方を押さえましょう。

1 Ms. Luo will explain some possible consequences of the ------- merger with the Wilson-Peek Corporation.

(A) proposed
(B) proposal
(C) proposition
(D) proposing

Luo さんは、提案されている Wilson-Peek 社との合併について、考え得る影響の数々を説明します。

(A) 提案された
(B) 提案
(C) 提示された計画
(D) 提案している

2 Throughout her tenure at LPID Systems, Ms. Patterson has ------- at defining complex concepts in simple terms.

(A) excelled
(B) organized
(C) instructed
(D) simplified

LPID システム社に在任中、Patterson さんは、複雑な概念を簡単な言葉で定義することに秀でていました。

(A) 秀でていた
(B) ～をまとめた
(C) ～を指導した
(D) ～を簡単にした

語注 **1** consequence　結果、影響／merger　合併　**2** tenure　在任期間／excel　優れている、秀でている／define　～を定義する、～の意味を明確にする／complex　複雑な、入り組んだ／concept　概念、観念／in simple terms　簡単な言葉で、簡単に言えば

難問解説 1

まず、選択肢は全て propose「[動詞] ～を提案する」の変化形もしくは派生語であることを確認する。次に、空所前後の the ------- merger with から、冠詞と名詞に挟まれる箇所であることを確認し、空所には名詞 merger を修飾する働きを持つ語が入ると想定する。(A) は過去形「提案した」または過去分詞「提案された」、(B) は名詞「提案」、(C) は名詞「提示された計画」、(D) は現在分詞「提案している」または動名詞「提案すること」。このうち空所に当てはまりそうなのは形容詞的な働きを持つ (A) と (D) だが、直後の merger「合併」を修飾することを考慮すると、能動の意味を持つ (D) の現在分詞「～している」ではなく、受動の意味を持つ過去分詞「～された」の (A) が適切と判断できる。

(B) proposal merger (merger proposal「合併案」は可) や (C) proposition merger という複合名詞 (名詞＋名詞) は存在しないので不可。しかしながら、company brochure「企業パンフレット、会社案内」、admission fee「入場料」、installment payment「分割払い」など、複合名詞も正解となる場合があるので、「名詞＋名詞」の形を即断で除外しないこと。

難問解説 2

選択肢から、適切な意味を持つ動詞を選ぶ問題であると分かる。空所前後の文意のみに基づいて考えると、Ms. Patterson has ------- at defining complex concepts「Patterson さんは、複雑な概念を定義することに -------」から (A)「秀でていた」、(B)「～をまとめた」、(C)「～を指導した」、(D)「～を簡単にした」はどれも正解に思えてしまい、concepts「概念」と相性が良さそうな (B) または (D) を選んでしまう可能性が高い。この問題では空所の直後にある前置詞 at に気付くことが重要。ここでは、他動詞は直後に前置詞を取ることができないという知識が求められている。選択肢の中で (B)、(C)、(D) は全て直後に目的語が来る (前置詞は続かない) 他動詞の用法のみを持つ動詞。従って、文法の点からこの空所には当てはまらない (organize には「組合を組織する、組合に参加する」という意味の自動詞があるが、特殊な用法なのでここでは考えない)。

正解は残った (A) だが、excel は他動詞「～に勝る」に加えて、自動詞「秀でている」の用法も持つ、つまり excelled at ～の形が可能である。このような同じ形の異なる動詞が選択肢に並んでいる場合は、まず意味を考えるのではなく空所前後の情報から文法的・語法的に可能な動詞を考え、その上で 1 つに絞れない場合は文意を考えるようにするとよいだろう。そのためにはまず、自動詞と他動詞の使い分けについての学習から始めたい。

Part 6 長文穴埋め問題

リーディングセクションの Part 6 は、1 つの文書の中で 4 カ所の空所に適切な語や句または文を選んで埋め、文書を完成させる問題です。問題形式と、このパート特有の難問の傾向を見ていきましょう。

Directions: Read the texts that follow. A word, phrase, or sentence is missing in parts of each text. Four answer choices for each question are given below the text. Select the best answer to complete the text. Then mark the letter (A), (B), (C), or (D) on your answer sheet.

指示：以下の文書を読んでください。各文書の中で語や句、または文が部分的に抜けています。文書の下には各設問の選択肢が 4 つ与えられています。文書を完成させるのに最も適切な答えを選びます。そして解答用紙の (A)、(B)、(C)、または (D) にマークしてください。

問題形式と難問の傾向

Part 6 の文書は 4 つ、設問は各文書につき 4 つ（計 16 問）出題されます。4 つの空所のうち、3 つは語句を選ぶ問題、1 つは文を選ぶ問題となっています。どの問題でも、必ず選んだ選択肢を空所に入れ、文脈に適切であることを確認しましょう。長文の問題ですが、パート全体を 10 分以内に終わらせることを目標にしましょう。

解答の注意点

語句を選ぶ問題では、適切な語義、動詞の正しい時制、代名詞、つなぎ言葉（副詞、接続副詞）などが問われます。Part 5 と違い、ほとんどの問題では、空所を含む文のみでは判断できないので、必ず前後の文脈を確認してから正解を選ぶようにしましょう。ここでは特に、「動詞の正しい時制」と「つなぎ言葉」の例を見てみます。

動詞（正しい時制）を選ぶ問題

I am therefore writing to inform you of my forthcoming international travel plans.

On 31 October, I ------- to Bucharest, Romania, via Frankfurt, Germany.

(A) had been flying (B) flew (C) will be flying (D) would fly 正解 (C)

▶ 空所前の文にある forthcoming「今後の」から、空所を含む文は今後の予定に関する内容と分かる。前後の文をよく見て、時系列から最もふさわしい時制を選ぶ。

つなぎ言葉を選ぶ問題

> Please e-mail me directly, no later than 5 P.M. on Friday, if you prefer a different shift than the one to which you have been assigned; ------- , it may not be possible to accommodate your request.

(A) similarly (B) therefore (C) otherwise (D) overall 正解 (C)

▶ 前半の依頼（私に E メールを送ってほしい）と後半の望ましくない結果（要望に応えられないかもしれない）から、(C)「さもなければ」が当てはまる。つなぎ言葉を選ぶ際は、空所の前後がどういうロジックでつながっているかの判断が重要。

Part 6 に特有のつなぎ言葉を選ぶ問題では、難易度の高いものも出題されます。例えば、moreover「その上」、nevertheless / nonetheless / notwithstanding / yet「それにもかかわらず」、prior to ～「～に先立って」、subsequently「その次に」、thus「従って」などがあります。

ちなみに、Part 6 で頻出の文書は広告、E メール、記事です。これらは Part 7 でも出題されますが、Part 6 の文書はより簡潔で簡素です。速やかに解答するために、これらの文書形式を理解しておきましょう。公式問題集などで各文書の基本構成を頭に入れておき、Questions 000-000 refer to the following xxxxx. の xxxxx で文書の種類を判別したらすぐに構成をイメージできるようにしておきます。

難問のパターンと対処法

Part 6 で難問となることが多いのは、次のような、空所に当てはまる文を選ぶ問題です。以下のように、選択肢の中に含まれる定冠詞が受けている内容をヒントとして適切な答えを探せる場合があります。

文全体の内容を受けているもの

> Please be advised that the Dellmere Bank branch on Vine Street will be closed on April 5 and 6. ------- .

(A) Please complete all transactions early. (B) The original flooring was kept.
(C) Forms are available in the lobby. (D) We apologize for the inconvenience. 正解 (D)

▶ the inconvenience「ご不便」が前の文の that 以下を指している。選んだ文を入れてみて、代名詞その他のつながりが自然かどうか必ずチェックしてみること。

文の一部を受けているもの

> The system is in need of some urgent work to accommodate the increasing demand for water use in Kenilworth. ------- . The entire project will be completed within the next three months.

(A) The total cost is still not known. (B) The hours of operation are subject to change.
(C) Sales are expected to increase steadily. (D) The work will be done in several stages.
正解 (D)

▶ 直前の文の some urgent work「緊急の作業」を The work で受け、その内容を補足している。前文の内容を受けるのに内容・数などが正しいかを確認する。単語が言い換えられる場合もある。

上記以外にも、代名詞、他の言葉で言い換えた名詞やつなぎ言葉などもヒントになります。

例題 例題を使って、難問の傾向を確認し、正解の導き方を押さえましょう。

Questions 1-4 refer to the following e-mail.

To: Lathifah Suryani <lsuryani@cmail.com>
From: Jabari Evers <eversj@pems.com>
Date: May 18
Subject: Text Messages

Dear Ms. Suryani,

In order to -------(1.) our patients as effectively and reliably as possible, we are now offering them the option of receiving appointment reminders and other relevant information via our text-messaging system. You are currently registered to receive our materials via e-mail. -------(2.) . If you would like to add text messaging to your mode of communication with us or would like to change your -------(3.) from e-mail to text messaging, please let us know at your earliest convenience. -------(4.) goal is to give you relevant and useful information about your health and about the products and services we offer in a timely fashion.

Jabari Evers
Customer Care Representative
Professional Eye Care Management Services

1
(A) serve
(B) care
(C) work
(D) provide

2
(A) You have not been in our office recently.
(B) No action is required if you like your current service.
(C) We have great products you can buy.
(D) E-mail messages are not available to all patients.

3
(A) prefer
(B) preferential
(C) preferred
(D) preference

4
(A) Their
(B) My
(C) Your
(D) Our

語注 effectively 効率的に／reliably 確実に／offer ～を提供する／reminder 思い出させるもの、注意喚起・備忘通知／relevant 関連のある／register ～に正式に登録する／mode やり方、方法／at *one's* earliest convenience 都合がつき次第、できるだけ早く／in a timely fashion 適時に、タイミングよく
2 available to ～ ～にとって利用できる **3** preferential 優先的な／preferred 望ましい、好ましい

問題 1-4 は次の E メールに関するものです。

宛先：Lathifah Suryani <lsuryani@cmail.com>
差出人：Jabari Evers <eversj@pems.com>
日付：5 月 18 日
件名：テキストメッセージ

Suryani 様

患者の皆さまにできる限り効率的かつ確実に医療を行うために、当院は皆さまに今後、予約の備忘通知とその他の関連情報をテキストメッセージ・システム経由で受け取る選択肢をご提供いたします。お客さまは現在、当院からのお知らせを E メール経由で受け取るご登録となっております。*現在のご提供方法でよろしければ、何もなさる必要はありません。もし、テキストメッセージを現在のご連絡方法に追加なさりたい場合や、ご希望を E メールからテキストメッセージに変更なさりたい場合は、できるだけ早くお知らせください。当院の目標は、皆さまの健康に関する、また当院がご提供する製品や医療に関する有益な情報を適切なタイミングでお知らせすることです。

Jabari Evers
顧客対応担当
眼科専門管理サービス

*Q2 の挿入文の訳

1
(A) ～に尽くす
(B) ～を気に掛ける
(C) ～を働かせる
(D) ～を提供する

2
(A) 最近、当院にご来院がありません。
(B) 現在のご提供方法でよろしければ、何もなさる必要はありません。
(C) お買い求めいただける素晴らしい品をそろえております。
(D) Eメールメッセージは全ての患者さまにご利用可能ではありません。

3
(A) ～を好む
(B) 優先的な
(C) 好ましい
(D) 好み

4
(A) 彼らの
(B) 私の
(C) あなたの
(D) 私たちの

1

Q1 は空所に入る適切な語を選ぶ問題。まず空所の前を見ると、In order to があるので In order to *do*「～するために」となると判断し、適切な動詞の原形を選ぶ問題と分かる。次に空所の後をチェックすると、動詞の目的語となる名詞句 our patients があるので、他動詞が適切だと分かる。だが選択肢は全て他動詞用法を持つ動詞なので、この段階で除外できる選択肢はない。ここまで確認して初めて文脈を考える。In order to ------- our patients as effectively and reliably as possible, we are now offering them the option of receiving appointment reminders の部分をしっかり読解して、文意から空所に入るべき動詞を考えると、(A)「～に尽くす」が最も適切と判断できる。serve は英語で非常によく使われる割に日本語にしにくい動詞だが、人を目的語に取って「～（人）のために働く、～（人）にサービスを提供する」というイメージで覚えておくとよいだろう。

初中級者に限らず、In order to ------- our patients を見た瞬間に patients「患者」から take care of ～「～の世話をする」を連想し、反射的に選んでしまったと思われる、(B) care を選んだ誤答が多い。だが、動詞の care は「世話する、看護する」という意味では自動詞でのみ用いられるため、our patients の前に置くには不適切。文書に目を通す前に全部の選択肢に目を通しておくことも、早とちりのミスを防ぐ予防策となるだろう。

このように、Part 6 では、文選択ではなく語（句）選択の問題にも時々難問が潜んでいるので、高得点を狙うなら、語法も含めて死角がないようにしておきたい。

Part 7 1つの文書／複数の文書

リーディングセクションの Part 7 は、1つまたは複数の文書を読んで、それに関する複数の設問に対して正しい答えを4つの選択肢の中から選ぶ問題です。問題形式と、このパート特有の難問の傾向を見ていきましょう。

Directions: In this part you will read a selection of texts, such as magazine and newspaper articles, e-mails, and instant messages. Each text or set of texts is followed by several questions. Select the best answer for each question and mark the letter (A), (B), (C), or (D) on your answer sheet.

指示：このパートでは、雑誌や新聞の記事、E メールやインスタントメッセージなどのさまざまな文書を読みます。1 つの文書または複数の文書のセットにはそれぞれ、幾つかの設問が続いています。各設問について最も適切な答えを選び、解答用紙の (A)、(B)、(C)、または (D) にマークしてください。

問題形式と難問の傾向

Part 7 には、1つの文書（シングルパッセージ）または複数の文書（ダブルパッセージ、トリプルパッセージ）から成る問題があります。各文書セットにつき、シングルパッセージでは2～4問（10セット：計29問）、ダブルパッセージでは5問（2セット：計10問）、トリプルパッセージでは5問（3セット：計15問）の設問が出題されます。

限られた解答時間で膨大な量の英文を処理するのは困難なことですが、目標通り Part 5 と Part 6 を各10分以内で解答し終えていれば、Part 7 には約55分費やすことができます。まずは、リーディングセクション全体を意識して Part 7 に十分な時間を残すように努力しましょう。

解答の注意点

文書の種類を理解する

出題される文書は E メール、ビジネスレター、広告、記入用紙、お知らせ、チャット、記事など多岐にわたります。高得点を目指すには、頻出の E メールとビジネスレター、そして難易度が高い記事の形式に慣れることが必須です。

解き方の手順を覚える

Part 7 はひたすら文書を見て、選択肢から正解を選ぶ作業の連続です。これをテンポよく行うには、上級者向けの解答手順を身に付けましょう。

(1) スキミング（ざっと読み）

Questions 000-000 refer to the following xxxxx. の xxxxx の部分で文書形式を確認した後、文書（1～3つ）にざっと目を通し、要点を把握します。この段階では詳細情報は読み飛ばします。

(2) 設問文に目を通す

設問の内容を理解し、解答に必要な情報がどの辺り（どの文書）に書かれているのか見当をつけます。

(3) スキャニング（探し読み）

設問を念頭に、文書内で情報が書かれていると思う箇所まで目を移し、その部分のみを精読します。

(4) 選択肢に目を通す

つかんだ情報を基に、選択肢に目を通します。選択肢中では文書中と同じ語句ではなく言い換えられていることを前提に、同じ内容のものを選び、正解をマークします。以降 (2) ～(4) を繰り返します。

ダブルパッセージやトリプルパッセージでは、5 問の設問中 1 ～ 2 問は、複数の文書を相互参照しなければ解けない問題（クロスレファレンス問題）です。難易度は高いですが、(1) のスキミングをしっかり行うことで対処できます。

問題の種類を判別する

Part 7 の問題は問われている内容によって難易度が異なります。問題を判別して、それに応じて求められる情報を意識しましょう。以下は、上級者であれば確実に正解したい種類の問題です。

①目的や主題を問う問題　例）What is the purpose of the letter?
②詳細情報を問う問題　例）Why does Ms. Sanchez refuse the offer?
③文書から推測する問題　例）What is indicated about Wester Air?
④語義を問う問題　例）The word “note” in paragraph 2, line 3, is closest in meaning to

①～③は出題頻度が高いタイプの問題です。③は選択肢を 1 つずつ文書の内容と照らし合わせる正誤判定が必要な、時間を要する問題です。

難問のパターンと対処法

次の 2 つのタイプの問題はどちらも出題頻度は低いですが、難易度が高いものです。

① NOT 問題

例）What is NOT mentioned as a feature of Active AM?

選択肢の中から、文書の中で述べられていないことや矛盾する内容を含むものを選ぶ問題です。文書と各選択肢を 1 つずつ照合して、消去法で正解を選びます。

②文挿入問題

例）In which of the positions marked [1], [2], [3], and [4] does the following sentence best belong?
“Any other ideas you have for us are welcome.”

Part 6 と異なり、文が当てはまる位置を選ぶ問題です。文書に目を通しながら各選択肢の箇所で文を入れてみて、前後の文脈に沿うかをチェックします。

上記 2 つはどちらも、他のタイプの問題と比較して解答に時間を要しますが、高得点を目指すには軽視できない問題です。解答手順のパターンを身に付けましょう。

例 題 シングルパッセージの例題を使って、難問の傾向と正解の導き方を押さえましょう。

Questions 1-3 refer to the following article from a company newsletter.

Mark Chandler is Back!

The Administrative Services Division welcomes back to headquarters Associate Director Mark Chandler. — [1] —. Mark spent the last month in Ottawa attending an advanced training session about corporate information security. Corporate-security training allows a company to safeguard its sensitive, confidential, and proprietary information.

Mark is among a growing number of corporate executives who have successfully graduated from this rigorous course. — [2] —. A member of the National Organization of Corporate Security Officers (NOCSO), Mark was formally recognized by the organization for his part in developing software that keeps electronic documents safe. — [3] —. Well done, Mark! — [4] —.

1 What is the purpose of the article?

(A) To recognize an employee's accomplishments
(B) To introduce a new staff member
(C) To clarify what information is considered confidential
(D) To describe the challenges of corporate security

2 How did Mr. Chandler improve corporate security?

(A) He trained his company's security officers.
(B) He helped design a system for securely storing documents.
(C) He assisted in developing new safety guidelines.
(D) He recruited employees who specialize in corporate security.

3 In which of the positions marked [1], [2], [3], and [4] does the following sentence best belong?

"The training included 60 hours of instruction and a comprehensive written exam."

(A) [1]
(B) [2]
(C) [3]
(D) [4]

語注 administrative 管理の／headquarters <複数形で>本社／associate director 次長、参事／advanced 上級の／safeguard ～を保護する／sensitive 機密に属する／confidential 機密の、内密の／proprietary 専有の、専売の／growing 増えている／executive 役員、重役／successfully 首尾よく／rigorous 厳格な、厳しい／officer 幹部、役員／formally 正式に／recognize ～ for … ～を…について高く評価する／part 役割、関与 **1** accomplishment 業績／clarify ～を明確にする **2** recruit ～を採用する／specialize in ～ ～を専門とする **3** comprehensive 総合的な、包括的な

正解 **1** A **2** B **3** B

問題 1-3 は次の社内報の記事に関するものです。

Mark Chandler が戻ってきます！

管理サービス部門は、次長 Mark Chandler の本社帰還を歓迎します。Mark は先月オタワで過ごし、企業の情報セキュリティーに関する上級者向け研修会に出席しました。企業セキュリティー研修によって企業は、扱いが難しい、機密および専有的な情報の保護が可能になります。

Mark は、人数が増えつつある、この厳しい課程を首尾よく修了した会社役員の一人です。*研修には、60 時間の指導と総合筆記試験が含まれていました。全国企業セキュリティー幹部組織（NOCSO）の一員である Mark は、電子文書を安全に保管するソフトウエアの開発における貢献に対して、同組織から正式に表彰されました。お見事です、Mark!

*Q3 の挿入文の訳

1 記事の目的は何ですか。

(A) 従業員の業績を高く評価すること
(B) 新しい従業員を紹介すること
(C) どのような情報が機密だと考えられるかを明確にすること
(D) 企業セキュリティーの難題を説明すること

2 Chandler さんはどのようにして企業セキュリティーを向上させましたか。

(A) 自社のセキュリティー担当役員を研修した。
(B) 文書を安全に保管するためのシステムを設計するのを手伝った。
(C) 新しい安全指針を開発するのに手を貸した。
(D) 企業セキュリティーを専門とする従業員を採用した。

3 [1]、[2]、[3]、[4] と記載された箇所のうち、次の文が入るのに最もふさわしいのはどれですか。

「研修には、60 時間の指導と総合筆記試験が含まれていました」

(A) [1]
(B) [2]
(C) [3]
(D) [4]

2

まず Q2 の設問文の意味が「Chandler さんはどのようにして企業セキュリティーを向上させたか」であることを確認する。ただし、頭に入れるのは設問文の趣旨と Mr. Chandler だけで、記事の本文中では言い換えられている可能性が高い improve や corporate security という語句に執着するのは禁物である。Mr. Chandler を手掛かりに記事に目を通すと、見出しと本文冒頭から彼のフルネームが Mark Chandler であり、以降は Mark と呼ばれていることが確認できる。

続けて記事に目を通していくと、終わりの方で Corporate Security Officers「企業セキュリティー幹部」という言葉があるので、ここから設問に関連する内容が述べられていると予測する。直後に Mark は in developing software that keeps electronic documents safe「電子文書を安全に保管するソフトウエアの開発で」組織に認められたとある。これが設問文の答えに直接つながる部分である。選択肢から develop を design、software を system、keep ～ safe を securely store ～と言い換えた (B)「文書を安全に保管するためのシステムを設計するのを手伝った」が正解となる。どの選択肢ももっともらしく思える難問だが、このような手順で一つ一つ地道に読み取って正解を見極めよう。さもないと、(A) は training session から、(C) は developing から、(D) は Corporate Security からというように、文書内から適当に拾った語彙だけを頼りに答えを選んでしまうことになる。

問題 1-5 は次の予定表と 2 通の E メールに関するものです。

予定表

Brenton ソリューション社
3 番棟会議室の予定表
3 月中の月曜日

この予定表は、3 月中の月曜日の、会議室における定例会議を示しています。経営陣が最小限の事前通告で部屋の使用を求める可能性があることにご留意ください。これが生じたら、jmarten@brentonsolutions.com 宛てに Janet Marten まで連絡し、敷地内にある他の棟の部屋について問い合わせることができます。

時間枠	会議室 3A （定員：35 名）	会議室 3B （定員：50 名）
午前 1 午前 9:00-10:00	利用可能	販売チーム （必要に応じて、プロジェクトグループごとに分ける場合には会議室 3A を使用）
午前 2 午前 10:30-11:45	人事部	夏のイベントの企画
午後 1 午後 2:00-2:45	顧客サービス部	技術工学部
午後 2 午後 3:00-4:00	利用可能	マーケティンググループ

E メール 1

受信者：チームリーダー各位
送信者：Janet Marten
件名：　会議室の予定表
日付：　2 月 27 日

チームリーダー各位

Brenton ソリューション社の当部門が企業経営チーム会議の世話役を務めるため、3 月 12 日の月曜日、3 番棟の会議室は両室とも終日利用できなくなることをご承知おきください。これらの会議は午前 9 時 30 分ちょうどに始まり、午後の会議の通常の終了時刻を丸 1 時間過ぎるまで続く見込みです。この日に会議スペースを必要とするチームリーダーの方は、金曜日までにこの E メールへの直接返信で、ご要望を私にお送りください。スペースは先着順で予約されます。よろしくお願いします！

Janet Marten、企業秘書

E メール 2

受信者：従業員各位
送信者：Janet Marten
件名：　月曜日の予定表の変更点
日付：　3 月 5 日

3 月 12 日に開かれる経営会議のため、会議室の予定表に下記の変更点があることにご留意ください。臨時の部屋割り当ては次の通りです。

―午前 1 の会議は、会議室 5A と 5B で開かれます。必要に応じて、スペースを分けてください。

―マーケティンググループは、午後 1 の時間枠で 4B で会議をする予定です。

これらの部屋は両室とも定員が限られた会議スペースであることにご留意いただき、それに応じて計画を立ててください。上記で扱われていない会議は中止になります。会議や中止に関する質問は全て、各チームリーダーにお尋ねください。出席できない方々のために、議事録がいつもの場所に電子版で掲載されます。

正解 **1** B **2** A **3** D **4** D **5** C

1 予定表によると、Brenton ソリューション社について何が正しいですか。

(A) 同社の会議室の最大定員は 35 名である。
(B) 複数の建物がある。
(C) 年に 1 度、部屋の予定表を発表している。
(D) 同社の従業員は月に 1 度会合を開く。

2 チームリーダーたちはなぜ、1 通目の E メールに返信すべきなのですか。

(A) 部屋を予約するため
(B) 会社の管理者たちと会うため
(C) 会議の議事録を入手するため
(D) 従業員の増員を要望するため

3 企業経営陣の訪問はいつ終わると考えられますか。

(A) 午前 11 時 45 分
(B) 午後 2 時 45 分
(C) 午後 4 時
(D) 午後 5 時

4 誰が 3 月 12 日に会議を行いませんか。

(A) 販売チーム
(B) マーケティンググループ
(C) 経営陣
(D) 人事部

5 会議に出席しない従業員について、何が示されていますか。

(A) Janet Marten に連絡すべきである。
(B) 自分たちのチームリーダーと会わなければならない。
(C) オンライン上で会議情報にアクセスできる。
(D) 3B での 2 度目の会合に出席できる。

語注 **予定表** regularly 定期的に／keep in mind (that) ～ ～（ということ）を心に留めておく／management 経営陣／minimal 最小限度の／advance 事前の／notice 通知／inquire about ～ ～について問い合わせる／time slot 時間枠／available 利用可能な／Sales ＜複数形で＞販売部門／Human Resources 人事部 **Eメール1** lead リーダー／inform ～ (that) … ～に…であると知らせる／unavailable 利用できない、都合がつかない／promptly ちょうどに／extend 続く、延長する／in need of ～ ～を必要として／no later than ～ ～より遅くならずに／reply to ～ ～に返信する／reserve ～を予約する／on a first-come, first-served basis 先着順で **Eメール2** make note of ～ ～に留意する／temporary 一時的な／assignment 割り当て／as needed 必要に応じて／accordingly 状況に応じて／address ～（問題など）を扱う／regarding ～に関して／direct ～ to … ～を…に差し向ける／unable to *do* ～することができない **1** maximum 最大の／release ～を発表する

難問解説 4

3 つの文書にざっと目を通し、1 つ目は会議室の使用予定表、2 つ目（E メール 1）は、件名の Conference Room Calendars と本文冒頭の both Building 3 conference rooms will be unavailable … on Monday, March 12 から、会議予定表に関するお知らせの E メール、3 つ目（E メール 2）は件名の Monday Schedule Change から、前の E メールを受けての具体的な変更内容に関する E メールであることを把握する。Q4 の設問文「誰が 3 月 12 日に会議を行わないか」は具体的な情報を問うものなので、E メール 2 に関連すると予測する。

E メール 2 を見ると、1～2 行目に because of management meetings on March 12 とあるので、まず (C)「経営陣」は除外できる。次に 1 つ目の箇条書きに Morning 1 meetings will take place in rooms 5A and 5B. と書かれているが、Morning 1 meetings はどの部署のミーティングか分からない。予定表で確認すると Sales Team が行うミーティングなので、この情報から (A)「販売チーム」が候補から外れる。そして 2 つ目の箇条書きに The marketing group will be meeting in 4B … とあるので、(B)「マーケティンググループ」も除外される。さらに、少し後に Meetings not addressed above are canceled. と述べられていることから、ここに記載のない (D)「人事部」のミーティングは中止されたと分かり、正解にたどり着ける。ちなみに予定表にある Customer Service と Technology and Engineering も会議がない部署に該当するが、選択肢にはない。

このように NOT 問題は文書と選択肢を照らし合わせて正解を選ばなくてはならない。ダブルパッセージやトリプルパッセージになると情報が広範囲に及ぶので、クロスレファレンスのリーディングスキルが必須である。

Section 2

難問100選 演習

Challenging Questions

Part 1 写真描写問題

人物写真

人の動作や物の状態、位置関係などに着目し、動詞の態や形に注意しながら聞きましょう。

1.

2.

Section 2 Part 1

正解 **1 D** **2 C**

1 M

(A) A man is putting up a metal barrier.
(B) Some people are boarding a bus.
(C) A cart is being loaded with bricks.
(D) A wheelbarrow is being pushed at a work site.

(A) 男性が鉄の柵を建てているところである。
(B) 何人かの人々がバスに乗車しているところである。
(C) カートにレンガが山積みにされているところである。
(D) 作業現場で手押し車が押されているところである。

難問解説

選択肢 (C) と (D) には現在進行形の受動態が使われている。この構文は普段あまり見掛けないため、瞬間的に意味が取りにくいかもしれないが、Part 1 では、人が物に対して何かしている場合の物主語の描写文としてよく出てくる。「(物が) ～されているところだ」と即座に解釈できるように頭を慣らしておこう。

難易度に影響するのは (D) にある wheelbarrow「手押し車」。日常語彙ではないが Part 1 では時々出てくるので覚えておこう。この語を知らない場合、put up ～「～を建てる」や metal「金属」から (A) を、some people「人々」から (B) を、cart「カート、手押し車」から (C) を、というように聞き取った単語を手掛かりに誤った選択肢を選んでしまう。大事なのは、即断せず、文意を確認してから正誤判定することである。その際に必要なのはやはり語彙の知識 (意味を知っていて、なおかつ聞き取れること)。ここでは (B) の board や (C) の load ～ with …といった頻出語彙や表現に加え、(A) の barrier の発音やアクセント [bǽriər] を確認しておきたい。

---

2 M

(A) They're folding some papers.
(B) They're putting a picture in a frame.
(C) They're studying a drawing.
(D) They're closing a window.

(A) 彼らは何枚かの紙を折っている。
(B) 彼らは額に絵を入れている。
(C) 彼らは図面を詳しく調べている。
(D) 彼らは窓を閉めている。

難問解説

正解の (C) に含まれる動詞 study と名詞 drawing がポイントとなる、語彙力が試される難問。study という語を音声で聞いたら即座に「～を勉強する」と解釈してしまうかもしれないが、「～を詳しく調べる」という意味でもよく使われる動詞だ。drawing も「スケッチ」だけでなく「図面、製図」の意味もある。これらの意味を知らなければ (C) は選べないだろう。写真を見た瞬間に、男性 2 人が図が描かれた大きな紙を広げているので、それに類する表現が来そうだと待ち構え、drawing →「図面」とピンと来るようになれば、上級者だ。

また、写真に写っているものと関連する単語が聞こえた際、安易にその選択肢を選んでしまわないように注意したい。(D) は closing a window「窓を閉めている」からすぐに誤答と判別できるが、(B) は picture「絵」と聞いただけで、(A) は papers「書類」を写真にある「紙」と思い込んだ時点で、それらの選択肢をマークしてしまいがちだ。なお、(A) にある fold「～を折りたたむ」は、hold「～を押さえる」との類似音を使った選択肢。男性が 2 人とも紙を手で押さえている動作につられ、都合よく hold と聞き取ってしまわないように注意しよう。

語注 **1** put up ～　～を建てる、～を上げる／barrier　柵、垣根／board　～に乗る／load ～ with …　～に…を積み込む／brick　レンガ／wheelbarrow　手押し車／work site　作業現場
2 fold　～を折りたたむ／frame　額縁／study　～を詳しく調べる、～を観察する／drawing　図面、製図

Part 2 応答問題

さまざまなタイプの問題

疑問詞を使ったもの、否定疑問文、付加疑問文などの質問の種類と応答のバリエーションを見てみましょう。

3. Mark your answer on your answer sheet.

4. Mark your answer on your answer sheet.

5. Mark your answer on your answer sheet.

6. Mark your answer on your answer sheet.

7. Mark your answer on your answer sheet.

8. Mark your answer on your answer sheet.

9. Mark your answer on your answer sheet.

10. Mark your answer on your answer sheet.

11. Mark your answer on your answer sheet.

12. Mark your answer on your answer sheet.

13. Mark your answer on your answer sheet.

14. Mark your answer on your answer sheet.

15. Mark your answer on your answer sheet.

16. Mark your answer on your answer sheet.

解答と解説

3

M How much juice should I buy for the staff meeting?

W (A) Sure, I'll take the receipt to accounting.
(B) Everyone from the department's attending.
(C) Do you want to get some lunch now?

職員会議用にどれだけジュースを買えばいいですか。
(A) もちろんです、経理に領収書を持っていきます。
(B) 部署の全員が参加します。
(C) 今、昼食を取りたいですか。

難問解説

How much ～? は「どのくらい～」と分量を尋ねる疑問文なので、Yes/No で始まる選択肢は正解にならない。(A) は Sure と、Yes と類似の応答で始まるので誤答だが、多くの人がおそらく質問の buy と staff meeting からの連想で take the receipt to accounting を含むこの選択肢を選んでいる。(C) は質問とかみ合わないので不正解だが、質問に質問で答える場合もあるので、疑問文だから誤答、と即断しないよう注意。正解の (B) は「部署の全員が参加する」ので、それくらいの量が必要だと示唆する応答。実際の会話でも、このように遠回しにヒントを与えるような言い方をするのは自然なことである。

4

M Which envelope should I use to mail these photos?

W (A) No, I'm not using it.
(B) By the post office.
(C) Are you sending them express?

この写真を郵送するには、どの封筒を使えばいいですか。
(A) いいえ、私はそれを使っていません。
(B) 郵便局によるものです。
(C) それを速達で送りますか。

難問解説

「どの封筒～」を問う質問に対して、正解 (C) は「それを速達で送るのか」という疑問文での返答。速達かどうかによって使用する封筒が異なるという示唆を含んでいる。The yellow one. など封筒の種類を具体的に述べる返答を期待しがちだが、疑問文で返答する場合もあるので注意。質問は WH 疑問文なので、(A) は No が聞こえた時点で除外できるが、ぼんやりしていると、質問の use から、using を含む (A) を選んでしまう。また、質問の to mail these photos から、mail の関連語である post office「郵便局」を含む (B) を選んでしまう可能性もある。冒頭の Which envelope ～? を聞き逃さないことが肝心だ。

5

M Why don't we submit the supply request?

W (A) OK, I'll print it out.
(B) Yesterday morning.
(C) Yes, we do.

備品発注を出しませんか。
(A) 分かりました、それを印刷します。
(B) 昨日の朝です。
(C) ええ、私たちはそうしています。

難問解説

Why don't we ～? は提案の表現。提案には概して、直接的・間接的に受け入れる（または受け入れない）ことを伝える応答が正解となる。ここでの正解も、OK と提案を受け入れ、さらに「それを印刷する」と述べている (A)。(C) は Yes の部分はよいが、それに続く we do「私たちは（普段）そうしている」が返答として不適切。Why don't we は一固まりで発音されるが、don't we の部分に引っ張られると (C) を選んでしまう。また、When did we と聞き誤ると、過去の時を答える (B) を選んでしまう可能性がある。Why don't we は音声で何度も確認して必ず聞き取れるようにしておきたい。

語注 **3** receipt 領収書／accounting 経理、会計 **4** mail ～を郵送する／express 速達で
5 submit ～を提出する／supply request 備品発注 ★ supplies は複数形で「補給品、消耗品」

6

W Have we been selling more orange juice or apple juice?

W (A) About the same of both.
(B) I'll have a glass with breakfast.
(C) Next to the milk.

これまで、より多く売れているのは、オレンジジュースですか、それともりんごジュースですか。

(A) 両方とも同じくらいです。
(B) 朝食時にコップ 1 杯頂きます。
(C) 牛乳の次です。

難問解説

質問は or を用いて 2 者の選択を問う選択疑問文。Which ～? であれば選択を念頭に置いて聞くことができるが、Have we ～? は通常の Yes/No 疑問文と同じ形なので文頭からは分からないのが難点。ポイントは orange juice (↑) or apple juice (↓) というイントネーションで、ここから選択を問う質問だと判断できる。これに留意せず orange juice、apple juice のみに頼ると、(B) の a glass や (C) の milk につられてしまう。なお選択疑問文でも、必ずしもどちらか 1 つを答えるとは限らない。

7

M Ms. Jones arrived at four today, didn't she?

W (A) All flights were delayed.
(B) No, departures are on the first floor.
(C) Actually, a twenty percent bonus!

Jonesさんは今日4時に到着したのですよね？

(A) 全てのフライトが遅延しました。
(B) いいえ、出発便は 1 階です。
(C) 実は、20 パーセントの特典です！

難問解説

質問は相手に確認や同意を求める付加疑問文。Yes/No で答えるのが一般的だが、正解 (A) のように「全てのフライトが遅延した（よって Jones さんは 4 時に到着しなかった）」と間接的に Yes/No（この場合は No）を伝える応答にも備えておこう。(B) は、典型的な答え方 No で始まることに加えて departures や first が質問中の arrived と four から連想しやすく、間違って選びやすい選択肢だ。形式や関連語彙に誘導されないように注意しよう。(C) は質問と全くかみ合わない応答だが、(A) と (B) を聞き終えた段階で正解が選べず仕方なく (C) を選ぶこともあるだろう。聞いてピンと来た選択肢はすぐにマークしておきたい。

8

M Do you plan to walk to the convention center?

M (A) At the job fair.
(B) It was built last year.
(C) Pablo has a car.

会議場まで徒歩で行く予定ですか。

(A) 就職フェアで。
(B) それは去年建てられました。
(C) Pablo が車を持っています。

難問解説

Do you plan to walk to ～? という移動手段を問う質問に対して、「Pablo が車を持っている」と答え、No を述べずに間接的に別の交通手段（車での移動）を伝えている (C) が正解。典型的な Yes/No ではなく、意味的に適切な応答を選ばせる問題となっている。convention center は頻出語彙であると同時に質問の文末に流れるので耳に残ってしまうが、この語にとらわれると、job fair（しばしばコンベンションセンターが会場になる）を含む (A)、または建築に関連した was built を含む (B) を選びがちである。質問の真意を的確につかみ、的を射た応答を選べるようにしたい。

語注 **6** a glass　コップ 1 杯の飲み物／next to ～　～の次に **7** delay　～を遅らせる／departure　出発、出発便／bonus　特別配当、おまけ **8** convention center　会議場、コンベンションセンター／job fair　就職フェア

9

M How do you turn on the air-conditioning in this office?

W (A) Yes, I believe so.
(B) Just about eighteen degrees.
(C) Oh, I can open a window for you.

こちらのオフィスではどのようにエアコンを作動させるのですか。

(A) はい、そう思います。
(B) ちょうど18度くらいです。
(C) ああ、窓を開けてあげますよ。

難問解説

Howの疑問文なので、何かを行う方法に関わる応答を選ぶ。(A)はYesから始まるのですぐに除外できるが、(B)は質問の中で最も耳に残るair-conditioningから連想されるdegrees「度」を聞き取っただけで選んでしまう可能性が高い。(B)はWhat temperature do you usually set the air-conditioning?「普段エアコンを何度に設定しますか」のような質問に対する応答だ。正解の(C)は具体的な方法（スイッチの場所など）を教えるのではなく、暑いと感じている相手の状況に気付いて窓を開けることを申し出る応答。Part 2の難問は、形式にかかわらず文脈的に適切な応答を選ばせる問題が多い。

10

W Do I need to use a microphone to give my speech?

M (A) Right after lunch is served.
(B) The room is quite small.
(C) It was really well written.

私が講演をする際にはマイクを使う必要はありますか。

(A) 昼食が出されたすぐ後です。
(B) 部屋はかなり狭いです。
(C) それはとてもよく書けていました。

難問解説

質問はYes/No疑問文。簡単な疑問文だが、正答率が低いのは文末のmy speechが耳に残ってしまう影響が大きい。(A)はWhen ～?「いつ～」に対する返答だが、講演の時間を聞いていると勘違いすると選んでしまう。(C)はHow ～?「どのような～」への返答の形だが、スピーチの質に関する質問と勘違いすると選んでしまう。いずれも文頭への集中力が足りない場合に起こり得る誤答。正解(B)は、マイクの必要性に関する質問に対して直接的にNoと言うのではなく、「部屋はかなり狭い」と述べて、十分に声が通るのでマイクは不要だと間接的に伝える応答になっている。

11

W Wouldn't you rather travel somewhere during your time off?

M (A) A round-trip ticket for two thousand dollars.
(B) I'm planning to paint my house.
(C) I would follow up with Sahar.

休暇中にどこかに旅行する方がいいのではないですか。

(A) 往復切符1枚は2,000ドルです。
(B) 自宅を塗装するつもりなんです。
(C) Saharに追って聞いてみようと思います。

難問解説

Wouldn't you rather ～? は「むしろ～したくないのですか」だが、そこから転じて「～した方がいいのではないですか」と提案する表現。否定疑問文の形だが、選択肢がYes/Noとは限らない。ここでは、提案を受け入れないことを間接的応答で示した(B)が正解。Wouldn't you ratherは一固まりで発音されるので、これが聞き取れないと、travel somewhereの連想からa round-trip ticket「往復切符」が含まれる(A)や、wouldを用いた(C)を選択してしまう。定番のWould you like ～? やWould you mind ～? 以外のWould ～? で始まる質問は聞き取りの難易度が高い。実際の発音を音声で確認しておこう。

語注 **9** turn on ～　～(電化製品)を作動させる／air-conditioning　エアコン、空調機器 **10** microphone　マイク／serve　～(食事)を出す、～(人)に給仕をする／well written　(文章などが)上手に書かれた **11** time off　休暇／round-trip　往復の／follow up　(進行状況などを)追跡する、追って調べる

 **12**

W Wasn't this assignment due last week?

M (A) It's taking longer than we thought.
(B) Sign at the bottom of the page.
(C) No, you don't need permission.

この課題は先週締め切りではなかったのですか。

(A) 思ったより長く時間がかかっています。
(B) ページの下部に署名してください。
(C) いいえ、許可は要りません。

難問解説

質問は否定疑問文で、事実を確認したり、「～ではなかったのか」と軽い驚きを示したりする表現。普通の疑問文と同じく、否定疑問文も Yes/No で答えるのが一般的だが、答え方に固執すると、つい No から始まる選択肢 (C) を選んでしまう。(C) は一見、permission「許可」が質問の assignment「課題」や due「提出期限で」と関係していそうだが、返答内容が質問とかみ合わない。(B) は質問にある assignment の -sign- という音が耳に残った場合に選んでしまう可能性がある。正解 (A) は、暗に Yes「はい（この課題は先週が締め切りだった）」と認めた上で、それに間に合わなかった理由を述べている。

13

M Have the maintenance workers fixed the water leak in apartment 7B?

W (A) The call came from apartment 9A.
(B) Some new tools.
(C) How long did that take?

保守作業員はアパート 7B の水漏れを修理したのですか。

(A) 連絡はアパート 9A から来ました。
(B) 幾つかの新しい道具です。
(C) それはどのくらい時間がかかったのですか。

難問解説

質問は現在完了時制の Yes/No 疑問文。文中に複数の名詞句が含まれ（maintenance workers、water leak、apartment 7B）、選択肢には直接的な返答がないことが高難度の理由である。冒頭の疑問文の形を忘れてしまうと、断片的な記憶から How did the ～? の疑問文だったと思い込んで (B)「幾つかの新しい道具だ」を選んでしまう可能性がある。正解 (A) は聞いた瞬間に、7B の水漏れ修理が完了したか否かについての質問→修理依頼の連絡は 7B でなく 9A からだったと事実関係を訂正する応答、という流れをイメージできないと正解できない。水漏れ修理が終わった前提で所要時間を尋ねる (C) は会話としてかみ合っていない。

14

M Do you like the new office space?

W (A) In the city.
(B) Yes, if you'd like to.
(C) Well, we do have bigger windows.

新しい事務所スペースは気に入っていますか。

(A) 市内です。
(B) はい、もしよろしければ。
(C) そうですね、確かに窓は以前より大きいです。

難問解説

Do you like ～? の形のごく初歩的な質問。語彙も平易で文意も難しくない。正答率が低い理由の一つは、質問が容易なので典型的な応答を念頭に選択肢を聞いてしまうからだろう。(A) は場所を問う質問への返答なので、ほぼ選ぶことはないだろう。しかし (B) は、質問の文意ではなく Do you like ～? の部分が頭に残ると、Yes で始まり like を含むのでつい選んでしまう。(C) を聞いてから選び直すこともできるが、初級者は (C) が正解だと気付かないだろう。これははっきり Yes/No を言わず、少なくとも前より良い点を挙げながら、明確な答えは保留している。実際のやりとりを想像しながら会話の本質を捉えるようにしよう。

語注 **12** assignment 課題、業務／due 期限が来て／sign 署名する／permission 許可、承諾
13 maintenance 保守整備／fix ～を修理する／leak 漏れること、漏出／call （電話の）呼び出し

15

W When is the new intern's first day?

M (A) I'm not in charge of the interns this year.
(B) She was the first to submit her application.
(C) Six o'clock each night.

新しい研修生の初日はいつですか。

(A) 今年は、私は研修生の担当ではありません。
(B) 彼女が応募書類を提出した1人目でした。
(C) 毎晩6時にです。

難問解説

質問は平易なWH疑問文。intern [íntəːrn] のアクセント位置には要注意だが、質問の意味は容易に理解できる。疑問詞Whenを意識し過ぎると時を答える(C)を選んでしまうが、「毎晩6時に」では会話が成り立たない。(B)のSheを質問のthe new internと捉え「彼女が応募書類を提出した1人目だった」と答えたとすると、そうだったかもしれないが質問に答えていないので不適切。正解(A)は「今年は、私は研修生の担当ではない」と答えることで、具体的な予定は分からないということを間接的に伝えている。質問中の語がそのまま正解の選択肢に登場することは比較的少ないが、このように出てくることもあるので注意しよう。

16

M What was our net profit for the second quarter?

W (A) No, he arrived first.
(B) At the new tennis club.
(C) Ten thousand dollars.

わが社の第2四半期の純利益は幾らでしたか。

(A) いいえ、彼が最初に到着しました。
(B) 新しいテニスクラブにてです。
(C) 1万ドルでした。

難問解説

質問はWH疑問文なので、Noで始まる選択肢(A)は即座に誤りと判定できる。また(B)は場所を問う疑問文に対する応答なので、これも不正解。よって(A)と(B)が除外され、容易に(C)を選ぶことができるはずだ。だが、冒頭のWhat was ～?が聞き取れていないと、聞き取れた語から推量するしかない。もう一つ正答率が低い理由は、質問中のビジネス語彙net profit「純利益」とquarter「四半期」にある。netを「ネット、網」と捉えてしまうと、連想でtennisを含む(B)を、the second quarter「第2四半期」が分からなければ、firstを含む(A)を選択しがちだ。このような連想を誘う語句を含む誤答の選択肢は多い。一般的なビジネス語彙は日本語と英語で確認しておこう。

語注 15 intern　研修生、見習い／in charge of ～　～を担当して／submit　～を提出する／application　申込書、応募書類 16 net profit　純利益　★netは「正味の、最終の」の意。「粗利益」はgross profit／the second quarter　第2四半期

Part 3 会話問題

さまざまなタイプの問題

会話全体の場面から、ある発言の意図や、図と照らし合わせた具体的情報を問うものまで、さまざまな設問を見ていきましょう。

17. Where most likely are the speakers?
(A) At a medical office
(B) At a bank
(C) At an electronics store
(D) At a library

18. According to the woman, why should Mr. Patel open an account?
(A) To view a presentation
(B) To make an appointment
(C) To receive a free gift
(D) To leave some feedback

19. What does Colin give to Mr. Patel?
(A) An application
(B) A receipt
(C) A registration card
(D) A set of instructions

---

20. Who most likely is the woman?
(A) A journalist
(B) A musician
(C) A theater director
(D) A costume designer

21. What does the woman ask about?
(A) A performance date
(B) A guest list
(C) Some seating assignments
(D) Some lighting

22. What does the man say he would prefer to do?
(A) Complete a task at a later time
(B) Ask for a meal to be delivered
(C) Speak with a manager
(D) Conduct some background research

23. Why did the man go to Amy's office?
(A) To request some time off
(B) To demonstrate a product
(C) To drop off some paperwork
(D) To schedule an appointment

24. Why is Amy unavailable?
(A) She is preparing to travel.
(B) She is speaking with a client.
(C) She is attending a seminar.
(D) She is working on a report.

25. What will the man most likely do next?
(A) Meet a colleague for lunch
(B) Conduct a training session
(C) Clean a meeting room
(D) Print some instructions

Questions 17 through 19 refer to the following conversation with three speakers.

問題17-19は3人の話し手による次の会話に関するものです。

W OK, Mr. Patel. Did the doctor want you to make another appointment?

では、Patelさん。医師はあなたにもう一度予約を取ってほしいと言いましたか。

M Yes, but I'll have to check my work calendar.

はい、ですが私は仕事の予定表を確認しなければなりません。

W You can now make appointments on our Web site if you have an account. Just log on and view available times online.

アカウントをお持ちなら、現在は当院のウェブサイト上で予約を取ることができますよ。ログインするだけで予約可能な時間帯をオンラインでご覧になれます。

M Great. How do I sign up for an account?

いいですね。どのようにしてアカウントを登録するのですか。

W Colin handles all registrations. Colin, can you help Mr. Patel set up a patient account on our Web site?

Colinが全ての登録を担当しています。Colin、Patelさんが患者アカウントを当院のウェブサイト上に設定するのを手伝ってもらえますか。

M Certainly. If you have a smart phone, we can do it now. Or I can give you a handout with instructions to set up your account later.

もちろんです。もしスマートフォンをお持ちなら、今すぐ設定できますよ。あるいは、後でアカウントを設定するための指示が載っている資料をお渡しすることもできます。

M I'll set it up later.

後で設定することにします。

M OK. Here's the handout. Please call with any questions.

分かりました。こちらが資料です。何かご質問があれば、お電話ください。

17 話し手たちはどこにいると考えられますか。

(A) 診療所
(B) 銀行
(C) 電子機器店
(D) 図書館

18 女性によると、Patelさんはなぜアカウントを開設すべきなのですか。

(A) プレゼンテーションを見るため
(B) 予約をするため
(C) 景品を受け取るため
(D) 意見を残すため

19 ColinはPatelさんに何を渡していますか。

(A) 申込書
(B) 領収書
(C) 登録カード
(D) 指示書一式

難問解説 17

会話の場面を選ぶ設問は、通常、ヒントとなるキーワードが会話全体に出てくるので、それを手掛かりに場面を推定しよう。Q17では冒頭で受付の女性が述べるDid the doctor want you to make another appointment?を聞き取ることが最も重要。とはいえ、これを聞き逃しても、その後のYou can now make appointments on our Web siteや、中盤のcan you help Mr. Patel set up a patient account on our Web site?からの推測で(A)「診療所」を選ぶことができる。

この設問の正答率が低いのは、ウェブ予約のためのアカウント設定という状況で、会話の随所でaccountが計4回流れるためだろう。後半に「診療所」に関連する語句が登場しないこともあり、accountから「(銀行の) 預金口座」あるいは「(図書館の) 利用者アカウント」の話をしていると誤った推測をして(B)や(D)を選んでしまいがちである。またWeb siteやlog on、set upなどの語から(C)「電子機器店」を推測してしまう可能性もある。冒頭を特に集中して聞き取ろう。

語注 appointment 予約／account (サービス利用のための) アカウント／log on ログインする／view ～を見る／available 予約可能な、利用可能な／sign up for ～ ～に登録をする ★「(署名して) ～を申し込む」というのが本来の意味／handle ～を担当する、～に対処する／registration 登録／set up ～ ～を設定する／handout 配布資料

Questions 20 through 22 refer to the following conversation.

問題 20-22 は次の会話に関するものです。

M Ms. Batra, how does the stage look to you? Is the piano in the right place?

Batra さん、ステージをご覧になっていかがですか。ピアノは適切な位置にありますか。

W The stage arrangement is fine. But can we make sure that there'll be enough background lighting? I want all the members of my band to be visible.

ステージ上の配置は問題ありません。ですが、十分な背景照明が確実に当たるようにできますか。私のバンドのメンバー全員がはっきりと見えるようにしたいのです。

M Of course. But I'd rather do it when the rest of your band is here so I can be sure the lighting is right.

もちろんです。ただ、照明が適切であることを確認できるように、どちらかと言えば他のバンドメンバーがここにいらっしゃるときにそれをしたいです。

W OK. I'm meeting them for lunch and then we're coming back here to rehearse together this afternoon. We'll see you then.

分かりました。昼食で彼らと会ってから、午後にここへ戻ってきて一緒にリハーサルをします。そのときにお会いしましょう。

20 女性は誰だと考えられますか。

(A) ジャーナリスト
(B) ミュージシャン
(C) 舞台監督
(D) 衣装デザイナー

21 女性は何について尋ねていますか。

(A) 公演日
(B) 招待客のリスト
(C) 座席の割り当て
(D) 照明

22 男性はむしろどうしたいと言っていますか。

(A) 後ほど仕事を完了する
(B) 食事が配達されるよう依頼する
(C) マネジャーと話をする
(D) 背景調査を行う

難問解説 22

Q22 は男性の意向について問う設問。先に設問文にさっと目を通して would prefer to do「むしろ〜したい」に着目し、比較対象があることを踏まえてリスニングする。この会話は舞台照明のセッティングに関するもの。演者全員に照明が当たるようにしたい女性からの can we make sure that there'll be enough background lighting? という依頼を男性は了承するが、But I'd rather do it when the rest of your band is here と「だが（今ではなく）他のバンドメンバーがいるときに調整したい」と答えている。この would rather *do* (than 〜) を言い換えたのが、設問文の would prefer to *do* である。選択肢の中で、do it「それを行う」を complete a task「仕事を完了する」と言い換えた (A) が正解。

(D) は会話中で比較的耳に残る background の音につられて選ぶ可能性が高いが、background research は「背景調査」なので文脈に合わない。(B) は女性の最後の発言にある lunch から meal の連想、(C) は会話全体からの類推を誘うものだが、どちらも男性の発言と関係ないので不正解。

語注 arrangement 配置／make sure (that) 〜 確実に〜であるようにする、〜であることを確認する／background 背景／lighting 照明／visible 目に見える／rather むしろ／rest 残り、その他／be sure (that) 〜 〜であることを確認する／rehearse リハーサルをする、予行練習をする **21** assignment 割り当て **22** conduct 〜を行う

Questions 23 through 25 refer to the following conversation.

問題 23-25 は次の会話に関するものです。

M Excuse me, Ying? Amy's office door is closed, and she asked me to submit a request for some new computer monitors by the end of the day. I have the form here. Can I leave it with you?

すみません、Ying? Amy のオフィスのドアが閉まっているんですが、新しいコンピューターモニターの申請書を今日中に提出するよう彼女から頼まれていたんです。ここにその申請書があります。あなたに預けてもいいですか。

W I can make sure she gets it. She's in the middle of a phone call with a client, and I'm not sure how long she'll be.

必ず彼女がこれを受け取るようにしますよ。彼女は顧客との電話の最中で、いつまでかかるか分かりませんから。

M That'd be great — thanks! I have to go now to lead a training session.

すごく助かります――ありがとう！今から研修会を指導しに行かなければならないんです。

23 男性はなぜAmyのオフィスに行ったのですか。

(A) 休暇を願い出るため
(B) 製品を実演するため
(C) 書類を置いていくため
(D) 約束の日時を決めるため

24 Amy はなぜ手が空いていないのですか。

(A) 旅行の準備をしている。
(B) 顧客と話している。
(C) セミナーに参加している。
(D) 報告書に取り組んでいる。

25 男性は次に何をすると考えられますか。

(A) 昼食のため、同僚と会う
(B) 研修会を実施する
(C) 会議室を清掃する
(D) 説明書を印刷する

難問解説 23

Q23 は男性の行動の理由を問う設問。先に設問文を素早く見て、特に男性の発言に注意して聞き取るようにするとよい。冒頭の男性の発言 Amy's office door is closed, and she asked me to submit a request for some new computer monitors by the end of the day. から、申請書を提出するために Amy のオフィスに行ったことが分かる。submit「～を提出する」を drop off ～「～を置いていく」、request「申請書」を paperwork「書類」と言い換えた (C) が正解。理由を理解しても、これらの言い換えに気付かないと正解を選ぶことができないだろう。

なお、正解に必要な情報が出てくるのは上記の冒頭部分だけなので、漫然と聞いていると、会話中の request から同じ語（下線部）を含む (A) To request some time off や、computer monitors → product の連想で (B) To demonstrate a product を選んでしまう。また、前半部分を聞き逃すと、後半の内容からの憶測で (D) To schedule an appointment を選んでしまうこともあるだろう。どの問題についても言えることだが、Part 3 の会話文は特に初めの部分が大事なので聞き取りに注力しよう。

語注 submit　～を提出する／leave ～ with …　～を…に任せる／lead　～（会議など）を主導する／session　集会
23 time off　休み／demonstrate　～を実演する／drop off ～　～を置いていく／paperwork　書類
24 unavailable　手が空いていない　**25** conduct　～を実施する

意図を問う問題

前後の文脈から話者の気持ちをくみ取りながら、発言の目的を的確につかみましょう。

26. What has the woman forgotten to bring?
(A) A receipt for an item
(B) A loyalty card
(C) Some coupons
(D) Some shopping bags

27. What problem does the man mention?
(A) A manager is not available.
(B) A product is out of stock.
(C) A computer system is not working.
(D) An advertised price is incorrect.

28. What does the man imply when he says, "I know where it belongs"?
(A) He can tell the woman where to find an item.
(B) He will return an item to the correct location.
(C) A supervisor is not available.
(D) An item has been put on the wrong shelf.

---

29. What type of product is being discussed?
(A) A musical instrument
(B) A kitchen appliance
(C) A power tool
(D) A tablet computer

30. Which product feature is the man most proud of?
(A) The battery life
(B) The color selection
(C) The sound quality
(D) The size

31. Why does the man say, "my favorite singer is performing that night"?
(A) To request a schedule change
(B) To explain a late arrival
(C) To decline an invitation
(D) To recommend a musician

---

32. Where is the man going?
(A) To a trade show
(B) To a community festival
(C) To a board meeting
(D) To an orientation session

33. What does the man mean when he says, "It's just one small bag"?
(A) He does not have space to bring an item.
(B) He does not need help.
(C) He thinks a product is too expensive.
(D) He needs to buy new luggage.

34. Why is the man leaving early?
(A) He has to catch a flight.
(B) He needs time to eat lunch.
(C) He is worried about traffic.
(D) He has to practice a presentation.

解答と解説

Questions 26 through 28 refer to the following conversation.

問題 26-28 は次の会話に関するものです。

M Hello, Ma'am. Thanks for shopping at Freshmade Supermarket. Do you have one of our loyalty cards?

W Yes, but I forgot to bring it today.

M Unfortunately, I can't look up your phone number because our computer system isn't working, so I can't give you a discount today.

W OK. I understand. Oh, and I took this bottle of soy sauce from the shelf, but I don't want to buy it now.

M That's fine, I know where it belongs. Now, will you be paying with cash or credit?

こんにちは、お客さま。Freshmade スーパーマーケットでお買い物いただきありがとうございます。当店のポイントカードをお持ちですか。

はい、でも今日は持ってくるのを忘れてしまいました。

あいにくですが、当店のコンピューターシステムが機能していないため、お客さまの電話番号をお調べすることができず、本日は割引をご提供できません。

はい。分かりました。ああ、それと、このしょうゆの瓶を棚から取ったのですが、今回は購入しないことにします。

大丈夫です、それが置いてある場所は分かりますので。それでは、現金でお支払いになりますか、それともクレジットカードでお支払いになりますか。

26 女性は何を持ってくるのを忘れましたか。

(A) 品物の領収書
(B) ポイントカード
(C) クーポン
(D) 買物袋

27 男性はどんな問題について述べていますか。

(A) 責任者には会うことができない。
(B) 商品が在庫切れである。
(C) コンピューターシステムが機能していない。
(D) 広告されている価格が間違っている。

28 男性は "I know where it belongs" という発言で、何を示唆していますか。

(A) 彼は女性に品物がどこで見つかるか教えることができる。
(B) 彼は品物を正しい場所に戻すつもりである。
(C) 上司には会うことができない。
(D) 品物が間違った棚に置かれている。

難問解説 28

Q28 は男性の最後の発言に関する設問なので、正しく解答するにはそれまでの文脈を理解していることが前提となる。おそらくこれはスーパーなどのレジでの会話だろう。女性客がポイントカードを忘れ、店側も顧客情報を調べられないという前半の内容と、それに続く男性店員の I can't give you a discount today と女性客の I don't want to buy it now という 2 つの発言から、割引を受けられないので女性客は今日はその商品を購入しないという状況の把握が必要だ。I know where it belongs は、女性客が商品を棚から取ったが購入しないことに対して、That's fine と男性店員が答えた直後の発言なので、文脈に合致する (B)「彼は品物を正しい場所に戻すつもりだ」が正解。

上記の状況を把握していないと、「商品とその置き場の話題」という漠然としたイメージと、選択肢中の where や shelf といった関連する語から、(A)「彼は女性に品物がどこで見つかるか教えることができる」や (D)「品物が間違った棚に置かれている」を何となく選ぶことになってしまうので注意が必要だ。

語注 ma'am　お客さま、奥さま　★女性客への呼び掛け／loyalty card　ポイントカード　★ loyalty は「(企業や商品に対する) 愛着、忠実さ」／forget to *do*　～し忘れる／unfortunately　あいにく、残念ながら／look up ～　～を調べる／work　正常に機能する／soy sauce　しょうゆ／belong　(あるべき場所に) ある、属する／cash　現金　**26** receipt　領収書
27 available　(手が空いて) 会うことができる、応対できる／out of stock　在庫切れで　**28** supervisor　監督者、上司

Questions 29 through 31 refer to the following conversation.

問題 29-31 は次の会話に関するものです。

W Well, Dietrich, we're looking forward to seeing you here in our Munich office next Tuesday. We can't wait to see the latest design plans for the company's new, lightweight tablet.

さて、Dietrich、私たちはこのミュンヘンオフィスで今度の火曜日にあなたにお会いするのを心待ちにしています。当社の新しい軽量タブレット端末の最新の設計案を見るのが待ち切れません。

M Thanks! There's one feature of the tablet that I'm especially pleased with.

ありがとうございます！ 私が特に満足しているタブレット端末の機能が 1 つあります。

W Really? What is it?

本当ですか。それは何ですか。

M This model has our best battery life ever. It can now operate for three full days on a single charge.

今回のモデルは電池寿命が当社で最長なんです。いまや、1 回の充電で丸 3 日間作動します。

W That's incredible — I'm excited to hear more about this during your presentation. By the way, we made a dinner reservation for our department that evening.

それは素晴らしいですね――あなたのプレゼンテーションで、これについてもっと詳しくお聞きするのが楽しみです。そういえば、その晩はうちの部署のために夕食の予約をしました。

M Actually, my favorite singer is performing that night.

実は、その夜は私のお気に入りの歌手が公演するんです。

W That's OK. We'll see you soon.

それなら構いません。すぐにお会いしましょう。

29 どのような種類の製品について話し合われていますか。

(A) 楽器
(B) 台所用家電
(C) 電動工具
(D) タブレットコンピューター

30 男性は製品のどの特徴に最も満足していますか。

(A) 電池寿命
(B) 色の品ぞろえ
(C) 音質
(D) 大きさ

31 男性はなぜ "my favorite singer is performing that night" と言っていますか。

(A) 予定の変更を依頼するため
(B) 遅れて到着することを説明するため
(C) 誘いを断るため
(D) 音楽家を薦めるため

難問解説 31

Q31 は男性の発言の理由を問う設問なので、会話の文脈と、発言に対する相手の反応から正解を判断する。冒頭から新型タブレット端末の特徴とその発表に関する会話が続くが、後半の女性の発言にある By the way から別の話題に転換することに気付かなければならない。女性の we made a dinner reservation ... という間接的な誘いに対して、男性は設問文にある発言をしている。ポイントは発言直前の Actually で、これは伝えにくいことを述べる際の前置きとして使われる文修飾副詞。従って、この場合は (C)「誘いを断るため」が文脈から最も自然な解釈だ。直後の女性の返答 That's OK. からも男性が辞退したことが分かる。

Actually に続く内容として (A) や (B) も考えられるが、(A) はその後の女性の返答と流れが合わない。(B) は男性の発言中には遅刻を示唆する内容は見当たらない。(D) は男性の発言に「薦める」という意図が含まれないので不適切。

語注 latest 最新の／lightweight 軽量な／tablet タブレット端末／feature 機能、特徴／be pleased with ～ ～に満足している／battery life 電池寿命／operate 作動する／full 丸々の／single たった 1 つの／charge 充電 29 appliance 電化製品 30 be proud of ～ ～を満足に思う、～を誇りに感じる 31 decline ～を断る

正解 32 A 33 B 34 C

Questions 32 through 34 refer to the following conversation.

問題 32-34 は次の会話に関するものです。

M Hi Monica, I just wanted to let you know I'm about to leave for the trade show.

やあ、Monica、これから見本市へ出発するところだとちょうどお伝えしたかったんです。

W Sounds good. I'll help you load the product samples into your car.

了解です。製品見本を車に積み込むのを手伝いましょう。

M It's just one small bag.

小さなかばん１個だけなんです。

W Oh, OK. You're not leaving right now, though, are you? I thought the show didn't start until three o'clock.

ああ、そうなんですね。でも、今すぐには出発しないですよね。見本市は３時まで始まらないと思っていました。

M You're right. But I worry that the traffic on the highway will be really bad, so I thought I'd give myself extra time.

その通りです。でも、幹線道路がすごく混みそうなのが心配で、余裕を見ておこうと思ったんです。

32 男性はどこへ行こうとしていますか。

(A) 見本市
(B) 地域の祭り
(C) 役員会議
(D) 新入社員向け説明会

33 男性は "It's just one small bag" という発言で、何を意味していますか。

(A) 商品を持ち運ぶためのスペースがない。
(B) 手伝いを必要としていない。
(C) 製品が高価過ぎると思っている。
(D) 新しい旅行かばんを買う必要がある。

34 男性はなぜ早く出発するところなのですか。

(A) 飛行機の便に間に合わせる必要があるから。
(B) 昼食を取る時間が必要だから。
(C) 交通量について心配しているから。
(D) プレゼンテーションの練習をしなければならないから。

難問解説 33

Q33 は男性の発言が意味する内容を問う設問だが、直前の女性の発言を聞き逃してしまったり、正確に理解できていなかったりすると、男性の発言だけで正解を選ぶのは難しいだろう。直前の女性の発言は I'll help you load the product samples into your car. だが、冒頭の I'll help you から女性が手伝いを申し出ていることが理解できる。男性の It's just one small bag はこの発言を受けてのものだが、just「〜にすぎない」がポイント。「小さなかばん１個だけ」（なので自分で何とかできる）と解釈できるので、(B)「手伝いを必要としていない」が正解となる。

このやりとりが理解できていないと load the product samples into your car や It's just one small bag からの連想で、関連語（下線部）を使った (A) He does not have space to bring an item. や、(C) He thinks a product is too expensive. や、(D) He needs to buy new luggage. を選択してしまう。音のみに頼る誤った連想には注意しよう。

語注 be about to *do*　今まさに〜しようとしている／trade show　見本市／load　〜を積み込む／product sample　製品見本／though　でも、しかし／traffic　交通量、車の流れ／highway　幹線道路／extra　余分の、追加の　**32** board　役員会、取締役会　**33** luggage　手荷物

図表問題 1

図表付きの問題 4 問に挑戦してみましょう。情報が多い分、素早い処理能力が問われます。

Medical Lab	ID code
Blood test	018
Allergy test	019
Body Fat test	020
X-ray	021

35. What is the man having trouble with?
(A) Conducting a test
(B) Preparing a bill
(C) Contacting a patient
(D) Shipping an order

36. Look at the graphic. Which code should the man use?
(A) 018
(B) 019
(C) 020
(D) 021

37. What does the woman say will happen soon?
(A) Some patients will be transferred to another doctor.
(B) Some employees will join a medical practice.
(C) A list will be available electronically.
(D) A doctor will begin a medical procedure.

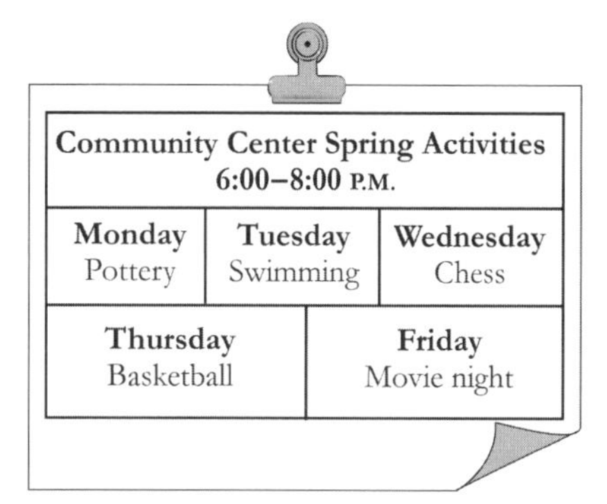

Community Center Spring Activities 6:00–8:00 P.M.		
Monday Pottery	Tuesday Swimming	Wednesday Chess
Thursday Basketball	Friday Movie night	

38. Who most likely is the man?
(A) A fitness coach
(B) A teacher
(C) A medical doctor
(D) A receptionist

39. What does the woman ask the man about?
(A) Requirements for a job
(B) Alternative types of exercise
(C) Available appointment times
(D) Operating hours of a business

40. Look at the graphic. When will the woman probably go to the community center in the spring?
(A) On Tuesdays
(B) On Wednesdays
(C) On Thursdays
(D) On Fridays

解答と解説

Questions 35 through 37 refer to the following conversation and table.

問題 35-37 は次の会話と表に関するものです。

M Mary? I'm working on the bill for one of Dr. Singh's patients, and I keep getting an error message for the code I'm using…

Mary ですか？ Singh 先生の患者の 1 人の請求書を処理しているのですが、使用中のコードでエラーメッセージが繰り返し出るんですが…。

W Oh! The billing codes recently changed. You must be referring to the old list.

ああ！ 請求書コードは最近変わったんですよ。きっとあなたは前のリストを参照しているのでしょう。

M Do you have the updated one?

最新のものはありますか。

W Yes, right here. Which procedure is it?

はい、ここにあります。どの処置ですか。

M A blood test.

血液検査です。

W All right… Here's the code you should use.

分かりました…。これがあなたが使うべきコードです。

M Thanks! Could I get a copy of that list?

ありがとうございます！ そのリストのコピーをもらえますか。

W Sure. But I heard they'll be adding the codes to our billing software soon, so we won't need to deal with paper lists anymore.

もちろんです。ですが、もうすぐうちの請求書作成ソフトにコードが追加されると聞いたので、もう紙のリストを扱う必要はなくなりますよ。

Medical Lab	ID code
Blood test	018
Allergy test	019
Body Fat test	020
X-ray	021

医療研究所	ID コード
血液検査	018
アレルギー検査	019
体脂肪検査	020
レントゲン	021

語注 work on ～　～を処理する／bill　＜名詞＞請求書　＜動詞＞請求書を作成・送付する／code　コード、符号／refer to ～　～を参照する／updated　最新の、更新された／procedure　処置、医療手当／deal with ～　～を扱う、～を処理する　図表 lab　研究所　★ laboratory の略／allergy　アレルギー、異常敏感症／body fat　体脂肪／X-ray　レントゲン（写真）　35 conduct　～を行う／ship　～を発送する
37 transfer ～ to …　～を…に移動させる、～を…に転院させる／medical practice　医療業務／available　利用できる／electronically　電子的に／medical procedure　医療処置、治療

 **35** 男性は何について問題を抱えていますか。

(A) 検査を行うこと
(B) 請求書を準備すること
(C) 患者に連絡を取ること
(D) 注文の品を発送すること

36 図を見てください。男性はどのコードを使用するべきですか。

(A) 018
(B) 019
(C) 020
(D) 021

37 女性は間もなく何が起きると言っていますか。

(A) 何人かの患者が他の医師に担当替えになる。
(B) 何人かの従業員が医療業務に携わるようになる。
(C) リストが電子的に利用できるようになる。
(D) 医師が医療処置を始める。

難問解説 35

Q35は男性が困っていることは何かを問う設問。Part 3の会話は、冒頭でどういう類のトラブルが起きているかが示され、以降はその原因や解決方法を話し合う内容が続くという流れになるものが多い。集中して冒頭部分を聞き取るようにしよう。

男性は冒頭のI'm working on the bill for one of Dr. Singh's patients, and I keep getting an error message for the code I'm using…の文で、請求書の処理中にコードのエラーが出続けているという状況を伝えている。この部分を聞き取り、トラブルの内容を理解した上で、(B)のPreparing a billが、working on the billの言い換えであることに気付くことが必要。この冒頭部分を聞き逃してしまうと、その後に続く部分で耳に残る単語であるDr.やpatientsを元に(C) Contacting a patientを選んでしまう可能性がある。その先を聞き続けても、病院という場面や、はっきり発音されるA blood test.を元に(A) Conducting a testを正解と思い込んでしまうかもしれない。また、2カ所出てくるbilling「請求書」という語から(D) Shipping an orderのことを話していると誤解してしまうこともありそうだ。やはり冒頭部分の聞き取りが非常に重要である。

解答と解説

Questions 38 through 40 refer to the following conversation and schedule.

問題 38-40 は次の会話と予定表に関するものです。

M The results of your checkup look good, overall. Congratulations! You're in much better shape than you were when you last visited our medical practice. What have you been doing to keep healthy?

あなたの健康診断の結果はおおむね良好なようです。おめでとうございます！ あなたは当診療所に前回いらっしゃったときよりも、はるかに健康ですね。健康を保つために何をしてこられたのですか。

W Well, I've been jogging a lot more lately, but sometimes my knees hurt. I love aerobic exercise, but I don't want to get injured. Is there something else I could do?

ええと、最近はもっとたくさんジョギングをするようにしていますが、たまに膝が痛むんです。エアロビクス運動は大好きなのですが、けがをしたくありません。他に何か私ができそうなことはありますか。

M Well — you could try swimming. It's easier on the knees. I believe they have weekly open swim times for adults at the local community center. Here — I happen to have their spring schedule with me.

そうですね——水泳を試してみてもよいでしょう。膝への負担がより少ないですよ。確か、地元のコミュニティーセンターで大人向けに毎週開催されている参加自由の水泳の時間帯があるはずです。どうぞ——たまたま、この春季予定表を持ち合わせておりました。

W I'm actually free on that day — I'll give it a try. Thanks!

実はその曜日は空いているんです——試してみます。ありがとうございます！

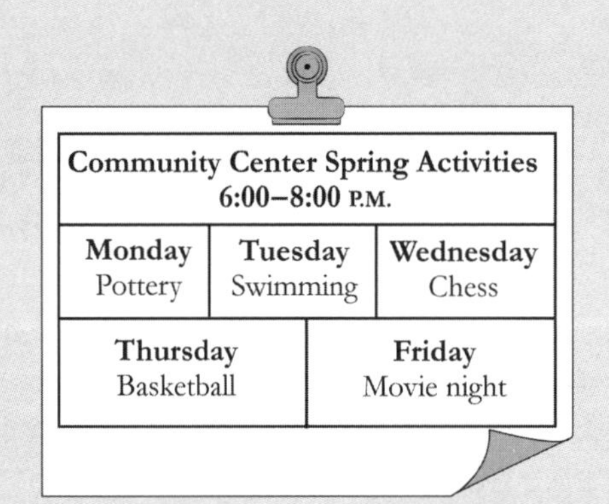

Community Center Spring Activities
6:00–8:00 P.M.

Monday	Tuesday	Wednesday
Pottery	Swimming	Chess

Thursday	Friday
Basketball	Movie night

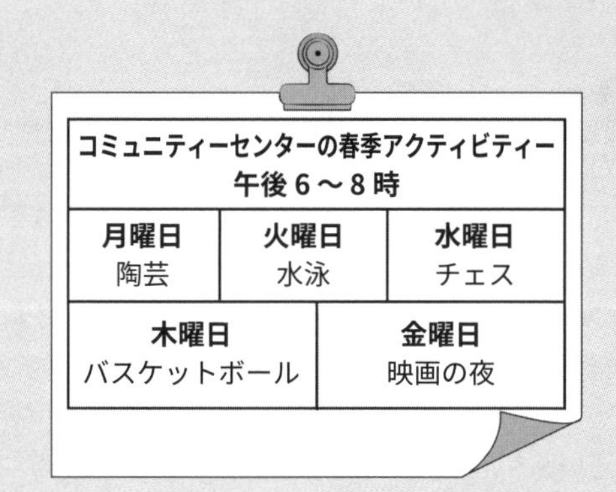

コミュニティーセンターの春季アクティビティー
午後 6～8 時

月曜日	火曜日	水曜日
陶芸	水泳	チェス

木曜日	金曜日
バスケットボール	映画の夜

語注 checkup 健康診断／overall おおむね、全体的に／be in good shape 健康状態が良い／medical practice 診療所／jog ジョギングする／lately 最近は／aerobic exercise エアロビクス、有酸素運動／injure ～にけがをさせる／easy （負担などが）軽い、きつくない／happen to *do* 偶然～する／free 時間が空いている、予定のない／give it a try 試しにやってみる 図表 pottery 陶芸、製陶
39 requirement 必要条件／alternative 別の、代わりの／available 空いている／operating hours 営業時間

正解 **38** C **39** B **40** A

 **38** 男性は誰だと考えられますか。

(A) フィットネスコーチ
(B) 教師
(C) 医師
(D) 受付係

39 女性は男性に何について尋ねていますか。

(A) 職務要件
(B) 別の種類の運動
(C) 空いている予約時間帯
(D) 事業所の営業時間

40 図を見てください。春季に、女性はいつコミュニティーセンターへ行くと考えられますか。

(A) 毎火曜日
(B) 毎水曜日
(C) 毎木曜日
(D) 毎金曜日

難問解説 38

Q38は話し手の職業を問う設問。会話中に正解のヒントとなるキーワードが複数出てくるので、比較的容易なタイプの問題である。男性の最初の発言にあるThe results of your checkup「あなたの健康診断の結果」、You're in much better shape「あなたははるかに健康で」、when you last visited our medical practice「あなたが当診療所に前回来たとき」という3カ所のキーフレーズから、さらに患者と考えられる女性に会話後半で運動に関するアドバイスをしていることからも、男性の職業は(C)「医師」と分かる。

ただし上の発言以降は具体的なキーワードは流れないので、ここを聞き逃してしまうと、男性の2つ目の発言にあるyou could try swimmingやIt's easier on the knees.から(A)「フィットネスコーチ」や(B)「教師」を、同様に後半のthey have weekly open swim times for adults at the local community centerやI happen to have their spring schedule with meなどから(D)「受付係」を選んでしまう可能性がある。聞き取れた語句からの類推だけで正解を選ぶことは避けるようにしたい。

Column 1

自分で出せる音は聞き取れる

── 音の特徴をつかむ ──

リスニングセクションでうまく音が聞き取れなかったフレーズやセンテンスを、スクリプトで確認してみたら、「え、こんな英文だったの？」と思った経験は、英語力がかなり高い方でも、たびたびあるのではないだろうか。これは英語の音が、連結や同化などの音変化や強弱リズムなど、日本語とは異なる特性によって、思っていたのと違う音になることがしばしばあるためだ。だから、文字で見ると比較的単純な英文なのに聞き取れず、正解を選べない、ということが起こり得る。かなりもったいない話だ。

 トークは種類によって聞き取りが難しい

Part 4 の例題のトーク（p.26、🔊 007-008）を例に取り上げてみよう。これは、指示文の broadcast とトーク冒頭部分から分かるようにポッドキャスト放送だが、こういった放送系はトークの中でも聞き取りの難易度が高いものの一つだ。番組司会者などのしゃべりのプロが、リズム感のある早口で調子よく話すという設定になっているからである。ここでは、司会者名の Raul Bautista と番組名の *History with Raul* は比較的聞き取りやすいだろう。しかし、その直後に話される番組の趣旨と今週の話題は、注意していないと、設問にも関わる肝心な点を聞き逃す可能性がある。

番組の趣旨は we investigate little-known historical facts that have had a huge impact on today's world と示されており、特に大事なのが下線部の「あまり知られていない歴史的事実を掘り下げて調べる」の部分。investigate と little-known がやや難度の高い語だが、はっきり発音されているので聞き取りは難しくない。historical はヒストーリカルとトーが強く長く発音されるが、瞬時に番組名の History の形容詞だと把握したい。

その後に続くのが、本日（＝今週）の話題だ。Today we'll be discussing ～は「今日は～について話し合います」の意味。ウィールビーディスカスィンと聞こえるのでやや聞き取りにくいかもしれないが、ここは続く a topic from art history「美術史からの話題」が聞き取れれば OK。問題は、次の本題部分。弱めの We'll hear about ～「私たちは～について話を聞きます」に続く the mysterious disappearance of some paintings from a museum in seventeenth-century Europe が番組の本日のお題で、前半の paintings までが特に重要だが、ここの聞き取りの難易度が高い。ミスティーァリアサディサピリアンソフサムペインティングスという感じで読まれており、この長いフレーズに埋め込まれている disappearance の 1 語を聞き逃すと、ポッドキャストの今週の話題を尋ねている Q1 で確証を持って正解を選ぶのは難しくなる。

 “お手本”の発音をまねる練習

まずは、キーワードとなる Today などを聞き逃さず、その後に続く本題を集中して聞き取ることが大事だが、リスニング中、もしよく聞き取れなかったフレーズがあったら、後でスクリプトを見ながら音声を聞き直し、自分でそっくりまねしてしゃべってみよう。そうすれば、例えば disappearance はディサピリアンのように発音されることが実感でき、この音が流れてきたときもすぐそれと分かるようになる。このトークの中では、後半の Professor Ignacio Ortega from Westland University will explain …や… by the financial support of our members の下線部でも音の連結が起こり、それぞれウィレクスプレインやサポータバウのように聞こえるので、センテンス全体を聞いてまねしてみよう。聞き取り力の強化のみならず、英語らしい語勢やリズムを体得する練習にもなり、しかも楽しいので、お薦めのトレーニングだ。

図表問題 2

041-044

目次やフローチャートなど、図表の情報と会話の流れをつなげながら、概要を把握しましょう。

Business Plan

Part 1 ......Company Overview
Part 2 ......Services
Part 3 ......Industry Analysis
Part 4 ......Advertising
Part 5 ......Budget

41. What kind of business does the man want to start?

(A) A shop
(B) A restaurant
(C) A bank
(D) A farm

42. What does the man say he learned from his previous business?

(A) How to apply for an operating permit
(B) How to negotiate a vendor contract
(C) How to make attractive advertisements
(D) How to identify potential customers

43. Look at the graphic. Which part of the business plan does the woman suggest revising?

(A) Part 2
(B) Part 3
(C) Part 4
(D) Part 5

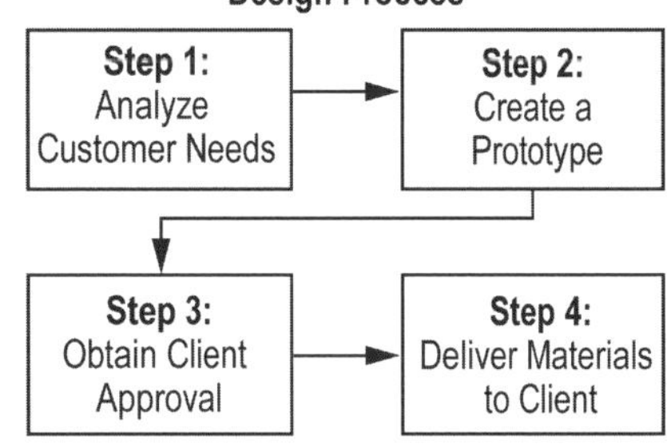

Design Process
Step 1: Analyze Customer Needs
Step 2: Create a Prototype
Step 3: Obtain Client Approval
Step 4: Deliver Materials to Client

44. What is the main topic of the conversation?

(A) Training materials
(B) Banking hours
(C) Job descriptions
(D) Customer complaints

45. Look at the graphic. When will the speakers need to make a payment?

(A) After Step 1
(B) After Step 2
(C) After Step 3
(D) After Step 4

46. What does the woman say she has been busy doing?

(A) Interviewing candidates
(B) Moving her office
(C) Renovating a house
(D) Finalizing a sale

Questions 41 through 43 refer to the following conversation and table of contents.

問題 41-43 は次の会話と目次に関するものです。

W OK. I reviewed your business plan and I think you're off to a great start. You have an interesting concept for your new restaurant. I especially like how much thought you put into the customers you expect to dine there.

よろしいでしょう。あなたの事業計画書を審査させていただき、幸先良いスタートを切れると思います。ご自分の新しいレストランのための興味深い構想をお持ちですね。特に、そこで食事をする見込客についてあなたが実にしっかり考えておられる点が気に入りました。

M Yeah. That's something I learned from my last business venture. I tried to appeal to everyone, which I now know was a mistake. This time I have a much better idea of who I want to attract.

はい。それは、私が前回の新規事業から学んだことです。私は全ての人に訴求しようとしましたが、今ではそれは間違いだったと分かります。今回は、どんな人を引き付けたいのかに関して、私ははるかによく理解しています。

W Perfect. Now… since you're hoping to use this plan to apply for a loan, I suggest revisiting your projected budget. In particular, you should allocate more of the expenses to staffing. About 35 percent is standard in the restaurant industry.

大変結構です。さて…あなたは本計画書をもって融資へのお申し込みを希望しておられますので、計画予算の再考をお勧めいたします。特に、もっと多くの経費を人員配置に割り当てるべきです。外食産業では約 35 パーセントが標準的です。

Business Plan

Part 1 ......Company Overview
Part 2 ......Services
Part 3 ......Industry Analysis
Part 4 ......Advertising
Part 5 ......Budget

事業計画書

第 1 部　会社概要
第 2 部　サービス
第 3 部　業界分析
第 4 部　広告
第 5 部　予算

語注 table of contents　目次／review　～を審査する、～を見直す／business plan　事業計画書／be off to a ～ start　～なスタートを切る／concept　構想、概念／put thought into ～　～について考える／dine　食事をする／venture　投機的事業、ベンチャー／appeal to ～　～の心に訴える／attract　～を引き付ける、～を魅了する／apply for ～　～に申し込む／loan　融資／suggest *doing*　～することを勧める／revisit　～を再考する／projected　推定の／budget　予算／allocate　～を割り当てる／expenses　＜複数形で＞経費／staffing　人員配置　図表 overview　概要／analysis　分析／advertising　広告　42 operating permit　営業許可／negotiate　～（条件・契約など）を取り決める／vendor　販売業者／identify　～を特定する、～を識別する／potential　潜在的な

41 男性はどのような種類の事業を始めたいと思っていますか。

(A) 商店
(B) レストラン
(C) 銀行
(D) 農場

42 男性は、自分の以前の事業から何を学んだと言っていますか。

(A) 営業許可を申請する方法
(B) 販売業者との契約書を取り決める方法
(C) 魅力的な広告を作る方法
(D) 潜在的顧客を特定する方法

43 図を見てください。女性は事業計画書のどの部分を修正することを勧めていますか。

(A) 第2部
(B) 第3部
(C) 第4部
(D) 第5部

難問解説 42

Q42は詳細情報を問う問題。該当箇所を聞き逃した場合は当然だが、聞き取れても正しい解釈ができないと選択肢の言い換えに気付かず、正解できないだろう。可能なら設問にさっと目を通しておき、設問文のhe learned from his previous businessが男性の発言のI learned from my last business ventureと同じことを言っていると気付いた瞬間に集中して聞くようにする。I tried to appeal to everyone, which I now know was a mistake.と過去の行動と対比してから、This time I have a much better idea of who I want to attract.と過去から学んで今回向上した点を述べている部分が鍵。この内容を解釈すると(D)「潜在的顧客を特定する方法」が同意であると分かる。

この解釈ができないと、発言中のattractから(C) How to make attractive advertisementsを、それ以前に該当箇所を聞き取れなければ、女性の最後の発言にあるapply forを含む(A) How to apply for an operating permitを選んでしまう可能性がある。正解につながる箇所を確実に聞き取る力と、会話の状況を素早くつかむ力が大事である。

解答と解説

043-044

Questions 44 through 46 refer to the following conversation and flowchart.

問題 44-46 は次の会話とフローチャートに関するものです。

M Lena, do you have a minute? Remember how we discussed creating an e-learning course for the new real estate software?

Lena、ちょっとよろしいですか。新しい不動産ソフトウエア用の e ラーニング講座開設について、私たちが話し合った内容を覚えていますか。

W Yes, that way our real estate agents will learn how to use it quickly.

はい、そのような形にすれば、当社の不動産仲介業者たちは、その使い方をすぐに習得できるでしょう。

M So, I found a company that can actually design the course for us — here's their design process.

それで、実際に当社のために講座を設計することができる会社を見つけました――こちらがその会社の設計工程です。

W OK, but how can we be sure it'll be exactly what we're looking for?

なるほど、でもそれがまさに私たちが求めているものになるだろうと、どうやって確認できるのですか。

M They won't charge us any money until we've approved the prototype version. I can show you more if you have time.

私たちが試作版を承認するまで、先方は当社に一切請求してきません。もしお時間があれば、より詳しくご説明できます。

W I'd like that. But not now. I have to finalize the sale of that commercial property on Pine Street in ten minutes.

それはいいですね。でも、今は無理です。パイン通りにある例の商業用物件の売却を、10 分以内に最終決定しなければならないのです。

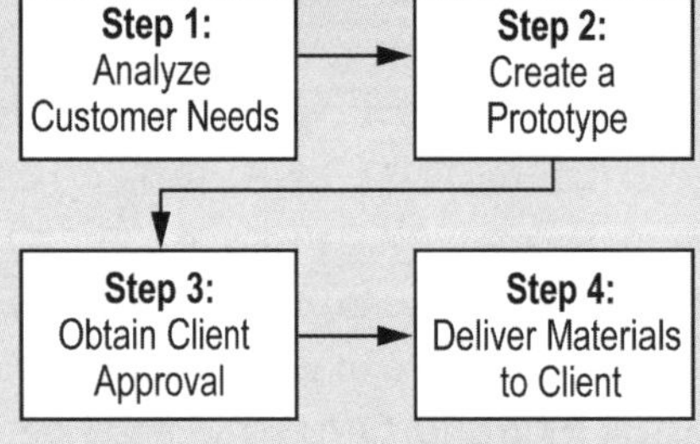
Design Process
Step 1: Analyze Customer Needs
Step 2: Create a Prototype
Step 3: Obtain Client Approval
Step 4: Deliver Materials to Client

設計工程

ステップ 1：顧客のニーズを分析 → ステップ 2：試作版を制作 → ステップ 3：顧客の承認を取得 → ステップ 4：顧客へ資材を送付

語注 have a minute 少し時間がある／real estate 不動産／agent 仲介業者／design ～を設計する／process 工程、手順／exactly まさに、確かに／look for ～ ～を求める、～を探す／charge ～に請求する／approve ～を承認する／prototype 試作品、プロトタイプ／finalize ～を最終決定する、～を仕上げる／sale 売却、販売／commercial 商業用の／property 物件、不動産 図表 analyze ～を分析する／obtain ～を得る／approval 承認／deliver ～を配達する／material 資料、資材 44 complaint 苦情 46 candidate 志願者、候補者／renovate ～を改修する、～を改装する

44 会話の主要なテーマは何ですか。

(A) 研修用教材
(B) 銀行の営業時間
(C) 職務内容記述書
(D) 顧客からの苦情

45 図を見てください。話し手たちはいつ支払いをする必要がありますか。

(A) ステップ 1 の後
(B) ステップ 2 の後
(C) ステップ 3 の後
(D) ステップ 4 の後

46 女性は何をするのに忙しくしていると言っていますか。

(A) 志望者を面接すること
(B) 自分の執務室を移すこと
(C) 住宅を改修すること
(D) 売却を最終決定すること

難問解説 45

この問題の図表は文字情報が多いフローチャート形式だが、このように文字が多い図や見慣れない内容の図は当然、難易度が高くなる。このような場合、図表内の文字情報と会話内の音声は必ずしも一致しないため、図表の表現にとらわれないように気を付ける必要がある。図にある英語がそのまま会話の音声に出てくると予想していると、prototype が聞こえただけで、その単語が含まれる (B) を選んでしまう結果になる。

Q45 の解き方としては、先に設問文に目を通し、When will the speakers need to make a payment から「いつ支払いをする必要があるか」を念頭にリスニングするのが望ましい。次に会話の音声で、男性の 3 つ目の発言 They won't charge us any money until we've approved the prototype version. から won't charge us any money until ～「～まで料金が請求されない、～して初めて料金を支払う」という料金の支払時期に関する表現を聞き取る。そして、時期を述べた until we've approved the prototype version をしっかり頭に入れ、すぐに図に目を通す。すると、Step 3 の Obtain Client Approval「顧客の承認を取得」から正解 (C) を選ぶことができるだろう。

Column 2

会話相手になりきって応答を予想する

── 想像力を駆使する ──

今回本書で取り上げている Part 2 の応答問題における難問（正答率の低い問題）は、そのほとんどが、正解の選択肢がいわゆる間接的な応答になっているものだ。つまり、質問に対して直接的な答えを返すのではなく、少しそれた視点から答えたり、言外の意味を込めて真の意図を伝えたりする類のものである。これが不得意で Part 2 に苦手意識を持っている人も多いようだが、この種の少し外した答え方は、実生活の会話では非常によく耳にする。近年、*TOEIC*® L&R は実際の会話の場面で使われている英語表現をより一層重視するようになっているので、上級者への階段を上るためには、この種の問題を確実に正解することが重要だ。

例えば、Part 2 の例題の Q3（p.18）を見てみよう。

What happened at the workshop yesterday?	昨日の研修会では何がありましたか。
(A) It's been working fine.	うまく動いていますよ。
(B) I missed it, too.	私もその会を欠席しました。
(C) I like that shop.	私はあの店が好きです。

正解は (B) だが、質問「研修会を欠席したので、様子を尋ねた」→　応答「自分も欠席した（ので何があったかはよく分からない）と答えた」という状況を瞬時につかめないと、即座にこれを選ぶのは難しい。(　　) 内が応答者が暗に示唆している部分である。一般的には「何があったか」という質問には「〇〇があった」という答え方が基本なので、そう思っていると、「私」が主語に来るだけでも予想外となり、正誤判断に時間がかかってしまうことになる。

想像力を養う練習

こうした問題に対応できるようになるためには、単純に選択肢の音声が流れるのを待って選ぶだけではなく、質問や発言を聞いたときに、自分が聞き手になったつもりで、あり得そうな応答を想像して言ってみる練習が有効だ。最初は素直な応答で構わない。そこから、「こんな状況もあり得るかも」と考えて外した応答を考えてみよう。例えば、上の Q3 への応答であれば以下のような感じだ（上から順に直接的→間接的な応答）。

・Raul made a wonderful presentation.	Raul が素晴らしいプレゼンをしました。
・It took longer than originally planned.	当初の予定より長くかかりました。
・Do you mean the one about security software?	セキュリティーソフトに関する研修会のことですか。
・That's what I wanted to ask you.	それは、私がお聞きしたいと思っていたことです。
・Sorry, I don't have time to talk now.	すみません、今は話す時間がないんです。

すぐに口頭で答えるのが難しければ、まず紙に書いて、それを臨場感たっぷりに言ってみるとよいだろう。想像力を働かせてどんどん自由に応答を考えてみよう（ただし、会話として成り立たない応答にならないように注意）。自分で考え付く視点が多いほど、テストでどんな応答が来ても瞬時に判断できる可能性が高くなる。

これは、楽しんで状況を考えながら発想力を鍛える訓練になり、Part 2 の難問への対応力と英語の発話力を同時に強化できる一石二鳥のトレーニングだ。上級者を目指す方なら、ぜひ試してみてほしい。

Part 4 説明文問題

さまざまなタイプの問題

バラエティに富んだトークを聞いて、概要から詳細までを問う問題を解いてみましょう。

47. What type of event is taking place?
(A) A gallery opening
(B) A retirement party
(C) An awards ceremony
(D) A school fund-raiser

48. What happened in June?
(A) A building was purchased.
(B) A marketing campaign began.
(C) Some deadlines were extended.
(D) Some artists were selected.

49. What does the speaker imply when she says, "tourism in the area has doubled"?
(A) A project was successful.
(B) More volunteers are needed.
(C) Renovation work can begin.
(D) It is difficult to find parking.

---

50. What product does Castillo manufacture?
(A) Jewelry
(B) Clothing
(C) Art supplies
(D) Backpacks

51. Why does the speaker say, "Just look at the color selection in these samples"?
(A) To introduce a new manufacturing technique
(B) To assign a task
(C) To express disappointment
(D) To support a decision

52. What will Hae-Rim do?
(A) Present financial information
(B) Share competitor data
(C) Analyze survey results
(D) Introduce advertising layouts

---

53. Why is the speaker calling?
(A) To register for a training session
(B) To request help with a project
(C) To book a meeting room
(D) To get updated customer information

54. What does the speaker imply when she says, "it wasn't my idea"?
(A) She knows a change is inconvenient.
(B) She thinks a colleague deserves credit.
(C) She would like the listener's opinion.
(D) She is going to explain a new procedure.

55. What does the speaker ask the listener to do?
(A) Order business cards
(B) Check a mailbox
(C) Revise a report
(D) Reserve a booth

Questions 47 through 49 refer to the following speech.

問題 47-49 は次のスピーチに関するものです。

W

Thanks for joining us at the City of Belmont community awards dinner. Tonight, community members have gathered here to honor a group of artists who were asked to beautify the streets of Belmont. Back in June, after a long selection process, five talented artists were chosen to paint the walls of several buildings around the city. We hoped that this project would draw attention to one of the oldest areas in the city. Well, the murals were completed a month ago and tourism in the area has doubled. Please welcome our talented artists.

ベルモント市地域賞授賞ディナーにご参加いただきありがとうございます。今夜、ベルモント市の街路を美しく飾るように依頼された芸術家の一団を表彰するために、地域の皆さんにここへお集まりいただきました。6月にさかのぼりますが、長い選考過程を経て、5名の才能豊かな芸術家の方々が選出され、市内全域の幾つかの建物の外壁に絵を描くことになりました。私たちは、本プロジェクトが市内最古の地区の一つに関心を集めることを期待していました。さて、壁画群は1カ月前に完成し、同地域の観光は倍増しました。才能豊かな芸術家の方々をお迎えください。

47 どのような種類のイベントが行われていますか。

(A) 画廊の開場式
(B) 退職パーティー
(C) 授賞式
(D) 学校の資金集めの催し

48 6月には何が起こりましたか。

(A) 建物が購入された。
(B) マーケティングキャンペーンが開始した。
(C) 幾つかの最終期限が延長された。
(D) 何名かの芸術家が選出された。

49 話し手は "tourism in the area has doubled" という発言で、何を示唆していますか。

(A) プロジェクトが成功した。
(B) ボランティアがもっと必要である。
(C) 改修作業が開始可能である。
(D) 駐車場を探すのが困難である。

難問解説 47

Q47 はイベントの種類を問う設問。イベントや催しのオープニングで、主賓を紹介する際のスピーチは通常、聴衆への挨拶と導入 → 人物紹介（主賓の職業・経歴・業績など）→ 歓迎の言葉の流れになる。これを踏まえると、冒頭の Thanks for joining us at the City of Belmont community awards dinner. と、3～4行目の… have gathered here to honor a group of artists からこのイベントが (C) 授賞式であることが分かる。特に下線部は正解を選ぶために一番の決め手となる語句。

この冒頭部分や最後の歓迎の言葉 Please welcome our talented artists. をしっかり聞かずに、中間の人物紹介の内容にフォーカスしてしまうと、talented artists「才能豊かな芸術家」や paint「～を（絵の具で）描く」、少し難しいが murals「壁画」といった語句からの連想で (A) A gallery opening を選んでしまう可能性がある。趣旨とは無関係の (B) A retirement party や (D) A school fund-raiser を選ぶ可能性は低いが、artist に関連がありそうな party や school につられて選択しないためにも、選択肢中の retirement「退職」と fund-raiser「資金集めの催し」の意味を知っている必要がある。

語注 award 賞／gather 集まる／honor ～を表彰する、～に敬意を表す／beautify ～を美しく飾る、～を美化する／selection 選考／talented 才能豊かな／draw attention to ～ ～に関心を集める／mural 壁画／double 倍増する
47 retirement 退職／fund-raiser 資金集めの催し **48** deadline 締め切り／extend ～を延長する
49 successful 成功した／renovation 改修、改装

正解 47 C 48 D 49 A 50 B 51 D 52 A

Questions 50 through 52 refer to the following excerpt from a meeting.

問題 50-52 は次の会議の抜粋に関するものです。

M

Today I want to focus our discussion on Castillo, a clothing brand we will start selling in our stores next month. As you know, our stores attract mainly younger shoppers. In thinking about fashion trends we want to feature, the marketing department has found that customers aged twelve to eighteen prefer styles that come in a lot of different colors. We chose Castillo as a new vendor for this very reason. Just look at the color selection in these samples! Now, the finances of carrying Castillo's line. Hae-Rim will go over the anticipated costs and profit estimates.

本日は Castillo に議論の焦点を当てたいと思います。当社店舗で来月に販売を開始する予定の衣料品ブランドです。ご存じのように、当社の店舗は主に若年層の買物客を引き付けています。当社が特色として打ち出したいファッショントレンドについて考える中で、マーケティング部は、12 歳から 18 歳の顧客がさまざまなカラー展開があるスタイルを好むことを発見しました。私たちが Castillo を新しい供給業者として選んだのは、まさにこの理由からです。これらの見本品で、色の選択肢の幅を見てください！それでは、Castillo の商品ラインを運営する財源についてです。Hae-Rim が、予測される経費と利益の見積もりについて詳しく見ていきます。

50 Castillo はどんな製品を製造していますか。

(A) 宝石類
(B) 衣料品
(C) アート用品
(D) リュックサック

51 話し手はなぜ "Just look at the color selection in these samples" と言っていますか。

(A) 新しい製造技術を紹介するため
(B) 仕事を割り当てるため
(C) 落胆を表すため
(D) 決定事項を裏付けるため

52 Hae-Rim は何をしますか。

(A) 財務情報を提示する
(B) 競合他社のデータを共有する
(C) 調査結果を分析する
(D) 広告のレイアウトを紹介する

難問解説 **52**

Q52 はある人物の次の行動を問う設問。会議の抜粋に関する問題では、冒頭で議題が述べられ、最後に次の行動が示される場合が多い。設問文をさっと見て What will Hae-Rim do? から、Hae-Rim という人物を念頭に聞くとよい。トーク終盤の Now, the finances of carrying Castillo's line. の後に Hae-Rim will go over the anticipated costs and profit estimates. とあり、この部分に答えがあると分かる。go over ～「～を論じる、～を検討する」を present「～を提示する」に、costs and profit estimates「経費と収益の見積もり」を financial information「財務情報」に言い換えた (A) が正解。

この終盤で Hae-Rim という名前しか聞き取れないと、この人物が次に何かを「紹介する」のだろうという想像だけで (D) Introduce advertising layouts を、また話題転換を表す Now に気付かないと、それまでの内容の延長でトーク中の marketing から連想されそうな competitor data「競合他社のデータ」や survey results「調査結果」を含む (B) や (C) を選んでしまう可能性がある。

語注 excerpt 抜粋／focus ～ on … ～の焦点を…に当てる／attract ～を引き付ける／feature ～を目玉とする、～を特集する／aged ～ ＜数詞を伴って＞～歳の／come in ～ ～（大きさや色など）で提供・販売される／vendor 販売元、販売業者／finances ＜複数形で＞財源／carry ～を運営する、～を支える／line 商品ライン／go over ～ ～を検討する／anticipate ～を予想する／costs ＜複数形で＞経費／profit 利益／estimate 見積もり **50** supplies ＜複数形で＞備品、消耗品 **51** assign ～を割り当てる **52** competitor 競合他社／analyze ～を分析する／survey 調査／advertising 広告

Questions 53 through 55 refer to the following telephone message.

問題 53-55 は次の電話のメッセージに関するものです。

W

Hi Roberto, it's Amanda. The company president wants J-1 Electronics to have a booth at the trade fair in New York in June, and he wants us to make the arrangements and come up with a display. I know I said we really need to focus on updating the client database this week, but this trip just came up — it wasn't my idea. Anyway, I'll get the rest of the sales team together today, so we can brainstorm some ideas for the display. But in the meantime, could you contact the fair organizers about getting a booth? Thanks. And let me know if you have any questions.

もしもし Roberto、Amanda です。社長は J-1 エレクトロニクス社がニューヨークで 6 月に開かれる見本市にブースを出すことを望んでおり、私たちにその手配をして展示方法を提案してほしいと言っています。今週は間違いなく顧客データベースの更新に集中する必要があると私が言ったことは承知していますが、この出張はたった今持ち上がったんです──それは私の考えにはありませんでした。とにかく、私は販売チームの残りのメンバーを今日集めて、展示のためのアイデアを自由に出し合えるようにします。でもその間に、ブースの確保について見本市の主催者に連絡していただけますか。よろしくお願いします。それから、何か質問があれば私に知らせてください。

53 話し手はなぜ電話しているのですか。

(A) 研修会に登録するため
(B) 計画に関して手助けを求めるため
(C) 会議室を予約するため
(D) 最新の顧客情報を入手するため

54 話し手は "it wasn't my idea" という発言で、何を示唆していますか。

(A) 変更が不都合なものであると分かっている。
(B) 同僚が称賛を受けるべきだと考えている。
(C) 聞き手の意見を求めている。
(D) 新しい手順を説明するつもりである。

55 話し手は聞き手に何をするよう求めていますか。

(A) 名刺を注文する
(B) メールボックスを確認する
(C) 報告書を訂正する
(D) ブースを予約する

難問解説 53

telephone message のトークは、留守番電話の録音内容で、電話の目的や近況、依頼内容などについて詳しく述べられるという特徴がある。中でもこの Q53 のように目的を問う設問の出題頻度が高い。概して電話の目的は冒頭で述べられるが、この問題では電話をするに至った背景の説明から始まるので、早い段階で答えを選ぶとメッセージ中盤に出てくる updating the client database から (D) To get updated customer information を選択してしまう。だが、少し後の could you contact the fair organizers about getting a booth? から目的が依頼であると分かるので、背景と依頼内容を踏まえると (B) To request help with a project を正解に選ぶことができる。

背景説明を踏まえず getting a booth「ブースの確保」という言葉にとらわれてしまうと、その連想から (C) To book a meeting room を選ぶ可能性が高い。(A) To register for a training session は内容と無関係で、連想させるような語句も含まれないので、すぐに除外できるだろう。早計に判断せずメッセージ全体から意図を捉えることが大事である。

語注 booth （展示会などの）ブース／trade fair 見本市、展示会／arrangement 手配、準備／come up with ~ ~を提案する、~を考え出す／display 展示／focus on ~ ~に集中する、~に重点的に取り組む／update ~を更新する、~を最新の状態にする／come up （計画などが）持ち上がる／sales ＜複数形で＞販売部門、営業部／brainstorm ~について自由に意見を出し合う／in the meantime その間／organizer 主催者
53 register for ~ ~に登録する／book ~を予約する／updated 更新された、最新の **54** inconvenient 不便な／deserve ~を受けるに値する／credit 賞賛 **55** revise ~を訂正する、~を改訂する

意図を問う問題

話し手の意図について、前後の文脈から発言のニュアンスを正確につかみ、妥当な推測をしましょう。

56. What is the listener trying to do?
(A) Meet a film director
(B) Make a reservation
(C) Enter a contest
(D) Apply for a job

57. What does the speaker imply when he says, "a film festival is taking place here that week"?
(A) He recommends going to an event.
(B) He cannot fulfill a request.
(C) A city is becoming more popular.
(D) There will be a lot of traffic.

58. What did the speaker do for the listener?
(A) He reviewed an employment application.
(B) He purchased some event tickets.
(C) He confirmed a flight itinerary.
(D) He contacted another branch location.

---

59. Why does the speaker thank the listeners?
(A) For submitting design ideas
(B) For training new employees
(C) For working overtime
(D) For earning a certification

60. According to the speaker, what is scheduled for next month?
(A) A retirement celebration
(B) A trade show
(C) A factory tour
(D) A store opening

61. What does the speaker imply when she says, "it's a large space"?
(A) There is room to display new merchandise.
(B) High attendance is anticipated.
(C) A venue is too expensive.
(D) There is not enough staff for an event.

---

62. Who most likely is the speaker?
(A) A health inspector
(B) A store supervisor
(C) A maintenance worker
(D) An interior decorator

63. What does the speaker ask the listeners to do?
(A) Send accurate time sheets
(B) Save important documents
(C) Recommend a job candidate
(D) Keep an area neat

64. What does the speaker imply when he says, "the store's opening in a few minutes"?
(A) Customers should be patient.
(B) Employees should work quickly.
(C) A schedule was changed.
(D) A meeting is ending.

Questions 56 through 58 refer to the following telephone message.

問題 56-58 は次の電話のメッセージに関するものです。

M

Ms. Farsad, I'm calling from the Everett Inn in response to your inquiry about hotel reservations. We appreciate your interest in staying here during your vacation next month, but a film festival is taking place here that week. We do have another location on Pollard Avenue, though. It's further away from some of the main tourist sites, but close to public transportation. I spoke with the manager there, and she confirmed that they can accommodate you. But I suggest you make reservations soon, since there are only a few rooms left.

Farsad 様、Everett ホテルからお電話差し上げておりまして、ホテルの予約に関するお問い合わせにお答えいたします。来月のご休暇中、当ホテルに滞在されることにご関心をお持ちいただき感謝申し上げます。しかしその週は当地で映画祭が開催されることになっております。ですが、当ホテルにはポラード大通りに別の店舗がございます。そちらは幾つかの主要観光地からはより遠くなりますが、公共交通機関に近接しております。そこの支配人と話をしましたところ、支配人はお客さまにお部屋をご用意できると確約いたしました。しかし、あと数室しか残っておりませんので、すぐにご予約されることをお勧めいたします。

56 聞き手は何をしようとしていますか。

(A) 映画監督に会う
(B) 予約をする
(C) コンテストに参加する
(D) 仕事に応募する

57 話し手は "a film festival is taking place here that week" という発言で、何を示唆していますか。

(A) 彼はイベントに行くことを勧めている。
(B) 彼は要望に応えることができない。
(C) 市がさらに人気になりつつある。
(D) 交通量が多くなるだろう。

58 話し手は聞き手のために何をしましたか。

(A) 雇用の応募書類を見直した。
(B) イベントのチケットを幾つか購入した。
(C) 航空便の日程表を確認した。
(D) 別の支店に連絡を取った。

難問解説 57

Q57 のような発言の意図を推測する設問は、その発言の周辺の接続詞にも注意を払いたい。まず冒頭の I'm calling from the Everett Inn in response to your inquiry about hotel reservations から、宿泊予約に関する問い合わせへの回答であると分かる。続けて We appreciate your interest in staying here during your vacation next month と予約依頼へのお礼が述べられ、この後に設問文の発言があるが、直前の but を聞き逃さないようにする。来月の休暇に宿泊したいとの要望に感謝すると述べた後「しかし」とあれば、「それが難しい」というような残念な内容が続くと予想できる。ここでは a film festival is taking place here that week と理由を伝えることで間接的に断っていることが分かれば、正解 (B) He cannot fulfill a request. を選ぶことができる。

(D) There will be a lot of traffic. も残念なお知らせで事実かもしれないが、宿泊の要望と関連性が低い。(A) He recommends going to an event. や (C) A city is becoming more popular. は発言から連想できる内容だが、どちらも文脈に合致しない。

語注 inn　ホテル、旅館／in response to ～　～に応えて／inquiry　問い合わせ／reservation　予約／appreciate　～に感謝する／take place　行われる／location　店舗、場所／though　だが、しかし／further　さらに遠い／tourist site　観光地／close to ～　～の近くに／public transportation　公共交通機関／confirm　～と明言する、～を確認する／accommodate　～を宿泊させる、～を収容できる／suggest　～（すること）を勧める
56 apply for ～　～に申し込む　57 recommend　～を勧める／fulfill　～を満たす／traffic　交通、交通量
58 review　～を再検討する／employment application　職への応募書類、求職／itinerary　旅行日程／branch　支店

正解 56 B 57 B 58 D 59 C 60 B 61 A

Questions 59 through 61 refer to the following excerpt from a meeting.

問題 59-61 は次の会議の抜粋に関するものです。

W

Before we end this meeting, I want to thank everyone for the extra hours you've put in getting our new line of camera accessories ready for market. Because of your willingness to work overtime, the new products will be ready in time for the trade show coming up next month in Shanghai. That's in addition to the accessories we usually display, but it shouldn't be a problem. We've reserved a booth at the front of the exhibition hall this year, and it's a large space.

この会議を終える前に、当社のカメラ付属品の新製品ラインを市場に出す準備をするために残業をしていただいたことを、皆さんに感謝したいと思います。皆さんの残業をいとわないお気持ちのおかげで、新製品は来月上海で開催される予定の展示会に間に合う見通しです。それは当社が普段展示している付属品に追加される形になりますが、問題にはならないはずです。当社は今年、展示ホールの前方にあるブースを確保しており、そこは広いスペースですから。

59 話し手はなぜ聞き手に感謝しているのですか。

(A) デザインのアイデアを提出してくれたから
(B) 新しい従業員の研修をしてくれたから
(C) 残業してくれたから
(D) 証明書を取得してくれたから

60 話し手によると、来月に何が予定されていますか。

(A) 退職祝い
(B) 展示会
(C) 工場見学
(D) 店舗の開店

61 話し手は "it's a large space" という発言で、何を示唆していますか。

(A) 新商品を展示する余裕がある。
(B) 高い参加率が予想される。
(C) 会場の値段が高過ぎる。
(D) イベントに十分な数のスタッフがいない。

難問解説 61

展示会でのカメラ機器の展示ブースに関する話題。Q61 で問われているのは会議の最後で述べられている発言の意図なので、文脈を踏まえて考える。発言に至るまでの内容を理解していないと、it's a large space からの連想で (B) や (D) を選んでしまうことになる。

Because of your willingness to work overtime, the new products ... in Shanghai. で社員の頑張りによって新製品が来月の展示会に間に合うことを伝えた後、That's in addition to ... but it shouldn't be a problem. と、新製品は追加展示となるが問題はないと伝えている。そして、その理由として述べたのが発言を含む We've reserved a booth ... and it's a large space. である。すでに展示スペースは確保され、それはいつもの展示製品に加え新製品も同時に展示できるほど広いということなので、(A) There is room to display new merchandise. が正解。発言にある it は文前半の a booth「展示ブース」を指すが、これを「会場」と取り違えると (C) A venue is too expensive. を選んでしまう可能性がある。

語注 thank ～に感謝する／extra 余分の／put ～ in *doing* ～を…することに費やす／get ～ ready ～を準備する／line 製品ライン／accessories ＜複数形で＞付属品／market 市場／willingness to *do* いとわず～するという気持ち／work overtime 残業する／be ready in time for ～ ～に間に合うよう準備ができている／trade show 展示会、見本市／in addition to ～ ～に追加して／display ～を展示する／reserve ～を確保する、～を予約する／booth （展示会などの）ブース／front 前面／exhibition hall 展示ホール
59 submit ～を提出する／certification 証明、認定 **60** retirement 退職 **61** room （空間的な）余裕／merchandise 商品／anticipate ～を予測する、～を見込む／venue 会場

正解 62 B 63 D 64 D

Questions 62 through 64 refer to the following talk.

M

OK, before we open this morning, I'd like to talk to you about a couple of things. First — the break room. A lot of staff have been leaving personal items like coats, shoes, and bags in the break room for long periods of time. Keep in mind that everyone working here uses the break room, and it ought to be kept neat and clean. So, if you put any personal belongings in there, please take them with you at the end of your shift. There was one other thing, but, uh, the store's opening in a few minutes. Thanks.

問題 62-64 は次のトークに関するものです。

さて、今朝の開店前に、皆さんに2点お話ししたいと思います。1つは──休憩室です。多くの従業員がコート、靴、かばんのような私物を休憩室に長期間置きっぱなしにしています。ここで働く全員が休憩室を利用するので、そこはいつも整然としているべきだということに留意してください。ですから、そこに私物を置く場合、ご自分のシフト勤務の終了時に持ち帰ってください。もう1点あったのですが、ああ、店はあと数分で開店ですね。よろしくお願いします。

62 話し手は誰だと考えられますか。

(A) 衛生検査官
(B) 店の管理者
(C) 保守作業員
(D) 内装業者

63 話し手は聞き手に何をするよう求めていますか。

(A) 正確なタイムシートを送る
(B) 重要な書類を保存する
(C) 仕事の応募者を推薦する
(D) 場所をきれいに保つ

64 話し手は"the store's opening in a few minutes"という発言で、何を示唆していますか。

(A) 顧客は辛抱するべきだ。
(B) 従業員は手際よく働くべきだ。
(C) 予定は変更された。
(D) 会議は終わるところだ。

難問解説 64

このトークは、従業員に向けた開店前の事務連絡。連絡事項が2点あると話を切り出し、First — the break room. と述べて1点目の話を始め、それがしばらく続くことが分かる。そして There was one other thing と2点目を伝えようとした瞬間、but, uh, に続けて Q64 の発言があり、Thanks. で話を終えてしまう。ここが聞き取るべきポイント。話を途中でやめた理由を間接的に伝える the store's opening in a few minutes「店はあと数分で開店する」という発言から、これ以上は話す時間がない、つまり、事務連絡は終了するということが分かるので、正解は (D)。

唐突に話を止めた理由が理解できないと、(C) A schedule was changed. を選ぶ可能性がある。また、この発言を文字通りに捉えてしまうと、もうすぐ開店なので開店前後に予想される情景から (A) Customers should be patient. や (B) Employees should work quickly. と思うかもしれない。発言の意図を問う問題では、この問題の but のように話の展開を示す接続詞に注目しよう。

語注 a couple of ～　2つの～、2、3の～／break room　休憩室／period　期間／keep in mind (that) ～　～(ということ) を心に留めておく／ought to *do*　～すべきだ／neat　整然とした、きちんとした　★ neat and clean で「きちんと片付いた状態で」／belonging　所持品／shift　シフト、交替勤務時間　**62** inspector　監査官、検査官／supervisor　管理者、監督者／maintenance　保守整備　**63** accurate　正確な／recommend　～を推薦する／candidate　志願者、候補者

図表問題 1

企業のサービスや看板など、図表を見ながら聞くトークの問題2つを解いてみましょう。

COMPANY	BEST FEATURE
Lowz	No equipment charge
Gatepath	Payments from mobile phones
E-buzz	Flexible contracts
MRC	Online customer service

65. What type of business is being launched?
(A) A financial consulting firm
(B) A real estate agency
(C) A restaurant
(D) An electronics store

66. What does the speaker say she is pleased about?
(A) The location of public transportation
(B) The price of some equipment
(C) Some job applications
(D) Some building renovations

67. Look at the graphic. Which company does the speaker want to use?
(A) Lowz
(B) Gatepath
(C) E-buzz
(D) MRC

International Week Specials
Monday
Korean Barbecue
Tuesday
Italian Pasta
Wednesday
Indian Curry
Thursday
Mexican Tacos

68. Where is the announcement most likely being made?
(A) In an amusement park
(B) In a supermarket
(C) In a restaurant
(D) In an airport lounge

69. Look at the graphic. What is offered today?
(A) Barbecue
(B) Pasta
(C) Curry
(D) Tacos

70. What is provided with a purchase?
(A) Beverages
(B) Serving utensils
(C) Discount coupons
(D) Recipes

解答と解説

Questions 65 through 67 refer to the following telephone message and list of services.

問題 65-67 は次の電話のメッセージとサービスの一覧に関するものです。

W

Hi, Kim. I'm calling about the preparations for opening our new restaurant. I just stopped by the building to check on the dining room renovations, and I was really pleased at how good the place looks. I've also checked into merchant service companies that process credit card payments for small businesses, and I sent you a list of the best features that each company offers. There's one that doesn't charge for the equipment we need to read the credit cards, so that's an attractive feature. But another company allows people to pay at the table using their mobile phones. I think customers would really appreciate that convenience, so I suggest using that one.

もしもし、Kim。私たちの新しいレストランの開店準備について電話しています。私はちょうど、その建物に立ち寄ってダイニングルームの改修を確認してきたところですが、外観がとても良く仕上がっていて大変満足しました。私はまた、中小企業向けにクレジットカード決済の処理をする商業サービス会社について調べて、各社が提供する最大の特長の一覧を送りました。クレジットカードを読み取るのに必要な機器の料金を請求しない会社が１社あるので、それは魅力的な特長ですね。しかし別の会社は、顧客が携帯電話を使用してテーブルで支払えるようにできるんです。お客さまにとってはその便利さはとてもありがたいと思うので、私はその会社の起用を提案します。

COMPANY	BEST FEATURE
Lowz	No equipment charge
Gatepath	Payments from mobile phones
E-buzz	Flexible contracts
MRC	Online customer service

会社	最大の特長
Lowz 社	機器の料金が無料
Gatepath 社	携帯電話からの支払い
E-buzz 社	融通の利く契約
MRC 社	オンラインでの顧客サービス

語注 stop by ～　～に立ち寄る／check on ～　～を確認する、～を点検する／renovation　改修／be pleased at ～　～に満足している／place　店、場所／check into ～　～について調べる／merchant　商業の／process　～を処理する／small business　中小企業、小規模事業／feature　特徴、特色／offer　～を提供する／charge for ～　～の料金を請求する／equipment　機器、器具／read　～を読み取る／attractive　魅力的な／allow ～ to *do*　～が…するのを可能にする／appreciate　～をありがたいと思う、～の良さが分かる／convenience　便利さ／suggest *doing*　～することを提案する　図表 charge　料金／flexible　融通の利く、柔軟な／contract　契約／online　オンラインの、インターネット上の　65 launch　～（事業など）を起こす／real estate　不動産／agency　仲介者、代理人　66 public transportation　公共交通機関／job application　求人への応募

65 どのような種類の事業所が立ち上げられる予定ですか。

(A) 金融コンサルティング会社
(B) 不動産仲介会社
(C) レストラン
(D) 電子機器店

66 話し手は何に満足していると言っていますか。

(A) 公共交通機関の立地
(B) 機器の価格
(C) 求人への応募
(D) 建物の改修

67 図を見てください。話し手はどの会社を利用したいと考えていますか。

(A) Lowz 社
(B) Gatepath 社
(C) E-buzz 社
(D) MRC 社

難問解説 66

Q66 の設問文にさっと目を通すと詳細情報を問う内容だと分かるので、それを踏まえて音声に備える。設問文にある is pleased about を念頭に置いて聞くと、4 行目で renovations の話に続いて設問文と同じ pleased を使った I was really pleased at how good the place looks (4 ～ 5 行目) が流れる。これを聞いた瞬間に選択肢をチェックすると、同じく renovations を使った (D) Some building renovations が正解と判断できるだろう。

設問文にも選択肢にも言い換えが使われていない容易な設問であるはずだが、正答率が芳しくないのは上記のような手順で解答していないことが理由と考えられる。最後まで聞いてから判断しようとすると、正解に必要な情報が含まれる文より後に流れる There's one that doesn't charge for the equipment ... so that's an attractive feature. の doesn't charge for the equipment と an attractive feature に注目して (B) The price of some equipment を選んでしまう確率が高くなる。音声を聞く前に設問文に目を通すことは必須ではないが、トピックが複数含まれるこのようなトークでは、特に有効な方法と言える。

Questions 68 through 70 refer to the following announcement and sign.

問題 68-70 は次のお知らせと看板に関するものです。

W

Attention all customers. If you're looking for a quick meal solution, stop by our prepared-food section for an easy, nutritious take-out dinner. We're celebrating international week at our grocery store. Yesterday's Italian pasta was a big hit, and if you enjoy spicy food, you'll definitely want to see what our chefs have prepared for you today. You can try a sample at the counter in aisle nine. The dishes are available in single, double, and family-size portions, for your convenience. When you pick up a meal, you'll also find some recipe cards included in the package.

お客さまにお知らせいたします。もし手早い食事の解決策をお探しなら、当店の調理済み食品コーナーにお立ち寄りいただき、手軽で栄養たっぷりのお持ち帰り用ディナーをお求めください。当食料雑貨品店では、国際週間を開催しております。昨日のイタリアンパスタは大好評でしたし、ピリ辛料理がお好きなら、当店のシェフが本日、お客さまのためにご用意した品を絶対にお見逃しなく。9 番通路のカウンターにてご試食いただけます。料理は 1 人用、2 人用、ご家族用の量、とお客さまのご都合に合わせてお求めになれます。お食事をお受け取りの際には、包みの中にレシピカードも入っています。

International Week Specials
Monday Korean Barbecue
Tuesday Italian Pasta
Wednesday Indian Curry
Thursday Mexican Tacos

国際週間の特別料理
月曜日 韓国式バーベキュー
火曜日 イタリアンパスタ
水曜日 インドカレー
木曜日 メキシカンタコス

語注 announcement　お知らせ／sign　看板、掲示板／Attention ～　(アナウンスで) ～にお知らせいたします／look for ～　～を探す、～を求める／stop by ～　～に立ち寄る／prepared-food　調理済みの食べ物、総菜／nutritious　栄養のある／take-out　持ち帰り用の／celebrate　～を執り行う、～を祝う／grocery store　食料 (雑貨) 品店／hit　ヒット商品、大成功／definitely　間違いなく、確実に／sample　試食品、見本品／aisle　通路／available　入手できる、利用できる／single　1 人用の／double　2 人用の／portion　(食べ物の) 一人前、一人分の量／for *one's* convenience　～の便宜のため／pick up ～　～を受け取る、～を拾う　図表 special　特別料理／taco　タコス　★メキシコ料理　70 purchase　購入品、購入／beverage　飲み物／utensil　(主に台所の) 器具、用品

68 お知らせはどこで行われていると考えられますか。

(A) 遊園地
(B) スーパーマーケット
(C) レストラン
(D) 空港のラウンジ

69 図を見てください。今日は何が提供されていますか。

(A) バーベキュー
(B) パスタ
(C) カレー
(D) タコス

70 購入品と一緒に何が提供されますか。

(A) 飲み物
(B) 給仕用品
(C) 割引クーポン
(D) レシピ

難問解説 68

トークが流れる場所を問う設問は概して正答率が高いが、このQ68にはそれが当てはまらない。ここでは、冒頭のAttention all customers. から、一般的に「客」をvisitor「来場者」と呼ぶ(A)「遊園地」やpassenger「乗客」と呼び掛ける(D)「空港のラウンジ」はとりあえず除外して、この段階で(B)「スーパーマーケット」と(C)「レストラン」に絞って考えてよいだろう。(B)と(C)はどちらも食べ物を扱う場所なので、次々に流れる関連語や表現を聞き分ける必要がある。それをせずに、図表のタイトルにある*International Week Specials*の印象と、トークの中で聞き取りやすいtake-out dinner「お持ち帰り用ディナー」、Yesterday's Italian pasta「昨日のイタリアンパスタ」、enjoy spicy food「ピリ辛料理を楽しむ」、meal「食事」といった語句から即断すると(C)「レストラン」を選ぶことになってしまう。

Q68を解くのに一番大事なのは5行目にあるat our grocery storeという語句だ。grocery storeは食品や日用品を扱う店のことでスーパーマーケットも含まれる。これを聞き逃した、もしくは意味が分からなかったとしても、その他に、レストランではアナウンスされないstop by our prepared-food section、You can try a sample at the counter in aisle nine. などから、正解は(B)「スーパーマーケット」と判断できる。

Column 3

言い換えを制する者は TOEIC を制す

―― 表現力を鍛える ――

Part 3 や Part 4 で音声を聞くと、会話やトークの状況や内容はかなりの程度まで理解できる。細部の把握にもそれなりに自信がある。だが、いざ設問で「この会話の目的は？」「聞き手は次に何をすべきか」などと聞かれたとき、選択肢にそれらしいものがなくて困った――そんな経験はないだろうか。そういうときは、言い換え（パラフレーズ）に引っ掛かっている可能性が大だ。

例えば、Thank you for your recent ...で始まる Part 3 の会話。先日のお礼を述べているようだが、この会話の目的は、選択肢ではどのように表される可能性があるだろう。例えば、To express gratitude for ～「～への謝意を表すこと」とか、To show his/her appreciation for ～「～に対する感謝の気持ちを示すこと」などが考えられるが、ここで gratitude や appreciation という名詞が「感謝」の意味だと知らなければ、正解を選べない。長文パートにおいて、会話やトークあるいは文書中と選択肢で、別の品詞を用いたり主語と目的語を入れ換えて表現したりするのは、よくあるパターンである。

パラフレーズ力を養う練習

どんな言い換えが来ても迷わず正解を選べる上級者になるために、ぜひやってほしい練習がある。Part 3 の会話や Part 4 の説明文の問題英文で、設問の正解の選択肢と同じ意味を表す英文中の表現を見つけ、並べて書き出してみるのだ。例を見てみよう。上が正解の選択肢、下が問題英文中で該当するフレーズだ。

（『公式 *TOEIC*® Listening & Reading 問題集 5』Part 3、4 より）

More staff collaboration 「スタッフのより一層の協力」 『公式問題集 5』別冊 p.116
▶ It will be easier for colleagues to share ideas. 「同僚同士でアイデアを共有しやすくなるでしょう」

Snacks will be provided. 「軽食が提供される」 『公式問題集 5』別冊 p.126
▶ We'll be handing out snacks throughout the afternoon. 「当社が、午後の間に軽食をお配りします」

He won an industry award.「彼は業界の賞を受賞した」 『公式問題集 5』別冊 p.128
▶ Ted was the recipient of the top award in advertising. 「Ted は広告部門の最優秀賞受賞者でした」

ここで重要なのは、目で見て理解するだけではなく、両方とも自分で書いてみる、さらには読み上げてみることである。どちらからどちらへの変換でもすんなりこなせるようになるまでやってみよう。

さらなるステップアップのための練習

上記に加え、応用練習として、Part 3 や Part 4 の会話やトークを聞いた後、「どんな話だったか」を誰かに伝えるつもりで、内容を簡潔にまとめて自分の言葉で言ってみるとよい。英文中のキーワードを見つけたら、そのままの表現は使わず、同じ意味を表す別の言い方を探して言い換えてみよう。こうしたパラフレーズ力が身に付くと、設問で正しい選択肢をすんなり選べるようになるだけでなく、自分が話したり書いたりするときも、表現がすっと出てくるようになる。

日常生活でも、英文を目にしたら 1 つ 2 つ別の表現で言ってみることを習慣付けると、多角的な表現力が身に付き、意味が瞬時につながって、英文に素早く対応できるようになる。ぜひ試してみよう。

図表問題 2

イラストを含む図表と予定表を使った２つの問題に挑戦しましょう。

71. Who is the intended audience for the broadcast?
(A) Restaurant owners
(B) Home cooks
(C) Food critics
(D) Professional chefs

72. Look at the graphic. Which cake recipe did the speaker change?
(A) Vanilla
(B) Chocolate
(C) Lemon
(D) Strawberry

73. What are the listeners asked to do?
(A) Call the show
(B) Attend a class
(C) Share photographs
(D) Write a review

Westside Technology Conference April 6	
8:00	Protecting Your Data, Carla Wynn
9:00	Learning to Code, Jae-Ho Kim
10:00	Latest Devices, Kaori Aoki
11:00	Is Newer Better?, Alex Lehmann
12:00	Lunch

74. What is the purpose of the call?
(A) To confirm a deadline
(B) To explain a company policy
(C) To make a job offer
(D) To discuss a new product

75. Look at the graphic. Who is the speaker calling?
(A) Carla Wynn
(B) Jae-Ho Kim
(C) Kaori Aoki
(D) Alex Lehmann

76. What does the speaker ask the listener to do?
(A) Check a catalog
(B) Send fee information
(C) Submit a travel itinerary
(D) Update a conference schedule

解答と解説

Questions 71 through 73 refer to the following broadcast and illustration.

問題 71-73 は次の放送とイラストに関するものです。

W

It's time for "Bake It at Home" — where we teach you how to make professional-quality baked goods in your own kitchen. Today we'll show you how to make a surprisingly tasty cake with a packaged cake mix... and a can of soda! That's right; you can simply combine your favorite cake mix, right out of the box, with a soft drink to create flavorful cakes — just like these we baked in our studio kitchen. And don't be afraid to create your own combinations — I substituted orange soda for the cherry soda and it was delicious! We'd love to hear about your favorite combinations, so upload photos of your creations to our Web site.

「おうちで焼こう」の時間です——この番組では皆さんに、プロ品質のパンや焼き菓子をご自宅のキッチンで作る方法をお教えします。本日は皆さんに、パッケージ入りのケーキミックス…そして 1 缶の炭酸飲料を使って、驚くほどおいしいケーキを作る方法をお伝えします！ そうです。ただお好みのケーキミックスを箱からそのまま出して炭酸飲料と混ぜ合わせるだけで、風味豊かなケーキを作ることができるんです——当番組のスタジオのキッチンで焼いたこれらのケーキとまったく同じように。そして、独自の組み合わせを創作するのを恐れないでくださいね——私はオレンジソーダをさくらんぼソーダの代わりに使いましたが、大変おいしかったです！ 皆さんのお気に入りの組み合わせについてぜひお聞きしたいので、あなたの作品の写真を当番組のウェブサイトにアップロードしてください。

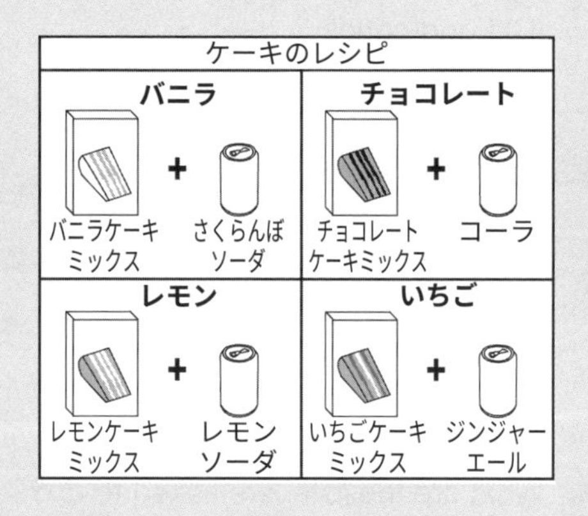

語注 broadcast 放送／illustration イラスト／bake ～（パンやケーキなど）を焼く／professional-qualty プロ品質の／goods ＜複数形で＞商品／surprisingly 驚くほど／tasty おいしい／packaged パッケージ入りの、袋入りの／cake mix ケーキミックス、ケーキの素／simply 単に／combine ～ with … ～を…と組み合わせる／flavorful 風味豊かな／studio スタジオ／substitute ～ for … ～を…の代わりにする／upload ～（データなど）をアップロードする

71 cook 料理をする人、料理人／critic 批評家 **73** review 批評、評価

71 放送の対象となる視聴者は誰ですか。

(A) レストランのオーナー
(B) 自宅で料理をする人
(C) 料理評論家
(D) プロのシェフ

72 図を見てください。話し手はどのケーキのレシピを変更しましたか。

(A) バニラ
(B) チョコレート
(C) レモン
(D) いちご

73 聞き手は何をするよう求められていますか。

(A) 番組に電話する
(B) 講座に出席する
(C) 写真を共有する
(D) レビューを書く

難問解説 73

トークは料理番組。Q73 は聞き手が何を求められているかを問うものだが、このような次の行動に関する内容は後半、特に最後で述べられることが多い。前半だけで即断してしまうと、冒頭の teach you how to ～「～の方法を教える」から (B) Attend a class を選んでしまう可能性があるので注意。

前半はレシピの主材料であるケーキミックスと炭酸飲料の紹介だが、後半は And don't be afraid to create your own combinations と追加情報を話し始めるところから始まる。We'd love to hear about your favorite combinations という聞き手に対する話し手の意向と、so upload photos of your creations to our Web site という具体的な指示内容から、upload を share、photos を photographs と言い換えた (C) Share photographs が正解。We'd love to hear about your の部分しか聞いていないと、(D) Write a review を選択してしまう。また hear のみに集中すると、番組に意見を寄せることが聞き手に求められていることだと判断して (A) Call the show を選んでしまう。部分的な聞き取りに頼らず、全体を聞いて判断するようにしよう。

☑ 解答と解説

Questions 74 through 76 refer to the following telephone message and conference schedule.

問題 74-76 は次の電話のメッセージと会議の予定表に関するものです。

M

This is Seung-ho Park from Park Investors. We met last month at the Westside Technology Conference. I attended your interesting presentation and spoke to you afterward about my small investment firm. I'm calling because I'd like to hire you to discuss ways to make my company's database more secure. I know you specialize in this type of work, and I'm hoping you'll be interested in this project. Could you please e-mail me a list of your consultant fees? Use the e-mail address on the business card I gave you. Thanks.

こちらはPark投資会社のSeung-ho Parkです。先月、Westside技術会議でお会いしました。私はあなたの興味深いプレゼンテーションに出席し、その後、私の小さな投資会社についてあなたとお話ししました。お電話を差し上げているのは、当社のデータベースのセキュリティーを高める方法について検討するためにあなたを雇いたいと考えているからです。あなたがこの種の業務をご専門としていることは存じており、このプロジェクトにご興味を示されることを期待しています。あなたのコンサルタント業務の価格表を私にEメールでお送りいただけますか。お渡しした名刺に載っているEメールアドレスをお使いください。よろしくお願いいたします。

Westside Technology Conference April 6	
8:00	Protecting Your Data, Carla Wynn
9:00	Learning to Code, Jae-Ho Kim
10:00	Latest Devices, Kaori Aoki
11:00	Is Newer Better?, Alex Lehmann
12:00	Lunch

Westside 技術会議 4月6日	
8時	データの保護、Carla Wynn
9時	コーディングの習得、Jae-Ho Kim
10時	最新機器、Kaori Aoki
11時	新しい方が良いのか?、Alex Lehmann
12時	昼食

語注 conference 会議、協議会／attend ～に出席する／afterward 後で、その後／investment 投資／firm 会社／hire ～を（一時的に）雇う／discuss ～について検討する、～について議論する／database データベース／secure （情報などの）セキュリティーが高い、安全な／specialize in ～ ～を専門とする／fee 報酬、料金

図表 code コーディングする ★コンピューター用のプログラムを書くこと／latest 最新の／device 機器、端末

74 confirm ～を確認する／deadline 最終期限、締め切り 76 submit ～を提出する／itinerary 旅行日程／update ～を更新する

74 電話の目的は何ですか。

(A) 最終期限を確認すること
(B) 会社の方針を説明すること
(C) 仕事の申し出をすること
(D) 新製品について話し合うこと

75 図を見てください。話し手は誰に電話をかけていますか。

(A) Carla Wynn
(B) Jae-Ho Kim
(C) Kaori Aoki
(D) Alex Lehmann

76 話し手は聞き手に何をするよう求めていますか。

(A) カタログを確認する
(B) 料金の情報を送る
(C) 旅行の日程表を提出する
(D) 会議の予定表を更新する

難問解説 75

Q75 は電話メッセージの内容と図表に関する設問。前半の内容から、話し手は図表（会議の予定表）にある Westside Technology Conference で行われた発表の一つに出席し、発表者と直接話をした上で翌月にかけた電話で残したのがこのメッセージであることを理解する。電話メッセージで最も重要なのは電話をかけた理由なので、I'm calling because …が聞こえたら特に集中する。理由として I'd like to hire you to discuss ways to make my company's database more secure とあるので、データベースのセキュリティー対策を依頼できる発表者を図の中から探す。表中の Protecting Your Data が依頼内容に近いテーマなので、この発表を行った人である (A) Carla Wynn に電話をかけたと分かる。

図表にはテクノロジー関連の用語が含まれるので、database しか聞き取れなかった場合、それと関連がありそうなテーマとして、code「コーディングする」から (B) Jae-Ho Kim を、または devices「機器」から (C) Kaori Aoki を選んでしまう可能性があるので注意しよう。

Column 4

全体の要旨をつかめば
意図問題も怖くない

── 話の流れを読む ──

Part 3 の会話問題や Part 4 の説明文問題では、しばしば話し手の発言の意図や示唆する内容を問う設問が出題されるが、これを苦手とする人も多いようだ。明確に述べられている内容ではなく、その言葉の背後にあるものをくみ取って解釈するという“高等技術”が必要だからだろう。このタイプの問題では、その発言だけをじっとにらんでいても、正しい意図は読み取れない。前後の文脈はもちろん、会話やトーク文全体の流れや趣旨をつかむことがポイントとなる。

話の流れに沿って意図を解釈する

例えば、Part 4 で What does the speaker imply when she says, “it wasn’t my idea”? という設問がある（本書 p.75、Q54）。この発言自体はごく単純な英文で、その文字通りの意味を誤解する人は誰もいないだろう。だが、こういう発言こそ文脈次第でいろいろな意図に取れるので、注意が必要だ。このトークは、女性の電話メッセージで、おそらく同僚か部下への伝言。「社長は見本市にブースを出すことを望んでいて…」から始まり、発言の直前の文は I know I said we really need to focus on updating the client database this week, but this trip just came up …。なんだか言い訳がましい説明だ。続いて発言部分で「それ（出張）は私の考えにはなかった」とさらに言い訳が続く（発言では my に強勢が置かれている）。そこから、背景にある話し手の気持ちは、聞き手にプラン変更を強いるのは心苦しい（がやむを得ない）、ということだろうと想像がつく。それを踏まえて以下の 4 つの選択肢を見てみると、すんなり (A) を正解に選ぶことができる。

(A) She knows a change is inconvenient.
(B) She thinks a colleague deserves credit.
(C) She would like the listener’s opinion.
(D) She is going to explain a new procedure.

この設問は、全体の文脈を度外視して発言が示唆するところを選ぶとしたら、(B) は非常にもっともらしいし、状況によっては (C) や (D) の可能性もあるだろう。とにかく“何でもあり”なのが、この種の意図を問う問題の特徴なので、最初から注意深く、①誰が誰に話しているのか、②話題は何か、③話の流れはどちらに向かっているか、④話し手の目的や要求は何か、といった全体の要旨をつかむ必要がある。そこを押さえれば、発言者の意図を読み誤って見当外れな選択肢を選ぶことは減ってくるはずだ。

要旨把握の練習をしよう

こういった要旨の把握は、リーディングセクションの Part 7 の意図を問う問題でも、もちろん役に立つ。Part 7 ではより長い文章を読まなければならないことが多いが、読み直したり前に戻ったりできるので、落ち着いて解答できる。

しかし、リスニングでもリーディングでも、この種の設問はあえて発言の内容を曖昧にしているので、言わんとしていることをくみ取るには訓練が必要だ。それには、長文問題を解く際に、上記の①～④を自分なりにまとめてみることがお勧めだ。上の設問のトークを例に取ると、①女性が同僚か部下に、②見本市のための準備（社長からの依頼）、③今週の仕事が変更される、④展示の手配のために対応してほしい、といった具合だ。要旨が整理されて、意図を問うこの設問だけでなく、どの設問にも答えやすくなったことが分かるだろう。

図表問題 3

最後に、図表を用いた問題で詳細を問う難問 2 題に挑戦しましょう。

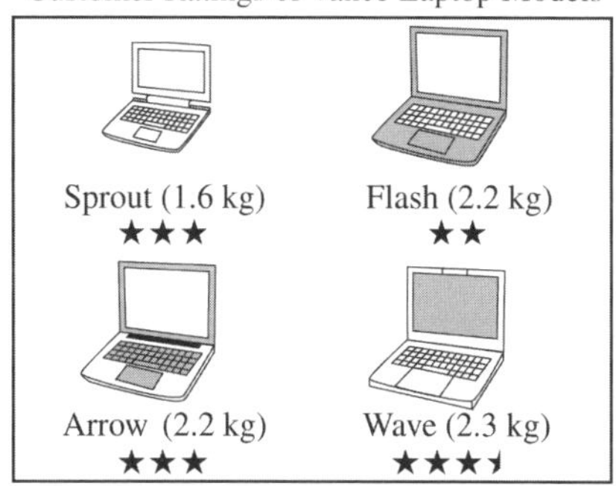

77. What will the speaker do next week?

(A) Submit a proposal

(B) Conduct an interview

(C) Move to a new office

(D) Take a business trip

78. According to the speaker, why is Ms. Dubois familiar with Vance Electronics?

(A) She just bought one of their laptops.

(B) She was employed by that company.

(C) She is a purchasing manager.

(D) She read a review in a magazine article.

79. Look at the graphic. Which laptop model does the speaker say she wants to buy?

(A) Sprout

(B) Flash

(C) Arrow

(D) Wave

MEMBERSHIP FORM	
$40 Student ____	$150 Family ____
$80 Individual ____	$500 Business ____
Name: ____________	
Credit Card Number: ____________	
Expiration Date: ____/____	

80. Where does the speaker most likely work?

(A) At a library

(B) At a fitness center

(C) At a zoo

(D) At a museum

81. What does the speaker thank the listeners for?

(A) Signing up for membership

(B) Leading group tours

(C) Agreeing to help with a project

(D) Registering for a newsletter

82. Look at the graphic. Which amount has changed this year?

(A) $40

(B) $80

(C) $150

(D) $500

解答と解説

Questions 77 through 79 refer to the following telephone message and customer ratings.

問題 77-79 は次の電話のメッセージと顧客の評価に関するものです。

W

Hi, Ms. Dubois, it's Paula from the marketing department. I'm getting ready for my business trip next week, and I need to get a new laptop to bring with me. Since you used to work for Vance Electronics, I wanted your advice on their laptops. I'm looking at a Web site of customer ratings right now. They have a lightweight model — only 1.6 kilograms. That's the one I want, but it's not rated as highly as some of the others. What model do you recommend? Give me a call back, OK? Thanks, Ms. Dubois!

もしもし、Dubois さん、マーケティング部の Paula です。私は来週の出張の準備をしていて、携帯するための新しいノートパソコンを入手する必要があります。あなたはかつて Vance 電子機器会社で勤務されていたので、同社のノートパソコンに関する助言を頂きたいと思っていたんです。私はちょうど今、顧客の評価が載っているウェブサイトを見ています。同社には軽量モデルがあります――わずか 1.6 キログラムです。それこそが私が欲しい製品なのですが、その他の製品の一部ほど高く評価されていません。あなたはどのモデルを推奨しますか。私に折り返しお電話をください、よろしいでしょうか？よろしくお願いします、Dubois さん！

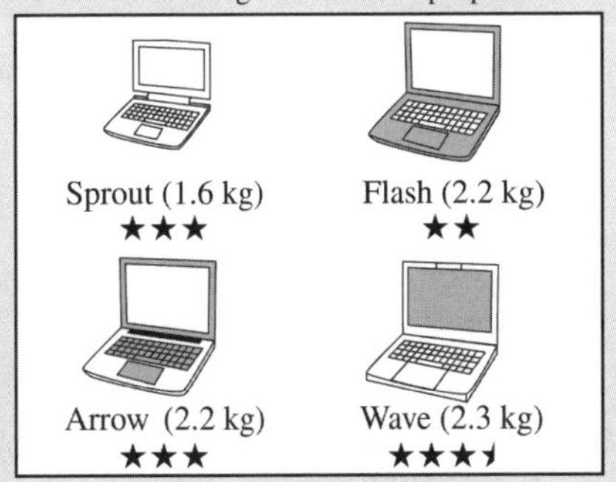

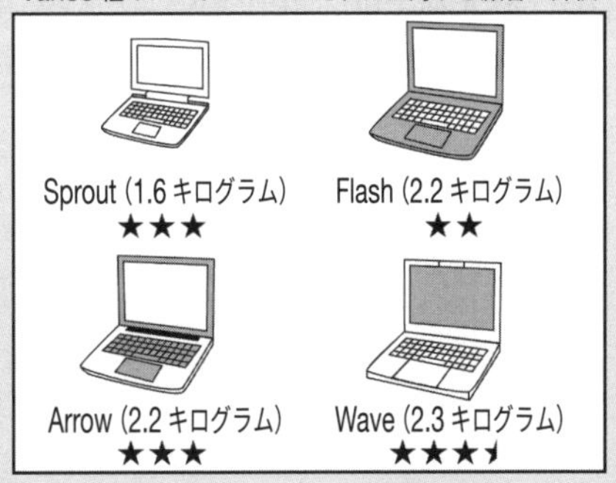

語注 rating 評価／get ready for ～ ～の準備をする／used to *do* かつて～していた／electronics 電子機器／lightweight 軽量の／rate ～を評価する、～を格付けする／recommend ～を推奨する、～を勧める／give ～ a call back 折り返し～に電話する **77** submit ～を提出する／proposal 提案／conduct ～を行う／interview 取材訪問、面談 **78** employ ～を雇う／review 批評、評価

77 話し手は来週に何をしますか。

(A) 提案書を提出する
(B) 取材を行う
(C) 新しい事務所に移る
(D) 出張する

78 話し手によると、Dubois さんはなぜ Vance 電子機器会社をよく知っているのですか。

(A) ちょうど同社のノートパソコンの 1 台を購入したところだから。
(B) 同社に雇用されていたから。
(C) 購買管理者だから。
(D) 雑誌の記事でレビューを読んだから。

79 図を見てください。話し手はどのノートパソコンのモデルを購入したいと思っていますか。

(A) Sprout
(B) Flash
(C) Arrow
(D) Wave

難問解説 78

Q78 は、設問文にさっと目を通すと「Dubois さんが Vance 電子機器会社をよく知っている理由」という詳細情報を問うものなので、正解に必要な情報を聞き逃さないように聞き取りの心構えをしよう。冒頭の I'm getting ready for my business trip next week, and I need to get a new laptop to bring with me. から、話し手は出張に携帯できるノートパソコンを購入する際のアドバイスを求めているのだろうと分かる。続いて話し手は、Dubois さんに電話した理由として Since you used to work for Vance Electronics と述べており、彼女が Vance 電子機器会社の元従業員だから同社に詳しいと考えていることが分かるので、(B) が正解。

正解の鍵となる you used to work for は速く短く発音されるので聞き逃しやすく、Vance 電子機器会社が図表にあるパソコンを製造している会社であることも気付きにくいのが、低い正答率の理由である。これらの情報を聞き取れないと想像で選ぶことになり、トーク中に複数箇所出てくる laptop という語に影響されてその語を含む選択肢 (A) を選んでしまう確率が高いので、注意が必要だ。

Questions 80 through 82 refer to the following excerpt from a meeting and form.

問題80-82は次の会議の抜粋と用紙に関するものです。

M

Hi, everyone. I'm Bo Chen, membership coordinator here at City Arts Museum. We really appreciate staff from all of our departments putting in the time next week to assist with our membership drive. Over half of our museum's operating budget comes from membership fees, so next week's big push is crucial to our work. For the most part, you'll be greeting people as they come in the door and asking them if they'd like to purchase a membership. If they do, they'll fill out this form. As you can see, we have four membership categories. For anyone who did this task last year, note that this year the fee for an individual membership has increased.

こんにちは、皆さん。私はBo Chenと申しまして、ここCity美術館で会員資格の取りまとめ役を務めています。来週お時間を取って、当館の会員資格キャンペーンをお手伝いしてくださる全部門の職員の皆さんに、心から感謝いたします。当館の運営予算の半分以上が会費によるものなので、来週の大規模な売り込みは当館の業務にとって極めて重要です。主として皆さんは、来館者が入り口から入ってきたときにご挨拶して、会員資格の購入を希望されるかどうか尋ねてください。希望される場合、この用紙に記入していただきます。ご覧の通り、当館には4つの会員資格の種類があります。昨年この仕事をした方は、今年は個人向け会員資格の料金が上がっている点にご留意ください。

MEMBERSHIP FORM	
$40 Student ___	$150 Family ___
$80 Individual ___	$500 Business ___
Name: ______	
Credit Card Number: ______	
Expiration Date: ___/___	

会員資格の用紙	
40ドル　学生 ___	150ドル　家族 ___
80ドル　個人 ___	500ドル　法人 ___
氏名: ______	
クレジットカード番号: ______	
有効期限: ___/___	

語注 form　用紙／membership　会員資格／appreciate　～に感謝する／put in ～　～（時間や労力など）を注ぎ込む／assist with ～　～を手伝う、～を支援する／drive　キャンペーン、運動／operating budget　運営予算／come from ～　～に由来する、～からもたらされる／fee　料金／push　（商品などの）売り込み、後押し／crucial　極めて重要な、不可欠の／for the most part　大部分は／greet　～に挨拶をする、～を迎える／purchase　～を購入する／fill out ～　～（用紙など）に書き込む／note (that) ～　～（ということ）に留意する
図表 business　企業／expiration date　有効期限、失効日　81 sign up for ～　～に申し込む／lead　～を率いる／agree　同意する／register for ～　～に登録する

80 話し手はどこで働いていると考えられますか。

(A) 図書館
(B) フィットネスセンター
(C) 動物園
(D) 美術館

81 話し手は何について聞き手に感謝していますか。

(A) 会員資格への申し込み
(B) 団体ツアーの先導
(C) プロジェクトを手伝うことへの同意
(D) 会報への登録

82 図を見てください。今年はどの金額が変更になっていますか。

(A) 40 ドル
(B) 80 ドル
(C) 150 ドル
(D) 500 ドル

難問解説 81

Q81 に目を通すと、尋ねられているのは「話し手が聞き手に感謝していること」という具体的な情報なので、事前に聞き取るポイントを押さえておくといいだろう。設問文にある thank「～に感謝する」を念頭に聞き始めると、自己紹介のすぐ後の We really appreciate staff from …の部分を聞いた瞬間に thank と appreciate の言い換えに気付く。これを踏まえて、それに続く assist with our membership drive から、これが感謝している内容だと理解できたらすぐに選択肢をチェックする。assist → help、membership drive → project という言い換えに気付けば正解 (C) Agreeing to help with a project を選ぶことができる。

この drive を「車で行くドライブ」と誤解すると、その連想で (B) Leading group tours を選んでしまうかもしれない。以降、正解に必要な情報は示されないので、後半の内容のみに基づいて正解を考えると、fill out this form からの連想で signing up for を含む (A) や、registering で始まる (D) も正解に思えてしまう。やはり設問を事前に見ておくことが有益である。

Part 5 短文穴埋め問題

語彙の問題

語法や用法の違いを見分け、選択肢の中から最も文脈に適したものを選びましょう。

83. Customers can now enjoy ------- food seven days a week at the recently renovated Novani Grill.

(A) exceptional
(B) surpassing
(C) effective
(D) dominant

84. The clients have indicated that a reception area of 60 square meters will be ------- in the new building.

(A) sufficient
(B) flexible
(C) capable
(D) calculating

85. Neeson Pro garments are made of a synthetic blend that is ------- to staining.

(A) exposed
(B) automatic
(C) limited
(D) vulnerable

86. ------- poorly the high-speed printer may be functioning, it is still making copies that are adequate for our purposes.

(A) Rather
(B) Seldom
(C) However
(D) Thoroughly

87. Employees ------- several departments have been encouraged to minimize costs.

(A) across
(B) into
(C) between
(D) despite

88. The board of Galaxipharm ------- Mr. Kwon's successor at yesterday's meeting.

(A) named
(B) granted
(C) founded
(D) proved

89. The last paragraph ------- to have been added to the contract as an afterthought.

(A) arranged
(B) permitted
(C) transferred
(D) appeared

90. Jansen Bus Company drivers are expected to complete regular trainings ------- maintaining their state licenses.

(A) in addition to
(B) according to
(C) inside
(D) within

91. The item that Ms. Bak ordered from our catalog is ------- until 16 October.

(A) unavailable
(B) occupied
(C) uneventful
(D) delivered

92. Consumer advocates advise against blindly accepting ------- opinions about a product.

(A) total
(B) biased
(C) profitable
(D) competitive

93. In case of inclement weather, employees are encouraged to work ------- rather than travel to the office.

(A) carefully
(B) remotely
(C) eventually
(D) closely

94. Pugh Tower won the Best New Building Award for its creative ------- of sustainable materials.

(A) routine
(B) accessory
(C) incorporation
(D) submission

95. Taste tests suggest that most people ------- Dairysmooth's red-bean-flavored ice cream very appetizing.

(A) find
(B) feel
(C) take
(D) like

96. For hiring purposes, five years of professional experience is ------- to having achieved certification.

(A) reasonable
(B) appropriate
(C) equivalent
(D) significant

97. Ms. Maeda was ------- that her art submission was used on the cover of the firm's annual report.

(A) performed
(B) flattered
(C) welcomed
(D) challenged

98. Inventory control and warehousing strategies ------- within the responsibilities of the supply chain manager.

(A) have
(B) cover
(C) mark
(D) fall

解答と解説

83 Customers can now enjoy exceptional food seven days a week at the recently renovated Novani Grill.

お客さまには今後、先頃改装された Novani グリルで、格別なお料理を年中無休でお楽しみいただけます。

(A) exceptional　格別な
(B) surpassing　卓越した
(C) effective　効果的な
(D) dominant　優勢な

難問解説
冒頭の Customers can now enjoy から、food を修飾するのは肯定的な意味の形容詞と見当がつく。まず意味が合わない (C) と (D) を除外。残る 2 つのうち、他動詞 surpass「(能力・性能などで) ～に勝る」から派生した形容詞 (B) surpassing「卓越した」は food を修飾するには不適切。正解 (A) は名詞 exception に接尾辞 -al が付いた形容詞で、「例外的な」の他に「特別優れた、並外れた」の意味もあるので覚えておこう。

 **84** The clients have indicated that a reception area of 60 square meters will be sufficient in the new building.

顧客は、新しいビルの 60 平方メートルの受付スペースは十分だろうということを示しています。

(A) sufficient　十分な
(B) flexible　柔軟な
(C) capable　能力のある
(D) calculating　用意周到な

難問解説
空所には、受付の広さを述べる a reception area of 60 square meters を説明する形容詞が入る。選択肢 (B) や (D) は広さを説明する語としては適さない。(C) は be capable in ～で「～における能力がある」の意味になるが、空所後が in the new building なので意味が通らない。正解 (A) はここでは「(広さが) 十分な」の意味。空所の後の in に惑わされず、文意から選ぶことが大事である。

 **85** Neeson Pro garments are made of a synthetic blend that is vulnerable to staining.

Neeson Pro 社の衣類は、染みが付きやすい合成繊維でできています。

(A) exposed　さらされた
(B) automatic　自動的な
(C) limited　限られた
(D) vulnerable　脆弱(ぜいじゃく)な

難問解説
(B) automatic は to を伴う使い方はないので除外できる。残る3つは<be ------- to ～>の形が可能だが、鍵となるのは garments「衣類」と staining「染みが付くこと」。これらの単語を知らないと (A) や (C) を選んでしまう可能性がある。正解 (D) は be vulnerable to ～で「～に対して弱い、～の影響を受けやすい」の意味。このように文法的に当てはまる選択肢が多い問題は、意味的に文中にぴったり当てはまるものを選ぶ必要があるので難易度が高くなる。

  **86** However poorly the high-speed printer may be functioning, it is still making copies that are adequate for our purposes.

高速プリンターの動作がどんなに不十分だとしても、まだ用途に適したコピーを撮れています。

(A) Rather　それよりむしろ
(B) Seldom　めったにない
(C) However　どんなに～でも
(D) Thoroughly　まったく

難問解説
選択肢は全て副詞。文を見ると前半の節<S＋V>と後半の節<S＋V>がカンマでつながれた形なので、2 つの節をつなぐには接続詞に相当する語が必要。着目すべきは空所後の poorly「不十分に」。poorly を伴って譲歩節「どんなに～でも」を導くことができる副詞は (C) However のみで、(A)、(B)、(D) にはその役割がない。文に 2 つの節が含まれる場合は、その 2 つを連結することができる選択肢を考えよう。

語注 **83** exceptional　格別の／seven days a week　年中無休で／renovated　改装された
84 indicate (that) ～　～(であること) をほのめかす、～を示す／reception area　受付 (スペース)／sufficient　十分な
85 garment　衣類／synthetic　合成の／vulnerable　弱い、傷付きやすい／staining　染みが付くこと
86 poorly　不十分に、まずく／function　作動する、機能する／make a copy　コピーを取る／adequate　適正な、十分な

87 Employees across several departments have been encouraged to minimize costs.

複数の部署にまたがって、従業員は経費を最小限に抑えるよう奨励されています。

(A) across　～を横断して
(B) into　～の中へ
(C) between　～の間で
(D) despite　～にもかかわらず

難問解説

選択肢は全て前置詞。文の主語 Employees と several departments の関係を考えると「複数の部署の従業員」のような意味と推測できるので、(D) は除外できる。(B) into は外から中への移動を表し、「～の中の」という意味はない。(C) between は「～（2 者）の間で」を表すので不適切。正解 (A) across の核となるイメージは「横切る動き」で、ここでは「～（複数の部署）を横断して」という意味。

---

88 The board of Galaxipharm named Mr. Kwon's successor at yesterday's meeting.

Galaxipharm 社の役員会は昨日の会議で、Kwon さんの後任を指名しました。

(A) named　～を指名した
(B) granted　～を容認した
(C) founded　～を設立した
(D) proved　～を証明した

難問解説

選択肢は全て動詞の過去形。正解を選ぶには successor「後任者」の意味を知っている必要がある。空所後の目的語 Mr. Kwon's successor から他動詞としての語法を踏まえて解答する。目的語が人なので (C) は不可。(D) も意味的・語法的に不可。誤答で多かったのは (B)。grant は「～（権利など）を与える、～（請願など）を認める」という意味だが、何となく「認める」と覚えていて、「後任として認めた」と取ったためだろう。正解 (A) の name は「～を指名する」の意味で頻出する。

---

89 The last paragraph appeared to have been added to the contract as an afterthought.

最終項は、後からの思い付きで契約書に加えられたように見えました。

(A) arranged　手配した
(B) permitted　～を許可した
(C) transferred　転任した
(D) appeared　～のように見えた

難問解説

適切な過去形の動詞を選ぶ問題。文意と構文から適切なものを考える。(A) はこの場合、不定詞を目的語として「～することを手配した」を表すが、主語が paragraph なので意味的に不可。(B) は permitted ～ to *do* で「～に…することを許可した」の意だが、目的語がなく意味上も不可。(C) は transferred to ～で「～（場所）に転任した」という用法はあるが、後ろに to 不定詞が来ることはなく意味上も不可。(D) appeared は自動詞で、appear to *do* で「～するように見えた」となり、これが正解。なお、appear の後に来る要素は文法的には補語になる。

90 Jansen Bus Company drivers are expected to complete regular trainings in addition to maintaining their state licenses.

Jansen バス会社の運転手は、州免許を保持することに加えて、定期的な研修を完了することを求められています。

(A) in addition to　～に加えて
(B) according to　～によると
(C) inside　～の中に
(D) within　～のうちに

難問解説

選択肢は全て（群）前置詞。空所の後は名詞句で文法的にはどれも当てはまるため文意から選ぶ。この文では to complete regular trainings（前者）と maintaining their state licenses（後者）が対等な関係であることに着目する。(C) は場所や時間に用いる前置詞なので不可。(B) は後者に基づき前者を行う、(D) は前者が後者の一部である、という意味で文意に合わない。正解 (A) なら「両方とも同じく求められる」という意味が明確になり、適切である。

語注　87 minimize　～を最小限にする　88 board　役員会、取締役会、理事会／successor　後任者
89 contract　契約、契約書／afterthought　後からの思い付き、付け足し
90 be expected to *do*　～することを求められている／maintain　～を保持する／state　州の、政府の

解答と解説

 91 The item that Ms. Bak ordered from our catalog is unavailable until 16 October.

Bak さんが当社のカタログから注文した品は、10月16日まで入手できません。

(A) unavailable　入手できない
(B) occupied　ふさがった
(C) uneventful　波乱のない
(D) delivered　配達された

難問解説
適切な形容詞または過去分詞を選ぶ問題。文の一部だけを見て、文中の ordered「注文した」からの連想で (D) delivered「配達された」を選んだ間違いが最も多い。(D) が正解なら will be delivered by ～「～までに配達されるだろう」であるべきなので不可。空所後の until「～までずっと」を by「～までに」と混同しないように注意。正解の (A) unavailable「入手できない」を入れれば、「～までずっと入手できない」で文意が通る。

 92 Consumer advocates advise against blindly accepting biased opinions about a product.

消費者擁護者は、製品に関する偏った意見をやみくもに受け入れないよう忠告しています。

(A) total　総合的な
(B) biased　偏った
(C) profitable　有益な
(D) competitive　競争力のある

難問解説
適切な形容詞を選ぶ問題。advise against blindly accepting に着目し、どのような意見を受け入れないよう忠告しているのかを考える。(A) や (D) は、コロケーション的には弱いが受け入れてもよい意見と言えるので不適切。(C) profitable はうまいもうけ話の意味を推測して選びがちな誤答。「もうかる」と「有益な」の意味があるが、ここでは opinions を修飾し後者の意味なので正解とはならない。受け入れない方がよいのは正解 (B)「偏った」意見。この組み合わせでよく使われる表現だ。

  In case of inclement weather, employees are encouraged to work remotely rather than travel to the office.

悪天候の場合、従業員は出社するよりもむしろ遠隔勤務をするよう奨励されています。

(A) carefully　慎重に
(B) remotely　遠隔で
(C) eventually　最終的に
(D) closely　密接に

難問解説
適切な副詞を選ぶ問題。inclement weather「悪天候」の意味を知っていて、空所まで読んで (A)「慎重に」、または少し考えて (D)「密接に」を選んだと思われる誤答が多い。正解の鍵は rather than travel to the office. ～ rather than …「…(する) よりもむしろ～」の対比を踏まえれば、(B)「遠隔で」を容易に選ぶことができる。悪天候による出来事の展開という無関係な連想に引っ張られて (C)「最終的に」を選ばないように注意。

  94 Pugh Tower won the Best New Building Award for its creative incorporation of sustainable materials.

Pugh タワーは、環境上持続可能な素材を独創的に組み込んだことで最優秀新建築賞を受賞しました。

(A) routine　日課
(B) accessory　装飾品
(C) incorporation　組み込み
(D) submission　提出

難問解説
適切な名詞を選ぶ問題。won … Award と、空所の直前の creative という単語からの連想で (B) を選んでしまいがちな問題。空所後の of sustainable materials もしっかり見て、文脈から選択肢を吟味する。(A)、(C)、(D) の単語の意味を知っていることが前提となるが、この知識を基に最も自然に当てはまる (C)「組み込み」を選ぶことができる。

語注 91 unavailable　入手できない、利用できない　92 advocate　擁護者／advise against ～　～しないよう忠告する／blindly　よく考えずに、やみくもに／biased　見方の偏った、先入観のある　93 in case of ～　～の場合／inclement　荒れ模様の　94 incorporation　組み込み、合体／sustainable　(環境を破壊せずに) 持続可能な

95 Taste tests suggest that most people find Dairysmooth's red-bean-flavored ice cream very appetizing.

味覚テストは、ほとんどの人が Dairysmooth 社のアズキ味のアイスクリームをとてもおいしいと感じていることを示しています。

(A) find　～だと感じる
(B) feel　～を感じる
(C) take　～と見なす
(D) like　～を好む

難問解説

動詞の語法を問う難問。空所の後には、名詞句 Dairysmooth's red-bean-flavored ice cream（目的語：O）とそれを説明する形容詞 very appetizing（補語：C）がある。選択肢 (D) like は O のみを取り、(B) feel は < O + (to be +) C > で「O が C だと感じる」だが味覚については使用しない。(C) take は < O + as / to be + C > で「O を C と思う」のように使うので、全て不適切。正解 (A) find は < O + (to be +) C > で「O が C と分かる・感じる」の意味。

96 For hiring purposes, five years of professional experience is equivalent to having achieved certification.

採用目的では、5 年間の職業経験は、資格の取得に相当します。

(A) reasonable　合理的な
(B) appropriate　ふさわしい
(C) equivalent　同等の
(D) significant　重要な

難問解説

適切な形容詞を選ぶ問題。空所に続く形 to having が着目すべき点。これが < to + 動名詞 > の形、つまり to は前置詞であることを確認する。選択肢 (A)「合理的な」、(B)「ふさわしい」、(D)「重要な」はどれも意味的に許容できそうだが、いずれも後に to 不定詞を取り「～するのは…だ」の形で使うので、空所には不適切。正解 (C) は be equivalent to ～（to は前置詞）で「～と同等である」の意味。to は前置詞と不定詞の用法の区別に留意しよう。

97 Ms. Maeda was flattered that her art submission was used on the cover of the firm's annual report.

Maeda さんは、自身が提出した美術作品がその企業の年次報告書の表紙に採用されたことをうれしく思いました。

(A) performed　実施されて
(B) flattered　うれしく思って
(C) welcomed　歓迎されて
(D) challenged　挑まれて

難問解説

受動態の動詞を選ぶ問題。空所後に that 節が続くので、< 動詞 + O + that 節 > という 2 つの目的語を取る動詞が入ると考える。(A) と (C) は目的語を 1 つだけ取り、< S + V + O > の形で使う動詞なので除外できる。(D) は < S + V + O + to *do* >「O に～するよう挑む」の形は可能だが、節を取ることはできない。正解 (B) には < S + flatter + O + that ～ > で「O に～だということでうれしく思わせる」を表す用法があり、英文はこれを過去時制の受動態にした形。

98 Inventory control and warehousing strategies fall within the responsibilities of the supply chain manager.

在庫管理と倉庫業務の戦略は、サプライチェーンマネジャーの職務範囲に含まれます。

(A) have　～を所有している
(B) cover　～を対象とする
(C) mark　印を付ける
(D) fall　収まる

難問解説

適切な動詞を選ぶ問題。英文後半の responsibilities から (B) を選びがちだが、「～を対象とする」という意味の cover は直後に目的語を取る他動詞で、文が成立しない。空所後の前置詞 within から空所には自動詞が入ると見当がつくので、(B) のほか、他動詞用法のみの (A)、自動詞用法の「印を付ける」では意味不明な (C) も除外できる。正解 (D) は多様な意味を持つ自動詞だが、fall within ～で「～の範囲に収まる、～に含まれる」の意味。他動詞と自動詞の違いを意識しよう。

語注 **95** ～-flavored　～風味の／appetizing　食欲をそそる **96** equivalent to ～　～と同等の、～と等価の／achieve　～を達成する／certification　認定(書)、資格 **97** flatter　～をうれしがらせる ★通常受動態で使用／submission　提出(品)／annual report　年次報告書 **98** inventory control　在庫管理／warehousing　倉庫業／fall within ～　～に含まれる／supply chain　サプライチェーン、供給連鎖 ★生産から流通に至る一連の流れ

文法の問題

文の構造と文全体の意味を把握し、空所にはどのような役割をする語が必要かを瞬時に判断しましょう。

99. Belden Hospital's chief of staff meets regularly with the staff to ensure that procedures ------- correctly.

(A) to be performed
(B) would have performed
(C) had been performed
(D) are being performed

100. Interviewees are asked not to talk among ------- while waiting in the reception area.

(A) themselves
(B) theirs
(C) them
(D) their

101. Hemlin Corporation is looking for a sales representative ------- primary role will be expanding business in the northwest region.

(A) that
(B) whose
(C) who
(D) which

102. At the panel discussion, Ms. Yang made a ------- argument for environmentally responsible business practices.

(A) convince
(B) convincing
(C) convinced
(D) convincingly

103. Mr. Fitzpatrick memorized his lines ------- weeks before the filming of the movie began.

(A) perfectly
(B) perfected
(C) perfect
(D) perfecting

104. Even the CEO had to admit that Prasma Designs' win was ------- the result of fortunate timing.

(A) parts
(B) parted
(C) partly
(D) parting

105. BYF Company specializes in ------- promotional items to help companies advertise their brand.

(A) personally
(B) personalized
(C) personality
(D) personalizes

106. Regardless of ------- a candidate is offered a job, all applications are kept on file for six months.

(A) even
(B) whether
(C) although
(D) including

107. The review board published a list of companies ------- considers to be the most charitable.

(A) it
(B) its
(C) itself
(D) its own

108. Yerrow Cameras' lenses have a long telephoto reach yet an ------- lightweight casing.

(A) exceptions
(B) exception
(C) excepting
(D) exceptionally

109. Mr. Singh took notes on ------- the focus group discussed during the morning session.

(A) each
(B) several
(C) another
(D) everything

110. For more information about product warranties or ------- your new appliance, please contact customer service.

(A) to register
(B) registered
(C) registers
(D) registration

111. Sage Bistro's menu features a ------- variety of seafood items than Almaner Pavilion's.

(A) wide
(B) widest
(C) wider
(D) widely

112. ------- a national holiday falls on a Thursday, the Barstow Company allows employees to take off Friday as well.

(A) Even
(B) For
(C) Nearly
(D) Whenever

113. During negotiations, management appeared ------- to the idea of increasing the staff's wages.

(A) agree
(B) agreement
(C) agreeable
(D) agrees

114. The doorways, which arch so -------, were left intact during the renovation of the historic Dersten Building.

(A) graceful
(B) grace
(C) gracefully
(D) graces

99 Belden Hospital's chief of staff meets regularly with the staff to ensure that procedures are being performed correctly.

Belden 病院の医局長は、確実に手順が正しく実行されているようにするために、定期的に職員と面談しています。

(A) to be performed　＊選択肢の訳は省略
(B) would have performed
(C) had been performed
(D) are being performed

難問解説
適切な動詞の形を選ぶ問題。問われているのは、ensure の目的語である that 節中の動詞の形。よって、動詞にならない to 不定詞の (A) は不可。(B) は that 節の主語が「手順」であるのに動詞が能動態であることも不適切だが、仮定法過去完了の時制「〜だったであろうに」が主節の現在形 meets と合致しない。同様に、(C) の過去完了の受動態も主節の現在形と合わない。正解は主節と時制が一致する現在進行形の受動態の (D)。

100 Interviewees are asked not to talk among themselves while waiting in the reception area.

面接を受ける人は、受付で待っている間、互いに話をしないように言われています。

(A) themselves　＊選択肢の訳は省略
(B) theirs
(C) them
(D) their

難問解説
適切な代名詞の形を選ぶ問題。空所の直後に名詞がないので所有格の (D) は真っ先に除外できる。(B) は所有代名詞だが、「彼らのもの」が何を指すのか不明である。(A) の再帰代名詞と (C) の目的格で迷うが、(C) だと interviewees「面接を受ける人」とは別の第三者を指すことになるので、文意にそぐわない。従って、前置詞 among の目的語にふさわしいのは (A)。

101 Hemlin Corporation is looking for a sales representative whose primary role will be expanding business in the northwest region.

Hemlin 社は、北西地域への事業拡大を第一の役割として担う販売員を探しています。

(A) that　＊選択肢の訳は省略
(B) whose
(C) who
(D) which

難問解説
適切な関係代名詞を選ぶ問題。関係節の先行詞 a sales representative と空所後の primary role 以降の節の関係を考えて、適切なものを選ぶ。a sales representative「販売員」の primary role「第一の役割」という所有関係、primary role の頭に付くべき代名詞の所有格（his や her）がないことから、(B) が正解。関係節に主語と目的語があるので、主語として働く (C) と (D)、それらと同じ働きをする (A) は不可。

102 At the panel discussion, Ms. Yang made a convincing argument for environmentally responsible business practices.

公開討論会で、Yang さんは環境に責任を持つ商慣行を支持する説得力のある議論をしました。

(A) convince　〜を説得する
(B) convincing　説得力のある
(C) convinced　納得した
(D) convincingly　もっともらしく

難問解説
適切な動詞の変化形を問う問題。空所後に argument があることに着目し、この名詞を修飾する形を選ぶ。(A) 動詞の原形や (D) 副詞は名詞を修飾できないのでこの 2 つは除外できる。残る (B) は現在分詞、(C) は過去分詞の形をした分詞形容詞だが、「納得させるような議論」という意味から (B) が正解となる。(C) は「納得させられた、納得した」で人を修飾するときに使う形。

語注 **99** regularly　定期的に／ensure (that) 〜　〜（であること）を確かにする／procedure　手順／perform　〜を実施する／correctly　正しく **100** interviewee　面接を受ける人／reception area　受付
101 sales representative　販売員／primary　最上位の、首位の／expand　〜を拡張する
102 convincing　説得力のある、人を納得させるような／argument　議論／environmentally　環境面で／responsible　責任がある、責任を負うべき／business practice　商慣行

正解 99 D 100 A 101 B 102 B 103 A 104 C 105 B 106 B

103 Mr. Fitzpatrick memorized his lines perfectly weeks before the filming of the movie began.

Fitzpatrick さんは映画の撮影が始まる何週間も前に、自分のせりふを完璧に覚えました。

(A) perfectly　完璧に
(B) perfected　完成された
(C) perfect　完璧な
(D) perfecting　完璧にしている

難問解説

適切な語形を選ぶ問題。選択肢は全て perfect の派生語なので、空所に入るべき語の役割を考える。空所の後の名詞 weeks だけに着目すると、perfect weeks となる (C) を選んでしまうが、これだと空所前の部分で文が分断されてしまう。同じ理由で weeks を修飾する過去分詞の (B) と現在分詞の (D) も不可。正解は動詞 memorized を修飾する副詞 (A)。weeks before ～「～の何週間も前に」の形に気付くことが重要。

104 Even the CEO had to admit that Prasma Designs' win was partly the result of fortunate timing.

最高経営責任者でさえ、Prasma デザイン社の勝利が一部には幸運なタイミングの結果だと認めざるを得ませんでした。

(A) parts　分かれる
(B) parted　分割された
(C) partly　部分的に
(D) parting　分割

難問解説

適切な語形を選ぶ問題。空所まで読んだだけで答えようとすると、(A) ＜ was ＋三人称単数現在形＞は不可であることは容易に気付くが、過去時制の受動態 was parted になる (B) や過去進行形 was parting になる (D) を選んでしまう可能性がある。空所の後が the result of fortunate timing という名詞句で、was の補語になっていることを把握しよう。that 節全体を修飾する副詞の (C) が正解。

105 BYF Company specializes in personalized promotional items to help companies advertise their brand.

BYF 社は、企業が自社ブランドを宣伝するのに役立つカスタマイズした販促品を専門に扱っています。

(A) personally　個人的に
(B) personalized　個人向けにした
(C) personality　個性
(D) personalizes　個人向けにする

難問解説

適切な語形を選ぶ問題。空所は specializes in の目的語である名詞句にある。空所後の形容詞 promotional につながらない (C) 名詞や in の目的語となれない (D) 動詞は除外できる。その結果、形容詞を修飾する副詞の (A) を選んでしまう可能性があるが、「個人的に販促品」では意味が通じない。正解は (B)。ここでは名詞句を 1 つの固まりと捉え、personalized ＋ promotional items という＜過去分詞（分詞形容詞）＋名詞句＞の修飾関係に気付けるかがポイントとなる。

106 Regardless of whether a candidate is offered a job, all applications are kept on file for six months.

応募者が職を提示されるかどうかにかかわらず、全ての応募書類は 6 カ月間保管されます。

(A) even　～でさえ
(B) whether　～かどうか
(C) although　～だけれども
(D) including　～を含めて

難問解説

適切に空所の前後をつなぐ語を選ぶ問題。選択肢には副詞、接続詞、前置詞という異なる品詞がある。冒頭の Regardless of は群前置詞なので、空所以降は名詞が続く。また、その後に節＜ S ＋ V ＞があるので、この部分は名詞節であると考える。選択肢の中で名詞節を導くことができるのは接続詞 (B) のみ。(C) も接続詞だが名詞節を導くことはできない。(A) 副詞や (D) 前置詞は節を続けられないので正解にはならない。

語注 **103** memorize　～を覚える／line　(役者の) せりふ、一節／filming　(映画の) 撮影
104 CEO　最高経営責任者　★ = chief executive officer ／admit　～を認める／fortunate　運のよい
105 specialize in ～　～を専門とする／promotional　販売促進用の／advertise　～(商品など) を宣伝する
106 regardless of ～　～にかかわらず／candidate　候補者、志願者／offer　～を提示する／application　応募、応募書類

107 The review board published a list of companies it considers to be the most charitable.

審査委員会は、最も慈善活動に力を入れていると同委員会が考える企業のリストを公表しました。

(A) it　　＊選択肢の訳は省略
(B) its
(C) itself
(D) its own

難問解説
適切な代名詞の形を選ぶ問題。空所の前後にある名詞 companies と動詞 considers をつなぐには、considers の主語として働くものが必要なので、正解は (A)。後に名詞が必要な代名詞の所有格 (B)、再帰代名詞の (C)、所有格を強調する own が付いた (D) は除外できる。consider *A* to be *B*「(主語が) *A* を *B* であると考える」の形を想起できれば、空所以下が直前に関係代名詞 that が省略された関係節だと気付けるだろう。

---

108 Yerrow Cameras' lenses have a long telephoto reach yet an exceptionally lightweight casing.

Yerrow カメラ社のレンズは、長い望遠距離にもかかわらず並外れて軽量のケーシングを備えています。

(A) exceptions　例外
(B) exception　例外
(C) excepting　～を除いて
(D) exceptionally　並外れて

難問解説
適切な語形を選ぶ問題。空所前後の＜ an ＋ ------- ＋形容詞＋名詞＞に着目する。(A) や (B) のような名詞は形容詞 lightweight を修飾できないので、それが可能な (D) 副詞を選ぶ。(C) は前置詞なので、an に続く空所に入れることはできない。なお、空所前の yet「それにもかかわらず」は前後 2 つの内容を対照させる接続詞。ここでは、長望遠レンズが通常は重いことと、非常に軽量な筐体(きょうたい)であることを対比させている。

---

109 Mr. Singh took notes on everything the focus group discussed during the morning session.

Singh さんは、午前の会でフォーカスグループが話し合った全てのことについてメモを取りました。

(A) each　それぞれ
(B) several　幾つか
(C) another　もう 1 つ
(D) everything　全てのもの

難問解説
適切な不定代名詞を選ぶ問題。着目すべきは空所の直後が＜ the ＋名詞（句）＞の形であること。(A) は＜ each of the ＋名詞＞で「どの～も」、(B) は＜ several of the ＋名詞＞で「～の幾つか」、(C) は＜ another of the ＋名詞＞で「～のうちのもう 1 つ」のように 3 つとも of を伴って修飾されるので候補から外れる。正解 (D) は＜ everything (that) S ＋ V ＞の形で「S が V する全てのこと」という意味を表せる。

---

110 For more information about product warranties or to register your new appliance, please contact customer service.

製品保証についてのさらなる情報のお求めや、お客さまの新しい電化製品のご登録につきましては、顧客サービス部までご連絡ください。

(A) to register　～を登録するために
(B) registered　登録された
(C) registers　～を登録する
(D) registration　登録

難問解説
or と空所だけを見て product warranties と同じ名詞の (D) registration を選ばないよう注意。空所の後に your new appliance があるので、これを目的語に取れる動詞を含む選択肢を選ぶ必要がある。文の内容から、*A* or *B* の形で並列されている *A* は for more information about product warranties、*B* は to register ～と考えられるので、目的を表す副詞的用法の不定詞 (A) が正解。文構造を大局的に捉えるようにしよう。

語注 **107** review board　審査委員会／publish　～を公表する、～を発表する／charitable　慈善を行う、慈善のための
108 telephoto　望遠の／reach　届く距離／casing　ケーシング、筐体(きょうたい)　★機械類が収められている外箱や容器
109 take notes　メモを取る／focus group　フォーカスグループ　★市場調査のために選ばれた消費者グループ／session　集会　**110** warranty　保証／appliance　電化製品、家電

正解 **107** A **108** D **109** D **110** A **111** C **112** D **113** C **114** C

111 Sage Bistro's menu features a wider variety of seafood items than Almaner Pavilion's.

Sage ビストロのメニューは、Almaner パビリオンのものより幅広い種類の魚介料理を特徴としています。

(A) wide　幅広い
(B) widest　最も幅広い
(C) wider　より幅広い
(D) widely　幅広く

難問解説
適切な形容詞の形を選ぶ問題。空所の周辺だけを見ると、a wide variety of ～という表現を想起して (A) を選んでしまう。最後まで目を通せば than があるので早合点で解答するには惜しい問題だ。正解は (C) の比較級。than があるので (B) の最上級は選べない。また、空所後の名詞 variety から、それを修飾できない (D) の副詞も不可。比較表現では、than や＜as ＋原級＋ as ＞や＜最上級＋ of ～＞といったヒントとなる語句に注意しよう。

---

112 Whenever a national holiday falls on a Thursday, the Barstow Company allows employees to take off Friday as well.

祝日が木曜日に当たるときはいつでも、Barstow 社は従業員に金曜日も休みを取ることを許可しています。

(A) Even　～でさえ
(B) For　～のため
(C) Nearly　ほとんど
(D) Whenever　～するときはいつでも

難問解説
適切な品詞を選ぶ問題。このような＜------- ～, S ＋ V ＞の形をした文は頻出するが、必ず「～」の部分を確認しよう。名詞（句）のみであれば空所には前置詞や群前置詞、節であれば接続詞や群接続詞を選ぶのが基本である。ここでは空所の後が S (= a national holiday) + V (= falls) から成る節なので、(B) 前置詞ではなく (D) の接続詞が正解。なお (A) や (C) の副詞には後の節を結び付ける役割がなく、どちらも不可。

113 During negotiations, management appeared agreeable to the idea of increasing the staff's wages.

交渉の間、経営陣は社員の給与を増額する案に賛同的に見えました。

(A) agree　同意する
(B) agreement　同意
(C) agreeable　賛同的な
(D) agrees　同意する

難問解説
適切な派生語を選ぶ問題。この問題で鍵となる appear は＜appear (to be) + C (= 補語) ＞で「(C のように) 見える・思える」の意味になる。補語には名詞や形容詞が来るので、(A) と (D) の動詞は除外できる。(B) の名詞を空所に入れると冠詞がないことに加え、agreement には前置詞 to は付かないため空所後と合致しない。正解 (C) は (be) agreeable to ～で「～に賛同している」という状態を表す。なお、「～に同意する」という行為を表すには agree to ～を使う。

---

114 The doorways, which arch so gracefully, were left intact during the renovation of the historic Dersten Building.

とても優雅に弧を描くその玄関口は、歴史上重要な Dersten 荘の修復工事の間、手付かずのまま残されました。

(A) graceful　優雅な
(B) grace　優雅さ
(C) gracefully　優雅に
(D) graces　品位

難問解説
適切な派生語を選ぶ問題。正解を導くポイントとなるのは空所の前にある arch であるが、これを名詞「アーチ」と取ると、それを修飾すると思われる (A) の形容詞を選ぶことになるだろう。しかし arch が名詞だとすると、カンマで挟まれて挿入されている関係節が文全体から浮いてしまう。この arch は「弧を描く」という自動詞である。また、空所の前に副詞 so があるので、副詞が修飾できない名詞の (B) や (D) は不可。よって、正解は動詞 arch を修飾する副詞の (C) となる。

語注 **111** feature　～を特徴とする **112** national holiday　祝日／fall on ～　(日付が) ～に当たる／take off ～　～を休みとして取る **113** management　経営陣、経営者側 **114** doorway　出入口／arch　弧を描く、アーチ状になる／gracefully　優雅に／intact　無傷の、手付かずの／renovation　修復、改築／historic　歴史上重要な、歴史的な

Part 6 長文穴埋め問題

語彙の問題 1

語法の知識も交えて判断する必要のある語彙問題の難問。正解の決め手をしっかり見極めましょう。

Questions 115-118 refer to the following letter.

29 August

Alvin Mangubat
Director of Human Resources
Farsten Products, Ltd.
549 Castor Boulevard
Winnipeg MB R3E 2S2

Dear Mr. Mangubat,

I am writing to apply for the mechanical engineer position advertised on your Web site. I think I have much to offer Farsten Products' design ------- (115.) as an employee.

------- (116.) . I am currently an engineer at Yount Systems, where I have worked on machine and engine designs for the last six years. ------- (117.) that, I was employed by Zelenka Industries, where I helped develop efficient methods for recycling scrap steel.

I have enclosed my résumé, which ------- (118.) more details about my work history and my educational background. I look forward to meeting with you to discuss how my skills and experience can benefit Farsten Products.

Sincerely,

Gail Paek
Encl.

115. (A) phase
(B) department
(C) consultant
(D) expertise

116. (A) Your Web site also listed an internship that would be a great opportunity.
(B) The job description said that applicants should have an advanced degree.
(C) My manager replied to your request last week.
(D) My extensive experience makes me an ideal fit for your company.

 **117.** (A) Regarding
(B) Following
(C) Contrary to
(D) Prior to

118. (A) give
(B) gave
(C) gives
(D) is giving

Questions 119-122 refer to the following e-mail.

To: tkhan@smolermanufacturing.co.uk
From: lpreston@emmetestate.co.uk
Date: 9 March
Subject: 1161 Coral Lane

Dear Ms. Khan,

Thank you for asking about the 200-square-metre warehouse space at 1161 Coral Lane. I checked my real estate database, and -------(119.) this property has been taken off the market.

If you would like to give me an idea of what specifically you are looking for, I -------(120.) you in finding something else. Just respond to this e-mail with your price range, size needs, preferred area of town, and any other important requirements. -------(121.) .

If you wish, you may also sign up for -------(122.) . This way you will receive instant e-mail or text-message notifications whenever new property listings become available.

Best regards,

Lloyd Preston
Emmet Estate Agents

119. (A) briefly
(B) considerably
(C) apparently
(D) primarily

120. (A) am assisting
(B) can assist
(C) have been assisting
(D) assist

121. (A) For example, you need approval before anything is upgraded.
(B) I will be showing this property to potential buyers on Thursday.
(C) It is an interesting trend in the real estate industry.
(D) Then I will search for commercial buildings that meet these criteria.

 **122.** (A) alerts
(B) payments
(C) activities
(D) inspections

問題 115-118 は次の手紙に関するものです。

8月29日

Alvin Mangubat 様
人事部長
Farsten プロダクト社
カストール大通り 549 番地
ウィニペグ MB R3E 2S2

Mangubat 様

貴社のウェブサイト上に求人広告が出ている機械技師職に応募したく、連絡を差し上げております。私は Farsten プロダクト社の設計部に、社員として大いに貢献できると考えております。

*広範囲にわたる経験により、私は貴社にとって理想的な人材となると思います。私は現在、Yount システム社で技師を務めており、同社ではこの6年、機械やエンジンの設計に従事してきました。それ以前には、私は Zelenka 工業社に雇用されており、同社ではくず鉄を再利用する効率的な手法の開発に関与しました。

履歴書を同封いたしましたが、それは私の職歴と学歴に関するより詳細な情報をお伝えするものです。あなたとお会いし、私の技術と経験をもってどのように Farsten プロダクト社のお役に立てるかについてお話しできるのを心待ちにしております。

敬具

Gail Paek
同封物あり

*Q116 の挿入文の訳

115 (A) 段階
(B) 部署
(C) コンサルタント
(D) 専門知識

116 (A) 貴社のウェブサイトには、絶好の機会になるであろうインターンシップも掲載されていました。
(B) 職務内容記述書には、応募者は上級学位を有している必要があると書かれていました。
(C) 私の上司は先週、あなたのご依頼に返信いたしました。
(D) 広範囲にわたる経験により、私は貴社にとって理想的な人材となると思います。

117 (A) ～に関して
(B) ～に続いて
(C) ～に反して
(D) ～に先立って

118 (A) give　＊選択肢の訳は省略
(B) gave
(C) gives
(D) is giving

難問解説 117

Q117は適切な前置詞または群前置詞を選ぶ問題。選択肢はそれぞれ(A)「～に関して」、(B)「～に続いて」、(C)「～に反して」、(D)「～に先立って」という意味を表すが、空所の直後に来ているのは指示代名詞thatなので、文法だけを考えればどれも当てはまる。このような場合は、文脈から正解を考えなければならない。

空所の前ではI am currently an engineer at Yount Systems, where I have worked on machine and engine designs for the last six years.のように現在形や現在完了形を用いて現在のことを述べているのに対し、空所の後ではI was employed by Zelenka Industries …と過去形が使われていることに着目すると、空所後には以前に起きた過去の出来事が述べられていると判断できる。そこから「現在は～だ」＋空所＋「過去には～だった」という流れが見て取れる。従って、前後をつなぐものとして空所に入れるのに意味上適切なのは(D) Prior toとなる。出来事の前後の順番が逆であれば、(B)が適切。

語注 Human Resources　人事部　★部署名は語頭が大文字になることが多い／Ltd.　＜社名に続けて＞～社、株式(有限)会社～　★limitedの略。米ではincorporated／apply for ～　～に応募する／mechanical　機械設計に関わる、機械の／engineer　技師／advertise　～を広告する／work on ～　～に取り組む／employ　～を雇用する／efficient　能率的な／scrap steel　くず鉄／enclose　～を同封する／résumé　履歴書／details　＜複数形で＞詳細情報／educational background　学歴／benefit　～のためになる、～に利益をもたらす／encl.　同封物あり　★enclosedの略　115 expertise　専門知識、専門技術　116 applicant　応募者／reply to ～　～に返信する／extensive　広範囲にわたる、豊富な　117 contrary to ～　～に反して／prior to ～　～に先立って

問題 119-122 は次の E メールに関するものです。

受信者：tkhan@smolermanufacturing.co.uk
送信者：lpreston@emmetestate.co.uk
日付：3 月 9 日
件名：コーラル通り 1161 番地

Khan 様

コーラル通り 1161 番地にある 200 平方メートルの倉庫スペースについてお問い合わせいただき、ありがとうございます。当社の不動産データベースを確認したところ、この物件は市場から外されてしまったようです。

お客さまが具体的にどのようなものをお探しかをお知らせいただければ、何か他の物件を見つけるお手伝いができます。価格帯、必要な広さ、好ましい町内区域、そしてその他の重要な必要条件とともに、この E メールにご返信ください。*そうしましたら、私がこれらの基準を満たす商業用建物をお探しいたします。

ご希望があれば、通知機能にご登録になることもできます。そうすれば、新しい物件リストを入手次第、E メールもしくはテキストメッセージによる通知をお受け取りいただけます。

敬具

Lloyd Preston
Emmet 不動産仲介業者

*Q121 の挿入文の訳

119 (A) 簡潔に言えば
(B) かなり
(C) 見たところ
(D) 主に

120 (A) am assisting　＊選択肢の訳は省略
(B) can assist
(C) have been assisting
(D) assist

121 (A) 例えば、何かがグレードアップされる前には承認が必要です。
(B) 私は木曜日に、購入見込客の方々にこの物件をお見せする予定です。
(C) それは不動産業界における興味深い動向です。
(D) そうしましたら、私がこれらの基準を満たす商業用建物をお探しいたします。

122 (A) 通知
(B) 支払い
(C) 活動
(D) 調査

難問解説 122

Q122は適切な名詞を選ぶ問題。選択肢はそれぞれ普通に訳すと、(A)「通知」、(B)「支払い」、(C)「活動」、(D)「調査」で、基本的な語彙ばかりが並んでいるにもかかわらず、正答率は高くない。空所の前はIf you wish, you may also sign up for -------「希望があれば -------に登録することもできる」だが、内容から推測して選択肢を選ぶとsign up for ～「～に登録する」との関連から(B)「支払い」を選んでしまいがちである。

この問題で鍵となるのは空所の後にあるThis way「そうすれば」。これに続けてyou will receive instant e-mail or text-message notifications whenever new property listings become available「新しい物件リストを入手次第、Eメールもしくはテキストメッセージによる通知を受信することになる」とあるが、この文意に合うのは(A)である。名詞のalertは「警告、警戒警報」という意味がよく知られているが、「(関心のある情報を顧客に知らせる)通知、お知らせ」の意味もあることを覚えておこう。

語注 ～ Lane ～通り／～-square-metre ～平方メートルの ★米国表記は -square-meter／warehouse 倉庫／real estate 不動産／property 不動産、財産／take ～ off the market ～を市場から外す／specifically 具体的に、特に／respond to ～ ～に返信する／preferred 好ましい／requirement 必要条件、要件／sign up for ～ ～に登録をする、～を申し込む／instant 即時の／notification 通知／listing 一覧表／available 利用可能な／estate agent 不動産仲介業者 **119** considerably かなり／apparently 見たところ、どうやら **121** approval 承認／upgrade ～を格上げする、～をグレードアップする／potential 見込みがある／commercial 商業の／criteria 基準 ★criterionの複数形 **122** alert 通知、警告／inspection 調査、検査

語彙の問題 2

同じ品詞の選択肢から最も適切な意味のものを選ぶパターンの難問を見ていきましょう。

Questions 123-126 refer to the following article.

TOKYO (2 June)—Toda Entertainment announced this morning that it will be revealing its latest video game later this week. A preview of the game ------- (123.) a presentation from the developers will be broadcast on the company's Web site on Friday at 4:00 P.M. Japan Standard Time. Until now, no details have been revealed about the game. Many consumers are already ------- (124.) that it will be a sequel to the company's popular *Todashi Adventure* series. The first game in that series, released two years ago, was a ------- (125.) success for the company, selling over 400,000 copies in Japan. ------- (126.) .

123. (A) but
(B) even though
(C) how
(D) as well as

124. (A) confirming
(B) speculating
(C) requesting
(D) analyzing

125. (A) remarkable
(B) remarkably
(C) remarking
(D) remark

126. (A) The company was not able to meet this goal.
(B) Toda Entertainment will announce its new CEO next week.
(C) Its worldwide sales were double that number.
(D) Consumers can now purchase it for the first time.

Questions 127-130 refer to the following article.

DODOMA (21 May)—Dodoma Gas and Electric (DGE) and Arusha Power (Arupo) have announced today that they ------- (127.) into one company. The effective date of the merger is 1 July. The soon-to-be ------- (128.) company will operate under the new name Tanzania Energy Solutions. DGE serves about 250,000 households and businesses, while Arupo serves about 90,000. ------- (129.) . In a joint statement, CEOs Johnathan Gashaza of DGE and Coretha Komba of Arupo assured customers they will not see any service changes. ------- (130.) also said there will be no employee layoffs.

127. (A) have been merging
(B) will be merging
(C) have merged
(D) are merged

128. (A) renovated
(B) informed
(C) created
(D) acquired

129. (A) The financial terms of the agreement have yet to be disclosed.
(B) The energy sector is vital to Tanzania's development.
(C) Both companies have an exceptional grasp of the international financial market.
(D) Both companies have an excellent reputation in their respective industries.

130. (A) We
(B) It
(C) They
(D) She

問題 123-126 は次の記事に関するものです。

東京（6 月 2 日）── Toda エンターテインメント社は今朝、最新のテレビゲームを今週公開する予定であると発表した。開発者によるプレゼンテーションとともにゲームの予告版も、日本標準時の金曜日午後 4 時に同社のウェブサイト上で配信される予定だ。これまで、このゲームについては何の詳細も明らかにされていない。多くの消費者がすでに、それは同社の売れ筋である Todashi アドベンチャーシリーズの続編だろうと推測している。同シリーズの最初のゲームは、2 年前に発売され、同社にとって異例の成功となり、日本で 40 万本を超える数を売り上げた。*全世界での売り上げは、その数の 2 倍であった。

*Q126 の挿入文の訳

123 (A) しかし
(B) ～だとしても
(C) どのように
(D) …だけでなく～も

124 (A) ～と確認している
(B) ～と推測している
(C) ～を求めている
(D) ～を分析している

125 (A) 異例の
(B) 著しく
(C) ～を述べている
(D) 所見

126 (A) 同社はこの目標を達成することができなかった。
(B) Toda エンターテインメント社は来週、新しい最高経営責任者を発表する予定だ。
(C) 全世界での売り上げは、その数の 2 倍であった。
(D) 消費者は今、初めてそれを購入することができる。

正解　123 D　124 B　125 A　126 C

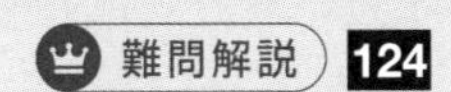 124

Q124は適切な動詞を選ぶ問題。全て形は同じ -ingで終わる現在分詞で、空所の前にalreadyを挟んでareがあるので、現在進行形を作っていると考えられる。ここでは、空所の前後の意味を正確に理解することがポイントとなる。まず、空所を含む文の前文で「これまで、このゲームについては何の詳細も明らかにされていない」と述べられていることを確認する。そして、空所を含む文は「多くの消費者がすでに、それは同社の売れ筋であるTodashiアドベンチャーシリーズの続編だろうと -------」という内容なので、この文脈に当てはまる意味を持つ動詞を選ぶ。

選択肢はそれぞれ(A)「〜と確認している」、(B)「〜と推測している」、(C)「〜を求めている」、(D)「〜を分析している」という意味。消費者自身で発売前のゲームについて、シリーズの続編かどうかを確認はできないことから(A)は選べない。また、今週発売のゲームについて消費者が現時点で何かを要求しているというのは理屈に合わないので、(C)も不可である。動詞の意味から(D)は可能に思えるが、analyzeは後にthat節を取ることができないので語法の点で除外される。正解の(B)はspeculate that 〜で「〜であると推測する」の意味になり、この文脈に合致する。なお、speculateは直後に名詞(相当語句)の目的語を取ることはできない。

語注 announce　〜と発表する／reveal　〜を明らかにする、〜を公開する／latest　最新の／preview　予告編、試演／developer　開発者／broadcast　〜を放送する　★過去形・過去分詞も同形／Japan Standard Time　日本標準時／details　＜複数形で＞詳細情報／sequel　続編、続き／series　シリーズもの／release　〜を発売する／copy　1枚、1部
124 confirm　〜を確認する／speculate (that) 〜　〜であると推測する／analyze　〜を分析する
125 remarkable　異例の、注目に値する／remark　＜名詞＞意見、所見　＜動詞＞〜を述べる　126 double　2倍の／purchase　〜を購入する

問題 127-130 は次の記事に関するものです。

ドドマ（5月21日）――ドドマ・ガス電力会社（DGE）と Arusha 電力会社（Arupo）は今日、両社が1つの会社に合併する予定であると発表した。合併の発効日は7月1日である。間もなく創設されるその会社は、タンザニア・エネルギーソリューション社という新社名の下で営業する。DGE 社は約25万の世帯と事業所に電力を供給し、一方で Arupo 社は約9万の世帯と事業所に供給している。*この合意の金銭面の条件はまだ公表されていない。共同声明で、最高経営責任者である DGE 社の Johnathan Gashaza と Arupo 社の Coretha Komba は、顧客に対して、サービスの変更は一切ないと確約した。彼らはまた、従業員の解雇はないとも述べた。

*Q129 の挿入文の訳

127 (A) have been merging　＊選択肢の訳は省略
(B) will be merging
(C) have merged
(D) are merged

128 (A) 改修された
(B) 通知された
(C) 創設された
(D) 買収された

129 (A) この合意の金銭面の条件はまだ公表されていない。
(B) エネルギー分野はタンザニアの発展にとって必要不可欠だ。
(C) 両社とも国際金融市場を極めてしっかりと理解している。
(D) 両社ともそれぞれの業界で非常に高い評判を得ている。

130 (A) 私たちは
(B) それは
(C) 彼らは
(D) 彼女は

難問解説 128

Q128は適切な動詞を選ぶ問題。選択肢は全て過去分詞で、The soon-to-be ------- company「間もなく ------- (される) その会社」の空所には文法的にはどれも当てはまるため、文脈から正解を判断する。まず、先行する告知内容の they ------- into one company の部分から、「両社が1社に ------- 」の意味が関連することを理解する。Q127の選択肢もヒントになるが、2社が1社になるのは「合併する」ことだと推測できれば、Q128単体でも正解できる。

「合併した (=合併させられた)」を意味する merged が選択肢にないので、それに近い意味の動詞を念頭に置いて選択肢を検討する。選択肢 (A) の renovated は「(古くなった建物が) 改装・改修された」なので文脈にそぐわない。(B) の informed「通知された」でも意味が通じない。(D) の acquired「(会社が) 買収された」は merge の関連語なので誤って選んでしまう可能性が高いが、2社が新しい1社になることは「買収される」とは言わないので、やはり不正解。正解は (C)「創設された」で、これを入れると「間もなく (合併して) 創設されるその会社」という意味になり、文脈に適する。

語注 Dodoma ドドマ ★タンザニアの都市／electric 電気 (の)／power 電力／
announce that ～ ～であると発表する／effective 効力のある、有効な／merger 合併／
soon-to-be ＜過去分詞を続けて＞間もなく～される／operate 営業する、操業する／
serve ～ (地域や人など) に供給する／household 世帯／joint statement 共同声明／
CEO 最高経営責任者 ★= chief executive officer／assure ～に保証する、～に確約する／layoff 解雇
127 merge 合併する、～を合併させる 128 renovate ～を改修する／acquire ～を獲得する、～を買収する
129 terms ＜複数形で＞条件／disclose ～を公開する、～を発表する／vital 必須の、不可欠な／
exceptional ひときわ優れた／grasp 把握、理解／reputation 評判、世評／respective それぞれの

文法の問題

文法の知識から空所に適切な語を選ぶパターンの難問に挑戦しましょう。全体の文脈から判断することが大切です。

Questions 131-134 refer to the following e-mail.

To: Weiyi Shan <wshan@strategiccomm.org>
From: Arvin Flores <aflores@floresmanufacturing.com>
Date: April 5
Subject: March 28 workshops

Dear Mr. Shan,

I am writing to share our -------**131.** for the workshops Alana Hughes delivered at our corporate headquarters on March 28. Some employees -------**132.** a concern regarding the usefulness of improvisation training in a business setting. These same employees participated fully throughout the day and even inquired about the possibility of follow-up sessions. We asked participants to complete our company's evaluation form -------**133.** to better gauge the effectiveness of the workshops. Results were mainly positive, with 90 percent of participants stating that their communication skills are now stronger. -------**134.** . Please let me know if you would like to discuss the workshops in more detail.

Best regards,

Arvin Flores

131. (A) appreciate
(B) appreciative
(C) appreciated
(D) appreciation

132. (A) express
(B) are expressing
(C) were to be expressed
(D) had expressed

133. (A) afterward
(B) often
(C) since
(D) instead

134. (A) The workshop will be rescheduled for later in the week.
(B) A few participants said they would have liked more practice.
(C) An additional workshop in team building is occasionally offered.
(D) We will provide you with an invoice requesting payment.

Questions 135-138 refer to the following excerpt from a manual.

This manual provides guidelines for inventory control at Malanta facilities. Our advanced manufacturing procedures depend on ------- (135.) inventory control. Only by maintaining a precise flow of inventory ------- (136.) minimize costs and ensure prompt shipments. To achieve this goal, we must avoid shortages. When stock is in the correct location at the time it is ordered, shipments are made at regular shipping costs and within estimated time frames. ------- (137.) . Therefore, the procedures in this manual must always be faithfully ------- (138.) .

135. (A) accurate
(B) seasonal
(C) expensive
(D) industrialized

136. (A) is able to
(B) to be able
(C) our ability to
(D) are we able to

137. (A) We have calculated the costs for you.
(B) Please allow at least two weeks for delivery.
(C) Unfortunately, some items are currently not in stock.
(D) However, this is not possible when unexpected shortages occur.

138. (A) implemented
(B) reproduced
(C) corrected
(D) recorded

問題 131-134 は次の E メールに関するものです。

受信者：Weiyi Shan <wshan@strategiccomm.org>
送信者：Arvin Flores <aflores@floresmanufacturing.com>
日付：4 月 5 日
件名：3 月 28 日の講習会

Shan 様

Alana Hughes 氏が当社本社で 3 月 28 日に行った講習会について、感謝の気持ちをお伝えしたくご連絡しております。一部の社員は、ビジネスシーンでの即興トレーニングの有用性について不安を示していました。これら同社員たちが最後まで終日参加し、補習の講習ができないかとまで問い合わせてきたのです。私たちはその後、参加者に当社の評価票への記入を依頼し、講習会の有効性をよりよく測定できるようにしました。結果は主として肯定的で、参加者の 90 パーセントが、自分のコミュニケーション能力が今は高まっていると述べました。*数名の参加者は、もっと実習があってもよかったと述べました。講習会についてさらに詳しく話し合いをされたい場合は、私にお知らせください。

敬具

Arvin Flores

*Q134 の挿入文の訳

131 (A) ～に感謝する
(B) 感謝の
(C) 感謝されて
(D) 感謝の気持ち

132 (A) express ＊選択肢の訳は省略
(B) are expressing
(C) were to be expressed
(D) had expressed

133 (A) その後
(B) しばしば
(C) それ以来
(D) 代わりに

134 (A) 講習会は、その週の後半に日時が変更されます。
(B) 数名の参加者は、もっと実習があってもよかったと述べました。
(C) チーム作りに関する追加の講習会が時折提供されています。
(D) 当社は支払依頼用の請求書をお渡しする予定です。

難問解説 132

Q132は適切な時制を表す動詞を選ぶ問題。空所を含む文を見ると、空所の直後に名詞句があることから(C)の受動態は除外できる。受動態であればexpressedの後に名詞句を置くのに前置詞が必要となるためである。その他の選択肢はどれも文法的には正解になり得るので、前後の文脈から正解を考える。

この空所の直前の文I am writing to share our ------- for the workshops Alana Hughes delivered at our corporate headquarters on March 28.とQ131の選択肢から、Eメールの送信者は過去にAlana Hughesが行った講習会に対して感謝を伝えていると推測できる。また、空所の後の文では「これら同社員たち(These same employees)が最後まで終日(講習会に)参加した……」と過去形で述べられている。このことから、空所を含む文は講習会に参加する前の一部の社員(Some employees)の様子を述べているのだと判断できる。講習会(過去)よりさらに前の出来事を述べる際には過去完了が用いられる。従って、had expressed a concern「不安を示していた」となる(D)が正解。

語注 deliver 〜(演説・講演など)を行う/headquarters 本社、本部 ★この意味では常に複数形/concern 不安、懸念/regarding 〜に関して/usefulness 有用性/improvisation 即興で行うこと/participate 参加する/fully 丸々、たっぷり/throughout 〜の間ずっと/inquire about 〜 〜について問い合わせる/follow-up 続きの、フォローアップの/session 集会、集まり/participant 参加者/complete 〜に漏れなく記入する/evaluation 評価/gauge 〜を測定する、〜を評価する/effectiveness 有効性/state that 〜 〜であると述べる/in detail 詳しく、詳細に 131 appreciate 〜に感謝する/appreciative 感謝の、真価が分かる/appreciation 感謝 134 reschedule 〜の予定を再調整する

問題 135-138 は次のマニュアルの抜粋に関するものです。

本マニュアルは、Malanta 社の施設における在庫管理の指針を説明するものです。当社の先進的な製造工程は、的確な在庫管理に支えられています。在庫の正確な流れを維持することによってのみ、当社は諸経費を最小限にし、迅速な出荷を確約することができます。この目標を達成するためには、品切れを回避する必要があります。在庫品が注文時に所定の場所にあれば、出荷は通常の運送料で、推定時間内に行われます。*しかしながら、これは想定外の品切れが発生した際には成立しません。そのため、本マニュアルに記載された手順は常に忠実に実行されなければなりません。

*Q137 の挿入文の訳

135 (A) 的確な
(B) 季節ごとの
(C) 費用のかかる
(D) 工業化された

136 (A) is able to　＊選択肢の訳は省略
(B) to be able
(C) our ability to
(D) are we able to

137 (A) 私たちは貴社の諸経費を算出しました。
(B) 配達には少なくとも 2 週間を見込んでおいてください。
(C) あいにく、一部の商品は現在、在庫切れです。
(D) しかしながら、これは想定外の品切れが発生した際には成立しません。

138 (A) 実行されて
(B) 複製されて
(C) 訂正されて
(D) 記録されて

難問解説 136

Q136は適切なableまたはabilityを用いた形を選ぶ問題。空所付近だけを見て正解を考えると、直前のinventoryもしくはa precise flow of inventoryが単数形であることから、(A)を選んでしまう可能性が高い。この設問で最も重要なのは、倒置に気付くことである。onlyは「ただ～だけ」という意味を持つ副詞で、このような副詞（ここではonlyに導かれた副詞句）を強調の意味で文頭に置くと、後の部分は疑問文と同じ語順に倒置されることを覚えておこう。

強調による倒置をせず、本来の語順である ------ minimize costs and ensure prompt shipments only by maintaining a precise flow of inventory. に戻した文で考えると、空所にはWe are able toが入るのが適切だと分かる。すなわち、これを倒置した形である(D) are we able toが正解。同様に考えると、通常の語順に戻した文で他の選択肢を入れると、(A) is able toや(B) to be ableでは主語がなく、(C) our ability toでは述語動詞がない文が出来上がってしまう。

語注 excerpt 抜粋／inventory control 在庫管理／facility 施設／advanced 高度な／manufacturing 製造(の)／procedure 手順／maintain ～を維持する／precise 正確な／minimize ～を最小限にする／costs ＜複数形で＞費用、経費／ensure ～を保証する／prompt 迅速な／shipment 出荷、発送／shortage 不足、品切れ／stock 在庫品／shipping 配送、運送／estimated 推定の／time frame 期間、時間枠／faithfully 忠実に 135 accurate 的確な 137 calculate ～を計算する／in stock 在庫に／unexpected 予想外の 138 implement ～を実行する、～を実施する／reproduce ～を複製する、～を再現する

文を選ぶ問題 1

空所に入る適切な文を選ぶ難問に挑戦します。話全体の流れからぴったり当てはまる文を選びましょう。

Questions 139-142 refer to the following e-mail.

To: Noora Abadi
From: Alexis Palmer
Subject: Informational interview
Date: 4 February

Dear Ms. Abadi:

Thank you for taking the time to meet with me yesterday about careers in the aerospace industry. Your ------- **139.** were helpful and have inspired me to seek additional work experience in the field before I apply to graduate school.

I will consult the Web sites you recommended for job opportunities. As you also suggested, I will ------- **140.** a membership in the Eastern Aeronautics Professional Association. ------- **141.** . I appreciate the information you shared about the organization's conference at the end of the month.

Thank you again for your ------- **142.** assistance.

Sincerely,

Alexis Palmer

139. (A) insights
(B) surveys
(C) improvements
(D) revisions

140. (A) resolve
(B) predict
(C) consider
(D) advertise

141. (A) I look forward to networking with other professionals in the field.
(B) My membership will expire at the end of the year.
(C) I will be giving a presentation at the conference.
(D) I would like to apply for the position soon.

142. (A) generosity
(B) generous
(C) generously
(D) generousness

Questions 143-146 refer to the following e-mail.

To: Eriford Hotel Staff
From: Seth Park
Subject: Conserving resources
Date: 15 March

To all housekeeping staff:

Hotel management has decided to implement a new policy -------(**143.**) the daily laundering of towels. Going forward, all towels left on the floor by guests will be collected and washed each day, but any used towels hung up on hooks or racks will be left in the room for guests to reuse. This policy will -------(**144.**) our daily laundry load. -------(**145.**) , our electricity and power use will be reduced. Notices will be posted in each room informing our guests of this policy. -------(**146.**) . The management is deeply committed to conservation.

Thank you,

Seth Park
Hospitality Manager, Eriford Hotel

143. (A) regards
(B) regardless
(C) regarding
(D) regarded

144. (A) minimize
(B) double
(C) require
(D) eliminate

145. (A) Despite this
(B) However
(C) As a result
(D) Evidently

 **146.** (A) We would greatly appreciate your cooperation with this effort.
(B) Please inform us if you identify any maintenance needs.
(C) During this time, please try to limit showers to ten minutes.
(D) You will be asked to share all of your ideas at the staff meeting.

問題 139-142 は次の E メールに関するものです。

受信者：Noora Abadi
送信者：Alexis Palmer
件名：情報提供の面談
日付：2 月 4 日

Abadi 様

昨日は、航空宇宙産業界の職業の件で私との面談にお時間を割いていただき、ありがとうございました。あなたのご見識は参考になり、大学院に出願する前にこの分野でさらなる実務経験を得ようという気持ちにさせてくれました。

仕事の機会を探すためにあなたが薦めてくださったウェブサイトに当たってみるつもりです。さらにご提案いただいたように、東部航空学専門家協会の会員資格取得を検討いたします。*私は、この分野の他の専門家たちとの人脈を作るのを楽しみにしています。月末の同協会の会議に関してご教示いただいた情報をありがたく思っております。

あらためまして、寛大なご支援をありがとうございました。

敬具

Alexis Palmer

*Q141 の挿入文の訳

139 (A) 見識
(B) 調査
(C) 改善
(D) 改訂

140 (A) ～を解決する
(B) ～を予測する
(C) ～を検討する
(D) ～を広告する

141 (A) 私は、この分野の他の専門家たちとの人脈を作るのを楽しみにしています。
(B) 私の会員資格は年末に有効期限が切れます。
(C) 私はその会議で発表をします。
(D) 私は近々その職に応募したいと思っています。

142 (A) 寛大さ
(B) 寛大な
(C) 寛大に
(D) 寛大であること

難問解説 141

Q141は文脈に合う英文を選ぶ問題。空所を含む段落の出だしに着目すると、まず、I will consult the Web sites you recommended for job opportunities. の文で、薦められたウェブサイトにこれから当たってみると言っている。次に、I will (consider) a membership in the Eastern Aeronautics Professional Association と述べて、関連協会の会員になることへの興味を示している。これに続く選択肢の英文には、この2つを踏まえた上で今後のことを述べている(A)「私は、この分野の他の専門家たちとの人脈を作るのを楽しみにしている」が最適である。

文脈を考えずに選択肢として並んでいる文をざっと眺めるだけだと、この段落の最初の文にある job opportunities「仕事の機会」からの連想で、apply for the position「その職に応募する」を含む(D)を選んでしまう。同様に、同段落内の membership「会員資格」や conference「会議、協議会」といった目立つ単語から、同じ単語を含む(B)や(C)が正解だと即断してしまうかもしれない。これらはよく読めば文脈に合わないのが一目瞭然なので、英文を選ぶ問題では少しだけ時間をかけて前後の文を精読するようにしたい。

語注 informational 情報提供の、情報の／take the time to *do* ～するために時間を割く／aerospace 航空宇宙／helpful 有用な、役に立つ／inspire ～ to *do* ～を…する気にさせる／field 分野／apply to ～ ～に出願する、～に申し込む／graduate school 大学院／consult ～(ウェブサイトや本など)に当たる、～を調べる／recommend ～を薦める、～を勧める／suggest ～を提案する／membership 会員資格／aeronautics 航空学／professional 専門家／appreciate ～をありがたく思う／conference 会議、協議会 **139** insight 見識、洞察／survey 調査／revision 改訂、追補 **140** resolve ～を解決する／predict ～を予測する **141** network with ～ ～(人)とのつながりを作る、～と情報交換する／expire 有効期限が切れる、期限切れになる／apply for ～ ～に応募する、～に申し込む
142 generous 寛大な、気前のよい

解答と解説

問題 143-146 は次の E メールに関するものです。

受信者：Eriford ホテル従業員各位
送信者：Seth Park
件名：資源の節約
日付：3 月 15 日

客室清掃部門従業員各位

ホテルの経営陣は、毎日のタオルの洗濯に関して新しい方針を実施することを決定しました。今後は、お客さまにより床に置かれたままのタオルは全て、毎日回収されて洗濯されますが、フックやラックに掛けられた使用済みタオルはどれも、お客さまが再利用できるよう部屋に残されることになります。この方針により、当ホテルの 1 日当たりの洗濯物の量が最小化されるでしょう。その結果、当ホテルの電気・電力の使用量が削減されるでしょう。この方針をお客さまにお伝えするお知らせが各部屋に貼り出される予定です。*この取り組みへの皆さんのご協力に心から感謝します。経営陣は真剣に環境保護に取り組んでおります。

よろしくお願いします。

Seth Park
接客担当部長、Eriford ホテル

*Q146 の挿入文の訳

143 (A) ～を評価する
(B) それにもかかわらず
(C) ～に関して
(D) 評価された

144 (A) ～を最小にする
(B) ～を倍増させる
(C) ～を必要とする
(D) ～を除去する

145 (A) このことにもかかわらず
(B) しかしながら
(C) その結果
(D) 明らかに

 **146** (A) この取り組みへの皆さんのご協力に心から感謝します。
(B) メンテナンスの必要性を確認した場合はわれわれにお知らせください。
(C) この期間中は、シャワーの時間を 10 分以内に制限するようにしてください。
(D) 従業員会議で皆さんの意見を全て共有するようお願いします。

難問解説 146

Q146は文脈に合う英文を選ぶ問題。空所を含む文はEメールの終わりにあるので、このEメールの概要を理解して解答しなければならない。Eメールはホテルの接客担当部長から従業員に宛てたもので、タオルの洗濯に関する新しい方針について書かれている。新方針により期待される効果は (minimize) our daily laundry load と our electricity and power use will be reduced の2点で、方針の告知方法は Notices will be posted in each room informing our guests of this policy. の文で述べられている。ここまでがEメールの本題。その直後に続く空所の文は、結びの文 The management is deeply committed to conservation. の直前にあることを踏まえて選択肢を選ぶと、(A)「この取り組みへの皆さんのご協力に心から感謝する」が違和感なく当てはまる。

(B) は maintenance needs に関する言及が前後の内容と合わない。(C) は during this time がどの期間を指すのか不明であり、limit showers to ten minutes という要請も唐突過ぎて文脈に合致しない。(D) は share all of your ideas at the staff meeting と指示しているが、すでに決まっている方針を伝えるEメールの最後で客室清掃部門従業員の意見を求める1文を入れるのは流れにそぐわない。

語注 conserve　～（資源など）を節約する、～を保全する／resource　資源／housekeeping　（ホテルなどの）清掃部門／management　経営陣／implement　～を実行する、～を実施する／laundering　洗濯／going forward　これからは／used　使用済みの／hang up ～　～（衣服など）を掛ける　★ hung は hang の過去形・過去分詞／rack　ラック、格子棚／reuse　～を再利用する／laundry　洗濯／load　積載量／electricity　電力／power　エネルギー、電力／notice　掲示物、お知らせ／inform ～ of …　～に…を知らせる／be committed to ～　～に尽力している、～に全力を注いでいる／conservation　（自然・環境）保護、保存／hospitality　もてなし、接待　143 regardless　（～）にもかかわらず　144 minimize　～を最小限にする／eliminate　～を除外する、～を取り除く　145 evidently　明らかに　146 appreciate　～をありがたく思う／*one's* cooperation with ～　～への協力／identify　～を（本物であると）確認する、～を特定する／limit　～を制限する

文を選ぶ問題 2

E メールでは誰に向けたものか、記事では話題の中心は何かを念頭に、流れに合う文を選びましょう。

Questions 147-150 refer to the following e-mail.

To: All Managers
From: Bert Pizarro
Date: October 10
Subject: Staff banquet

Dear Managers,

December is quickly approaching, and the Human Resources team is working out the details for this year's staff banquet. As you know, this ------- **147.** event is an opportunity for us to thank our entire staff for their service and to reflect on the past twelve months. In addition, it will provide everyone with the opportunity ------- **148.** time with their colleagues in a relaxed social setting.

We know that the distance to last year's banquet in Riverdale made it difficult for several employees to attend the event. To make it easier for everyone to participate in this celebration, we are looking for a ------- **149.** that is closer to our office building. ------- **150.** .

We plan to send out further details soon.

Kind regards,

Bert Pizarro
Human Resources Manager

147. (A) initial
(B) annual
(C) favoring
(D) hiring

148. (A) to spend
(B) having spent
(C) spending
(D) will spend

149. (A) result
(B) transport
(C) capacity
(D) venue

 **150.** (A) Driving directions are attached.
(B) We apologize for the confusion.
(C) Please reply with any suggestions.
(D) Remember to confirm your attendance.

Questions 151-154 refer to the following article.

Amon Donates to Music School in Grenel City

A spokesperson for Brenda Amon -------(151.) that the pianist made a sizeable donation toward the expansion of the Grenel City Conservatory of Music. "Without her generous support," said Marc Diaz, director of facility planning, "we would have been limited in our renovation plans going forward."

-------(152.) . Now, a new wing will be constructed on the south end of the -------(153.) conservatory. Once completed, the building will boast a 700-seat auditorium, state-of-the-art recording studios, and new faculty and administrative offices. Additionally, private practice rooms will be located -------(154.) the current student lounge.

151. (A) confirm
(B) confirmation
(C) has confirmed
(D) will confirm

152. (A) Ms. Amon's performance at the conservatory was outstanding.
(B) The project had been delayed because of budget cuts.
(C) Student enrollment has decreased over the past few years.
(D) The original conservatory is being converted into student housing.

153. (A) temporary
(B) existing
(C) corrected
(D) proposed

154. (A) adjacent to
(B) even though
(C) instead of
(D) as well as

問題 147-150 は次の E メールに関するものです。

受信者：部長各位
送信者：Bert Pizarro
日付：10 月 10 日
件名：従業員宴会

部長の皆さま

12 月が足早に近づいてきており、人事チームは今年の従業員宴会の詳細を練り上げているところです。ご存じの通り、この毎年恒例のイベントは、当社が全従業員の貢献に対して感謝し、過去 12 カ月を振り返るための機会です。加えて、それは皆に、くつろいだ社交の場で同僚と時間を過ごす機会を与えてくれます。

昨年のリバーデイルでの宴会は場所が遠かったせいで、何人かの従業員にとってはイベントへの参加が困難になったことを承知しています。今回の祝宴には皆がより参加しやすくなるよう、当社オフィスビルにより近い会場を探しています。*ご提案があればご返信ください。

近々、より詳しいお知らせをお送りする予定です。

よろしくお願いいたします。

Bert Pizarro
人事部長

*Q150 の挿入文の訳

147 (A) 最初の
(B) 毎年恒例の
(C) 好都合な
(D) 雇用の

148 (A) to spend　＊選択肢の訳は省略
(B) having spent
(C) spending
(D) will spend

149 (A) 結果
(B) 輸送手段
(C) 収容可能人数
(D) 会場

150 (A) 車での道順を添付しております。
(B) 混乱をおわびいたします。
(C) ご提案があればご返信ください。
(D) ご出欠のご確認をお忘れなく。

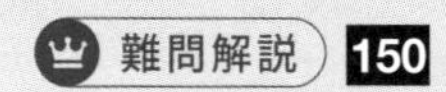

Q150は文脈に合う英文を選ぶ問題。Eメールは部長に向けた従業員宴会の案内。空所は最後の手前の文なので、全体の概要を確認する必要がある。まず第1段落では、to thank our entire staffやto reflect on the past twelve monthsで会の目的、time with their colleagues in a relaxed social settingで会の意義が述べられている。続く第2段落では、the distance to last year's banquet in Riverdale made it difficult for several employees to attend the eventの文から昨年の宴会は遠距離で参加しにくかった従業員が何人かいたこと、続くTo make it easier for everyone to participate in this celebrationで始まる文から「今回の祝宴には皆がより参加しやすくなるよう、当社オフィスビルにより近い（会場）を探している」という現在の状況を読み取り、その後の空所に入るべき文を選ぶ。

文脈から、会場に関するsuggestion「提案」を求める(C)が適切。現在は会場探しの段階でまだ場所が決まっていないので、(A)にあるdriving directions「車での道順」を添付するのは不可能。同じ理由で、(D)にあるconfirm your attendance「出欠の確認」もできない。(B)は謝罪文だが、謝罪の理由もthe confusion「混乱」が指す内容も不明なので、文脈に合致しない。

語注 banquet　宴会、祝宴／approach　近づく／
Human Resources　人事部　★部署名は語頭が大文字になることが多い／
work out ～　～（計画など）を考案する、～を苦労して作り出す／details　＜複数形で＞詳細情報／
thank ～ for …　～に…に関して感謝する／service　貢献、勤務／reflect on ～　～を振り返る、～を回想する／
in addition　加えて／colleague　同僚／distance　遠距離、距離／participate in ～　～に参加する／
celebration　祝宴、祝賀／close to ～　～の近くに／send out ～　～を送る／further　さらなる
147 favoring　好都合な　149 transport　輸送、輸送機関、輸送手段／capacity　収容可能人数、定員／venue　会場、開催地
150 attached　添付された／apologize for ～　～に関してわびる／confusion　混乱、当惑／
confirm　～（決意・意見など）を確かにする／attendance　出席

問題 151-154 は次の記事に関するものです。

Amon 氏がグレネル市の音楽学校に寄付

Brenda Amon の広報担当者は、同ピアニストがグレネル市音楽学校の拡張工事のためにかなり多額の寄付をしたと正式に発表した。「彼女の惜しみないご支援がなければ」と施設計画責任者の Marc Diaz は述べた。「われわれは改修計画を進めるのに制約を課されていたでしょう」。

*同計画は予算削減のために遅延していた。これから、新しい翼棟が、既存の音楽学校の南端に建設される予定だ。ひとたび完成すれば、建物は 700 席の講堂、最新鋭の録音スタジオ、新たな教職員用オフィスを誇ることになる。さらに、個人用の練習室が、現在の学生用ラウンジに隣接して設置される予定だ。

*Q152 の挿入文の訳

151 (A) confirm ＊選択肢の訳は省略
(B) confirmation
(C) has confirmed
(D) will confirm

152 (A) Amon 氏の音楽学校での演奏は傑出していた。
(B) 同計画は予算削減のために遅延していた。
(C) 入学者数は過去数年で減少している。
(D) 元の音楽学校は学生寮に改築されているところだ。

153 (A) 一時的な
(B) 既存の
(C) 訂正された
(D) 提案された

154 (A) ～に隣接した
(B) ～だけれども
(C) ～の代わりに
(D) …だけでなく～も

難問解説 152

Q152は文脈に合う英文を選ぶ問題。第2段落の冒頭に入るべき文が問われているので、まず第1段落の概要を理解し、その上で空所の文の直後のNowにつながる文が何かを考える。第1段落では、まずthe pianist made a sizeable donationの文から、ピアニストが音楽学校の拡張工事に多額の寄付をした、という導入部分を理解する。続く部分では、その寄付がなければwe would have been limited in our renovation plans going forward「われわれは改修計画を進めるのに制約を課されていただろう」という施設計画責任者の発言を読み取り、文脈を頭に入れる。

空所の後にNow, a new wing will be constructed「これから、新しい翼棟が建設される予定だ」とあることから、第1段落の概要とこの文をつなぐ文を選択肢から選ぶと、寄付があったことと、これから工事が開始されることをつなぐ内容である(B)が適切と分かる。(D)はconverted into student housing「学生寮に改築されて」の部分が正解ではないかという誤解を招きかねない選択肢だが、あくまでも同音楽学校の拡張工事と述べている第1段落の内容と合致しない。(A)と(C)は事実であったとしても、文書のこの位置で述べるのは文脈に合わないので除外できる。

語注 donate to ～　～に寄付をする／spokesperson　広報担当者／make a donation　寄付をする／sizeable　かなり多い、かなり大きい／expansion　拡張／conservatory　音楽学校／generous　物惜しみのない、気前のよい／limit　～を限定する、～に制限を課す／renovation　改修／go forward　(計画などが) 前進する／wing　(建物の) 翼棟、ウイング／construct　～を建設する／end　端／boast　(誇りとして) ～を持っている／auditorium　講堂、大講義室／state-of-the-art　最新鋭の、最先端の／faculty　教員／administrative　管理の、運営上の／be located　位置している　151 confirm　～を正式に発表する　152 outstanding　傑出した／budget cut　予算削減／enrollment　入学 (者数)、登録 (者数)／convert ～ into …　～を…に改造する、～を…に転換する　154 adjacent to ～　～に隣接した

Part 7 1つの文書／複数の文書

シングルパッセージ 1

1つの文書の問題に挑戦します。文書の型を意識しながら、語義に関する難問を解いてみましょう。

Questions 155-157 refer to the following e-mail.

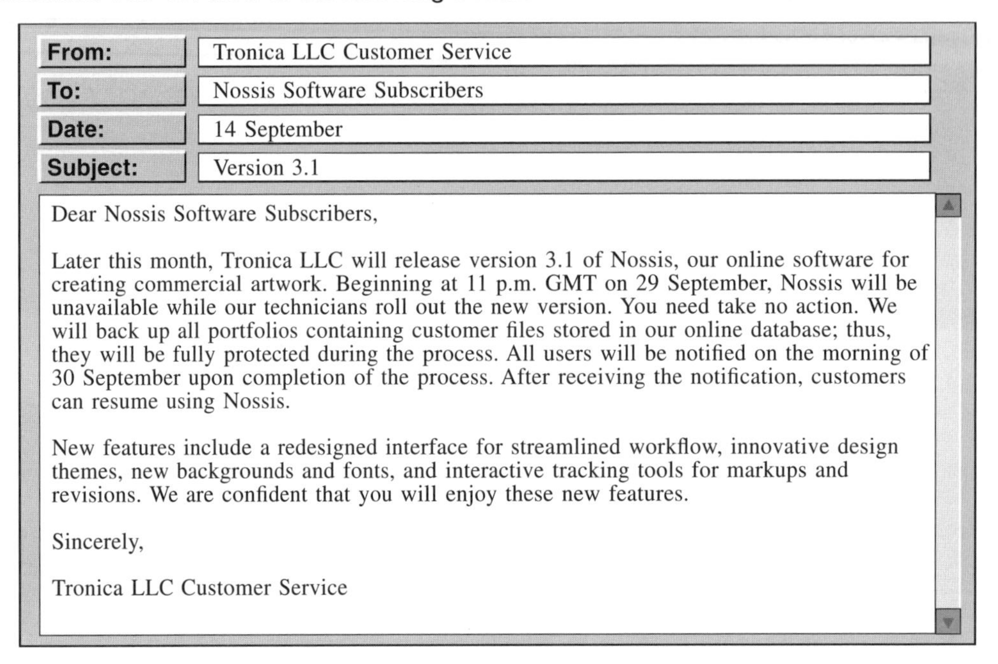

From:	Tronica LLC Customer Service
To:	Nossis Software Subscribers
Date:	14 September
Subject:	Version 3.1

Dear Nossis Software Subscribers,

Later this month, Tronica LLC will release version 3.1 of Nossis, our online software for creating commercial artwork. Beginning at 11 p.m. GMT on 29 September, Nossis will be unavailable while our technicians roll out the new version. You need take no action. We will back up all portfolios containing customer files stored in our online database; thus, they will be fully protected during the process. All users will be notified on the morning of 30 September upon completion of the process. After receiving the notification, customers can resume using Nossis.

New features include a redesigned interface for streamlined workflow, innovative design themes, new backgrounds and fonts, and interactive tracking tools for markups and revisions. We are confident that you will enjoy these new features.

Sincerely,

Tronica LLC Customer Service

155. What is the purpose of the e-mail?
(A) To advertise a sale
(B) To attract new subscribers
(C) To explain how to use a program
(D) To inform customers about changes

156. What does the e-mail indicate will happen on September 29?
(A) A computer application will become inaccessible.
(B) Tronica LLC will hire new technicians.
(C) An e-mail will be sent to Nossis users.
(D) New software will be made available for purchase.

157. The phrase "roll out" in paragraph 1, line 3, is closest in meaning to
(A) flatten
(B) remove
(C) introduce
(D) spread across

Questions 158-161 refer to the following article.

Saying Yes to Financial Success

EDINBURGH (3 April)—Yolanda Abascal had intended to study fashion design when she first entered university in Manchester 30 years ago. But while working one summer at a small clothing boutique, she discovered a love for retail. — [1] —. To pursue her new dream, she earned a business degree instead and opened a small store in her hometown of Edinburgh called Say Yes To Yolanda.

Fast-forward to today, and Ms. Abascal's small store has expanded to a successful enterprise that earns millions of pounds each year. — [2] —. This success is in part due to the magic of Vihaan Kulkarni, whom Ms. Abascal hired four years ago to develop a parallel virtual store, YesYolanda.com. It was Mr. Kulkarni's idea to rename the flagship store Yes Yolanda to match its digital identity.

Ms. Abascal is a strong proponent of personal interaction, and she loves engaging with her customers. — [3] —. However, she realizes that an online presence is important. Yes Yolanda expects earnings from online sales alone to rise to more than £140 million this year. Nearly two-thirds of these sales will come from outside Scotland, mainly the United States, Singapore, and Australia.

Yes Yolanda's workforce has expanded accordingly. Besides hiring people with technical skills to update and run the Web site, the company has just added an in-house photography studio.

"The studio ensures that items are photographed in a timely fashion for online display," said Ms. Abascal. "This is a necessity, since new products are added every week." — [4] —.

Although Ms. Abascal says she does not know what the future holds, it would seem that the only direction for Yes Yolanda is up.

158. What is the purpose of the article?
(A) To profile several local companies
(B) To discuss fashion trends in Scotland
(C) To illustrate how a business has grown
(D) To advertise a new photography service

159. What is indicated about Yes Yolanda?
(A) Its sales have held steady for years.
(B) It opened its first store in Manchester.
(C) Its Web designer recently won an award.
(D) It used to be known by a different name.

160. The word "fashion" in paragraph 5, line 2, is closest in meaning to
(A) form
(B) style
(C) event
(D) manner

161. In which of the positions marked [1], [2], [3], and [4] does the following sentence best belong?

"She still believes she can best meet their needs when they shop at her physical store."
(A) [1]
(B) [2]
(C) [3]
(D) [4]

問題155-157は次のEメールに関するものです。

送信者：Tronica LLC 社顧客サービス部
受信者：Nossis ソフトウエアの定期契約者
日付：9月14日
件名：バージョン3.1

Nossis ソフトウエアの定期契約者の皆さま

今月追って、Tronica LLC 社は、商業アートワーク作成用オンラインソフトウエア、Nossis のバージョン3.1を発表いたします。グリニッジ標準時9月29日午後11時より、当社技術者による新バージョン公開の作業中、Nossis はご利用いただけなくなります。お客さま側に作業の必要はございません。当社では、当社のオンラインデータベースに保存された顧客ファイルを含む全ポートフォリオをバックアップいたしますので、作業中、データは完全に保護されます。利用者の皆さまには、9月30日の午前中、作業が完了次第、通知が届きます。通知を受信後、お客さまは Nossis のご利用を再開していただけます。

新機能には、合理的なワークフローのために再設計されたインターフェース、斬新なデザインテーマ、新しい背景やフォント、マークアップや修正のための双方向型追跡ツールが含まれます。当社は皆さまがこれらの新機能にご満足なさるものと確信しております。

敬具

Tronica LLC 社 顧客サービス部

155 Eメールの目的は何ですか。

(A) 特売を広告すること
(B) 新規の定期契約者を呼び込むこと
(C) プログラムの使い方を説明すること
(D) 顧客に変更について知らせること

156 Eメールは9月29日に何が起こることを示していますか。

(A) コンピューターアプリケーションが利用できなくなる。
(B) Tronica LLC社が新しい技術者を雇用する。
(C) EメールがNossisの利用者に送信される。
(D) 新しいソフトウエアが購入可能になる。

 **157** 第1段落・3行目にある“roll out”に最も意味が近いのは

(A) ～を平らにする
(B) ～を取り除く
(C) ～を導入する
(D) ～に広がる

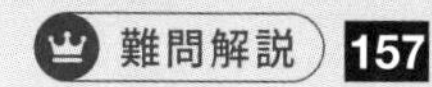

Q157は類義語を選ぶ問題。この種の問題は対象の語句を含む文や前後の文脈を確認しながら正解を選ぶ。冒頭のLater this month, Tronica LLC will release version 3.1 of Nossis, our online software for creating commercial artwork. から、このビジネスEメールは現在使用されているソフトウエアの新バージョン公開に関する内容であることを確認する。

設問文のroll outが含まれる文、Nossis will be unavailable while our technicians roll out the new version「当社技術者が新バージョンをroll outする間、Nossisは利用できない」の文意から、ここには「～を導入する」を意味する(C)が最適。roll outを文字通り「転がって広がる」というイメージで捉えると、そこからの連想で(D)「～に広がる」を選んでしまいがちだ。また、roll out ～には「(～を転がして)平らにする」の意味があるので、(A)「～を平らにする」も類義語となる。しかし、これらは文脈を確認すれば選ぶことはない選択肢だ。なお、(B)「～を取り除く」は(C)の反対の意味を持つ語。後にthe new versionがあり、「新バージョンをアンインストールする」の意味になってしまうので文脈と矛盾することになる。

語注 subscriber 定期契約者、定期購読者、定期会員／release ～を発売する、～を公開する／commercial 商業用の／artwork アートワーク ★ここでは商品用の図、イラスト、写真などを指す。「芸術作品」の意味もある／GMT グリニッジ標準時 ★Greenwich Mean Timeの略／unavailable 利用できない／technician 技術者／roll out ～ ～(新製品など)を公開する、～を発表する／portfolio 作品集、実績集／notify ～に知らせる／notification 通知／resume ～を再開する／feature 機能／redesigned 再設計された／streamline ～を合理化する、～を簡素化する／workflow ワークフロー、作業の流れ／innovative 革新的な／font フォント、書体／interactive 双方向的な／tracking 追跡／markup マークアップ、組版指定、タグ付け ★文字・テキストの構造や表示の仕方を設定すること／revision 修正／confident 確信して 155 advertise ～を宣伝する／inform ～ about … …について～に伝える
156 inaccessible 利用できない／available 利用できる／purchase 購入 157 flatten ～を平らにする／spread across ～ ～に広がる、～に散在する

問題 158-161 は次の記事に関するものです。

財政的な成功に Yes

エディンバラ（4 月 3 日）──Yolanda Abascal は 30 年前にマンチェスターで最初に大学に入学したとき、ファッションデザインを学ぶつもりだった。しかし、ある夏小さな衣料品ブティックで働いていたとき、彼女は小売業が好きなことに気付いた。自分の新たな夢を追求するため、彼女は代わりに経営学の学位を取得し、故郷のエディンバラで、Say Yes To Yolanda という名の小さな店舗を開店した。

今日まで話を先に進めると、Abascal 氏の小さな店舗は、毎年数百万ポンドの収益を上げる優良企業へと発展した。この成功は一部には Vihaan Kulkarni の特異な力によるもので、この人物は Abascal 氏が 4 年前に雇い、併設のインターネット店舗 YesYolanda.com を展開させた。旗艦店舗を Yes Yolanda に改称し、コンピューター上の存在と一致させるというのは Kulkarni 氏のアイデアだった。

Abascal 氏は、直(じか)の交流を強く支持し、自分の顧客と関わり合うことをとても好んでいる。*彼女は今なお、顧客が自社の実店舗で買い物するとき、そのニーズを最大限に満たすことができると信じている。しかしながら、彼女はオンライン上の影響力が重要であると実感している。Yes Yolanda 社は今年、オンライン上の売り上げからの収益だけでも 1 億 4 千万ポンドにまで増加すると見込んでいる。これらの売り上げの 3 分の 2 近くがスコットランド国外の、主にアメリカ合衆国、シンガポール、オーストラリアから上がる見込みだ。

Yes Yolanda 社の従業員数もそれに応じて増加している。ウェブサイトの更新や運営をする技術的スキルを持つ人材を雇用することに加え、同社はちょうど社内撮影スタジオを増設したところだ。

「スタジオのおかげで、商品をオンライン表示用にタイミングよく写真撮影することが確実にできるようになります」と Abascal 氏は述べた。「これは必須です、というのも新製品は毎週追加されるからです」。

Abascal 氏は将来がどうなるかは分からないと言うが、Yes Yolanda 社が向かう方向はただ一つ、上方であるように見える。

*Q161 の挿入文の訳

158 記事の目的は何ですか。

(A) 地元企業数社の紹介を書くこと
(B) スコットランドにおけるファッションの流行を議論すること
(C) ある企業がどのように成長したかを説明すること
(D) 新しい写真撮影サービスを宣伝すること

159 Yes Yolanda社について何が示されていますか。

(A) 同社の売り上げは長年一定の状態を保っている。
(B) 同社はマンチェスターに第 1 号店を開店した。
(C) 同社のウェブデザイナーが最近、賞を受賞した。
(D) 同社はかつて異なる名前で知られていた。

160 第 5 段落・2 行目にある "fashion" に最も意味が近いのは

(A) 形態
(B) 流行
(C) 出来事
(D) 方法

161 [1]、[2]、[3]、[4] と記載された箇所のうち、次の文が入るのに最もふさわしいのはどれですか。

「彼女は今なお、顧客が自社の実店舗で買い物するとき、そのニーズを最大限に満たすことができると信じている」

(A) [1]
(B) [2]
(C) [3]
(D) [4]

難問解説 160

Q160は類義語を選択する問題。問われている語が多義語の場合は、選択肢だけで正解を判断してはいけない。この設問文のfashionの一般的な意味「ファッション」から、選択肢だけを見て類義語の(B)「流行」を選んでしまうのは初級者にありがちな間違い。fashionは「流行、流行のもの」以外にも「やり方、方法、流儀」の意味もある。これを踏まえて、まずはThe studio ensures that items are photographed in a timely fashion for online displayの文意を確認する。in a timely fashionが「タイミングよく、適時に」を意味することが分かれば、同じく「方法」を意味するmannerを選ぶことができるだろう。ちなみにin a timely mannerも同じ意味で使われるフレーズである。

なお、fashionには「形状、型」という語義もある。この意味では(A) form「形態、型」はfashionの類語である。一方で、fashionには(C) event「出来事」の意味はない。類義語を問う問題では文意と文脈の確認が必須だが、多義語に対処するにはそれに加えて、定番の訳語にとどまらない、語義に関する幅広い知識が必要となる。

語注 financial　財政上の／intend to *do*　～するつもりである／retail　小売業／pursue　～を追求する／fast-forward to ～　～まで早送りする、～まで話を先に進める／expand　発展する、拡大する／enterprise　企業／in part　幾分かは、部分的には／parallel　並行の、同時の／virtual　ネットワーク上の、仮想の／rename　～を改称する／flagship store　旗艦店舗、主要店舗／identity　正体、身元／proponent　提唱者、支持者／personal　直々の、自分が直接行う／interaction　交流／engage with ～　～と関わる／realize (that) ～　～（ということ）をよく理解する／presence　影響力、存在／expect ～ to *do*　～が…すると見込む／earning　収益／workforce　従業員数、全従業員／accordingly　それに応じて／update　～を更新する／run　～を運営する／in-house　社内の／ensure (that) ～　～（であること）を確実にする／in a timely fashion　タイミングよく、適時に／necessity　必要なもの　158 profile　～の紹介を書く、～の概略を掲示する／trend　動向、流行／illustrate　～を説明する／advertise　～を宣伝する　159 steady　一定の、不変の／win an award　賞を受賞する

シングルパッセージ 2

文書の型の中でも読み取りが難しい記事。各段落の要旨を捉え、詳細を問う難問に挑戦しましょう。

Questions 162-165 refer to the following article.

Considering Flextime?

by Romy Johnson

Many employees wish to work a nonstandard schedule, available through a system known as "flextime." Flextime may involve working nontraditional hours or working more hours on some days and fewer on others. — [1] —. Although commonly viewed as a benefit to workers, flextime can also benefit employers by increasing employee satisfaction, helping in recruitment of new talent, and permitting longer hours of coverage at the business without increasing the number of employees or incurring overtime costs.

Employers who are interested in such arrangements should first consider several factors. — [2] —. They include the number of workers who want to take advantage of the program, how employees' hours will be tracked, and whether flextime will interfere with daily business.

Then a policy must be created that includes details specific to the company's needs and preferences. — [3] —. Employers should revisit this information from time to time and make changes as necessary. And of course, prior to implementation, employers will want to consult with their legal team to make sure the proposed policy complies with laws concerning wages and hours. — [4] —.

162. For whom is the article mainly intended?
(A) Teams of lawyers
(B) Leaders of companies
(C) Payroll processors
(D) Newspaper reporters

163. What is NOT mentioned as a benefit of flextime?
(A) It is easy to begin implementing.
(B) It makes a company appealing to job applicants.
(C) It can enable a company to extend its operating hours.
(D) It increases workers' happiness.

164. According to the article, what should take place periodically?
(A) A simplification of payments
(B) An adjustment of job descriptions
(C) A review of policies
(D) A reduction of hours

165. In which of the positions marked [1], [2], [3], and [4] does the following sentence best belong?

"For example, employers may choose to allow only employees with certain job titles to participate."
(A) [1]
(B) [2]
(C) [3]
(D) [4]

Questions 166-168 refer to the following article.

Ashby Logo Gets a New Look

(30 July)—A new logo for the city of Ashby was unveiled by Mayor Charles Cavanaugh on Tuesday. The logo and its accompanying slogan, "Ashby Connects," will be put to official use immediately. — [1] —.

The new design uses elements from Ashby's original logo, including the red banner and the year of the city's founding. — [2] —. But an image of the city's skyline in silhouette gives the new design a more contemporary feel. The slogan communicates Ashby's focus on creating community connections. — [3] —.

While Mayor Cavanaugh insists that the new logo is popular, not everyone is happy. "Why all the fuss?" asked lifelong resident Noelle Davidson. "The old logo was very recognizable. I don't know why they went to the trouble of replacing it." — [4] —.

Local maps and the letterhead for official correspondence have already been printed with the new logo. Residents will also soon see it in promotional campaigns for events in the area, such as the annual used-clothing drive and the summer music festival. The logo and slogan are registered trademarks and may not be used without permission. For more information, go to www.ashbyconnects.co.uk.

166. What is a feature of the new design?
(A) The mayor's name
(B) The current date
(C) An additional color
(D) An updated picture

167. What is NOT mentioned as a place the new logo will appear?
(A) On maps of the area
(B) On city stationery
(C) On clothing
(D) On event posters

168. In which of the positions marked [1], [2], [3], and [4] does the following sentence best belong?

"Nevertheless, most residents expressed approval, saying it was time for a change."
(A) [1]
(B) [2]
(C) [3]
(D) [4]

問題 162-165 は次の記事に関するものです。

フレックスタイム制を検討していますか？

Romy Johnson 記

多くの従業員が、「フレックスタイム制」として知られる制度によって利用できる、非標準的スケジュールで勤務することを希望している。フレックスタイム制では、従来とは異なる時間帯で働くことや、ある日にはより長時間働いて別の日にはより短時間働くこともある。一般的には労働者にとっての利益と見なされるが、フレックスタイム制は、従業員満足度を向上させ、新たな人材採用に役立ち、また、従業員数を増やしたり時間外労働経費を負担したりすることなく、事業所におけるより長時間の業務対応を可能にすることによって、雇用主の利益にもなり得る。

そのような取り決めに関心のある雇用主はまず、複数の要素を検討すべきだ。その中には、この仕組みを利用することを望む従業員の数、従業員の勤務時間をどのように確認するか、そしてフレックスタイム制が日々の業務の妨げとなるか否か、といったことが含まれる。

次に、会社のニーズや優先事項に特化した具体的な方針が策定されなければならない。*例えば、雇用主は、特定の肩書きを持つ従業員のみに参加を認める場合もあるだろう。雇用主は時折この情報を再考し、必要に応じて修正するべきだろう。当然ながら、実施前には、雇用主は法務チームと相談の上、提案された方針が賃金や勤務時間に関する法律を順守していることを確認しておきたい。

*Q165 の挿入文の訳

162 記事は主に誰に向けて書かれていますか。

(A) 弁護士団
(B) 会社の幹部
(C) 給料支払業務の担当者
(D) 新聞記者

163 フレックスタイム制の利点として述べられていないことは何ですか。

(A) 実施し始めるのが容易である。
(B) 企業を求人応募者の興味を引くものにする。
(C) 企業が営業時間を延長することを可能にし得る。
(D) 労働者の幸福度を高める。

164 記事によると、何が定期的に行われるべきですか。

(A) 支払いの簡素化
(B) 職務内容記述書の調整
(C) 方針の見直し
(D) 勤務時間の削減

165 [1]、[2]、[3]、[4] と記載された箇所のうち、次の文が入るのに最もふさわしいのはどれですか。

「例えば、雇用主は、特定の肩書きを持つ従業員のみに参加を認める場合もあるだろう」

(A) [1]
(B) [2]
(C) [3]
(D) [4]

難問解説 163

Q163はNOT問題なので、各選択肢を記事の本文と照らし合わせながら正解を選ぶ。設問文にあるフレックスタイム制の利点（benefit）は記事の6～7行目のAlthough commonly viewed as a benefit to workers ...に続くby以下の部分で3つ挙げられている。1つ目のincreasing employee satisfactionは(D) It increases workers' happiness.、2番目のhelping in recruitment of new talentは(B) It makes a company appealing to job applicants.、3番目のpermitting longer hours of coverage at the businessは少々難しいが(C) It can enable a company to extend its operating hours.に言い換えられている。

(A)については、名詞implementationが最後の段落に出てくるが、「実施し始めるのが容易だ」という言及はないのでこれが正解。NOT問題の正解の選択肢には、①誤った情報が含まれるものと、②文書内にない情報が書かれているものがある。存在しない情報を探す必要があるので②の方が難易度は高く、特にこの設問のように「文書内にない情報」が選択肢(A)に書かれている場合は、正誤判定に余計に時間がかかる。早計に判断せず、一つずつ検証して正解を見極めよう。

語注 flextime フレックスタイム制、自由勤務時間制／nonstandard 基準外の、標準的でない／available 利用可能な／nontraditional 非標準的な、従来と異なる／view ～ as … ～を…と見なす／benefit <名詞>利益、恩恵 <動詞>～に利益を与える／satisfaction 満足度／recruitment 新職員募集、新人補充／talent 人材／coverage 対応範囲、適用対象／business 会社、企業／incur ～を被る、～を招く／overtime 時間外労働の／costs <複数形で>経費／arrangement 取り決め／take advantage of ～ ～を利用する／track ～を確認する、～を追跡する／interfere with ～ ～を妨げる、～に干渉する／details <複数形で>詳細情報／specific to ～ ～に特有の、～に固有の／needs <複数形で>ニーズ、必要なもの／revisit ～を再考する／from time to time 時あるごとに／as necessary 必要に応じて／prior to ～ ～より前に／implementation 実施、実行／consult with ～ ～と相談する／legal 法務の、法律の／propose ～を提案する／comply with ～ ～（規則など）に従う
162 payroll 給与支払名簿／processor 担当者、処理者 163 implement ～を実施する、～を実行する／appeal to ～ ～の興味を引く、～（人の心）に訴える／extend ～を延長する／operating hours 営業時間
164 simplification 単純化 165 title 肩書

質問166-168は次の記事に関するものです。

アシュビー市のロゴが新しい顔に

(7月30日)——アシュビー市の新しいロゴが、火曜日にCharles Cavanaugh市長により発表された。ロゴとそれに付随するスローガン「アシュビーはつながる」は、直ちに正式に使用されることになる。

新しいデザインは、アシュビーの元のロゴからの要素を用いており、赤い旗や市の創設年などが含まれている。だが、シルエットで表された市のスカイラインの画像は、この新デザインにより現代的な雰囲気を与えている。スローガンは、アシュビー市が重視する、コミュニティーのつながりの創出を伝えるものだ。

Cavanaugh市長は、新しいロゴは好評だと強調するが、全員が満足しているわけではない。「この一連の騒ぎは一体何なんだ?」と生まれた時から同市に住んでいるNoelle Davidsonは尋ねた。「前のロゴはとても認識しやすかった。どうしてそれをわざわざ取り換えることにしたか分からない」。*それでも、大半の住民は、そろそろ変え時だと言って賛同を表明した。

地元の地図と公式な通信文のレターヘッドには、すでに新しいロゴが刷られている。毎年恒例の中古衣料募金活動や夏季音楽祭などの地域イベントの宣伝キャンペーンでも、住民は近いうちにそのロゴを目にするだろう。同ロゴとスローガンは登録商標であり、許諾なしに使用することはできない。より詳しい情報についてはwww.ashbyconnects.co.ukを参照してほしい。

*Q168の挿入文の訳

166 新しいデザインの特徴は何ですか。

(A) 市長の名前
(B) 現在の日付
(C) 追加の色
(D) 最新の写真

167 新しいロゴが掲載される箇所として言及されていないものはどれですか。

(A) 地域の地図
(B) 市の事務用品
(C) 衣服
(D) イベントのポスター

168 [1]、[2]、[3]、[4]と記載された箇所のうち、次の文が入るのに最もふさわしいのはどれですか。

「それでも、大半の住民は、そろそろ変え時だと言って賛同を表明した」

(A) [1]
(B) [2]
(C) [3]
(D) [4]

難問解説 167

Q167 は NOT 問題。各選択肢の内容を記事の本文と照らし合わせて正解を選ぶ。設問文が問う「新しいロゴが掲載される箇所」を念頭に記事に目を通すと、第 4 段落に書かれていると分かる。この部分を正確に読むと、Local maps「地元の地図」は (A) の maps of the area「地域の地図」、promotional campaigns for events in the area「地域イベントの宣伝キャンペーン」は (D) の event posters「イベントのポスター」に言い換えられていることは容易に分かるので、正解から除外できる。しかし、記事中の letterhead「レターヘッド（手紙の上部に記載された社名や所在地などの情報）」や correspondence「通信文」に関する語彙知識がないと、その言い換えとなる (B) の city stationery「市の事務用品」が記事内に含まれていないと考えてしまい、これを正解に選んでしまう。

(C) の clothing「衣服」については、第 4 段落に the annual used-clothing drive「毎年恒例の中古衣料募金活動」とあるが、これは募金集めイベントの一例として言及されているだけである。何かの衣服自体にロゴがあしらわれるといった話は出てこないので、この (C) が正解。NOT 問題の選択肢がこの設問のように語句の場合は比較的容易であるが、確実に正解するには、語そのものの知識と、文書内の表現が選択肢上でどう表現されているか、言い換えに気付くことが重要である。

語注 look　外見、スタイル／unveil　～を発表する／mayor　市長、町長／accompany　付随して起こる／put ~ to use　～を用いる／element　要素／founding　創設、創立／skyline　スカイライン、空を背景とした（都市の建物などの）輪郭／silhouette　シルエット、影絵／contemporary　現代の／feel　雰囲気、印象／focus on ~　～を重視すること／insist (that) ~　～（ということ）を主張する／fuss　騒動／lifelong　生まれた時からの／recognizable　認識しやすい、見分けのつく／go to the trouble of *doing*　わざわざ～する／correspondence　通信文、文書／promotional　宣伝の、販売促進用の／used-clothing　古着の／drive　（募金、選挙などの）活動、運動／registered　登録された　166 updated　最新の
168 nevertheless　それでも、それにもかかわらず

シングルパッセージ 3

話の流れを捉えながら、ある 1 文が入る適切な位置を選ぶ難問に挑戦しましょう。

Questions 169-172 refer to the following e-mail.

To:	Alan Rogerson <arogerson@rogersoncorp.ca>
From:	Yoshi Takeda <ytakeda@dskt.co.jp>
Subject:	Greenhouse system
Date:	18 November
Attachment:	DSKTgs

Dear Mr. Rogerson,

I am glad we got a chance to talk at the agricultural technology trade show in Dublin last week. Per your request, I have attached an electronic version of our booklet on the DSKT greenhouse system. — [1] —.

I am aware that your greenhouses are located some distance from one another. — [2] —. Using our environmental monitoring system, you could check the temperature, humidity, and air quality of each greenhouse remotely. You would no longer need to be on-site to make observations every night. DSKT sends the readings to your smartphone or computer. — [3] —.

You might also be interested in our crop irrigation systems. — [4] —. Let me know if you would like more information; I will be happy to answer questions about any of our products.

Sincerely,

Yoshi Takeda

169. Why did Mr. Takeda send the e-mail?
(A) To inquire about attending a trade show
(B) To discuss an upcoming meeting
(C) To follow up on a recent conversation
(D) To schedule a product demonstration

170. What is suggested about Mr. Rogerson?
(A) He rarely travels for work.
(B) He is involved in farming.
(C) He specializes in environmental science.
(D) He designed a smartphone application.

171. According to the e-mail, what can the DSKT greenhouse system do?
(A) Water plants
(B) Disable machinery
(C) Control lighting
(D) Transmit information

172. In which of the positions marked [1], [2], [3], and [4] does the following sentence best belong?

"I am confident it will illustrate how our system can meet your needs."

(A) [1]
(B) [2]
(C) [3]
(D) [4]

Questions 173-175 refer to the following letter.

Kendinburgh Transit
64 Ponteland Rd
Kendinburgh, TD9 5UW

Callum Stevenson
42 Leicester Road
Girvaton, P24 9QS

3 January

Dear Mr. Stevenson,

— [1] —. We are happy to have you as part of the Kendinburgh Transit team. Prior to your receiving training on the vehicle you will be assigned to, we must first ensure that your medical documentation is up-to-date. — [2] —.

The main priority of public transport is the safety of passengers and other motorists. Your ability to safely operate a bus in city traffic and changing weather conditions depends in part on your good health. For this purpose, you will need to undergo a pre-employment physical checkup. To make an appointment, please call (0500) 555 0140. — [3] —. Your examination will be performed by a physician selected by Kendinburgh Transit, and you will not be charged for it. — [4] —. Please present the physician's report to your supervisor on your first day.

We look forward to working with you.

Kristine Yerkes
Kendinburgh Transit

173. Who most likely is Mr. Stevenson?
(A) A driver
(B) A mechanic
(C) A medical assistant
(D) A city official

174. What is Mr. Stevenson asked to do by phone?
(A) Extend his medical leave
(B) Schedule an examination
(C) Contact his supervisor
(D) Inquire about weather conditions

175. In which of the positions marked [1], [2], [3], and [4] does the following sentence best belong?

"To that end, we need you to complete one more task before beginning employment with us next month."
(A) [1]
(B) [2]
(C) [3]
(D) [4]

Section 2 Part 7

解答と解説

問題 169-172 は次の E メールに関するものです。

受信者：Alan Rogerson <arogerson@rogersoncorp.ca>
送信者：Yoshi Takeda <ytakeda@dskt.co.jp>
件名：温室装置
日付：11 月 18 日
添付：DSKTgs

Rogerson 様

先週ダブリンでの農業技術展示会でお話しする機会を持てたことをうれしく思います。ご依頼いただいた通り、DSKT 温室装置に関する当社の電子版パンフレットを添付いたします。*これは当社の装置がいかに貴社のニーズに見合うものであるかを説明するものであると確信しております。

貴社の温室が互いに離れて設置されていることは承知しております。当社の環境監視装置を利用すれば、各温室の温度、湿度、空気の質を遠隔でご確認いただけます。もはや、監視のために毎晩現場にいる必要はありません。DSKT は測定値をあなたのスマートフォンやコンピューターに送信します。

また、当社の作物灌漑(かんがい)装置にもご関心をお持ちになるかもしれません。より詳しい情報をご希望の場合はお知らせください。当社のどの製品に関してのご質問にも喜んでお答えいたします。

敬具

Yoshi Takeda

*Q172 の挿入文の訳

169 Takeda さんはなぜ E メールを送ったのですか。

(A) 展示会への出席について尋ねるため
(B) 近々開かれる会議について話し合うため
(C) 最近の会話を追って補足するため
(D) 製品の実演の予定を組むため

170 Rogerson さんについて何が分かりますか。

(A) めったに仕事で出張しない。
(B) 農業に携わっている。
(C) 環境科学を専門としている。
(D) スマートフォン用のアプリケーションを設計した。

171 E メールによると、DSKT 温室装置は何をすることができますか。

(A) 植物に水をやる
(B) 機械装置を作動しないようにする
(C) 照明を管理する
(D) 情報を送信する

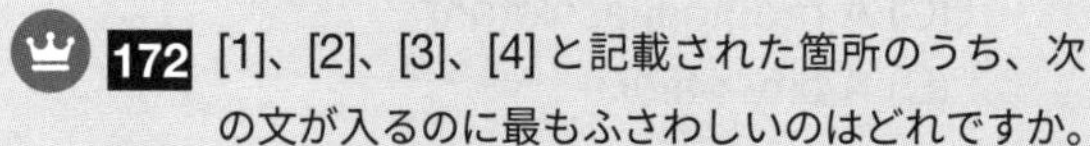

172 [1]、[2]、[3]、[4] と記載された箇所のうち、次の文が入るのに最もふさわしいのはどれですか。

「これは当社の装置がいかに貴社のニーズに見合うものであるかを説明するものであると確信しております」

(A) [1]
(B) [2]
(C) [3]
(D) [4]

正解 169 C　170 B　171 D　172 A

難問解説 172

Q172は文の挿入位置を問う問題。このタイプの問題では、文の意味とともに、前の文とのつながりを示す接続副詞（therefore や otherwise など）、代名詞（it や they など）や＜指示代名詞（that や those など）＋名詞＞、＜定冠詞（the）＋名詞＞などをチェックする。ここでは挿入文の I am confident it will illustrate how our system can meet your needs. に含まれる代名詞 it に着目し、文意と同時に it が指す対象（単数名詞）が何かを考えながら、入るべき位置を選ぶ。挿入文中の it will illustrate … の it（単数名詞で「～を説明する」の主語になり得るもの）として合致するのは、(A) [1] の直前の文にある an electronic version (of our booklet on the DSKT greenhouse system) なので、正解は (A) と分かる。

(C) [3] の直前の文にある the readings「示度、測定値」は illustrate「～を説明する、～を示す」の意味に合うが、複数形なので it で受けることはできない。(B) [2] は直前の文にある名詞 your greenhouses が複数形、(D) [4] も直前の名詞 our crop irrigation systems が複数形なので it と合致せず、また、与えられた文はどちらの位置に入れても文脈にそぐわない。

語注 greenhouse　温室／attachment　添付／agricultural　農業の／trade show　展示会、見本市／(as) per your request　ご依頼の通りに／attach　～を添付する／booklet　パンフレット、小冊子／be located　位置している／one another　互いに／monitoring　監視、モニタリング／humidity　湿度／remotely　遠隔で／on-site　現場に／make an observation　観察する／reading　示度、測定値／irrigation　灌漑
169 inquire about ～　～について尋ねる／follow up on ～　～を追って補足する／schedule　～を予定に入れる、～の予定を決める　170 specialize in ～　～を専門に扱う　171 water　～に水をまく／disable　～の動作を停止させる／machinery　機械　★集合的に用いる／lighting　照明、照明装置／transmit　～を送信する　172 illustrate　～を説明する

問題 173-175 は次の手紙に関するものです。

ケンディンバラ交通社
ポントランド通り 64 番地
ケンディンバラ、TD9 5UW

Callum Stevenson 様
レスター通り 42 番地
ガーバトン、P24 9QS

1月3日

Stevenson 様

あなたをケンディンバラ交通社チームの一員としてお迎えすることをうれしく思います。配属される車両で研修を受けていただく前に、まず、あなたの医療書類が最新のものであることを確認しなければなりません。*その目的に向けて、来月当社での就業を開始される前に、もう一つ課題を完了していただく必要があります。

公共交通機関にとっての主な優先事項は、乗客や他のドライバーの安全です。都市交通や変化する気象の状況の中で安全にバスを運転する能力は、一つにはあなたが健康であることにかかっています。この目的のために、就業前健康診断を受けていただく必要があります。予約をするには、(0500) 555 0140 番にお電話ください。検査はケンディンバラ交通社選定の医師によって行われ、あなたに対する検査料金請求はありません。勤務初日に、医師の報告書をご自身の上司に提出してください。

ご一緒にお仕事できることを楽しみにしております。

Kristine Yerkes
ケンディンバラ交通社

*Q175 の挿入文の訳

173 Stevenson さんは誰だと考えられますか。

(A) 運転士
(B) 整備士
(C) 医療助手
(D) 市の役人

174 Stevenson さんは電話で何をするよう求められていますか。

(A) 医療休暇を延長する
(B) 検査の予定を決める
(C) 自分の上司に連絡する
(D) 気象状況について問い合わせる

175 [1]、[2]、[3]、[4] と記載された箇所のうち、次の文が入るのに最もふさわしいのはどれですか。

「その目的に向けて、来月当社での就業を開始される前に、もう一つ課題を完了していただく必要があります」

(A) [1]
(B) [2]
(C) [3]
(D) [4]

難問解説 175

Q175は文の挿入位置を問う問題。まず、文書の手紙にざっと目を通す。受取人である新入社員に対して、第1段落でwe must first ensure that your medical documentation is up-to-dateと会社の方針が示され、続く第2段落ではそれを実現する具体的な手順が述べられていることを確認する。挿入文に含まれる前後とのつながりを示す語句に着目して正解を考えるが、この挿入文では指示代名詞thatがそれに当たる。To that end「その目的に向けて」から、直前の文には「目的」と見なせる内容があること、またcomplete one more taskから、以降で「課題」について述べられることが分かる。前には「目的」、後には「課題」が続く箇所を探すと、前に「目的」がない、つまりthatが指す対象がない(A) [1]はすぐに除外できる。手紙全体の構成として、第1段落に「目的」、第2段落に「課題」の手順が書かれていることを把握すれば、その2つをつなぐ(B) [2]の位置に入れるのが適切と理解できるだろう。

「課題」のみにフォーカスすると第2段落の最後にあるPlease present the physician's report to your supervisor on your first day.「勤務初日に、医師の報告書を自身の上司に提出してください」から(D) [4]を選んでしまう。だがそうすると「目的」が不明である。(C) [3]に入れると就業前の健康診断の手順説明を分断してしまう。文を挿入する問題では、その文中で指し示されていることが前後の文と正しく対応し、自然につながっていることを十分に確認しよう。

語注 transit　交通、運輸／～ Rd　～通り　★Roadの略／prior to ～　～より前に／vehicle　車両／assign ～ to …　～を…に配属する／ensure (that) ～　～(であること)を確実にする／documentation　文書記録／up-to-date　最新の／priority　優先事項／public transport　公共交通機関／passenger　乗客／motorist　ドライバー、(自家用車の)運転手／operate　～を運転する、～を操縦する／traffic　交通状態／in part　一部分で、ある程度／undergo　～(検査など)を受ける／pre-employment　雇用前の、就業前の／physical checkup　健康診断／make an appointment　予約をする／physician　医師、内科医／charge ～ for …　～に…の料金を請求する／present　～を提出する／supervisor　監督者、主任
173 mechanic　機械工／official　公務員、役人　**174** extend　～を延長する／schedule　～の予定を決める、～を予定に入れる／inquire about ～　～について尋ねる
175 to that end　その目的に向けて、その目的を達成するために／employment　雇用

シングルパッセージ 4

以前のやりとりが前提にある返信メールやオンラインチャットを読み、具体的な情報を問う難問を解きましょう。

Questions 176-177 refer to the following e-mail.

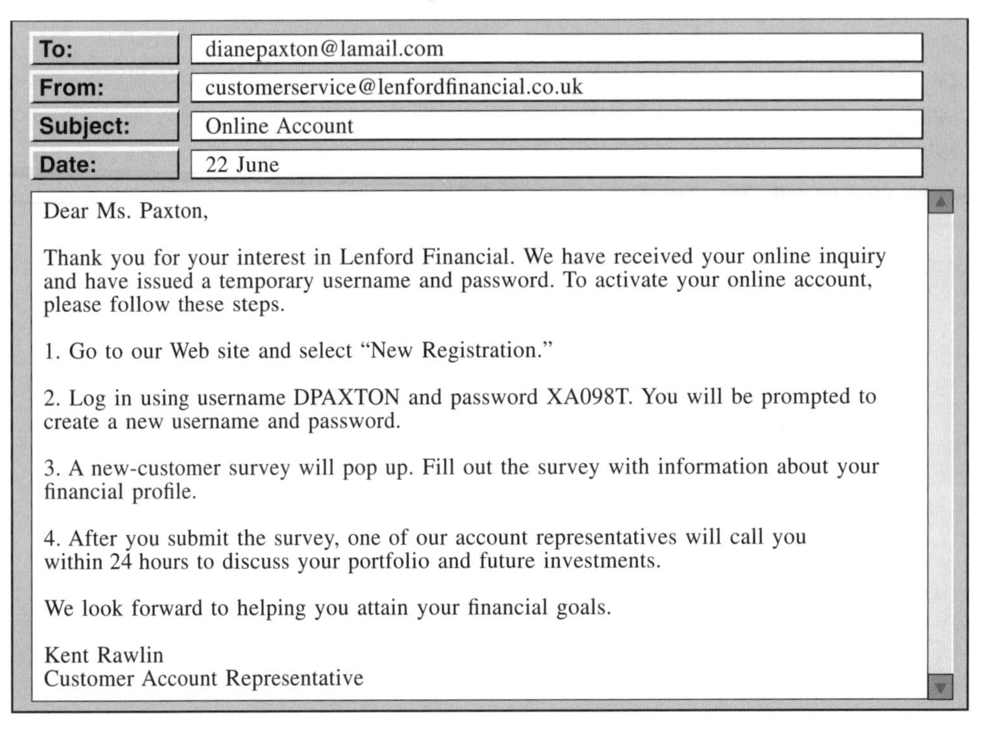

To: dianepaxton@lamail.com
From: customerservice@lenfordfinancial.co.uk
Subject: Online Account
Date: 22 June

Dear Ms. Paxton,

Thank you for your interest in Lenford Financial. We have received your online inquiry and have issued a temporary username and password. To activate your online account, please follow these steps.

1. Go to our Web site and select "New Registration."

2. Log in using username DPAXTON and password XA098T. You will be prompted to create a new username and password.

3. A new-customer survey will pop up. Fill out the survey with information about your financial profile.

4. After you submit the survey, one of our account representatives will call you within 24 hours to discuss your portfolio and future investments.

We look forward to helping you attain your financial goals.

Kent Rawlin
Customer Account Representative

176. What does the e-mail suggest about Ms. Paxton?
(A) She has requested information from Lenford Financial.
(B) She is a finance professional.
(C) She has been a Lenford Financial customer for many years.
(D) She was not able to log in to her account.

177. What is Ms. Paxton instructed to do?
(A) Call an account representative
(B) Request a temporary password
(C) Take a survey over the phone
(D) Submit a form online

Questions 178-181 refer to the following online chat discussion.

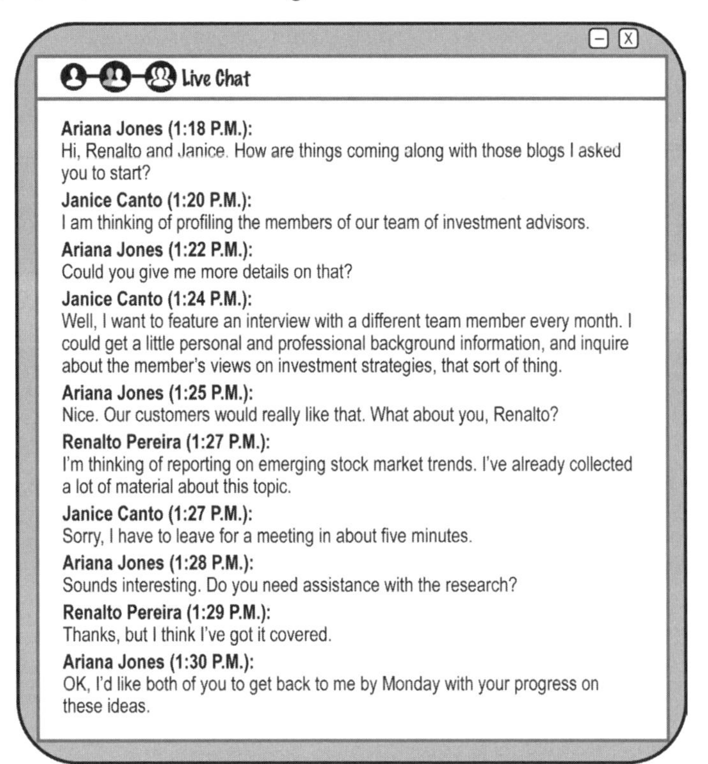

Live Chat

Ariana Jones (1:18 P.M.):
Hi, Renalto and Janice. How are things coming along with those blogs I asked you to start?

Janice Canto (1:20 P.M.):
I am thinking of profiling the members of our team of investment advisors.

Ariana Jones (1:22 P.M.):
Could you give me more details on that?

Janice Canto (1:24 P.M.):
Well, I want to feature an interview with a different team member every month. I could get a little personal and professional background information, and inquire about the member's views on investment strategies, that sort of thing.

Ariana Jones (1:25 P.M.):
Nice. Our customers would really like that. What about you, Renalto?

Renalto Pereira (1:27 P.M.):
I'm thinking of reporting on emerging stock market trends. I've already collected a lot of material about this topic.

Janice Canto (1:27 P.M.):
Sorry, I have to leave for a meeting in about five minutes.

Ariana Jones (1:28 P.M.):
Sounds interesting. Do you need assistance with the research?

Renalto Pereira (1:29 P.M.):
Thanks, but I think I've got it covered.

Ariana Jones (1:30 P.M.):
OK, I'd like both of you to get back to me by Monday with your progress on these ideas.

178. In what industry do the participants most likely work?
(A) Finance
(B) Health care
(C) Technology
(D) Real estate

179. What is suggested about Ms. Jones?
(A) She will help Mr. Pereira with his research.
(B) She supervises Ms. Canto's work.
(C) She will be out of the office on Monday.
(D) She needs information about a job applicant.

180. What is indicated about Ms. Canto's blogs?
(A) They will be ready by the end of the day.
(B) They will be written by several team members.
(C) They will be published once a month.
(D) They will be designed for internal company use.

181. At 1:28 P.M., what does Ms. Jones mean when she writes, "Sounds interesting"?
(A) She wants to know more about Ms. Canto's meeting.
(B) She likes the subject matter of Mr. Pereira's blog.
(C) She is pleased with recent stock market trends.
(D) She likes to receive positive customer feedback.

問題 176-177 は次の E メールに関する ものです。

受信者：dianepaxton@lamail.com
送信者：customerservice@lenfordfinancial.co.uk
件名：オンラインアカウント
日付：6 月 22 日

Paxton 様

Lenford 金融会社にご関心をお持ちいただきましてありがとうございます。お客さまのオンライン上でのお問い合わせを受理し、一時的なユーザー名とパスワードを発行いたしました。お客さまのオンラインアカウントを有効にするためには、以下の手順に従ってください。

1. 当社のウェブサイトにアクセスし、「新規登録」を選択します。

2. ユーザー名の DPAXTON と、パスワードの XA098T を使用してログインします。新しいユーザー名とパスワードを作るよう指示されます。

3. 新規顧客向けの質問表が表示されます。お客さまの財務状況に関する情報を質問表に入力します。

4. 質問表をご提出いただきましたら、当社の顧客アカウント担当者が 24 時間以内にお電話を差し上げ、お客さまのポートフォリオと将来の投資についてお話しさせていただきます。

お客さまの財務目標の達成に向けたお手伝いができることを楽しみにしております。

Kent Rawlin
顧客アカウント担当者

176 E メールは Paxton さんについて何を示唆していますか。

(A) Lenford 金融会社に情報を求めた。
(B) 金融の専門家である。
(C) 長年にわたり Lenford 金融会社の顧客である。
(D) 自分のアカウントにログインできなかった。

177 Paxton さんは何をするよう指示されていますか。

(A) 顧客アカウント担当者に電話する
(B) 一時的なパスワードを求める
(C) 電話でアンケート調査を受ける
(D) オンラインで記入表を提出する

難問解説 176

Q176 はＥメールから「Paxton さんについて分かることは何か」を問う設問。Paxton さんはＥメールの受信者なので、Ｅメール本文では you となることを踏まえて文書に目を通す。この設問に答えるには、各選択肢とＥメール本文の照合が必要だが、その際には特に語句の言い換えに気を付ける。(A) は、Ｅメール本文２文目の前半部分を言い換えた内容。(A) の She (= Ms. Paxton) has requested information from Lenford Financial. が、Ｅメール本文の We (= Lenford Financial) have received your (= Ms. Paxon's) online inquiry に相当する。Paxton さんの問い合わせに対して Lenford 金融会社は具体的に a temporary username and password「一時的なユーザー名とパスワード」を発行して対応した、という流れである。従って正解は (A)。

(B) は、finance はＥメール本文に関連があるが、Paxton さんは「金融の専門家である」とは述べられていない。(C) は、冒頭の Thank you for your interest in Lenford Financial. や手順３の A new-customer survey will pop up. などから Paxton さんは新規顧客であると分かるので除外できる。注意すべきは (D)「自分のアカウントにログインできなかった」。これは、第１段落の「一時的なユーザー名とパスワードを発行した」を紛失による再発行と読み違えると、誤って選ぶ可能性がある。このＥメールから分かる事実として、Paxton さんは新規顧客でまだアカウントを持っていないので、her account「彼女のアカウント」というのは本文の内容と矛盾した表現である。

語注 account (サービス利用のための) アカウント／financial 金融の、財務の／inquiry 問い合わせ／issue ～を発行する／temporary 一時的な／activate ～を有効にする、～を利用できる状態にする／registration 登録／log in ログインする／prompt ～を促す、(コンピューターが) ～に指示する／new-customer 新規顧客の／survey 質問表、アンケート調査表／pop up 表示される、飛び出てくる／fill out ～ ～に書き込む／profile 略歴、紹介／submit ～を提出する／account representative 顧客アカウント (業務) 担当者／portfolio ポートフォリオ ★運用資産の組み合わせのこと／investment 投資／attain ～を達成する
176 finance 金融、財務

問題 178-181 は次のオンラインチャットの話し合いに関するものです。

ライブチャット

Ariana Jones（午後 1 時 18 分）：
こんにちは、Renalto に Janice。始めてもらうようお願いしていた例のブログの進み具合はどうですか。

Janice Canto（午後 1 時 20 分）：
私は当社の投資顧問チームのメンバーを紹介しようと思っています。

Ariana Jones（午後 1 時 22 分）：
それについてもう少し詳しく教えてもらえますか。

Janice Canto（午後 1 時 24 分）：
そうですね、毎月、異なるチームメンバーへのインタビューを目玉にしたいと思っています。個人的な経歴と職歴の情報を少しもらって、そのメンバーの投資戦略について見解を尋ねる、そういったものです。

Ariana Jones（午後 1 時 25 分）：
いいですね。当社の顧客はそれをとても気に入るでしょう。あなたはどうですか、Renalto。

Renalto Pereira（午後 1 時 27 分）：
私は新興の株式市場の動向について報告しようと思っています。すでに、この話題に関する多くの資料を集めています。

Janice Canto（午後 1 時 27 分）：
すみません、私は 5 分ほどしたら会議に行かなければいけません。

Ariana Jones（午後 1 時 28 分）：
面白そうですね。調査に関して手伝いは必要ですか。

Renalto Pereira（午後 1 時 29 分）：
ありがとうございます、でも自分でほぼカバーできていると思います。

Ariana Jones（午後 1 時 30 分）：
分かりました、お 2 人には月曜日までに、これらの案の進み具合についてまた私に報告をお願いします。

178 参加者たちはどのような業界で働いていると考えられますか。

(A) 金融
(B) 医療
(C) 科学技術
(D) 不動産

179 Jones さんについて何が分かりますか。

(A) Pereira さんの調査を手伝う予定である。
(B) Canto さんの仕事を監督している。
(C) 月曜日にオフィスを不在にする予定である。
(D) 求人応募者についての情報を必要としている。

180 Canto さんのブログについて何が示されていますか。

(A) その日のうちには準備が整う予定である。
(B) 何人かのチームメンバーによって書かれる予定である。
(C) 月に 1 度公開される予定である。
(D) 社内利用を目的として作られる予定である。

181 午後 1 時 28 分に "Sounds interesting" と書くことで、Jones さんは何を意図していますか。

(A) Canto さんの会議についてもっと知りたいと思っている。
(B) Pereira さんのブログの題目を気に入っている。
(C) 最近の株式市場の動向を喜んでいる。
(D) 顧客から肯定的な意見をもらうのがうれしい。

難問解説 180

Q180は「Cantoさんのブログについて示されていること」を問うものだが、チャット形式の問題ではすぐに設問内容に該当する箇所を探すのは有効な方法ではない。まずはチャット全体に目を通し、参加者（発信者）の名前と発言を基に話し合いの大筋を押さえておく。そうすることで、このブログはまだ企画段階であると分かるので、(A)「その日のうちには準備が整う予定である」は誤った内容だと判別できる。(B)「何人かのチームメンバーによって書かれる予定である」はざっと目を通しただけでは読み飛ばしてしまう可能性がある内容なので注意。該当箇所（Cantoさんの2回目の発言）をしっかり読むと、チームメンバーは執筆する側ではなくインタビューされる側と分かるので不正解。

同じ発言から、毎月インタビュー記事を公開することが分かるので、every month「毎月」をonce a month「月に1度」と言い換えた(C)「月に1度公開される予定である」が正解。

(D)「社内利用を目的として作られる予定である」は、Ariana Jonesさんの3回目の発言内のOur customers would really like that.「当社の顧客はそれをとても気に入るだろう」から、顧客による閲覧を想定していると分かるので正解にはならない。チャット形式の読む会話では、全体の話の流れをつかんでから、それぞれの発言者の具体的な情報を丁寧に押さえるようにしよう。

語注 come along　進む、はかどる／think of *doing*　～することを考えている／profile　～を紹介する／investment　投資／advisor　顧問／detail　詳細情報／feature　～を目玉とする、～を特集する／professional　職業上の／inquire about ～　～について尋ねる／that sort of thing　そのようなもの／report on ～　～について報告する／emerging　新興の／stock market　株式市場／trend　動向／cover　～を賄う、～を対象にする、～を取り扱う／get back to ～　～に後で報告する／progress　進行
178 finance　金融、財務／real estate　不動産　179 supervise　～を監督する／out of the office　不在で／applicant　応募者　180 publish　～を公開する、～を出版する／design for ～　～の目的で作る／internal　（組織などの）内部の　181 subject matter　題目、主題／positive　肯定的な、好意的な

シングルパッセージ 5

示唆されていることを問う難問に挑戦します。特に記事では、起承転結を追いながら筆者の意図をつかみましょう。

Questions 182-185 refer to the following article.

A New Rail Line for Salvador

By Leonel Menendez

(14 November)—The government of the state of Bahia has finally arrived at a decision about who will take charge of the railway project between Salvador and Paripe. — [1] —. After an unexpectedly long selection process, the Secretariat for Urban Development announced last week that a proposal had finally been selected.

A joint venture between SOA International and ROOV Project Management was chosen to receive the contract. — [2] —. The Secretariat had insisted that a Brazilian firm be included in the contract. SOA International has long been involved in rail projects throughout Brazil, Spain, and the Middle East. The Swiss company, ROOV Project Management, was recently selected as Project Management Company of the Year by the International Project Management Institute. — [3] —.

The line will be constructed in two phases. The first phase will make use of an existing rail line that runs from Salvador to Plataforma, but the track will be replaced to accommodate the light-rail cars that SOA will build. The second phase will continue with the construction of a new track from Plataforma to Paripe. The long delay in settling on a vendor has caused the Secretariat to offer incentives for the project to be completed in 30 months. — [4] —. However, Spokesperson David Rios of ROOV has said that 36 months would be the minimum reasonable time to complete the project because of unpredictable weather, labor, and supplies.

182. Why was the article written?
(A) To solicit bids for a construction project
(B) To announce the awarding of a contract
(C) To explain a possible merger
(D) To criticize a policy decision

183. What is implied about SOA International?
(A) It collaborated with ROOV before.
(B) It built the existing rail line.
(C) It has won many industry awards.
(D) It is a Brazilian-based company.

184. What does the article indicate about the project?
(A) It is the first of its kind in Brazil.
(B) Its delay is caused by insufficient funds.
(C) Its second phase involves building a new rail line.
(D) It will most likely be completed in 30 months.

185. In which of the positions marked [1], [2], [3], and [4] does the following sentence best belong?

"Last year the government solicited proposals to build, operate, and maintain a light-rail system."

(A) [1]
(B) [2]
(C) [3]
(D) [4]

Questions 186-188 refer to the following customer review.

Posted by Padma Pradhan on Friday, September 23, at 12:34 P.M.

I took my mobile phone to the Vivi's Tech Fix location on Rivas Boulevard and 23rd Street for help with a cracked screen. I dropped off the phone on a Tuesday afternoon, and by Wednesday morning I had received a quote by e-mail letting me know the cost to fix it. I called to accept the quote and give my credit card number, and I was able to pick up the mobile the next day on my way home from work—as good as new. If you are looking for responsible professionals, Vivi's Tech Fix is the right place.

While I was in the store picking up my mobile, another customer came in. She was also picking up a damaged mobile; however, the technicians had informed her that the device could not be fixed because of severe water damage, so she owed them nothing. I was impressed that customers can get a free diagnostic from the technicians and don't need to pay anything if a device is beyond repair.

186. What is implied about Vivi's Tech Fix?
(A) It has multiple stores.
(B) It was recently established.
(C) It repairs mobile phones only.
(D) It accepts payment by credit card only.

187. When did Ms. Pradhan pick up her mobile phone?
(A) On Tuesday
(B) On Wednesday
(C) On Thursday
(D) On Friday

188. In paragraph 2, line 5, the word "beyond" is closest in meaning to
(A) superior to
(B) very costly to
(C) in immediate need of
(D) outside the reach of

問題 182-185 は次の記事に関するものです。

サルバドルの新たな鉄道路線

Leonel Menendez 記

(11 月 14 日) ―バイーア州政府はついに、サルバドルとパリペの間の鉄道敷設計画をどこが取り仕切るかについての決定に達した。*昨年、政府は軽量軌道システムの建設、運営、維持をするための提案を募った。予想外に長い選定過程を経て、都市開発事務局は先週、1 つの提案が最終的に選抜されたと発表した。

SOA インターナショナル社と ROOV プロジェクトマネジメント社の共同事業が契約受注者として選ばれた。事務局は、契約にはブラジルの会社が含まれるべきだと強く主張していた。SOA インターナショナル社は長年、ブラジル、スペイン、中東の各地の鉄道計画に携わってきた。スイスの企業である ROOV プロジェクトマネジメント社は最近、国際プロジェクトマネジメント機関により、年間最優秀プロジェクトマネジメント企業に選ばれた。

路線は 2 段階に分けて建設される予定だ。第 1 段階では、サルバドルからプラタフォルマまで運行する既存の鉄道路線が利用されるが、線路は SOA 社が製造予定の軽量軌道用鉄道車両に対応するように交換される予定だ。第 2 段階では続けて、プラタフォルマからパリペまでの新しい線路の建設が行われる。業者決定の大幅な遅れから、事務局は、計画が 30 カ月以内に完了した場合の報奨金を提供することになった。しかしながら、ROOV 社の広報担当者である David Rios は、予測不能な天候、労働力、供給物資のため、36 カ月が計画完了のための妥当な最短期間だろうと述べている。

*Q185 の挿入文の訳

182 記事はなぜ書かれたのですか。

(A) 建設計画の入札を募るため
(B) 契約を発注したことを発表するため
(C) 起こり得る合併について説明するため
(D) 政策決定を批判するため

183 SOA インターナショナル社について何が示唆されていますか。

(A) 以前、ROOV 社と協業した。
(B) 既存の鉄道路線を建設した。
(C) 数々の業界賞を受賞している。
(D) ブラジルを拠点とする企業である。

184 記事は計画について何を示していますか。

(A) ブラジルで初めての類のものである。
(B) その遅れは不十分な資金のために生じた。
(C) その第 2 段階には新しい鉄道路線の建設が含まれる。
(D) 30 カ月で完了する見込みである。

185 [1]、[2]、[3]、[4] と記載された箇所のうち、次の文が入るのに最もふさわしいのはどれですか。

「昨年、政府は軽量軌道システムの建設、運営、維持をするための提案を募った」

(A) [1]
(B) [2]
(C) [3]
(D) [4]

難問解説 183

Q183は「SOAインターナショナル社について何が示唆されているか」なので、SOAインターナショナル社に関する箇所、つまり第2段落以降の本文の内容を各選択肢の内容と照らし合わせ、一致するかどうかを判別する。第2段落の冒頭で、SOAインターナショナル社とROOVプロジェクトマネジメント社による共同事業について述べられているが、この2社による過去の協業に関する言及はないので(A)は正解とはならない。(B)「既存の鉄道路線を建設した」は、第3段落にan existing rail lineに関する言及はあるが、SOAインターナショナル社が建設したとは述べられていない。また(C)「数々の業界賞を受賞している」はどこにも書かれていない。

正解は(D)「ブラジルを拠点とする企業である」だが、これは第2段落に、事務局の強い主張であったa Brazilian firm be included in the contract「契約にはブラジルの会社が含まれるべきだ」の後にSOA International has long been involved in rail projects throughout Brazil, Spain, and the Middle East.「SOAインターナショナル社は長年、ブラジル、スペイン、中東の各地の鉄道計画に携わってきた」とあることから推測できる。このように、What is implied about ～?の設問では、正解に必要な情報が記事中で明確には述べられていないことに注意したい。

語注 take charge of ～　～を担当する、～を取り仕切る／unexpectedly　予想外に、思いがけずに／secretariat　事務局／announce (that) ～　～（ということ）を発表する／proposal　提案／joint　共同の／venture　事業、試み／contract　契約／insist (that) ～　～（ということ）を強く主張する／firm　会社／throughout　～の至る所に／institute　機関、機構／construct　～を建設する　／phase　段階／make use of ～　～を活用する／existing　既存の／rail line　鉄道路線／track　線路、軌道／replace　～を取り換える／accommodate　～に適応させる、～に合わせる／
light-rail　軽量軌道の、軽量級鉄道の　★都市内などの比較的小規模な鉄道を指す／car　車両／construction　建設／delay　遅延／settle on ～　～を決定する、～について決着をつける／vendor　販売業者／incentive　報奨金／reasonable　妥当な／unpredictable　予測不能な／supplies　＜複数形で＞物資、必需品　182 solicit　～を求める／bid　入札／award　～（賞など）を与える、～を授与する／merger　合併／criticize　～を批判する
183 collaborate with ～　～と共同する、～と協力する　184 insufficient　不十分な／fund　資金
185 light-rail system　軽量軌道システム、軽量鉄道網

問題 186-188 は次の顧客レビューに関するものです。

Padma Pradhan による投稿、9 月 23 日 (金曜日) 午後 12 時 34 分

私は自分の携帯電話をリバス大通りと 23 番通りの角にある Vivi's Tech Fix の店舗に持ち込み、割れた画面について助けを求めました。私は火曜日の午後に電話を預け、水曜日の朝にはその修理費用を知らせる見積もりを E メールで受け取りました。私は電話をかけて見積もりを承諾し、クレジットカード番号を伝え、その翌日の職場からの帰宅時には携帯電話を受け取ることができました──新品同様の状態でした。信頼できる専門家を探しているなら、Vivi's Tech Fix がうってつけの場所です。

私が自分の携帯電話の受け取りで店舗内にいるとき、別の客が来店しました。彼女も損傷した携帯電話を受け取っていましたが、技術者は彼女に、その機器がひどい浸水損傷のため修理できないのでお金を払う必要はない、と伝えていました。私は、客は技術者の無料診断を受けることができ、機器が修理不可能な場合には何も支払う必要がないということに感心しました。

186 Vivi's Tech Fix について何が示唆されていますか。

(A) 複数の店舗がある。
(B) 最近設立された。
(C) 携帯電話だけを修理している。
(D) クレジットカードによる支払いだけを受け付けている。

187 Pradhan さんはいつ、自分の携帯電話を受け取りましたか。

(A) 火曜日
(B) 水曜日
(C) 木曜日
(D) 金曜日

188 第 2 段落・5 行目にある "beyond" に最も意味が近いのは

(A) ～より優れて
(B) ～するのに非常に費用がかかって
(C) ～をすぐに必要として
(D) ～の及ぶ範囲外で

難問解説 186

Q186 は What is implied about ～?「～について何が示唆されているか」なので、正解に必要な情報は文書中では明確に述べられていないことを踏まえつつ、選択肢を検討する。正解は (A)「複数の店舗がある」だが、これは冒頭の the Vivi's Tech Fix location on Rivas Boulevard and 23rd Street から複数の店舗があると推測できる。location は「店舗、所在地」の意味だが、1 つの店舗しかない場合はあえてこの単語を使う必要がない。

その他の選択肢については、店舗の創業時期に関する (B)「最近設立された」や、支払い方法に関する (D)「クレジットカードによる支払いだけを受け付けている」は文書内のどこにも述べられていないので選ぶことはできない。また、修理対象に関する (C)「携帯電話だけを修理している」は、その可能性はあるかもしれないが、ここで述べられている事例がたまたま携帯電話の修理についての 2 例のみだからという理由だけでは断定できない。What is implied about ～? の設問に正解するには妥当な推測は必要となるが、同時に主観的な想像は禁物であることにも留意したい。

語注 post ～を投稿する／location 店舗、場所／cracked ひび割れた／drop off ～ ～を預ける／quote 見積もり／fix ～を修理する／on *one's* way home from work 職場から家に帰る途中で／as good as ～ ～も同然で／responsible 信頼できる、責任を果たせる／professional 職人、専門家／damaged 損傷した、故障した／technician 技術者／inform ～ that … ～に…ということを知らせる／device 機器／severe ひどい、深刻な／owe ～ … ～に…を支払う義務がある／impress ～に感銘を与える、～に良い印象を与える／free 無料の／diagnostic 診断／beyond repair 修理不可能で、手の施しようのない 186 establish ～を設立する
188 superior to ～ ～より優れて／(be) costly to *do* ～するのに費用がかさむ／immediate 当座の、差し迫った

ダブルパッセージ 1

2 文書それぞれに出てくる出来事の時間的な前後関係に注意して相互参照しながら、状況を正しく追いましょう。

Questions 189-193 refer to the following e-mail and notice.

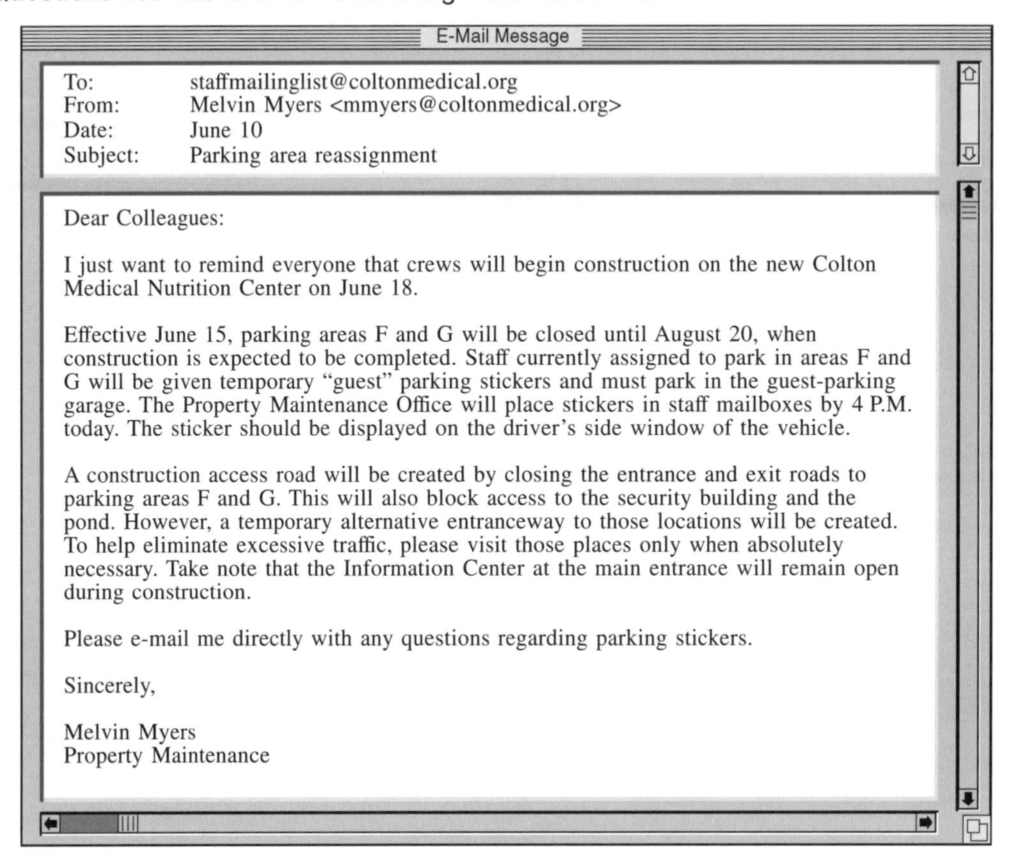

E-Mail Message

To: staffmailinglist@coltonmedical.org
From: Melvin Myers <mmyers@coltonmedical.org>
Date: June 10
Subject: Parking area reassignment

Dear Colleagues:

I just want to remind everyone that crews will begin construction on the new Colton Medical Nutrition Center on June 18.

Effective June 15, parking areas F and G will be closed until August 20, when construction is expected to be completed. Staff currently assigned to park in areas F and G will be given temporary "guest" parking stickers and must park in the guest-parking garage. The Property Maintenance Office will place stickers in staff mailboxes by 4 P.M. today. The sticker should be displayed on the driver's side window of the vehicle.

A construction access road will be created by closing the entrance and exit roads to parking areas F and G. This will also block access to the security building and the pond. However, a temporary alternative entranceway to those locations will be created. To help eliminate excessive traffic, please visit those places only when absolutely necessary. Take note that the Information Center at the main entrance will remain open during construction.

Please e-mail me directly with any questions regarding parking stickers.

Sincerely,

Melvin Myers
Property Maintenance

WELCOME TO COLTON MEDICAL CAMPUS INFORMATION CENTER
PLEASE CHECK IN BEFORE PROCEEDING

ATTENTION STAFF:
PARKING AREAS F & G CLOSED UNTIL SEPTEMBER 10

Staff members who normally use these areas and who have not yet received a temporary parking sticker should request one at the security station. A valid access card and staff I.D. are required.

Cars will be immediately towed away if parked next to pedestrian areas, including all walkways, temporary rest areas, and construction tents. Owners of cars parked in the garage without a sticker displayed on the window will be fined $25 per day.

Security officers are available to assist you.

189. Why are parking areas being closed?
(A) They are being resurfaced.
(B) They are being reserved for guests.
(C) An outdoor event will be held on them.
(D) A construction project is scheduled to begin.

190. According to the e-mail, who will receive a temporary parking sticker?
(A) Anyone who is visiting the medical campus
(B) Anyone who usually parks in areas F and G
(C) Anyone who usually parks in the parking garage
(D) Anyone who requests one from the maintenance office

191. Why should staff members limit their visits to the security building?
(A) So that visitors can enjoy the pond
(B) So that fewer cars will be in the area
(C) So that security staff can monitor traffic
(D) So that visitors can get to the Information Center

192. What changed after the e-mail was sent on June 10?
(A) Which parking areas are being closed
(B) Where staff should park their vehicles
(C) Where parking stickers should be displayed
(D) How long some parking areas will be closed

193. According to the notice, why might a staff member's car be towed?
(A) If it is parked near a walkway
(B) If it is parked in the visitors' area
(C) If it does not display a parking sticker
(D) If it is parked in the garage after August 20

問題 189-193 は次の E メールとお知らせに関するものです。

Eメール

受信者：staffmailinglist@coltonmedical.org
送信者：Melvin Myers <mmyers@coltonmedical.org>
日付：6 月 10 日
件名：駐車場の再割り当て

従業員の皆さん

作業班が 6 月 18 日に新しい Colton 医療栄養センターの建設工事を開始する予定であることを、皆さんにあらためてお伝えしたいと思います。

6 月 15 日からの実施で、駐車場 F および G は、建設工事完了予定の 8 月 20 日まで閉鎖されます。現在、エリア F および G への駐車を割り当てられている従業員は、臨時の「来客用」駐車ステッカーが配布されるので、来客用の立体駐車場に駐車しなければなりません。施設管理事務所が本日午後 4 時までに、従業員用郵便ポストにステッカーを入れておきます。ステッカーは車両の運転席側のサイドウィンドーに掲示するようにしてください。

駐車場 F および G へ出入りする道路は閉鎖され、建設工事用連絡道路が作られる予定です。また、これにより､保安ビルおよび池への通路も封鎖されます。ですが､それらの場所への臨時の代替通路が作られます。過度な交通を削減できるよう、それらの場所に行くのは必要不可欠な場合だけにしてください。正面玄関のインフォメーションセンターは建設工事中もずっと開館していることにご留意ください。

駐車ステッカーに関してご質問があれば、直接私に E メールでご連絡ください。

よろしくお願いします。

Melvin Myers
施設管理課

お知らせ

Colton 医療施設のインフォメーションセンターへようこそ
先へ進む前に入館手続きをしてください

従業員へのお知らせ
駐車場 F および G は 9 月 10 日まで閉鎖されます

普段これらの駐車場を利用していて、まだ臨時の駐車ステッカーを受け取っていない従業員は、保安事務所でステッカーを申請する必要があります。有効な入館カードと従業員 ID カードが必要です。

全ての歩道、臨時休憩所、建設工事用テントを含め、歩行者用区域に隣接して駐車中の車は、直ちにレッカー移動されます。ステッカーをウィンドーに掲示せずに立体駐車場内に駐車中の車の所有者は、1 日につき 25 ドルの罰金が科せられます。

保安部職員が皆さんをお手伝いするために対応します。

189 駐車場はなぜ閉鎖されるのですか。

(A) 再舗装中だから。
(B) 来客向けに確保されているから。
(C) そこで野外イベントが開催される予定だから。
(D) 建設工事が始まる予定だから。

190 Eメールによると、誰が臨時の駐車ステッカーを受け取りますか。

(A) 医療施設を訪れる人
(B) 普段、エリアFおよびGに駐車している人
(C) 普段、立体駐車場に駐車している人
(D) 管理事務所で駐車ステッカーを要請する人

191 従業員はなぜ、保安ビルへの訪問を制限すべきなのですか。

(A) 訪問者が池を楽しめるように
(B) 区域内の車両が少なくなるように
(C) 保安部職員が交通量を監視できるように
(D) 訪問者がインフォメーションセンターにたどり着けるように

192 Eメールが6月10日に送信された後、何が変更になりましたか。

(A) 閉鎖中の駐車場
(B) 従業員が車を駐車すべき場所
(C) 駐車ステッカーが掲示されるべき場所
(D) 一部の駐車場が閉鎖される期間

193 お知らせによると、従業員の車はなぜレッカー移動させられる可能性があるのですか。

(A) 歩道の近くに駐車された場合
(B) 訪問者用区域に駐車された場合
(C) 駐車ステッカーを掲示していない場合
(D) 8月20日以降に立体駐車場に駐車された場合

難問解説 192

Q192の設問文「Eメールが6月10日に送信された後、何が変更になったか」から、Eメール（1つ目の文書）送信の後日に掲示されたと想定されるお知らせ（2つ目の文書）で何らかの変更点が示されていると推測する。お知らせでは、一番上の大見出し下の見出しでATTENTION STAFF:と注意を促しているが、このように冒頭で大文字・下線付き表記で示すのは重要な情報であると考え、見出し次行のPARKING AREAS F & G CLOSED UNTIL SEPTEMBER 10をチェックする。Eメールに戻って内容を確認すると、本文の第2段落の冒頭にEffective June 15, parking areas F and G will be closed until August 20, when construction is expected to be completed.「6月15日からの実施で、駐車場FおよびGは、建設工事完了予定の8月20日まで閉鎖される」とある。Eメールでは8月20日までと示された閉鎖期間がお知らせでは9月10日までと延長されていることから、これが変更点と理解できる。従って(D)が正解。

(A)の閉鎖中の駐車場、(B)の従業員が車を駐車すべき場所、(C)の駐車ステッカーが掲示されるべき場所については、Eメールで述べられているが、お知らせには変更点などは示されていない。

語注 **Eメール** parking area 駐車場／reassignment 再び割り当てること／colleague 同僚、同業者
remind ～ that … ～に…であるということを念押しする／crew 作業員、作業班／construction 建設工事／
nutrition 栄養／effective 実施される、有効な／assign ～ to *do* ～に…するよう指定する／temporary 一時的な／
guest-parking garage 来客用立体駐車場 ★parking garageは「立体駐車場、駐車場ビル」／alternative 代替の／
eliminate ～を取り除く／excessive 過度の／traffic 交通、通行（量）／take note (that) ～ ～であることに留意する
お知らせ proceed 先へ進む／attention ～ ～へのお知らせ／valid 有効な／
I.D. ID（カード）、身元証明書 ★identificationの略／tow away ～ ～をレッカー車で移動させる／
pedestrian 歩行者用の／fine ～ … ～に…（罰金）を科する／available 求めに応じられる
189 resurface ～を再舗装する／reserve ～を確保する、～を取っておく／be scheduled to *do* ～する予定である
191 limit ～を制限する／monitor ～を監視する **192** vehicle 車、乗り物

ダブルパッセージ 2

さまざまな人物が登場する文書では、それぞれの役割と互いの関係を把握しながら、状況を的確につかみましょう。

Questions 194-198 refer to the following notice and e-mail.

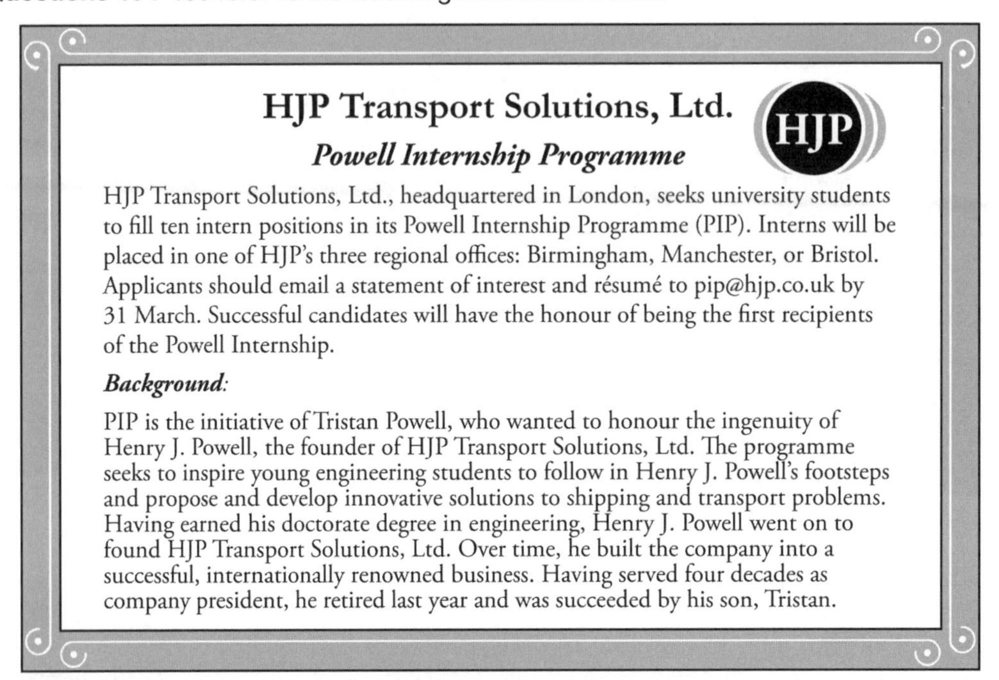

HJP Transport Solutions, Ltd.

Powell Internship Programme

HJP Transport Solutions, Ltd., headquartered in London, seeks university students to fill ten intern positions in its Powell Internship Programme (PIP). Interns will be placed in one of HJP's three regional offices: Birmingham, Manchester, or Bristol. Applicants should email a statement of interest and résumé to pip@hjp.co.uk by 31 March. Successful candidates will have the honour of being the first recipients of the Powell Internship.

Background:

PIP is the initiative of Tristan Powell, who wanted to honour the ingenuity of Henry J. Powell, the founder of HJP Transport Solutions, Ltd. The programme seeks to inspire young engineering students to follow in Henry J. Powell's footsteps and propose and develop innovative solutions to shipping and transport problems. Having earned his doctorate degree in engineering, Henry J. Powell went on to found HJP Transport Solutions, Ltd. Over time, he built the company into a successful, internationally renowned business. Having served four decades as company president, he retired last year and was succeeded by his son, Tristan.

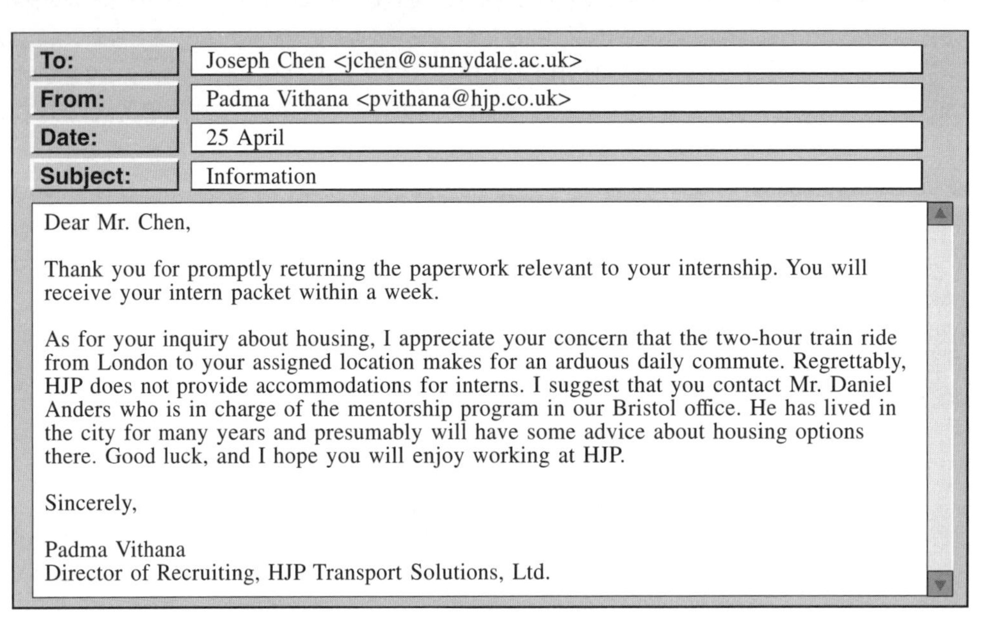

To:	Joseph Chen <jchen@sunnydale.ac.uk>
From:	Padma Vithana <pvithana@hjp.co.uk>
Date:	25 April
Subject:	Information

Dear Mr. Chen,

Thank you for promptly returning the paperwork relevant to your internship. You will receive your intern packet within a week.

As for your inquiry about housing, I appreciate your concern that the two-hour train ride from London to your assigned location makes for an arduous daily commute. Regrettably, HJP does not provide accommodations for interns. I suggest that you contact Mr. Daniel Anders who is in charge of the mentorship program in our Bristol office. He has lived in the city for many years and presumably will have some advice about housing options there. Good luck, and I hope you will enjoy working at HJP.

Sincerely,

Padma Vithana
Director of Recruiting, HJP Transport Solutions, Ltd.

194. What is the purpose of the notice?
(A) To list volunteer opportunities at a company
(B) To describe the history of a company
(C) To advertise a company's new program
(D) To announce the retirement of a company's president

195. Who is Tristan Powell?
(A) The founder of a business
(B) The head of a company
(C) A university instructor
(D) An internship candidate

196. What is one reason for Ms. Vithana's e-mail?
(A) To congratulate Mr. Chen
(B) To inquire about a problem
(C) To send Mr. Chen paperwork
(D) To answer a question

197. What is true about Mr. Chen?
(A) He has worked with Mr. Anders in the past.
(B) He requested help with a project.
(C) He is an engineering student.
(D) He is transferring to a different office.

198. Where will Mr. Chen be working?
(A) In Birmingham
(B) In Bristol
(C) In London
(D) In Manchester

問題 194-198 は次のお知らせと E メールに関するものです。

お知らせ

HJP 運送ソリューション社
Powell インターンシッププログラム

ロンドンに本社を置く HJP 運送ソリューション社は、Powell インターンシッププログラム（PIP）のインターン職を務める大学生 10 名を求めています。インターンは、HJP 社の 3 つの地方支社であるバーミンガム、マンチェスター、ブリストルのいずれかに配属されます。応募者は、志望動機書と履歴書を 3 月 31 日までに、pip@hjp.co.uk 宛てに E メールで送る必要があります。合格した候補者は、Powell インターンシップを最初に受ける名誉を得ることになります。

背景
PIP は Tristan Powell による新たな試みで、彼が HJP 運送ソリューション社の創業者である Henry J. Powell の発明の才をたたえることを意図したものです。本プログラムは、若い工学部の学生に刺激を与え、Henry J. Powell の志を継いで、配送や輸送の問題に対する革新的な解決策を提案し開発する意欲を起こさせることを目的としています。Henry J. Powell は、工学博士号を取得後、次いで HJP 運送ソリューション社を創設しました。長い時間を経て、彼はその会社を国際的に有名な成功事業に成長させました。彼は 40 年間社長を務めた後、昨年に引退し、息子の Tristan が後を継ぎました。

E メール

受信者：Joseph Chen <jchen@sunnydale.ac.uk>
送信者：Padma Vithana <pvithana@hjp.co.uk>
日付：4 月 25 日
件名：情報

Chen 様

インターンシップに関連する書類を迅速にご返送いただき、ありがとうございます。インターン用の書類一式は 1 週間以内にお手元に届く予定です。

住居に関するお問い合わせにつきまして、ロンドンから配属先まで 2 時間電車に乗るのは毎日のつらい通勤になるというご懸念はよく分かります。残念ながら、HJP 社はインターン向けの居住施設を提供しておりません。当社のブリストル支社で指導プログラムを担当している Daniel Anders 氏に連絡を取ることをお勧めいたします。彼は長年にわたって同市内で暮らしており、おそらく現地での住居の選択肢について助言してくれるでしょう。うまくいきますように、そして、HJP 社で楽しくお仕事していただけることを願っております。

敬具

Padma Vithana
人材採用部長、HJP 運送ソリューション社

194 お知らせの目的は何ですか。

(A) 会社でのボランティアの機会を記載すること
(B) 社史を説明すること
(C) 会社の新しいプログラムを宣伝すること
(D) 社長の退任を発表すること

195 Tristan Powell とは誰ですか。

(A) 企業の創業者
(B) 会社の社長
(C) 大学の講師
(D) インターンシップの候補者

196 Vithana さんが E メールを送った 1 つの理由は何ですか。

(A) Chen さんに祝辞を述べること
(B) 問題について問い合わせること
(C) Chen さんに書類を送ること
(D) 質問に回答すること

197 Chen さんについて何が正しいですか。

(A) 過去に、Anders さんと一緒に働いたことがある。
(B) プロジェクトへの支援を求めた。
(C) 工学部の学生である。
(D) 別の支社に転任になる予定である。

198 Chen さんはどこで働く予定ですか。

(A) バーミンガム
(B) ブリストル
(C) ロンドン
(D) マンチェスター

難問解説 195

Q195 は「Tristan Powell とは誰か」という設問。その名前を文書から探すことで正解を考える。まず、お知らせ（1 つ目の文書）に目を通すと、第 2 段落の冒頭 PIP is the initiative of Tristan Powell, who wanted to honour the ingenuity of Henry J. Powell, the founder of HJP Transport Solutions, Ltd. から、Tristan Powell は HJP 社の創業者である Henry J. Powell の発明の才をたたえて PIP を創設したことが分かる。それ以降では PIP の目的や Henry J. Powell の功績が述べられているが、最後の文 Having served four decades as company president, he retired last year and was succeeded by his son, Tristan. から、現在は Henry の息子の Tristan が社長を務めていることが分かり、(B) を正解に選ぶことができる。

(A) は紛らわしいが、上記より、Tristan 自身は創業者ではない。(C) の university や (D) の internship は、文書の中で使われている語である。特に時間的余裕がない場合に、焦って単語や語句の一致だけを基に誤答しないよう気を付けたい。

語注 **お知らせ** ～ Ltd. ＜社名に続けて＞～社／transport 運送、輸送／internship インターンシップ、職業研修／headquartered in ～ ～に本社を置いている／fill ～（役）を務める、～（役職）を埋める／applicant 応募者／résumé 履歴書／candidate 候補者／honour 名誉 ★米国表記は honor／recipient 受賞者、受領者／initiative 新しい試み、新構想／honour ～をたたえる ★米国表記は honor／ingenuity 発明の才、創意、工夫／founder 創設者／inspire ～ to *do* ～に刺激を与えて…させる／follow in *one's* footsteps ～の志を継ぐ／propose ～を提案する／innovative 革新的な／shipping 配送／doctorate 博士号／go on to *do* 続けて～する／found ～を創設する／build ～ into … ～を…に育て上げる／renowned 有名な／succeed ～の後を継ぐ
Eメール promptly 迅速に／relevant 関連した、関係のある／inquiry 問い合わせ／appreciate ～を十分に理解する／assign ～を配属する／make for ～ ～をもたらす、～になる／arduous 骨の折れる、困難な／commute 通勤／regrettably 残念ながら／accommodation 居住施設、住宅供給／in charge of ～ ～を担当して／mentorship 指導、助言／presumably おそらく **194** advertise ～を宣伝する **196** congratulate ～を祝う **197** transfer to ～ ～に異動する、～に転任する

ダブルパッセージ 3

ウェブページのお知らせとそれに関連する E メールを読み、出来事の展開を的確につかみましょう。

Questions 199-203 refer to the following Web page and e-mail.

http://www.sunriseaerospace.co.au/companynews

Sunrise Aerospace

HOME | COMPANY NEWS | CONTACT | REVIEWS

We are pleased to announce that our latest design, the Suppliss Seat, will be introduced on Honshu Express's Tokyo–Osaka service route, which is scheduled to debut soon. Since last February, our design team has worked closely with Honshu Express to produce a comfortable seat that meets the most stringent safety standards. Like all our products, it is made of lightweight yet durable materials, resulting in significant fuel-cost savings over time. The prototype for the Suppliss Seat has received high marks from designers and was nominated for a Henry Design Award in January.

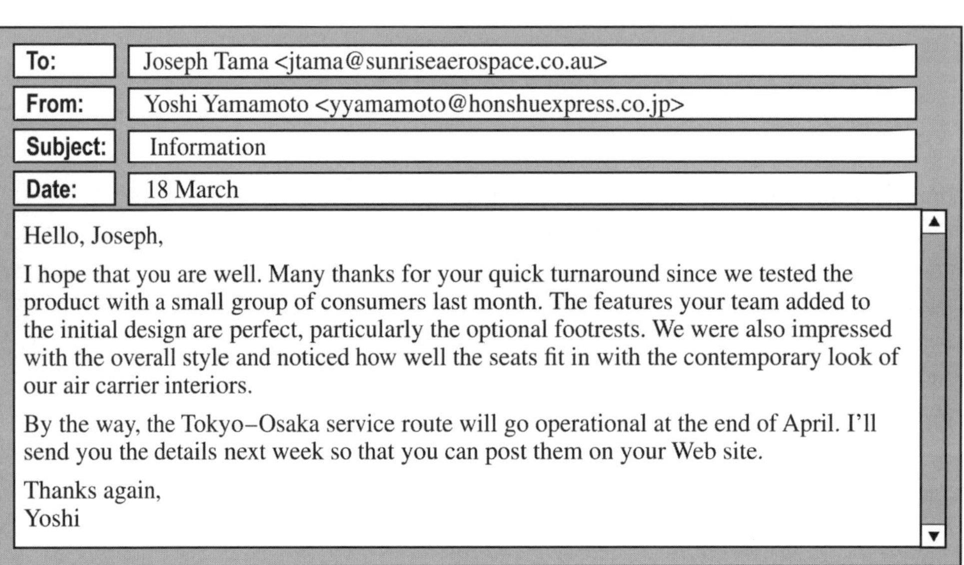
To: Joseph Tama <jtama@sunriseaerospace.co.au>
From: Yoshi Yamamoto <yyamamoto@honshuexpress.co.jp>
Subject: Information
Date: 18 March

Hello, Joseph,

I hope that you are well. Many thanks for your quick turnaround since we tested the product with a small group of consumers last month. The features your team added to the initial design are perfect, particularly the optional footrests. We were also impressed with the overall style and noticed how well the seats fit in with the contemporary look of our air carrier interiors.

By the way, the Tokyo–Osaka service route will go operational at the end of April. I'll send you the details next week so that you can post them on your Web site.

Thanks again,
Yoshi

199. What is the purpose of the Web page?
(A) To invite feedback about a service
(B) To announce a business merger
(C) To publicize a successful product
(D) To nominate a product for an award

200. What type of industry does the design team support?
(A) Airline
(B) Technology
(C) Education
(D) City transit systems

201. What characteristic of the Suppliss Seat is NOT mentioned?
(A) It is lightweight.
(B) It supports the feet.
(C) It features a contemporary style.
(D) It has a reclining position.

202. What does the e-mail indicate about the consumer tests?
(A) They have not yet been completed.
(B) They resulted in design changes.
(C) They took place on a specific route.
(D) They did not meet all safety standards.

203. When will the Suppliss Seat come into regular use?
(A) In January
(B) In February
(C) In March
(D) In April

問題 199-203 は次のウェブページと E メールに関するものです。

ウェブページ

http://www.sunriseaerospace.co.au/companynews

Sunrise 航空宇宙社

ホーム　**企業ニュース**　お問い合わせ　レビュー

当社は、当社の最新モデルである Suppliss シートが、間もなく運航を開始する本州エクスプレス社の東京－大阪路線に導入される予定であるとお知らせできることをうれしく思います。昨年の 2 月以来、当社のデザインチームは、極めて厳格な安全基準を満たす快適な座席を製造するために、本州エクスプレス社と密接に連携してきました。当社の全製品と同様、それは軽量ながらも耐久性のある素材で造られており、長い間には大きな燃料費節減となります。Suppliss シートの試作品はデザイナーの方々から高評価を得ており、1 月の Henry デザイン賞に候補として推薦されました。

Eメール

受信者：Joseph Tama <jtama@sunriseaerospace.co.au>
送信者：Yoshi Yamamoto <yyamamoto@honshuexpress.co.jp>
件名：情報
日付：3 月 18 日

Joseph さん

お元気でいらっしゃることと思います。先月、少人数の消費者グループで製品をテストして以来、迅速なご対応を大変ありがとうございます。貴社のチームが当初のデザインに加えた機能、とりわけオプションの足置き台は完璧です。私たちはまた、その全体的なスタイルに感心し、座席が当社航空機の内装の現代的な見た目ととてもよく調和することに気付きました。

ところで、東京－大阪間の路線は 4 月末に運航開始となります。来週その詳細情報をお送りし、貴社ウェブサイトに掲載していただくことができるようにいたします。

あらためてお礼を申し上げます。
Yoshi

199 ウェブページの目的は何ですか。

(A) サービスに関して意見を求めること
(B) 企業の合併を発表すること
(C) 成功を収めた製品を宣伝発表すること
(D) 製品を賞の候補に推薦すること

200 デザインチームはどのような業界を支えていますか。

(A) 航空
(B) 科学技術
(C) 教育
(D) 都市輸送網

201 Suppliss シートの特徴として述べられていないことは何ですか。

(A) 軽量である。
(B) 足を支える。
(C) 現代的なスタイルを特徴とする。
(D) 倒した位置にできる。

202 Eメールは消費者テストについて何を示していますか。

(A) まだ完了していない。
(B) 結果としてデザインの変更につながった。
(C) 特定の路線で行われた。
(D) 安全基準の全ては満たさなかった。

203 Suppliss シートが定期的に利用されるようになるのはいつですか。

(A) 1月
(B) 2月
(C) 3月
(D) 4月

難問解説 202

Q202 の設問文から、必要な情報はEメール(2つ目の文書)に明示されていることが分かる。設問文にある consumer tests という語句はEメールにはないが、本文1～2行目の Many thanks for your quick turnaround since we tested the product with a small group of consumers last month. から、消費者テストを行った後に a quick turnaround があったと分かる。turnaround は多義語だが、文脈に適切なのは「対応、処理」という意味。対応の詳細は以降で述べられるが、initial design「当初のデザイン」や overall style「全体的なスタイル」、interiors「内装」などから、デザインの改善が行われたと分かる。従って、(B) が正解。

(A) は、Eメールの1～2行目 we tested the product with a small group of consumers last month から、消費者テストは先月に行われたので誤り。(C) については、2段落目に the Tokyo-Osaka service route への言及はあるが、そこでテストが行われたとは書かれていない。(D) については、Eメールに書かれておらず、ウェブページの内容とも矛盾する。

語注 **ウェブページ** aerospace 航空宇宙(産業)/review レビュー、論評/announce (that) ～ ～(ということ)を発表する/express 急行(便)/be scheduled to *do* ～する予定である/debut 初登場する/stringent 厳格な/lightweight 軽量の/durable 耐久性のある/significant 著しい/fuel-cost 燃料費の/prototype 試作品/mark 評価、得点/nominate ～ for … ～を…(賞など)の候補として推薦する、～を…にノミネートする/award 賞
Eメール turnaround 対応、処理 ★ここでは、仕事の依頼などに対応して完了する作業過程を指す/feature 機能、特徴/footrest 足置き台/impress ～ with … ～に…で感銘を与える/overall 全体的な/fit in with ～ ～となじむ/contemporary 現代的な/air carrier 航空機/interior 内装/go ～の状態になる/operational 操作・運行可能な状態の/details <複数形で>詳細情報/post ～を掲載する
199 merger 合併/publicize ～を公表する、～を宣伝する **201** recline (座席などが)後ろに倒れる、リクライニングする
202 take place 行われる

ダブルパッセージ 4

予定表とそれに関するEメールを読み、展開をつかんで、詳細を正しく捉えましょう。

Questions 204-208 refer to the following schedule and e-mail.

Society for Trade and Industry (STI) **"The Role of Distance Education in Professional Training"** **City University of Abu Dhabi, 11–13 October** DRAFT: Schedule for Wednesday, 11 October	
7:30 A.M.–9:00 A.M.	Conference Registration
9:00 A.M.–9:10 A.M.	Welcome and Opening Remarks: Yasmin Al Gaood, Conference Chair
9:15 A.M.–10:00 A.M.	Opening Keynote Address: Ayumi Murakami, STI President
10:05 A.M.–10:50 A.M.	Title of presentation unknown: representative to be selected, Yaoundé College of Agriculture, Cameroon
10:55 A.M.–11:40 A.M.	Innovative Online Resources: Chia Po Cheng, Taipei Business Management Institute, Taiwan
11:45 A.M.–1:20 P.M.	Lunch (Turquoise Center, central campus)
1:30 P.M.–2:15 P.M.	Distance Education in the Film Industry: representative from Scotland to be selected
2:20 P.M.–3:05 P.M.	Improving Course Content Quality: Andrei Durchenko, Moscow Journalism Academy, Russia
3:10 P.M.–4:00 P.M.	Learner Support Systems: Marcel Peralta, School of Pediatric Dentistry, Asunción, Paraguay

From: Ayumi Murakami <amurakami@sti.org>
To: Yasmin Al Gaood <yasmin.algaood@cuad.ac.ae>
Subject: Re: Draft conference schedule for Wednesday
Date: 25 August

Hello, Yasmin,

As per your request, I have filled the slots that were listed as still available on the tentative conference schedule for Wednesday. Dr. Alban Buchanan in Scotland says that he is eager to talk about distance education as it is practiced within the film academies in his country. Also, my contact in Yaoundé wrote to let me know that Ms. Marie-Thérèse Tchangou will be the school's representative.

Mr. Andrei Durchenko has informed me that he is withdrawing from the conference. His replacement from the same school, Ms. Melina Vakhitova, will submit the title of her presentation shortly.

I also wanted to add that I will be arriving in Abu Dhabi at 6:00 A.M. on Wednesday. That should give me plenty of time to set up for my presentation.

Regards,

Ayumi

204. What is indicated about Ms. Murakami?
(A) She will speak on the first day of the conference.
(B) She was recently elected STI president.
(C) She will be available to answer questions.
(D) She is scheduled to present in the afternoon.

205. When will a specialist in business management be speaking?
(A) At 10:05 A.M.
(B) At 10:55 A.M.
(C) At 2:20 P.M.
(D) At 3:10 P.M.

206. In the e-mail, in paragraph 1, line 1, the word "slots" is closest in meaning to
(A) reservations
(B) machines
(C) openings
(D) buildings

207. What presentation will have to be canceled?
(A) Innovative Online Resources
(B) Distance Education in the Film Industry
(C) Improving Course Content Quality
(D) Learner Support Systems

208. According to the e-mail, what information is Ms. Murakami expecting to receive?
(A) The title of a presentation
(B) The name of a replacement speaker
(C) The conference schedule for Thursday
(D) The contact information for Mr. Buchanan

問題 204-208 は次の予定表と E メールに関するものです。

予定表

貿易・産業協会（STI）
「職業訓練における遠隔教育の役割」
アブダビ市立大学、10月11日～13日
草案：10月11日（水曜日）の予定表

午前7時30分～午前9時00分	会議の登録受付
午前9時00分～午前9時10分	歓迎と開会のあいさつ：Yasmin Al Gaood、会議議長
午前9時15分～午前10時00分	開会の基調演説：Ayumi Murakami、STI 会長
午前10時05分～午前10時50分	発表表題未定：代表者選出予定、Yaoundé 農業大学、カメルーン
午前10時55分～午前11時40分	革新的オンライン資源：Chia Po Cheng、台北事業経営協会、台湾
午前11時45分～午後1時20分	昼食（Turquoise センター、中央キャンパス）
午後1時30分～午後2時15分	映画業界における遠隔教育：スコットランドから代表者選出予定
午後2時20分～午後3時05分	講座内容の質の向上：Andrei Durchenko、モスクワ・ジャーナリズム学院、ロシア
午後3時10分～午後4時00分	学習者支援制度：Marcel Peralta、小児歯科医療専門学校、パラグアイ、アスンシオン市

Eメール

送信者：Ayumi Murakami <amurakami@sti.org>
受信者：Yasmin Al Gaood <yasmin.algaood@cuad.ac.ae>
件名：Re: 水曜日の会議予定表の草案
日付：8月25日

Yasmin さん

ご依頼の通り、水曜日の仮の会議予定表でまだ空きと記載されていた時間枠を埋めました。スコットランドの Alban Buchanan 博士は、遠隔教育は自国の映画学校で実践されているのでそれについてぜひ話をしたいと言っています。また Yaoundé 大学の連絡役は、Marie-Thérèse Tchangou 氏が学校の代表者となる予定だとメールで知らせてくれました。

Andrei Durchenko 氏は会議への参加を取りやめる予定だと知らせてきました。彼の代役である同校の Melina Vakhitova 氏が、ご自身の発表の表題を近々提出してくれる予定です。

また加えてお伝えしたかったのですが、アブダビには水曜日の午前6時に到着する予定です。これで、私の発表の準備時間をたっぷり取れるはずです。

よろしくお願いいたします。

Ayumi

204 Murakamiさんについて何が示されていますか。

(A) 会議の初日に講演をする予定である。
(B) 最近、STIの会長に選出された。
(C) 質疑応答に対応できる予定である。
(D) 午後に発表をする予定である。

205 事業経営の専門家はいつ講演をしますか。

(A) 午前10時5分
(B) 午前10時55分
(C) 午後2時20分
(D) 午後3時10分

206 Eメールの第1段落・1行目にある"slots"に最も意味が近いのは

(A) 予約
(B) 機械
(C) 空き
(D) 建物

207 どの発表が中止される必要がありますか。

(A) 革新的オンライン資源
(B) 映画業界における遠隔教育
(C) 講座内容の質の向上
(D) 学習者支援制度

208 Eメールによると、Murakamiさんはどのような情報を受け取る見込みですか。

(A) 発表の表題
(B) 代わりの講演者の名前
(C) 木曜日の会議の予定表
(D) Buchananさんの連絡先の情報

難問解説 206

Q206の設問文に従い、Eメール(2つ目の文書)本文冒頭の1行目を確認してから正解を選ぶ。この文全体を見ると、As per your request, I have filled the slots that were listed as still available on the tentative conference schedule for Wednesday.とあり、予定表(1つ目の文書)について述べていることが分かる。「仮の会議予定表でまだ空きと記載されていたslotsを埋めた」と言っており、この場合のslotは「空き(の時間枠)」という意味なので、これと同意なのは(C) openingsである。

文意を正確に理解せずに正解を選ぼうとすると、filled「(時間を)埋めた」やavailable「空いている」という語彙から(A)を選ぶ可能性が高い。(B)のような明らかな誤答を選ぶことはないだろうが、conference「会議」という語からの連想で誤って(D)を選択してしまう場合もありそうだ。slotは元々「隙間、(細長い)穴」という意味だが、他にもいろいろな意味がある。このような多義語が関連する設問では、文脈を正確に確認してから答えを選ぶようにしよう。

語注 **予定表** trade 貿易/role 役割/draft 草案/registration 登録/remark (催しなどでの)あいさつ、言葉/chair 議長/keynote address 基調演説/representative 代表者/innovative 革新的な/resources <複数形で>資源/institute 協会、機関/film 映画/pediatric 小児科の/dentistry 歯科
Eメール (as) per your request あなたのご依頼の通り/fill ~(空きなど)を埋める/slot 空き、枠、時間帯/available 空いている、利用可能な、応対できる/tentative 仮の、暫定的な/be eager to *do* ぜひ~したいと熱望している/practice ~を実践する/contact 連絡員、窓口(となる人)/inform ~ (that) … ~に…(であるということ)を知らせる/withdraw (出場を)取りやめる、辞退する/replacement 代わりの人、代理/submit ~を提出する/shortly 間もなく/set up for ~ ~のために準備をする
204 elect ~を選出する/be scheduled to *do* ~する予定である

トリプルパッセージ 1

3 文書では情報量が増えますが、全部に素早く目を通して各文書の情報をつなぎ合わせ、必要な情報を見つけましょう。

Questions 209-213 refer to the following text message, article, and review.

From: Fausto Forletti [11:02 A.M.]
To: Steffan Griffiths <029 2018 0743>

Hi, Steffan. I'm with the electrical contractors at the former Millway train station site now. The electrical system was in worse shape than we had originally thought. The rewiring and upgrades are going to cost more than expected because we want to modernise while still retaining the historical integrity of the building. I'll send over the estimate as soon as I receive it. I'm hoping that all the work will be completed so that we can open as planned in May.

New Hotel to Open in South Wales

CARDIFF (18 April)—The Millway Road Hotel is scheduled to open on 14 May. The building was once a busy train station that was designed by Arthur Lewison over 150 years ago.

For almost three decades the building had been left unoccupied. It was purchased two years ago by Steffan Griffiths, president of Griffiths Hoteliers.

According to project coordinator Fausto Forletti, the old building required extensive renovation not only to turn it into a hotel but also to update the electrical, heating, and plumbing systems.

The hotel has 25 guest rooms, a meeting room, and a restaurant with banquet facilities. All of Mr. Griffiths' facilities are noted for their world-class dining experiences. The hotel's Bayside Café has award-winning Welsh chef Mal Davies to create a menu and oversee the restaurant.

In the near future, Mr. Griffiths plans to expand the property's garden.

For information and reservations, visit www.millwayroadhotel.co.uk.

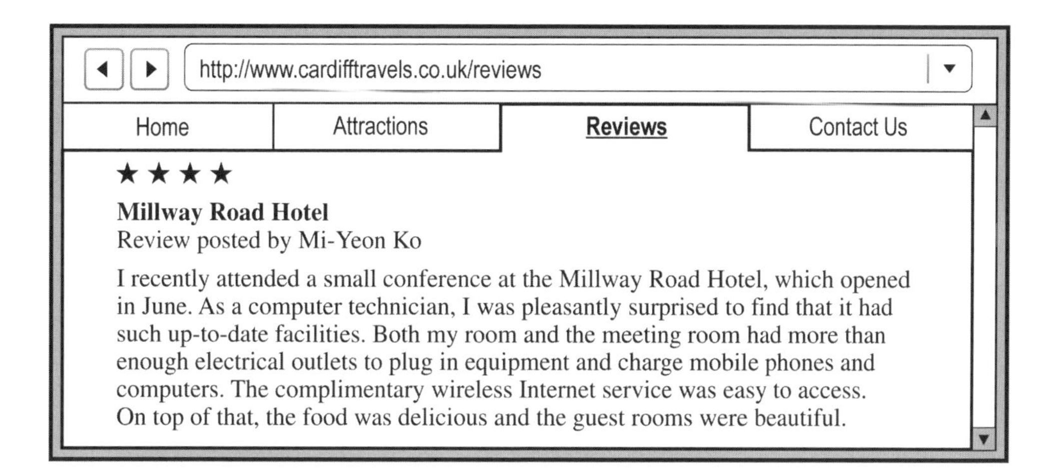
http://www.cardifftravels.co.uk/reviews

Home | Attractions | **Reviews** | Contact Us

★★★★

Millway Road Hotel

Review posted by Mi-Yeon Ko

I recently attended a small conference at the Millway Road Hotel, which opened in June. As a computer technician, I was pleasantly surprised to find that it had such up-to-date facilities. Both my room and the meeting room had more than enough electrical outlets to plug in equipment and charge mobile phones and computers. The complimentary wireless Internet service was easy to access. On top of that, the food was delicious and the guest rooms were beautiful.

209. Why did Mr. Forletti send the text message?
(A) To explain why a project's cost will increase
(B) To ask for help in solving an electrical problem
(C) To warn that a delivery will be delayed
(D) To discuss a problem with a contractor

210. Where was Mr. Forletti when he sent the text message?
(A) On a train
(B) At a restaurant
(C) At a proposed hotel site
(D) In an electrical contractor's office

211. What does the article suggest about Mr. Lewison?
(A) He is purchasing a hotel.
(B) He created a dining menu.
(C) He was the architect of a building.
(D) He is the coordinator of a renovation.

212. What does the article indicate about the Millway Road Train Station?
(A) It included a world-class restaurant.
(B) It was owned by Mr. Griffiths' father.
(C) It was located near a famous garden.
(D) It had been abandoned for many years.

213. What is suggested in Ms. Ko's review?
(A) The hotel's guest rooms are quite large.
(B) The hotel did not open as scheduled.
(C) A café is located on the hotel's top floor.
(D) Internet access was too expensive.

問題 209-213 は次のテキストメッセージ、記事、レビューに関するものです。

テキストメッセージ

送信者：Fausto Forletti［午前 11 時 02 分］
受信者：Steffan Griffiths <029 2018 0743>

こんにちは、Steffan。私は今、電気工事請負業者たちと一緒に旧 Millway 駅の跡地にいます。電気系統は私たちが当初思っていたよりも悪い状態でした。再配線と改良の工事には想定より費用がかかりそうです。なぜなら私たちは建物の歴史的統合性を維持しながら最新化することを望んでいるからです。見積もりを受け取り次第、すぐに送ります。全ての作業が完了し、計画通り 5 月に開業できることを望んでいます。

記事

新しいホテルがサウスウェールズに開業

カーディフ（4 月 18 日）──Millway 通りホテルが 5 月 14 日に開業する予定だ。この建物はかつて、150 年以上前に Arthur Lewison によって設計された活気ある鉄道駅だった。

30 年近くの間、建物は使用されないまま放置されていた。同建物は 2 年前、Griffiths Hoteliers 社の社長である Steffan Griffiths によって買い取られた。

計画の統括者である Fausto Forletti によると、この古い建物は、ホテルに改装するためだけでなく、電気系統、暖房装置、配管系統を新しくするためにも、大規模な改修を必要とした。

同ホテルには客室 25 室、会議室 1 室、宴会設備を備えたレストラン 1 つがある。Griffiths 氏の施設はどれも、世界有数の食事体験で有名だ。同ホテルの Bayside カフェは、メニュー開発とレストラン監修を担う、受賞歴のあるウェールズ人シェフ Mal Davies 氏を擁している。

近い将来、Griffiths 氏は敷地内の庭園を拡張する計画だ。

情報および予約を希望する場合は、www.millwayroadhotel.co.uk まで。

レビュー

http://www.cardifftravels.co.uk/reviews

ホーム　　注目記事　　**レビュー**　　お問い合わせ

★★★★
Millway 通りホテル
Mi-Yeon Ko によって投稿されたレビュー

私は最近、6 月に開業した Millway 通りホテルで行われた小規模会議に出席しました。コンピューター技術者としては、そこが極めて最新式の設備を備えていると分かり、うれしい驚きでした。私の部屋と会議室のどちらにも、機器の電源接続や、携帯電話やコンピューターの充電用に十二分な数の電気コンセントがありました。無料の無線インターネットサービスは簡単にアクセスできました。それに加えて、料理はとてもおいしく、客室は素晴らしかったです。

209 Forlettiさんはなぜテキストメッセージを送ったのですか。

(A) 計画の費用が増える理由を説明するため
(B) 電気系統の問題を解決する上で助けを求めるため
(C) 納品が遅れる予定であると警告するため
(D) 請負業者と問題について話し合うため

210 Forlettiさんはテキストメッセージを送ったとき、どこにいましたか。

(A) 電車の車内
(B) レストラン
(C) ホテルの予定地
(D) 電気工事請負業者の事務所

211 記事はLewisonさんについて何を示唆していますか。

(A) ホテルを購入する予定である。
(B) 食事のメニューを作った。
(C) 建物の建築家だった。
(D) 改修作業の統括者である。

212 記事はMillway通り駅について何を示していますか。

(A) 中に世界有数のレストランがあった。
(B) Griffithsさんの父親が所有していた。
(C) 有名な庭園の近くに位置していた。
(D) 長年放置されていた。

213 Koさんのレビューで何が分かりますか。

(A) ホテルの客室はかなり広い。
(B) ホテルは予定通りに開業しなかった。
(C) カフェはホテルの最上階に位置している。
(D) インターネットへの接続は高額過ぎた。

難問解説 213

まず3つの文書にざっと目を通し、歴史的建造物を改装したホテルに関する内容であることを念頭に置く。Q213はMs. Ko's reviewについてなので、レビュー(3つ目の文書)と選択肢を照らし合わせて正解を選ぶ。(A)については、レビューの最後の文でthe guest rooms were beautifulとあるが、広さについては述べられていない。また、この文の文頭のOn top of thatは「その上」という意味。前述の内容に情報を追加する表現だが、これを知らないとtopからtop floor「最上階」を含む(C) A café is located on the hotel's top floor.を選んでしまう可能性がある。同様に(D) Internet access was too expensive.は、最後から2行目にある語complimentary「無料の」の意味を知らないと正解の候補から外しにくい。

これら3つとは異なり、(B)はこのレビューのみでは正誤を判断できない選択肢だ。「開業日」を念頭にレビューを読むとopened in June「6月に開業した」とあるが、2つ目の記事の冒頭にはThe Millway Road Hotel is scheduled to open on 14 May.とある。また1つ目のFausto Forletti(建物改修計画の統括者)からSteffan Griffiths(ホテル会社の社長)へのメッセージの最後にも … so that we can open as planned in Mayとある。これらの情報から、5月という当初の予定より開業が遅れたことが分かるので、(B)が正解と判断できる。

語注 **テキストメッセージ** contractor 請負業者/site 跡地、用地/in bad shape 悪い状態で/rewiring 配線し直すこと/upgrade 改良/modernise ~を現代化する、~を最新式にする ★米国表記はmodernize/retain ~を維持する/integrity 統合性、一体性/send over ~ ~を送る/estimate 見積もり
記事 be scheduled to *do* ~する予定である/busy (場所が)にぎやかな/unoccupied 使われていない、空き家になっている/hotelier ホテル経営者/extensive 大規模な/renovation 改装、改修/update ~を改良する/plumbing 配管、配管設備/be noted for ~ ~で有名である/award-winning 賞を勝ち取った/oversee ~を監督する/expand ~を拡張する、~を拡大する/property 土地、不動産 **レビュー** attraction 呼び物になるもの、魅了するもの/post ~を投稿する/technician 技術者/up-to-date 最新式の/outlet (電気の)差し込み口、コンセント/plug in ~ ~を電源につなぐ/complimentary 無料の/on top of that その上、それに加え **209** delay ~を遅らせる **210** proposed site 候補地、予定地
211 architect 設計者、建築家 **212** abandon ~を見捨てる、~を放棄する

トリプルパッセージ 2

3 文書から概要を捉えたら、必要な情報にフォーカスし、文書同士を照らし合わせながら正解を絞り込みましょう。

Questions 214-218 refer to the following article, e-mail, and form.

Community Project to Showcase Pottersville Artists

By Laurence du Bois

POTTERSVILLE (May 21)—At the opening of this year's Small Business Fair in Pottersville Central Park yesterday, the Pottersville Chamber of Commerce announced Images of Success, a community initiative that seeks to promote Pottersville businesses by way of public art. Through the project, local artists will work with area business owners to create original murals on storefronts throughout the city.

To apply, business owners must submit a description of their business's role in the community and document that their business has been in its current location for at least two years. Artists interested in participating must complete an application in which they describe their connection to Pottersville and submit samples of their own original artwork.

Both business owners and artists should submit applications to Timothy Freel at tfreel@pottersvillecoc.gov by June 15. The city will reimburse artists for approved supplies up to a limit of $150.

To:	Timothy Freel
From:	Haruka Goto
Date:	June 24
Subject:	Images of Success inquiry
Attachment:	Draft #2

Dear Mr. Freel,

It was a pleasure meeting with you earlier this week at Jam Café to talk about the design for the Images of Success mural project. I hadn't been to Jam Café since it reopened, and it was great to see the finished renovations. In fact, the owner of the café recently bought one of my paintings to display in the café.

As you suggested, I have adjusted the color scheme to include only the colors from Jam Café's interior. Please let me know as soon as possible whether you would like me to make additional changes.

Best,

Haruka Goto

Pottersville Chamber of Commerce Reimbursement Form

Complete the entire form and attach a record of the purchase. Allow two weeks for processing.

Name: Haruka Goto

Date: June 25

Event: Images of Success

Description:

Supplies purchased at Pottersville Art Supply for Images of Success mural project. Copy of receipt dated June 24 attached.

Product	Unit Price	Quantity	Total Price
Soft green spray paint, 18 oz. can	$11.99	2	$23.98
Emerald green paint, ½ gallon	$18.99	1	$18.99
Forest green paint, 1 gallon	$34.99	1	$34.99
Set of paintbrushes	$24.99	1	$24.99
	Total (including tax)		$111.14

Approved by: T. Freel **Approval Date:** July 3

214. According to the article, where will artists display their work?
(A) In Pottersville Central Park
(B) At area businesses
(C) At the Chamber of Commerce
(D) On government Web sites

215. What is the purpose of the e-mail?
(A) To request approval of a design
(B) To extend an offer of employment
(C) To place an order for art materials
(D) To arrange an appointment

216. What is indicated about the supplies Ms. Goto purchased?
(A) They were ordered online.
(B) They are not sold in Pottersville.
(C) Their cost will be reimbursed in full.
(D) Their approval has been denied.

217. What needs to be included with the form?
(A) A tax statement
(B) A copy of the design
(C) The project application
(D) The sales receipt

218. What is most likely true about Jam Café?
(A) It sells local artwork.
(B) Its logo was designed by Ms. Goto.
(C) It is closed for remodeling.
(D) It has a green interior.

問題 214-218 は次の記事、E メール、用紙に関するものです。

記事

ポッターズビルのアーティストを紹介する地域プロジェクト
Laurence du Bois 記

ポッターズビル（5月21日）――ポッターズビル中央公園で昨日開かれた今年の中小企業フェアの冒頭で、ポッターズビル商工会議所は「成功のイメージ」、すなわち、公共芸術という手段によってポッターズビルの企業活性化を図る地域的取り組みを発表した。同プロジェクトを通じて、地元のアーティストたちが地域の店舗所有者たちと連携し、街の至る所で店頭に独創的な壁画を創作する予定だ。

申請するには、店舗所有者は、地域社会における自らの店舗の役割を説明したものを提出し、店舗が少なくとも過去2年間現在の場所にあることを書面で証明しなければならない。参加したいアーティストは、ポッターズビルと自身のつながりを説明する申請書に記入し、オリジナルの芸術作品の見本を提出しなければならない。

店舗所有者とアーティストはいずれも、6月15日までに、tfreel@pottersvillecoc.gov 宛てで Timothy Freel に申請書を提出する必要がある。市はアーティストに対して、承認された資材の費用を上限150ドルまで払い戻す予定である。

Eメール

受信者：Timothy Freel
送信者：Haruka Goto
日付：6月24日
件名：「成功のイメージ」の問い合わせ
添付：草案2番

Freel 様

今週初めに Jam カフェであなたとお会いし、「成功のイメージ」壁画プロジェクトのデザインについてお話しすることができて幸いでした。私は店が再開してから Jam カフェに行ったことがなかったので、完成した改装を見られてとてもよかったです。実は、カフェの所有者は最近、店内に飾るために私の絵画を1枚購入してくれました。

ご提案いただいたように、私は Jam カフェの内装にある色だけを使うように色彩設計を調整しました。さらに変更をご希望かどうか、できるだけ早くお知らせください。

よろしくお願いいたします。
Haruka Goto

用紙

ポッターズビル商工会議所 払戻用紙

用紙の全項目に記入し、購入の記録を添付してください。手続きには2週間の余裕をみてください。
名前：Haruka Goto
日付：6月25日
イベント：「成功のイメージ」
説明：
「成功のイメージ」壁画プロジェクトのために、ポッターズビル美術用品店で購入した資材。
6月24日付の領収書の写しを添付。

製品	単価	数量	合計額
ソフト・グリーンのスプレーペンキ、18オンス缶	11.99ドル	2	23.98ドル
エメラルド・グリーンのペンキ、0.5ガロン	18.99ドル	1	18.99ドル
フォレスト・グリーンのペンキ、1ガロン	34.99ドル	1	34.99ドル
ペンキ用のはけ一式	24.99ドル	1	24.99ドル
	合計（税込み）		111.14ドル
承認者：T. Freel（署名）	**承認日**：7月3日		

214 記事によると、アーティストたちは自身の作品をどこに展示する予定ですか。

(A) ポッターズビル中央公園
(B) 地域の店舗
(C) 商工会議所
(D) 自治体のウェブサイト

215 Eメールの目的は何ですか。

(A) デザインの承認を求めること
(B) 雇用の申し出を伝えること
(C) 美術資材を注文すること
(D) 約束を取り決めること

216 Gotoさんが購入した資材について何が示されていますか。

(A) オンライン上で注文された。
(B) ポッターズビルでは販売されていない。
(C) 費用は全額払い戻しされる予定である。
(D) 承認は拒絶された。

217 何が用紙に添付されている必要がありますか。

(A) 納税証明書
(B) デザインの写し
(C) プロジェクトの申請書
(D) 領収書

218 Jamカフェについて何が正しいと考えられますか。

(A) 地元の芸術作品を販売している。
(B) ロゴはGotoさんによってデザインされた。
(C) 改装のため閉鎖されている。
(D) 緑色の内装である。

難問解説 218

まず、3つの文書がポッターズビルという市の自治体主導の美化プロジェクトに関するものであることを押さえよう。Q218は「Jamカフェについて何が正しいと考えられるか」を問う設問。この店舗名Jam Caféに関係する文書はEメール（2つ目の文書）と用紙（3つ目の文書）だと分かる。そこで、選択肢をこれら2つの文書と照らし合わせて検討する。まず(A)についてはEメール本文第1段落の3～4行目にthe owner of the café recently bought one of my paintingsとはあるが、店が作品を販売しているという説明はない。また(B)についても関連する記述が皆無なので、ともに不正解。(C)は誤答しやすい選択肢。Eメール本文第1段落の2行目にsince it reopened「店が再開してから」とあり、Jamカフェはいったん閉鎖されていたが現在は営業中であることが分かる。従って、(C)は現在形のisの部分が誤り。

(D)が正解だが、Eメールの内容だけで判断すると早い段階で誤答と見なしてしまうだろう。interior「内装」については、まずEメールの第2段落の1～2行目にI have adjusted the color scheme to include only the colors from Jam Café's interiorとあるのを確認する。具体的な色は書かれていないが、購入した資材の内容を用紙でチェックすると3種類のgreenが含まれ他の色はないことから、同店は緑色を基調とした内装であることが分かる。

語注 **記事** showcase ～を紹介する、～を披露する／opening 冒頭、開会／small business 中小企業／Chamber of Commerce 商工会議所／announce ～を発表する／initiative 新しい試み、新計画／seek to *do* ～しようと努める／promote ～を振興する／mural 壁画／storefront 店先／apply 申請する／submit ～を提出する／document (that) ～ ～（ということ）を書面で証明する／application 申請書／artwork 芸術作品／reimburse ～に払い戻す／approve ～を承認する／supplies ＜複数形で＞必需品、用品／up to ～ 最大で～まで **Eメール** inquiry 問い合わせ／attachment 添付／draft 草案／renovation 改装、改修／color scheme 色彩設計、配色 **用紙** attach ～を添付する／purchase ＜名詞＞購入 ＜動詞＞購入する／unit price 単価／oz. オンス ★質量単位ounceの略。1オンスは約28グラム／gallon ガロン ★液量単位。1ガロンは約4リットル／paintbrush ペンキ用のはけ
215 extend ～（言葉など）を伝える、～（歓迎など）を示す **216** in full 全額、全部／approval 承認、（正式な）認可／deny ～を否定する、～を拒否する **217** tax statement 納税証明書 **218** remodel ～を改装する

トリプルパッセージ 3

ウェブページとＥメールはよく登場する組み合わせ。これらと３文書目の表との関係を素早くつかみましょう。

Questions 219-223 refer to the following Web page, e-mail, and information sheet.

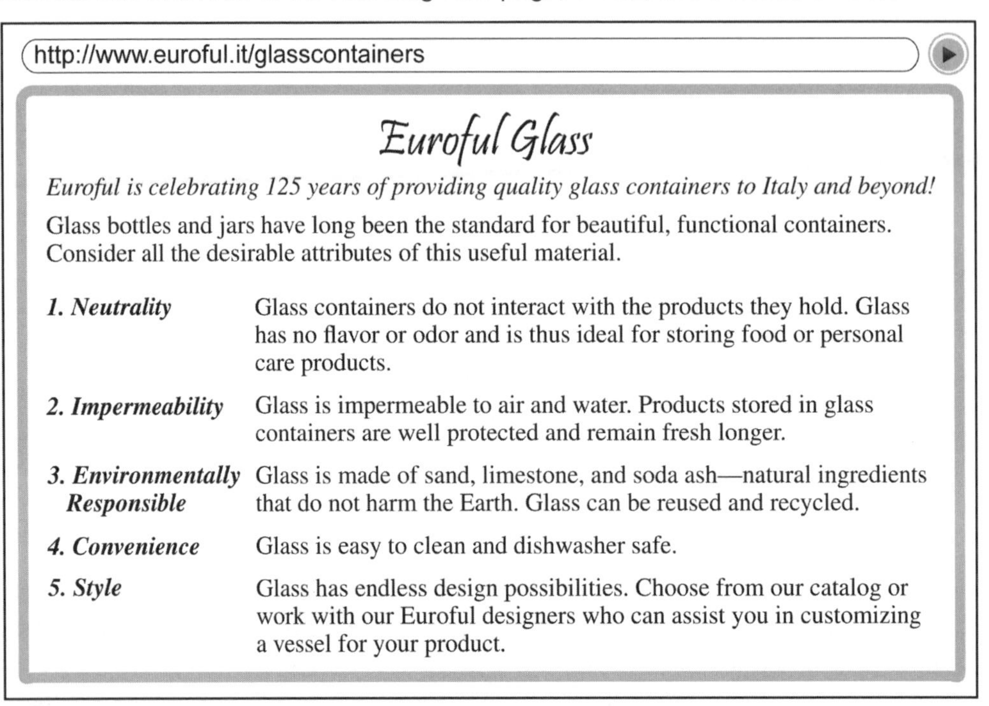

http://www.euroful.it/glasscontainers

Euroful Glass

Euroful is celebrating 125 years of providing quality glass containers to Italy and beyond!

Glass bottles and jars have long been the standard for beautiful, functional containers. Consider all the desirable attributes of this useful material.

1. Neutrality	Glass containers do not interact with the products they hold. Glass has no flavor or odor and is thus ideal for storing food or personal care products.
2. Impermeability	Glass is impermeable to air and water. Products stored in glass containers are well protected and remain fresh longer.
3. Environmentally Responsible	Glass is made of sand, limestone, and soda ash—natural ingredients that do not harm the Earth. Glass can be reused and recycled.
4. Convenience	Glass is easy to clean and dishwasher safe.
5. Style	Glass has endless design possibilities. Choose from our catalog or work with our Euroful designers who can assist you in customizing a vessel for your product.

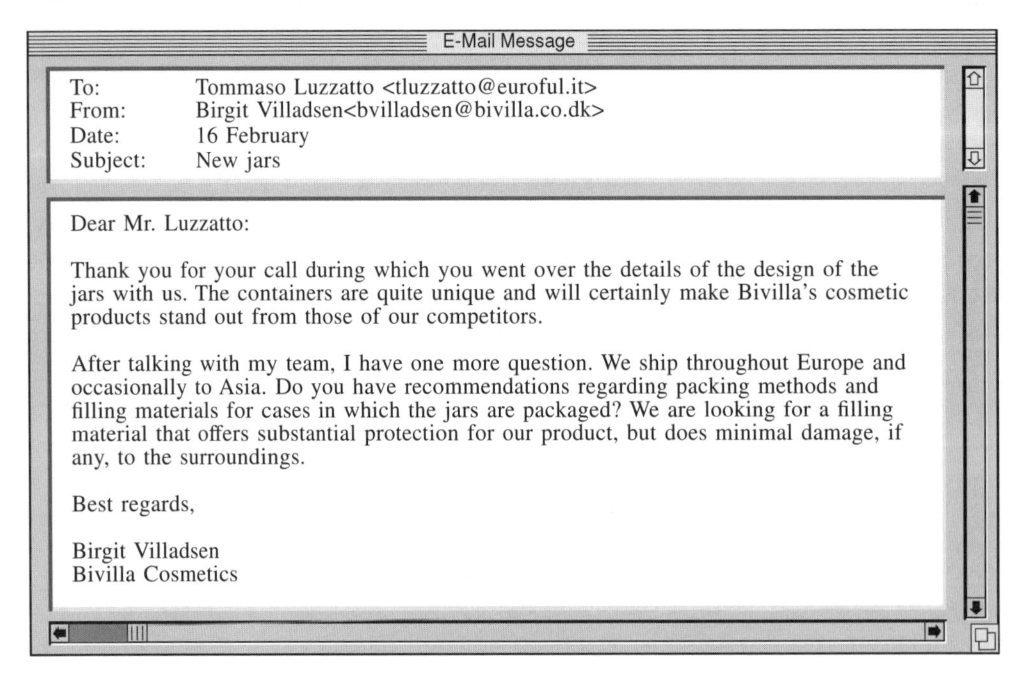

E-Mail Message

To: Tommaso Luzzatto <tluzzatto@euroful.it>
From: Birgit Villadsen<bvilladsen@bivilla.co.dk>
Date: 16 February
Subject: New jars

Dear Mr. Luzzatto:

Thank you for your call during which you went over the details of the design of the jars with us. The containers are quite unique and will certainly make Bivilla's cosmetic products stand out from those of our competitors.

After talking with my team, I have one more question. We ship throughout Europe and occasionally to Asia. Do you have recommendations regarding packing methods and filling materials for cases in which the jars are packaged? We are looking for a filling material that offers substantial protection for our product, but does minimal damage, if any, to the surroundings.

Best regards,

Birgit Villadsen
Bivilla Cosmetics

Tips for shipping products in glass containers

Overpacking is the safest method of transporting delicate items. Overpacking simply means packing the box containing the product inside another larger box. An absorbent filling material is inserted between the two boxes, cushioning the smaller box from vibrations and movement during transit. Depending on your specific needs, any of the following materials could be used as filler.

Filler	Protection	Earth friendly
Recycled paper strips	light	++
Plastic air pillows	high	–
Styrofoam packing peanuts	medium	– –
Expanding bio foam	high	++

219. What is indicated about Euroful?
(A) It is a new company.
(B) It sells cardboard boxes.
(C) It can make customized products.
(D) Its products are sold primarily in Asia.

220. Why did Ms. Villadsen send Mr. Luzzatto the e-mail?
(A) To ask for advice
(B) To propose a change
(C) To explain a procedure
(D) To recommend a supplier

221. What attribute of Euroful's glass containers did Ms. Villadsen and Mr. Luzzatto discuss?
(A) Attribute 2
(B) Attribute 3
(C) Attribute 4
(D) Attribute 5

222. According to the information sheet, what does overpacking require?
(A) Extra product samples
(B) Boxes of different sizes
(C) Individually wrapped jars
(D) Special instructions for delivery

223. What packaging filler would best meet the needs of Bivilla Cosmetics?
(A) Recycled paper strips
(B) Plastic air pillows
(C) Styrofoam packing peanuts
(D) Expanding bio foam

問題 219-223 は次のウェブページ、E メール、情報シートに関するものです。

ウェブページ

http://www.euroful.it/glasscontainers

Euroful 社のガラス

Euroful 社は、高品質のガラス容器をイタリアおよび他の地域へ提供して 125 周年を迎えます！
ガラス製の瓶や広口瓶は長い間、美しく機能的な容器の定番となってきました。
この有用な素材の望ましい特性の数々についてよく考えてみてください。

1. 中立性　ガラス容器は、中に収納されている製品と影響し合いません。ガラスには味やにおいがないため、食べ物やボディケア用品を保管するのに理想的です。

2. 不浸透性　ガラスは空気や水を通しません。ガラス容器に保管された製品はしっかりと保護され、より長期間新鮮な状態で保たれます。

3. 環境への配慮　ガラスは砂、石灰石、ソーダ灰といった、地球に害を与えない天然の素材からできています。ガラスは再利用したり再生利用したりすることができます。

4. 利便性　ガラスは洗浄しやすく、食器洗い機で洗えます。

5. スタイル　ガラスには無限のデザインの可能性があります。当社のカタログからお選びになるか、貴社の製品用に容器をカスタマイズ制作するお手伝いをできる Euroful 社のデザイナーとお話し合いください。

Eメール

受信者：Tommaso Luzzatto <tluzzatto@euroful.it>
送信者：Birgit Villadsen <bvilladsen@bivilla.co.dk>
日付：2 月 16 日
件名：新しい広口瓶

Luzzatto 様

お電話にて広口瓶のデザインの詳細に関して私たちにご説明くださり、ありがとうございました。その容器は非常に個性的で、間違いなく Bivilla 社の化粧品を競合他社のものよりも目立たせることでしょう。

チームと話し合った上で、もう 1 点質問があります。当社はヨーロッパの各地へ、時にはアジアへ発送いたします。梱包方法や、広口瓶を包むケースに詰める素材に関して、お薦めはありますか。私たちは、当社の製品をしっかりと保護するけれども、環境への害は最小限で済む詰め物を求めています。

よろしくお願いいたします。

Birgit Villadsen
Bivilla 化粧品社

情報シート

ガラス容器に入った製品を輸送する際のヒント

多重梱包は壊れやすい商品を輸送する最も安全な方法です。多重梱包とは単純に、中に製品が入っている箱を、別のひと回り大きな箱の内部に梱包することです。吸収性の高い詰め物を 2 つの箱の間に挟んで、小さい方の箱を輸送中の振動や動きの衝撃から保護します。お客さまの個々のニーズによって、下記の素材のいずれかを詰め物としてご利用いただけます。

詰め物	保護力	地球への優しさ
再生紙片	低	++
プラスチック製の空気入り緩衝材	高	-
ピーナッツ型の梱包用発泡スチロール	中	- -
膨張性のバイオスポンジ	高	++

219 Euroful 社について何が示されていますか。

(A) 新しい会社である。
(B) 段ボール箱を販売している。
(C) 要望に応じた製品を作ることができる。
(D) 同社製品は主にアジアで販売されている。

220 Villadsen さんはなぜ Luzzatto さんに E メールを送ったのですか。

(A) 助言を求めるため
(B) 変更を提案するため
(C) 手順を説明するため
(D) 供給業者を推薦するため

221 Villadsen さんと Luzzatto さんは、Euroful 社のガラス容器のどの特性について話し合いましたか。

(A) 特性 2
(B) 特性 3
(C) 特性 4
(D) 特性 5

222 情報シートによると、多重梱包には何が必要ですか。

(A) 余分な製品見本
(B) 異なる大きさの箱
(C) 個別に包装された広口瓶
(D) 特別な配達指示

223 どの梱包用詰め物が、Bivilla 化粧品社のニーズを最も満たすと思われますか。

(A) 再生紙片
(B) プラスチック製の空気入り緩衝材
(C) ピーナッツ型の梱包用発泡スチロール
(D) 膨張性のバイオスポンジ

難問解説 221

Q221 の設問文と選択肢にある attribute は「特性」という意味で、ウェブページ（1 つ目の文書）に箇条書きで示されているもの。E メール（2 つ目の文書）の受信者と送信者を確認し、冒頭部分を読むと、Thank you for your call から受信者の Luzzatto（Euroful 社）が送信者の Villadsen（Bivilla 化粧品社）に電話をかけたことが分かる。続く during which … 以降が話し合った内容なので、そこに設問の答えがあると推測する。その内容に当たる the details of the design of the jars からデザインつまり「スタイル」（特性 5）の話し合いだったと分かるので、正解は (D) となる。

この問題が難しい理由は、設問文の過去形 did を見逃し、E メール全体を「話し合いの内容」と勘違いする可能性があるからである。全く述べられていない (C) 特性 4 を選ぶ確率は低いが、誤った認識で E メール本文を読むと、E メールの offers substantial protection から are well protected を含む (A) 特性 2 を、または同じく E メールの does minimal damage … to the surroundings から do not harm the Earth を含む (B) 特性 3 を選んでしまうだろう。複数文書の問題では、「ウェブページ」→「それに関する問い合わせの E メール」という組み合わせがしばしば出題されるが、設問で何が問われているかを正確に理解した上で E メールの内容を読み込むことが大事である。

語注 **ウェブページ** functional 機能的な／desirable 望ましい／attribute 特性／interact with ～ ～と相互に影響し合う／odor におい、臭気／impermeability 不浸透性／impermeable 不浸透性の／environmentally responsible 環境に責任を持った／limestone 石灰石／soda ash ソーダ灰／vessel 容器
Eメール go over ～ ～を詳しく考える、～を見直す／details ＜複数形で＞詳細情報／stand out 目立つ／competitor 競合会社／regarding ～に関して／filling 詰め物／substantial しっかりした、頑丈な／minimal 最小限の／if any たとえあったとしても／surroundings ＜複数形で＞環境
情報シート tip 秘訣／overpack 何重にも梱包する／transport ～を輸送する／delicate 壊れやすい／absorbent 吸収性の高い／cushion ～ from … ～を…の衝撃から保護する／vibration 振動／transit 輸送／filler 詰め物／strip 細長い一片／air pillow 空気緩衝材／Styrofoam 発泡スチロール ★米国商標。英国表記は polystyrene ／expand 膨張する、拡張する／bio バイオの、生物の ★ biological の略／foam スポンジ状発泡体 ★緩衝材や断熱材として使用される
219 cardboard box 段ボール箱／primarily 主に **220** propose ～を提案する

トリプルパッセージ 4

概要や目的を問う設問に対しては、該当の文書から中心となる話題や検討事項を正確に読み取りましょう。

Questions 224-228 refer to the following article, e-mail, and text message.

Cardiff Daily Times

In Brief—20 March

As reported earlier this year, Gold Kettle Grocery is opening an additional regional distribution centre in Cardiff. Construction was postponed for a time because of an unanticipated problem related to the ground conditions on the site. However, the problem has been resolved, and the 40,000-square-metre centre should be fully operational in June. The grand opening is planned for the fourth of June. The warehouse has a special area with state-of-the-art equipment to store foods that need to be kept frozen or cool. The site will also include loading bays and offices.

The distribution centre is expected to create more than 400 new jobs, according to Myles Simler, vice president of operations. Because of the size and scope of the project, a variety of jobs will be needed, from warehouse loaders and drivers to clerical positions.

E-mail

To: Myles Simler <msimler@goldkettle.co.uk>
From: Raadhika Baral <rbaral@goldkettle.co.uk>
Subject: Information
Date: 26 June
Attachment: Notification comparison

Dear Myles:

Thanks for giving me a lift to the grand opening earlier this month. I do not believe I have ever seen such a well-planned event. We should send Ping Chen something to show him our appreciation for organising it.

Now that the centre in Cardiff has been open for a few weeks, I think we should consider hiring a company that forwards automatic notifications to employees' mobile phones. Such a service would allow us to get messages to them quickly and also prevent mistakes with shipments. I have a contact who has worked in customer service at Calls For You. I think it's a good company, but Raven Notifications also looks good, and their rates are lower. I have attached information about both companies to help you decide which one we might use. Let me know what you think.

Sincerely,

Raadhika Baral

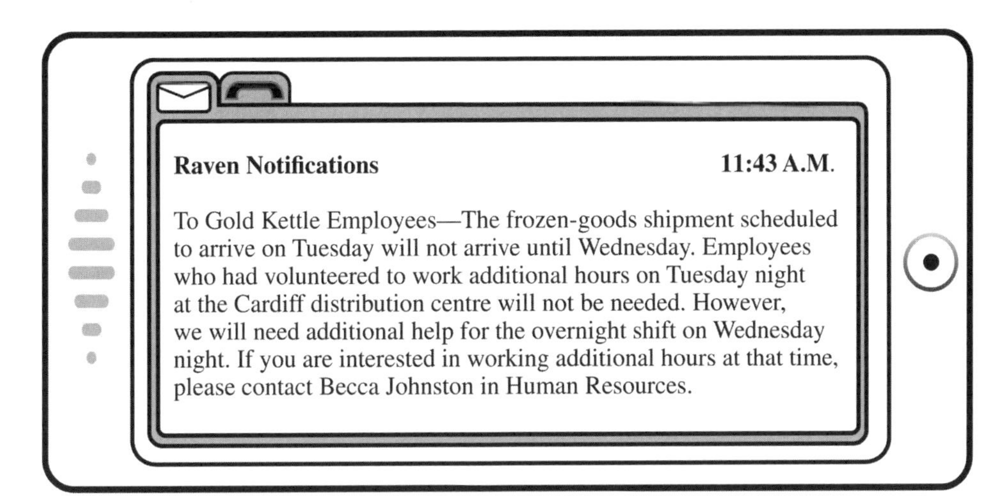
Raven Notifications **11:43 A.M.**

To Gold Kettle Employees—The frozen-goods shipment scheduled to arrive on Tuesday will not arrive until Wednesday. Employees who had volunteered to work additional hours on Tuesday night at the Cardiff distribution centre will not be needed. However, we will need additional help for the overnight shift on Wednesday night. If you are interested in working additional hours at that time, please contact Becca Johnston in Human Resources.

224. What is the purpose of the article?
(A) To provide an update on a local project
(B) To discuss state-of-the-art warehouse equipment
(C) To report on local businesses that plan to hire more workers
(D) To explain difficulties encountered on a construction project

225. In the article, the word "scope" in paragraph 2, line 4, is closest in meaning to
(A) instrument used for viewing
(B) evaluation
(C) time of completion
(D) extent

226. What is most likely true about the Cardiff distribution center?
(A) It had a problem with food storage.
(B) Its grand opening was successful.
(C) Mr. Simler was recently hired there.
(D) Ms. Baral was unhappy with its service.

227. What company was chosen by Mr. Simler?
(A) The company that Ms. Baral's contact works for
(B) The company with the most reliable customer-service representatives
(C) The company that has lower rates than a competitor
(D) The company with an overnight call center

228. What does the text message ask employees who want additional work to do?
(A) Arrive on Tuesday night
(B) Contact the personnel office
(C) Reply to the message with the hours they can work
(D) Go to a different distribution center

問題 224-228 は次の記事、E メール、テキストメッセージに関するものです。

記事

『カーディフ・デイリータイムズ』

ダイジェスト版──3 月 20 日

今年先立って報道された通り、Gold Kettle Grocery 社はカーディフにもう 1 つの地域物流施設を開設する。用地の地盤状況に関連した不測の問題のために、建設作業は一時延期された。しかしながら、問題は解決され、その 4 万平方メートルの施設は 6 月に完全に稼働可能な状態になるはずだ。開業式典は 6 月 4 日に予定されている。この倉庫には、冷凍もしくは冷蔵保存の必要がある食品を保管する最先端設備を備えた特別な区域がある。敷地内には荷物の積み降ろし場や事務所も含まれる。

運営部の副部長である Myles Simler によると、同物流施設は 400 を超える新たな職を創出する見込みだ。計画の規模と範囲から、倉庫の荷積み作業員や運転手から事務員の職まで、さまざまな職務が必要となるだろう。

E メール

受信者：Myles Simler <msimler@goldkettle.co.uk>
送信者：Raadhika Baral <rbaral@goldkettle.co.uk>
件名：情報
日付：6 月 26 日
添付：通知の比較

Myles 様

今月は開業式典まで車で送っていただき、ありがとうございました。あれほど入念に準備されたイベントは今まで見たことがないと思います。式典の計画に対する感謝の気持ちを示すため、Ping Chen に何かを贈るべきでしょう。

さて、カーディフの施設は開業して数週間になるので、当社は従業員の携帯電話に自動通知を送信する業者を雇うことを検討すべきだと思います。そのようなサービスを使えば、従業員に素早く伝達ができ、発送の手違いも防げるでしょう。私は、Calls For You 社の顧客サービス部で勤務経験があり橋渡しができる人を知っています。同社は良い会社だと思いますが、Raven Notifications 社も良さそうで、こちらの料金の方が安いです。どちらを利用したらよいか判断するのに役立つ両社の情報を添付しました。あなたのお考えをお知らせください。

よろしくお願いいたします。

Raadhika Baral

テキストメッセージ

Raven Notifications 社 **午前 11 時 43 分**

Gold Kettle 社従業員各位──火曜日に到着予定だった冷凍品の積み荷は、水曜日まで届きません。火曜日の夜にカーディフ物流施設での残業を申し出ていただいた従業員の皆さんの助けは必要なくなります。しかしながら、水曜日の夜の夜間シフトに追加の作業が必要となります。その時間帯の残業を希望される方は、人事部の Becca Johnston に連絡してください。

正解　**224** A　**225** D　**226** B　**227** C　**228** B

 **224** 記事の目的は何ですか。

(A) 地域のプロジェクトに関する最新情報を提供すること
(B) 最先端の倉庫設備について考察すること
(C) 追加の労働者を雇用する計画である複数の地元企業について報道すること
(D) 建設計画に関して直面した困難を説明すること

225 記事の第２段落・４行目にある“scope”に最も意味が近いのは

(A) 観測に使用される機器
(B) 評価
(C) 完了の時期
(D) 範囲

226 カーディフ物流施設について何が正しいと考えられますか。

(A) 食品の保存に関する問題を抱えていた。
(B) 開業式典は成功した。
(C) Simlerさんは最近、そこで雇用された。
(D) Baralさんはそのサービスに不満だった。

227 どの会社がSimlerさんによって選ばれましたか。

(A) Baralさんの知人が勤務している会社
(B) 最も信頼できる顧客サービス担当者がいる会社
(C) 競合会社より料金が安い会社
(D) 夜間稼働するコールセンターがある会社

228 テキストメッセージは、残業を希望する従業員に何をするよう求めていますか。

(A) 火曜日の夜に到着する
(B) 人事部に連絡する
(C) 勤務可能な時間帯を書いてメッセージに返信する
(D) 別の物流施設に行く

難問解説 224

Q224は記事の目的を問うもの。この設問は、どの選択肢も記事の一部に関連した内容なので、記事の正確な理解が求められる難問だ。(B) To discuss state-of-the-art warehouse equipmentは、記事本文第１段落の後半にあるThe warehouse has a special area with state-of-the-art equipmentと同じ語句を用いているが、これは新設の物流施設の設備が最先端のものであることを紹介しているだけで記事の趣旨ではない。また、記事本文第１段落の３～６行目のConstruction was postponed for a time because of an unanticipated problem … から(D) To explain difficulties encountered on a construction projectが正解に思えるかもしれないが、記事全体を読むとこの問題はすでに解決されたことが分かり、この問題について詳しく述べることが記事の目的ではない。さらに、後半の内容（雇用の創出）の重要性から(C) To report on local businesses that plan to hire more workersを選んだ誤答が多いが、選択肢のbusinesses「企業」が複数形であることに注意。この記事で取り上げられているのはGold Kettle Grocery社のみなので正解ではない。

正解は、もっと大きな視点で記事の内容を言い表した選択肢(A) To provide an update on a local projectである。個々の部分を正確に読むことは必要だが、全体を俯瞰する視点も同時に求められることを覚えておきたい。

語注　**記事** in brief　ダイジェストで、要約して／distribution　物流、配布／construction　建設（工事）／postpone　～を延期する／for a time　一時、しばらく／unanticipated　予期していなかった、不測の／site　用地、現場／resolve　～を解決する／operational　稼働可能な状態で／state-of-the-art　最新鋭の、最先端の／loading bay　（倉庫などの）荷物の積み降ろし場　★loading dockとも言う／loader　荷を積む人／clerical　事務の
Eメール attachment　添付／notification　通知／give ～ a lift　～を車で送る／appreciation　感謝の気持ち／organise　～を準備する　★米国表記はorganize／now that ～　今や～なので／forward　～を送る／shipment　発送（物）
テキストメッセージ (be) scheduled to *do*　～する予定で（ある）／volunteer to *do*　～することを申し出る／Human Resources　人事部　**224** update　更新情報／encounter　～（問題など）に直面する　**225** evaluation　評価、査定／extent　範囲、規模　**227** competitor　競合企業、競争相手　**228** personnel　（組織の）全職員

トリプルパッセージ 5

最初の 2 文書を念頭に、3 つ目の E メールがその 2 つとどのように関係しているかを読み取りましょう。

Questions 229-233 refer to the following form, notice, and e-mail.

Reddford Construction
450 Matilda Drive
Lexington, Kentucky 40502

Date: March 15
Cost Estimate No.: 50190

Prepared for: Jenny Choi, 518 Buffalo Springs Road
Prepared by: Gabriel Nunez

Description	Amount	Cost
Unglazed ceramic floor tiles (@ $2.49/tile)	400	$996.00
Premium bright white grout (@ $32.99/gallon)	5	$164.95
Labor for preparation, installation, and cleanup (@ $35/hour)	16	$560.00
ESTIMATE TOTAL $1,720.95		
All estimates are valid for one month unless otherwise specified.		

New Lexington City Ordinance

As of March 30, all construction companies must have a building permit ($100 for residential buildings; $300 for commercial buildings) before beginning a renovation project for each client. To complete an application for your construction project, contact City Hall at 859-555-0103.

To:	Gabriel Nunez <gnunez@reddfordcon.com>
From:	Jenny Choi <jchoi86@citymail.com>
Date:	Friday, April 2 10:12 A.M.
Subject:	Permits

Dear Mr. Nunez:

I'm writing concerning the job in my dining room that I'd like to contract you for. I'd like work to begin on April 10, but after looking at the estimate you sent me, I have a question about your calculation of the total cost. Specifically, does your estimate take into account any permits that would be needed for the job? A colleague told me that there is an ordinance that went into effect last month requiring building permits for any renovation project. I really liked the job you did installing carpeting and painting in my living room last year, and I would prefer to work with a company that I know. However, I am on a tight budget, so I need to consider the charge for the building permit in the overall cost of the project. Could you please get back to me at your earliest convenience?

Sincerely,

Jenny Choi

229. On April 10, what work does Ms. Choi want Mr. Nunez to do for her?
(A) Deliver furniture
(B) Install tiles
(C) Clean the living room carpets
(D) Paint the dining room walls

230. What will happen after April 15?
(A) Ms. Choi's application will be reviewed.
(B) Ms. Choi will receive a final bill.
(C) The new city ordinance will go into effect.
(D) The cost estimate will become invalid.

231. How much will likely be added to Ms. Choi's estimate?
(A) $32.99
(B) $35.00
(C) $100.00
(D) $300.00

232. In the e-mail, the word "contract" in paragraph 1, line 1, is closest in meaning to
(A) reduce
(B) retain
(C) collect
(D) purchase

233. What does Ms. Choi indicate about Reddford Construction?
(A) She has hired them for a job before.
(B) She needs to reschedule an appointment with them.
(C) She thinks that their prices are too high.
(D) She believes that they bought too many tiles.

問題229-233は次の用紙、お知らせ、Eメールに関するものです。

用紙

日付：3月15日

費用見積書番号：50190

Reddford 建設社
マチルダ大通り450番地
レキシントン、ケンタッキー 40502
宛先：Jenny Choi、バッファロースプリングス通り518番地
作成者：Gabriel Nunez

品目	数量	費用
素焼きセラミック製床タイル（単価2.49ドル / タイル）	400	996.00ドル
プレミアムブライト・ホワイトのグラウト材（単価32.99ドル / ガロン）	5	164.95ドル
準備・設置・清掃の作業（単価35ドル / 時間）	16	560.00ドル
		見積金額合計 1,720.95ドル
全てのお見積もりは特記がない限り1カ月間有効です。		

お知らせ

レキシントン市の新条例

3月30日現在、全ての建設会社は、各顧客の改修計画を開始する前に、建設許可証（居住用建物は100ドル、商業用建物は300ドル）を取得しなければなりません。建設計画の申請を完了するには、市役所の859-555-0103番まで連絡してください。

Eメール

受信者：Gabriel Nunez <gnunez@reddfordcon.com>
送信者：Jenny Choi <jchoi86@citymail.com>
日付：4月2日（金曜日）午前10時12分
件名：許可証

Nunez様

私が貴社に請け負っていただきたいと考えている、わが家のダイニングルームの作業に関してご連絡を差し上げています。作業は4月10日に開始していただきたいと思っていますが、あなたが送ってくださった見積書を拝見した後、合計費用の計算に関して1点質問があります。具体的に申し上げると、見積書では作業に必要とされる許可証が考慮されていますか。ある同僚が私に、あらゆる改修計画に建設許可証が必要となる、先月に発効した条例があると教えてくれました。私は、昨年貴社がやってくださった敷物類の設置と居間の塗装の作業に大変満足しており、面識がある会社と一緒に作業をしたいと思っています。しかしながら、予算が厳しいので、本計画の全費用の中で建設許可証にかかる料金を考えに入れる必要があります。ご都合がつき次第、折り返しご連絡いただけますか。

よろしくお願いいたします。

Jenny Choi

229 4月10日に、Choi さんは Nunez さんに、どのような作業をしてもらいたいと思っていますか。

(A) 家具の配達
(B) タイルの設置
(C) 居間のカーペットの清掃
(D) ダイニングルームの壁の塗装

230 4月15日の後、何が起こりますか。

(A) Choi さんの申請書が精査される。
(B) Choi さんが最終的な請求書を受け取る。
(C) 市の新条例が発効する。
(D) 費用の見積もりが無効になる。

231 Choi さんの見積額には、いくらが追加されると考えられますか。

(A) 32.99 ドル
(B) 35.00 ドル
(C) 100.00 ドル
(D) 300.00 ドル

232 E メールの第1段落・1行目にある "contract" に最も意味が近いのは

(A) ～を減らす
(B) ～を雇う
(C) ～を集める
(D) ～を購入する

233 Choi さんは Reddford 建設社について何を示していますか。

(A) 以前、ある作業で同社を利用したことがある。
(B) 同社との約束の日時を変更する必要がある。
(C) 同社の価格が高過ぎると思っている。
(D) 同社があまりにも多くのタイルを購入したと考えている。

難問解説 233

Q233 の設問文は「Choi さんは Reddford 建設社について何を示しているか」。Choi さんは E メール (3つ目の文書) の送信者。また、Reddford 建設社は用紙 (1つ目の文書) で費用見積もりを出した会社であり、見積書作成者で同社社員の Nunez さんが E メールの受信者。以上を踏まえて、Choi さん自らが書いている E メールの内容を重点的にチェックする。選択肢を内容に照らし合わせて考えると、E メール本文の 6～7行目にある I really liked the job you did installing carpeting and painting in my living room last year や I would prefer to work with a company that I know などから、Choi さんは過去に Reddford 社を hire「(賃金を支払って) ～に仕事を依頼する」したことがあると推測でき、(A) が正解だと分かる。

(B) は、E メールの最後の Could you please get back to me at your earliest convenience? で折り返しの連絡を依頼しているだけで、実際に会うこと (appointment) については言及されていない。(C) は誤答しやすい選択肢だが、費用が高くなるのは、Choi さんが E メール中で心配しているように、お知らせ (2つ目の文書) で述べられている建設許可証にかかる料金が理由である。their (Reddford 建設社の) 商品やサービスの価格ではないことに注意。(D) については、タイルは用紙 (1つ目の文書) に言及があるが、購入数が多過ぎるとはどこにも述べられていない。主観的な判断は禁物である。

語注 **用紙** construction 建設 (工事) ／estimate 見積書、見積もり／description 品目、明細／unglazed うわ薬をかけていない、素焼きの／grout グラウト ★タイルなどの継ぎ目の注入剤／gallon ガロン ★液量単位／installation 設置／valid 有効な／unless otherwise specified 特に明記のない限り
お知らせ ordinance 条例／as of ～ ～(日付) 現在、～付で／permit 許可証／residential 居住の／commercial 商業の／renovation 改修、改装／application 申請 (書)
Eメール concerning ～に関して／contract ～に下請けに出す、～ (仕事など) を契約する／calculation 計算／specifically 具体的に、特に／take into account ～ ～を考慮する／go into effect (法律などが) 発効する／install ～を設置する／be on a tight budget (主語の) 予算が厳しい／charge 料金／get back to ～ ～に返事をする／at *one's* earliest convenience ～ (人) の都合がつき次第 **230** review ～を再検討する／invalid 無効な
232 retain (給与を払って) ～を雇う **233** reschedule ～の予定を変更する

トリプルパッセージ 6

1 つ目の文書の請求書から、続くレビューと E メールで状況がどのように展開していったかを正確に追いましょう。

Questions 234-238 refer to the following invoice, review, and e-mail.

Order Number: 92584
Customer Name: Jesse Beeby
Preferred Store: Northwest store

Item Number	Item Name	Quantity	Price
BN-101	Coastland Gray	2 gallons	$50.00
BN-102	Linwall Gray	1 gallon	$25.00
BN-116	Darby Olive	1 gallon	$25.00
BN-118	Brightwyn Green	2 gallons	$50.00
BN-126	Foxdell Green	1 gallon	$25.00
			Total $175.00

Pick Up in Store: Bright Now Home–Northwest store
348 Main Street
(720) 555-0112
customerservice@brightnowhome.com

Additional locations:
Northeast store: 986 14th Street
Southwest store: 1455 Smith Road
Southeast flagship store: 152 32nd Avenue

http://www.uopine.com/business/bright-now-home

September 18

I used Bright Now Home's new in-store customer pickup for the first time this week. The service was a big time-saver because my order was ready for me when I got to the store. Since I had already paid online, I didn't have to wait in the regular line in the store.

Unfortunately, I didn't double-check my order before I left the store. When I arrived at the house I was working on, I realized I had received only one of the two gallons of BN-101 paint I had ordered. I called the store immediately, and the manager arranged for me to pick up the missing gallon of paint at the location closest to where I was working. Also, he gave me my money back for both gallons. I will definitely use this service again!

Jesse Beeby

To:	Jesse Beeby <jbeeby@jbeebyinc.com>
From:	Hattie Jones <hattie.jones@brightnowhome.com>
Date:	September 19
Subject:	Online Order

Mr. Beeby,

We are glad to have served your business recently. We saw the comments you posted about us on uopine.com, and we are grateful to you. It was nice to hear that our flagship location was so convenient to your work site and that you were able to pick up your missing paint there.

We stand behind our products and services and look forward to seeing you again soon. After all, the rainy season is almost here, so now is a great time to come in and get the tools you need for those upcoming roof jobs!

Hattie Jones
Customer Service Manager
Bright Now Home

234. What most likely is Mr. Beeby's job?
(A) Salesclerk
(B) Housepainter
(C) Delivery driver
(D) Real estate agent

235. What item did Mr. Beeby need more of?
(A) Coastland Gray
(B) Linwall Gray
(C) Brightwyn Green
(D) Foxdell Green

236. Where did Mr. Beeby pick up the item missing from his order?
(A) At the northwest store
(B) At the northeast store
(C) At the southwest store
(D) At the southeast store

237. What is indicated about Bright Now Home?
(A) It has design experts in stores.
(B) It provides same-day delivery service.
(C) It sells supplies for building maintenance.
(D) It offers coupons on its Web site.

238. What is one purpose of Ms. Jones's e-mail?
(A) To introduce a new service
(B) To thank a customer
(C) To announce a seasonal sale
(D) To explain a policy change

問題 234-238 は次の請求書、レビュー、E メールに関するものです。

請求書

Bright Now ホーム社

注文番号：92584
顧客名：Jesse Beeby
ご希望の店舗：北西店

商品番号	商品名	数量	価格
BN-101	コーストランド・グレー	2 ガロン	50.00 ドル
BN-102	リンウォール・グレー	1 ガロン	25.00 ドル
BN-116	ダービー・オリーブ	1 ガロン	25.00 ドル
BN-118	ブライトウィン・グリーン	2 ガロン	50.00 ドル
BN-126	フォックスデル・グリーン	1 ガロン	25.00 ドル
			合計 175.00 ドル

店内でのお受け取り：Bright Now ホーム社　北西店
メイン通り 348 番地
(720) 555-0112
customerservice@brightnowhome.com

その他の店舗：
北東店：14 番通り 986 番地
南西店：スミス通り 1455 番地
南東旗艦店：32 番大通り 152 番地

レビュー

http://www.uopine.com/business/bright-now-home

9 月 18 日

私は今週、Bright Now ホーム社の新しい顧客用店内受取サービスを初めて利用しました。そのサービスはとても時間の節約となりました、なぜなら、私が店舗に着いた時には注文品が用意されていたからです。すでにオンライン上で支払いを済ませていたので、店内で通常の列に並んで待つ必要がありませんでした。

残念ながら、私は店を出る前に自分の注文品を再確認しませんでした。作業をしていた住宅に到着後、注文した BN-101 塗料 2 ガロンのうち 1 ガロン分しか受け取っていなかったことに気付きました。すぐに店舗に電話したところ、店長は私がその不足分の塗料 1 ガロンを私の作業場の最寄りの店舗で受け取れるように手配してくれました。また、彼は 2 ガロン分の代金を返金してくれました。必ずこのサービスをまた利用するつもりです！

Jesse Beeby

E メール

受信者：Jesse Beeby <jbeeby@jbeebyinc.com>
送信者：Hattie Jones <hattie.jones@brightnowhome.com>
日付：9 月 19 日
件名：オンラインでのご注文

Beeby 様

先日はお客さまの作業のお役に立つことができ幸いです。お客さまが uopine.com に投稿された当社についてのコメントを拝見し、感謝しております。当社の旗艦店の所在地が、お客さまの作業場に非常に利便性がよく、そこで不足分の塗料をお受け取りいただけたと伺い、うれしく思っております。

私たちは当社の製品やサービスに自信を持っており、また近日中のご利用をお待ちしております。何しろ、雨季がすぐそこまで来ておりますので、近々発生する屋根の作業に必要な道具類のご購入にご来店いただくのに、今が最適な時期です！

Hattie Jones
顧客サービス部長
Bright Now ホーム社

234 Beebyさんの仕事は何だと考えられますか。

(A) 販売店員
(B) 住宅塗装業者
(C) 配達運転手
(D) 不動産仲介業者

235 Beebyさんは、どの商品がもっと多くの量必要でしたか。

(A) コーストランド・グレー
(B) リンウォール・グレー
(C) ブライトウィン・グリーン
(D) フォックスデル・グリーン

236 Beebyさんはどこで、注文品の中で足りなかった商品を受け取りましたか。

(A) 北西店
(B) 北東店
(C) 南西店
(D) 南東店

237 Bright Nowホーム社について何が示されていますか。

(A) 店内に設計の専門家を持つ。
(B) 当日配達サービスを提供している。
(C) 建物の保守のための物資を販売している。
(D) 同社のウェブサイト上でクーポンを提供している。

238 JonesさんのEメールの1つの目的は何ですか。

(A) 新しいサービスを紹介すること
(B) 顧客に感謝すること
(C) 季節限定の特売を知らせること
(D) 方針の変更を説明すること

難問解説 236

Q236は具体的な店舗名を尋ねるものだが、設問文後半のmissing from his orderがポイント。前半のWhere did Mr. Beeby pick up the itemの部分のみから解答を考えると、請求書（1つ目の文書）のPick Up in Storeの箇所に書かれたNorthwest storeから判断して(A)を選んでしまうことになる。

まず、レビュー（2つ目の文書）の第2段落冒頭のUnfortunatelyから後の内容に目を通す。「作業をしていた住宅に到着後、注文したBN-101塗料2ガロンのうち1ガロン分しか受け取っていなかったことに気付いた」、「すぐに店舗に電話した」とあり、続くthe manager arranged for me to pick up the missing gallon of paint at the location closest to where I was working「店長は私がその不足分の塗料1ガロンを私の作業場の最寄りの店舗で受け取れるように手配してくれた」から、Beebyさんは最初に購入した店舗（Northwest store）とは別の店舗に向かったことが分かる。これがどの店舗かはレビューでは不明なので、BeebyさんへのEメール（3つ目の文書）に目を通すと、第1段落の2～3行目にour flagship location was so convenient to your work siteとある。flagshipは「旗艦店舗」の意味で、この店舗の情報を請求書（1つ目の文書）にある店舗リストから探すとSoutheast flagship storeとある。従って正解は(D)。正解に必要な情報が3つの文書に散りばめられた非常に難易度が高い問題である。

語注 **請求書** gallon　ガロン　★液量単位／pick up ～　～（品物）を受け取る／location　店舗、所在地／flagship　旗艦店、主要店舗
レビュー in-store　店内の／pickup　（品物を）受け取ること／time-saver　時間の節約となるもの／double-check　～を再確認する／work on ～　～に取り組む／realize (that) ～　～（ということ）に気付く／arrange for ～ to *do*　～が…するよう手配する／missing　欠けている／definitely　間違いなく、確実に
Eメール serve　～の役に立つ／post　～を投稿する／grateful　感謝している、ありがたい／stand behind ～　～を支持する、～を保証する／after all　何しろ、だって～だから／come in　入ってくる／upcoming　近々起こる **234** real estate　不動産 **237** maintenance　保守管理／offer　～を提供する

公式 TOEIC® Listening & Reading 800+ plus

別冊付録

単語集

Wordbook

別冊付録の使い方

本誌の Section 1～3 の *TOEIC*® Listening & Reading Test の英文から、難易度の高い語句を選び、掲載しています。特に実用に役立つ語彙が選ばれているので、しっかり身に付けましょう。例文は、テスト問題に登場した通りの文を載せています。例文を活用して、これらの語句がどのような文脈で使われているかを確認しましょう。

● 単語・語句

❶ 150 WORDS 001-010

	❷	❸	❹
001	**fix**	動 ～を直す、～を修理する	「～を取り付ける、～を決定する」の意味もある
002	**supply closet**	名 備品収納庫	
003	**apprenticeship**	名 見習期間、研修	
004	**welding**	名 溶接	動 weld
005	**little-known**	形 あまり知られていない	対 well-known
006	**consequence**	名 結果、影響	副 consequently
007	**merger**	名 合併	動 merge

❶ **音声アイコン** … 付属 CD-ROM の音声ファイル番号。
※音声は「見出し語→日本語語義→例文」の順に収録されています。

❷ **見出し語**

❸ **品詞・語義** …… 本文中で使われている語義の意味を中心に紹介。

❹ **関連情報** ……… 見出し語の別の語義、派生語の紹介など。派生語は、意味が分かりづらいものには訳を付けています。

品詞・その他略語の説明

名 名詞	同 同義語
動 動詞	対 対義語
形 形容詞	米 アメリカ英語
副 副詞	英 イギリス英語
	★ 語法・用法などの解説

● 例文

❺

➡ 本誌 p.14-30

001	She's **fixing** a light on the ceiling. 彼女は天井の照明を直しています。
002	Don't we have an extra table in the **supply closet**? 備品収納庫に余分なテーブルがありませんか。
003	As your mentor, I'd like to hear how your **apprenticeship**'s been going. 指導係として、あなたの研修期間がどんな具合に進んでいるか伺いたいのですが。
004	I've enjoyed learning the different techniques for metal **welding**. 私は金属溶接のさまざまな技術を習得するのを楽しんでいます。
005	We investigate **little-known** historical facts that have had a huge impact on today's world. 私たちは、現代の世界に大きな影響を与えた、あまり知られていない歴史的事実を掘り下げて調べます。
006 007	Ms. Luo will explain some possible **consequences** of the proposed **merger** with the Wilson-Peek Corporation. Luo さんは、提案されている Wilson-Peek 社との合併について、考え得る影響の数々を説明します。

❻

❺ **参照ページ** … 語句と例文が掲載されている本誌のページ。

❻ **例文** ………… 語句が使われているテスト問題の英文。

※スペースの都合上、文の一部を省略するなど英文を調整している場合があります。

※１つの例文に複数の見出し語が含まれるものもあります。

150

WORDS 001-010

001	**fix**	動 ～を直す、～を修理する	「～を取り付ける、～を決定する」の意味もある
002	**supply closet**	名 備品収納庫	
003	**apprenticeship**	名 見習期間、研修	
004	**welding**	名 溶接	動 weld
005	**little-known**	形 あまり知られていない	対 well-known
006	**consequence**	名 結果、影響	副 consequently
007	**merger**	名 合併	動 merge
008	**tenure**	名 在任期間	
009	**excel**	動 優れている、秀でている	名 excellence 形 excellent
010	**define**	動 ～を定義する、 ～の意味を明確にする	形 definite 副 definitely

➡ 本誌 p.14-30

001	She's **fixing** a light on the ceiling. 彼女は天井の照明を直しています。
002	Don't we have an extra table in the **supply closet**? 備品収納庫に余分なテーブルがありませんか。
003	As your mentor, I'd like to hear how your **apprenticeship**'s been going. 指導係として、あなたの研修期間がどんな具合に進んでいるか伺いたいのですが。
004	I've enjoyed learning the different techniques for metal **welding**. 私は金属溶接のさまざまな技術を習得するのを楽しんでいます。
005	We investigate **little-known** historical facts that have had a huge impact on today's world. 私たちは、現代の世界に大きな影響を与えた、あまり知られていない歴史的事実を掘り下げて調べます。
006 007	Ms. Luo will explain some possible **consequences** of the proposed **merger** with the Wilson-Peek Corporation. Luo さんは、提案されている Wilson-Peek 社との合併について、考え得る影響の数々を説明します。
008 009 010	Throughout her **tenure** at LPID Systems, Ms. Patterson has **excelled** at **defining** complex concepts in simple terms. LPID システム社に在任中、Patterson さんは、複雑な概念を簡単な言葉で定義することに秀でていました。

151

WORDS 011-020

011	**relevant**	形 関連のある	副 relevantly
012	**at *one's* earliest convenience**	都合がつき次第、できるだけ早く	
013	**in a timely fashion**	適時に、タイミングよく	名 fashion「やり方、方法」 同 in a timely manner
014	**safeguard**	動 ～を保護する	名 safeguard
015	**confidential**	形 機密の、内密の	副 confidentially
016	**proprietary**	形 専有の、専売の	名 proprietary「所有権、専有物」
017	**rigorous**	形 厳格な、厳しい	「正確な、精密な」という意味もある
018	**comprehensive**	形 総合的な、包括的な	名 comprehension「理解(力)、包括」
019	**keep in mind (that) ～**	～(ということ)を心に留めておく	名 mind「心、頭(脳)、精神」
020	**inquire about ～**	動 ～について問い合わせる	名 inquiry

➡ 本誌 p.34-43

011	We are offering our patients the option of receiving appointment reminders and other **relevant** information via our text-messaging system. 当院は患者の皆さまに、予約の備忘通知とその他の関連情報をテキストメッセージ・システム経由で受け取る選択肢をご提供いたします。
012	If you would like to change your preference from e-mail to text messaging, please let us know **at your earliest convenience**. ご希望をEメールからテキストメッセージに変更なさりたい場合は、できるだけ早くお知らせください。
013	Our goal is to give you useful information about your health **in a timely fashion**. 当院の目標は、皆さまの健康に関する有益な情報を適切なタイミングでお知らせすることです。
014 015 016	Corporate-security training allows a company to **safeguard** its sensitive, **confidential**, and **proprietary** information. 企業セキュリティー研修によって企業は、扱いが難しい、機密および専有的な情報の保護が可能になります。
017	Mark is among a growing number of corporate executives who have successfully graduated from this **rigorous** course. Markは、人数が増えつつある、この厳しい課程を首尾よく修了した会社役員の一人です。
018	The training included 60 hours of instruction and a **comprehensive** written exam. 研修には、60時間の指導と総合筆記試験が含まれていました。
019	**Keep in mind that** management may request a room with minimal advance notice. 経営陣が最小限の事前通告で部屋の使用を求める可能性があることにご留意ください。
020	You may contact Janet Marten to **inquire about** rooms in other buildings on campus. Janet Martenまで連絡し、敷地内にある他の棟の部屋について問い合わせることができます。

152

WORDS 021-030

No.	Word	Meaning	Notes
021	**time slot**	名 時間枠	
022	**unavailable**	形 利用できない、都合がつかない	対 available
023	**on a first-come, first-served basis**	先着順で	
024	**accordingly**	副 状況に応じて	according to 〜「〜によると」
025	**address**	動 〜（問題など）を扱う	「〜に言う」という意味もある
026	**study**	動 〜を詳しく調べる、〜を観察する	名 study
027	**follow up**	動 （進行状況などを）追跡する、追って調べる	
028	**net profit**	名 純利益	形 net「正味の、最終の」 gross profit「粗利益」
029	**sign up for 〜**	動 〜に登録をする	「（署名して）〜を申し込む」というのが本来の意味
030	**visible**	形 目に見える	名 visibility 対 invisible

➡ 本誌 p.43-57

021	The marketing group will be meeting in 4B in the Afternoon 1 **time slot.** マーケティンググループは、午後1の時間枠で4Bで会議をする予定です。
022	Please be informed that both Building 3 conference rooms will be **unavailable** throughout the day on Monday, March 12. 3月12日の月曜日、3番棟の会議室は両室とも終日利用できなくなることをご承知おきください。
023	Space will be reserved **on a first-come, first-served basis.** スペースは先着順で予約されます。
024	Keep in mind that these rooms are both meeting spaces that have limited capacity, so please plan **accordingly.** これらの部屋は両室とも定員が限られた会議スペースであることにご留意いただき、それに応じて計画を立ててください。
025	Meetings not **addressed** above are canceled. 上記で扱われていない会議は中止になります。
026	They're **studying** a drawing. 彼らは図面を詳しく調べています。
027	I would **follow up** with Sahar. Saharに追って聞いてみようと思います。
028	What was our **net profit** for the second quarter? わが社の第2四半期の純利益は幾らでしたか。
029	How do I **sign up for** an account? どのようにしてアカウントを登録するのですか。
030	I want all the members of my band to be **visible.** 私のバンドのメンバー全員がはっきりと見えるようにしたいのです。

153

WORDS 031-040

031	loyalty card	名 ポイントカード	名 loyalty「(企業や商品に対する) 愛着、忠実さ」
032	refer to ～	動 ～を参照する	名 reference
033	medical practice	名 医療業務	名 practice「(専門職の) 仕事、実務」
034	checkup	名 健康診断	「照合、引き合わせ」という意味もある 同 medical checkup
035	venture	名 投機的事業、ベンチャー	動 venture「(危険を冒して) 試みる」
036	projected	形 推定の	動 project「～を見積もる、～を計画する」
037	allocate	動 ～を割り当てる	
038	staffing	名 人員配置	名 staff 動 staff
039	beautify	動 ～を美しく飾る、～を美化する	
040	draw attention to ～	～に関心を集める	

➡ 本誌 p.60-76

031	Do you have one of our **loyalty cards**? 当店のポイントカードをお持ちですか。
032	You must be **referring to** the old list. きっとあなたは前のリストを参照しているのでしょう。
033	Some employees will join a **medical practice**. 何人かの従業員が医療業務に携わるようになります。
034	The results of your **checkup** look good, overall. あなたの健康診断の結果はおおむね良好なようです。
035	That's something I learned from my last business **venture**. それは、私が前回の新規事業から学んだことです。
036	Now, since you're hoping to use this plan to apply for a loan, I suggest revisiting your **projected** budget. さて、あなたは本計画書をもって融資へのお申し込みを希望しておられますので、計画予算の再考をお勧めいたします。
037 038	In particular, you should **allocate** more of the expenses to **staffing**. 特に、もっと多くの経費を人員配置に割り当てるべきです。
039	We have gathered here to honor a group of artists who were asked to **beautify** the streets of Belmont. ベルモント市の街路を美しく飾るように依頼された芸術家の一団を表彰するために、私たちはここに集まりました。
040	We hoped that the project would **draw attention to** one of the oldest areas in the city. 私たちは、そのプロジェクトが市内最古の地区の一つに関心を集めることを期待していました。

154

WORDS 041-050

041	**mural**	名 壁画	
042	**accommodate**	動 ～を宿泊させる、 ～を収容できる	名 accommodation
043	**fulfill**	動 ～を満たす	「～を履行する」という意味もある
044	**itinerary**	名 旅行日程	
045	**willingness to *do***	いとわず～するという気持ち	be willing to *do*「～するのをいとわない」
046	**venue**	名 会場	
047	**neat**	形 整然とした、きちんとした	neat and clean「きちんと片付いた状態で」
048	**nutritious**	形 栄養のある	名 nutrition
049	**substitute ～ for …**	動 ～を…の代わりにする	名 substitution
050	**crucial**	形 極めて重要な、不可欠の	副 crucially

➡ 本誌 p.76-98

041	The **murals** were completed a month ago and tourism in the area has doubled. 壁画群は１カ月前に完成し、その地域の観光は倍増しました。
042	I spoke with the manager there, and she confirmed that they can **accommodate** you. そこの支配人と話をしましたところ、支配人はお客さまにお部屋をご用意できると確約いたしました。
043	He cannot **fulfill** a request. 彼は要望に応えることができません。
044	He confirmed a flight **itinerary**. 彼は航空便の日程表を確認しました。
045	Because of your **willingness to** work overtime, the new products will be ready in time for the trade show. 皆さんの残業をいとわないお気持ちのおかげで、新製品は展示会に間に合う見通しです。
046	The **venue** is too expensive. 会場の値段が高過ぎます。
047	Everyone working here uses the break room, and it ought to be kept **neat** and clean. ここで働く全員が休憩室を利用するので、そこはいつも整然としているべきです。
048	If you're looking for a quick meal solution, stop by our prepared-food section for an easy, **nutritious** take-out dinner. もし手早い食事の解決策をお探しなら、当店の調理済み食品コーナーにお立ち寄りいただき、手軽で栄養たっぷりのお持ち帰り用ディナーをお求めください。
049	I **substituted** orange soda **for** the cherry soda and it was delicious! 私はオレンジソーダをさくらんぼソーダの代わりに使いましたが、大変おいしかったです！
050	So next week's big push is **crucial** to our work. 来週の大規模な売り込みは私たちの業務にとって極めて重要です。

155

WORDS 051-060

No.	Word	Meaning	Related
051	**exceptional**	形 格別の	名 exception 副 exceptionally
052	**sufficient**	形 十分な	対 insufficient
053	**garment**	名 衣類	同 clothes
054	**synthetic**	形 合成の	副 synthetically
055	**vulnerable**	形 弱い、傷付きやすい	名 vulnerability
056	**adequate**	形 適正な、十分な	副 adequately 対 inadequate
057	**successor**	名 後任者	動 succeed 対 predecessor
058	**afterthought**	名 後からの思い付き、付け足し	
059	**advocate**	名 擁護者	動 advocate
060	**biased**	形 見方の偏った、先入観のある	名 bias

➡ 本誌 p.102-104

051	Customers can now enjoy **exceptional** food seven days a week at the recently renovated Novani Grill. お客さまには今後、先頃改装された Novani グリルで、格別なお料理を年中無休でお楽しみいただけます。
052	The clients have indicated that a reception area of 60 square meters will be **sufficient** in the new building. 顧客は、新しいビルの 60 平方メートルの受付スペースは十分だろうということを示しています。
053 054 055	Neeson Pro **garments** are made of a **synthetic** blend that is **vulnerable** to staining. Neeson Pro 社の衣類は、染みが付きやすい合成繊維でできています。
056	However poorly the high-speed printer may be functioning, it is still making copies that are **adequate** for our purposes. 高速プリンターの動作がどんなに不十分だとしても、まだ用途に適したコピーを撮れています。
057	The board of Galaxipharm named Mr. Kwon's **successor** at yesterday's meeting. Galaxipharm 社の役員会は昨日の会議で、Kwon さんの後任を指名しました。
058	The last paragraph appeared to have been added to the contract as an **afterthought**. 最終項は、後からの思い付きで契約書に加えられたように見えました。
059 060	Consumer **advocates** advise against blindly accepting **biased** opinions about a product. 消費者擁護者は、製品に関する偏った意見をやみくもに受け入れないよう忠告しています。

156

WORDS 061-070

061	**inclement**	形 荒れ模様の	
062	**incorporation**	名 組み込み、合体	動 incorporate
063	**appetizing**	形 食欲をそそる	名 appetizer「前菜、食前酒」
064	**equivalent to ～**	～と同等の、～と等価の	名 equivalence
065	**flatter**	動 ～をうれしがらせる	★通常受動態で用いる。
066	**submission**	名 提出、提出品	動 submit
067	**fall within ～**	動 ～に含まれる	fall into ～「～に分類される」 fall on ～「(責任・義務などが) ～の肩にかかる、(日付などが) ～に当たる」
068	**interviewee**	名 面接を受ける人	名 interviewer「面接官」 名 interview 動 interview
069	**convincing**	形 説得力のある、 人を納得させるような	形 convinced「納得した」 動 convince 副 convincingly
070	**argument**	名 議論	動 argue

➡ 本誌 p.104-108

061	In case of **inclement** weather, employees are encouraged to work remotely rather than travel to the office. 悪天候の場合、従業員は出社するよりもむしろ遠隔勤務をするよう奨励されています。
062	Pugh Tower won the Best New Building Award for its creative **incorporation** of sustainable materials. Pugh タワーは、環境上持続可能な素材を独創的に組み込んだことで、最優秀新建築賞を受賞しました。
063	Taste tests suggest that most people find Dairysmooth's red-bean-flavored ice cream very **appetizing**. 味覚テストは、ほとんどの人が Dairysmooth 社のアズキ味のアイスクリームをとてもおいしいと感じていることを示しています。
064	For hiring purposes, five years of professional experience is **equivalent to** having achieved certification. 採用目的では、5 年間の職業経験は、資格の取得に相当します。
065 066	Ms. Maeda was **flattered** that her art **submission** was used on the cover of the firm's annual report. Maeda さんは、自身が提出した美術作品がその企業の年次報告書の表紙に採用されたことをうれしく思いました。
067	Inventory control and warehousing strategies **fall within** the responsibilities of the supply chain manager. 在庫管理と倉庫業務の戦略は、サプライチェーンマネジャーの職務範囲に含まれます。
068	**Interviewees** are asked not to talk among themselves while waiting in the reception area. 面接を受ける人は、受付で待っている間、互いに話をしないように言われています。
069 070	At the panel discussion, Ms. Yang made a **convincing argument** for environmentally responsible business practices. 公開討論会で、Yang さんは環境に責任を持つ商慣行を支持する説得力のある議論をしました。

157

WORDS 071-080

071	**charitable**	形 慈善を行う、 慈善のための	「寛大な」という意味もある 名 charity
072	**warranty**	名 保証	動 warrant
073	**gracefully**	副 優雅に	形 graceful 名 動 grace
074	**intact**	形 無傷の、手付かずの	
075	**enclose**	動 ～を同封する	名 enclosure 形 enclosed
076	**extensive**	形 広範囲にわたる、豊富な	動 extend
077	**prior to ～**	～に先立って	対 following ～
078	**apparently**	副 見たところ、どうやら	形 apparent
079	**specifically**	副 具体的に、特に	
080	**notification**	名 通知	動 notify

➡ 本誌 p.110-117

071	The review board published a list of companies it considers to be the most **charitable**. 審査委員会は、最も慈善活動に力を入れていると同委員会が考える企業のリストを公表しました。
072	For more information about product **warranties** or to register your new appliance, please contact customer service. 製品保証についてのさらなる情報のお求めや、お客さまの新しい電化製品のご登録につきましては、顧客サービス部までご連絡ください。
073 074	The doorways, which arch so **gracefully**, were left **intact** during the renovation of the historic Dersten Building. とても優雅に弧を描くその玄関口は、歴史上重要な Dersten 荘の修復工事の間、手付かずのまま残されました。
075	I have **enclosed** my résumé, which gives more details about my work history and my educational background. 履歴書を同封いたしましたが、それは私の職歴と学歴に関するより詳細な情報をお伝えするものです。
076	My **extensive** experience makes me an ideal fit for your company. 広範囲にわたる経験により、私は貴社にとって理想的な人材となると思います。
077	**Prior to** that, I was employed by Zelenka Industries, where I helped develop efficient methods for recycling scrap steel. それ以前には、私は Zelenka 工業社に雇用されており、同社ではくず鉄を再利用する効率的な手法の開発に関与しました。
078	I checked my real estate database, and **apparently** this property has been taken off the market. 当社の不動産データベースを確認したところ、この物件は市場から外されてしまったようです。
079	If you would like to give me an idea of what **specifically** you are looking for, I can assist you in finding something else. お客さまが具体的にどのようなものをお探しかをお知らせいただければ、何か他の物件を見つけるお手伝いができます。
080	This way you will receive instant e-mail or text-message **notifications** whenever new property listings become available. そうすれば、新しい物件リストを入手次第、E メールもしくはテキストメッセージによる通知をお受け取りいただけます。

158

WORDS 081-090

081	**criteria**	名 基準	★単数形は criterion。通常複数形の criteria で用いる。
082	**reveal**	動 〜を明らかにする、 〜を公開する	名 revelation「暴露、新事実」
083	**speculate (that) 〜**	動 〜であると推測する	名 speculation
084	**sequel**	名 続編、続き	「成り行き、結果」という意味もある
085	**remarkable**	形 異例の、注目に値する	名 動 remark 副 remarkably
086	**disclose**	動 〜を公開する、 〜を発表する	名 disclosure
087	**joint statement**	名 共同声明	
088	**assure**	動 〜に保証する、 〜に確約する	名 assurance
089	**vital**	形 必須の、不可欠な	名 vitality
090	**grasp**	名 把握、理解	動 grasp

➡ 本誌 p.117-123

081	Then I will search for commercial buildings that meet these **criteria**. そうしましたら、私がこれらの基準を満たす商業用建物をお探しいたします。
082	Toda Entertainment announced this morning that it will be **revealing** its latest video game later this week. Toda エンターテインメント社は今朝、最新のテレビゲームを今週公開する予定であると発表しました。
083 084	Many consumers are already **speculating that** it will be a **sequel** to the company's popular *Todashi Adventure* series. 多くの消費者がすでに、それはその会社の売れ筋である Todashi アドベンチャーシリーズの続編だろうと推測しています。
085	The first game in that series, released two years ago, was a **remarkable** success for the company. そのシリーズの最初のゲームは、2 年前に発売され、その会社にとって異例の成功となりました。
086	The financial terms of the agreement have yet to be **disclosed**. この合意の金銭面の条件はまだ公表されていません。
087 088	In a **joint statement**, the CEOs **assured** customers they will not see any service changes. 共同声明で、最高経営責任者たちは顧客に対して、サービスの変更は一切ないと確約しました。
089	The energy sector is **vital** to Tanzania's development. エネルギー分野はタンザニアの発展にとって必要不可欠です。
090	Both companies have an exceptional **grasp** of the international financial market. 両社とも国際金融市場を極めてしっかりと理解しています。

159

WORDS 091-100

091	**respective**	形 それぞれの	副 respectively
092	**improvisation**	名 即興で行うこと	動 improvise
093	**gauge**	動 ～を測定する、～を評価する	名 gauge
094	**faithfully**	副 忠実に	名 faith 形 faithful
095	**implement**	動 ～を実行する、～を実施する	名 implementation
096	**insight**	名 見識、洞察	
097	**laundering**	名 洗濯	名 laundry「洗濯物」
098	**identify**	動 ～を（本物であると）確認する、～を特定する	名 identity「自己同一性」 名 identification「身元確認、身元証明書」
099	**sizeable**	形 かなり多い、かなり大きい	
100	**conservatory**	名 音楽学校	「温室」という意味もある

➡ 本誌 p.123-141

091	Both companies have an excellent reputation in their **respective** industries. 両社ともそれぞれの業界で非常に高い評判を得ています。
092	Some employees had expressed a concern regarding the usefulness of **improvisation** training in a business setting. 一部の社員は、ビジネスシーンでの即興トレーニングの有用性について不安を示していました。
093	We asked participants to complete our company's evaluation form afterward to better **gauge** the effectiveness of the workshops. 私たちはその後、参加者に当社の評価票への記入を依頼し、講習会の有効性をよりよく測定できるようにしました。
094 095	The procedures in this manual must always be **faithfully implemented.** 本マニュアルに記載された手順は常に忠実に実行されなければなりません。
096	Your **insights** were helpful and have inspired me to seek additional work experience in the field. あなたのご見識は参考になり、この分野でさらなる実務経験を得ようという気持ちにさせてくれました。
097	Hotel management has decided to implement a new policy regarding the daily **laundering** of towels. ホテルの経営陣は、毎日のタオルの洗濯に関して新しい方針を実施することを決定しました。
098	Please inform us if you **identify** any maintenance needs. メンテナンスの必要性を確認した場合はわれわれにお知らせください。
099 100	The pianist made a **sizeable** donation toward the expansion of the Grenel City **Conservatory** of Music. そのピアニストはグレネル市音楽学校の拡張工事のためにかなり多額の寄付をしました。

160

WORDS 101-110

101	**boast**	動 （誇りとして）～を持っている	
102	**state-of-the-art**	形 最新鋭の、最先端の	
103	**outstanding**	形 傑出した	副 outstandingly
104	**enrollment**	名 入学、入学者数、 登録、登録者数	動 enroll
105	**convert ～ into …**	動 ～を…に改造する、 ～を…に転換する	名 conversion
106	**roll out ～**	動 ～（新製品など）を公開する、 ～を発表する	
107	**resume**	動 ～を再開する	名 resume
108	**streamline**	動 ～を合理化する、 ～を簡素化する	形 streamlined
109	**markup**	名 マークアップ、組版指定、 タグ付け	「値上げ」という意味もある
110	**inaccessible**	形 利用できない	名 access 動 access 対 accessible

➡ 本誌 p.141-145

101 102	Once completed, the building will **boast** a 700-seat auditorium, **state-of-the-art** recording studios, and new faculty and administrative offices. ひとたび完成すれば、建物は 700 席の講堂、最新鋭の録音スタジオ、新たな教職員用オフィスを誇ることになります。
103	Ms. Amon's performance at the conservatory was **outstanding**. Amon 氏の音楽学校での演奏は傑出していました。
104	Student **enrollment** has decreased over the past few years. 入学者は過去数年で減少しています。
105	The original conservatory is being **converted into** student housing. 元の音楽学校は学生寮に改築されているところです。
106	Beginning at 11 p.m. GMT on 29 September, Nossis will be unavailable while our technicians **roll out** the new version. グリニッジ標準時 9 月 29 日午後 11 時より、当社技術者による新バージョン公開の作業中、Nossis はご利用いただけなくなります。
107	After receiving the notification, customers can **resume** using Nossis. 通知を受信後、お客さまは Nossis のご利用を再開していただけます。
108 109	New features include a redesigned interface for **streamlined** workflow and interactive tracking tools for **markups** and revisions. 新機能には、合理的なワークフローのために再設計されたインターフェース、マークアップや修正のための双方向型追跡ツールが含まれます。
110	The computer application will become **inaccessible**. コンピューターアプリケーションが利用できなくなります。

161

WORDS 111-120

No.	単語	意味	備考
111	fast-forward to ～	～まで早送りする、 ～まで話を先に進める	
112	flagship store	名 旗艦店舗、主要店舗	
113	proponent	名 提唱者、支持者	
114	engage with ～	動 ～と関わる	engage in ～「～に従事する、～に携わる」
115	nonstandard	形 基準外の、標準的でない	対 standard
116	coverage	名 対応範囲、適用対象	動 cover
117	incur	動 ～を被る、～を招く	名 incurrence
118	interfere with ～	動 ～を妨げる、～に干渉する	名 interference
119	comply with ～	動 ～（規則など）に従う	名 compliance
120	unveil	動 ～を発表する	「～の覆いを除く」という意味もある 対 veil

➡ 本誌 p.147-153

111	**Fast-forward to** today, and the store has expanded to a successful enterprise that earns millions of pounds each year. 今日まで話を先に進めると、その店舗は、毎年数百万ポンドの収益を上げる優良企業へと発展しました。
112	It was Mr. Kulkarni's idea to rename the **flagship store** "Yes Yolanda" to match its digital identity. 旗艦店舗を「Yes Yolanda」に改称し、コンピューター上の存在と一致させるというのはKulkarni氏のアイデアでした。
113 114	Ms. Abascal is a strong **proponent** of personal interaction, and she loves **engaging with** her customers. Abascal氏は、直(じか)の交流を強く支持し、自分の顧客と関わり合うことをとても好んでいます。
115	Many employees wish to work a **nonstandard** schedule, available through a system known as "flextime." 多くの従業員が、「フレックスタイム制」として知られる制度によって利用できる、非標準的スケジュールで勤務することを希望しています。
116 117	Flextime can benefit employers by permitting longer hours of **coverage** at the business without increasing the number of employees or **incurring** overtime costs. フレックスタイム制は、従業員数を増やしたり時間外労働経費を負担したりすることなく、事業所におけるより長時間の業務対応を可能にすることによって、雇用主の利益になり得ます。
118	Employers should consider how employees' hours will be tracked, and whether flextime will **interfere with** daily business. 雇用主は、従業員の勤務時間をどのように確認するか、そしてフレックスタイム制が日々の業務の妨げとなるか否かを検討すべきです。
119	They will consult with their legal team to make sure the proposed policy **complies with** laws concerning wages and hours. 彼らは法務チームと相談の上、提案された方針が賃金や勤務時間に関する法律を順守していることを確認します。
120	A new logo for the city of Ashby was **unveiled** by Mayor Charles Cavanaugh on Tuesday. アシュビー市の新しいロゴが、火曜日にCharles Cavanaugh市長により発表されました。

162

WORDS 121-130

121	**skyline**	名 スカイライン、空を背景とした輪郭	
122	**silhouette**	名 シルエット、影絵	★発音 [sìluét] に注意
123	**fuss**	名 騒動	make a fuss「(つまらないことで) 大騒ぎする」
124	**recognizable**	形 認識しやすい、見分けのつく	名 recognition 動 recognize
125	**go to the trouble of *doing***	わざわざ〜する	
126	**correspondence**	名 通信文、文書	動 correspond
127	**(as) per your request**	ご依頼の通りに	
128	**illustrate**	動 〜を説明する	名 illustration
129	**on-site**	形 現場に	
130	**irrigation**	名 灌漑(かんがい)	動 irrigate

➡ 本誌 p.153-157

121 122	An image of the city's **skyline** in **silhouette** gives the new design a more contemporary feel. シルエットで表された市のスカイラインの画像は、この新デザインにより現代的な雰囲気を与えています。
123	Why all the **fuss**? この一連の騒ぎは一体何なのでしょうか？
124	The old logo was very **recognizable**. 前のロゴはとても認識しやすかったです。
125	I don't know why they **went to the trouble of** replacing it. どうしてそれをわざわざ取り換えることにしたか分かりません。
126	Local maps and the letterhead for official **correspondence** have already been printed with the new logo. 地元の地図と公式な通信文のレターヘッドには、すでに新しいロゴが刷られています。
127	**Per your request**, I have attached an electronic version of our booklet on the DSKT greenhouse system. ご依頼いただいた通り、DSKT 温室装置に関する当社の電子版パンフレットを添付いたします。
128	I am confident it will **illustrate** how our system can meet your needs. これは当社の装置がいかに貴社のニーズに見合うものであるかを説明するものであると確信しております。
129	You would no longer need to be **on-site** to make observations every night. もはや、監視のために毎晩現場にいる必要はありません。
130	You might also be interested in our crop **irrigation** systems. また、当社の作物灌漑(かんがい)装置にもご関心をお持ちになるかもしれません。

163

WORDS 131-140

131	**to that end**	その目的に向けて、 その目的を達成するために	
132	**undergo**	動 ～（検査など）を受ける	
133	**pre-employment**	名 雇用前の、就業前の	
134	**activate**	動 ～を有効にする、 ～を利用できる状態にする	名 activation 対 deactivate
135	**prompt**	動 ～を促す、 （コンピューターが）～に指示する	名 形 prompt
136	**pop up**	動 表示される、飛び出てくる	
137	**attain**	動 ～を達成する	名 attainment
138	**come along**	動 進む、はかどる	
139	**emerging**	形 新興の	動 emerge
140	**solicit**	動 ～を求める	

➡ 本誌 p.159-169

131	**To that end**, we need you to complete one more task before beginning employment with us next month. その目的に向けて、来月当社での就業を開始される前に、もう一つ課題を完了していただく必要があります。
132 133	For this purpose, you will need to **undergo** a **pre-employment** physical checkup. この目的のために、就業前健康診断を受けていただく必要があります。
134	To **activate** your online account, please follow these steps. お客さまのオンラインアカウントを有効にするためには、以下の手順に従ってください。
135	You will be **prompted** to create a new username and password. 新しいユーザー名とパスワードを作るよう指示されます。
136	A new-customer survey will **pop up**. 新規顧客向けの質問表が表示されます。
137	We look forward to helping you **attain** your financial goals. お客さまの財務目標の達成に向けたお手伝いができることを楽しみにしております。
138	How are things **coming along** with those blogs I asked you to start? 始めてもらうようお願いしていた例のブログの進み具合はどうですか。
139	I'm thinking of reporting on **emerging** stock market trends. 私は新興の株式市場の動向について報告しようと思っています。
140	Last year the government **solicited** proposals to build, operate, and maintain a light-rail system. 昨年、政府は軽量軌道システムの建設、運営、維持をするための提案を募りました。

164

WORDS 141-150

141	**quote**	名 見積もり	動 quote
142	**diagnostic**	名 診断	名 diagnosis 動 diagnose
143	**beyond repair**	修理不可能で、 手の施しようのない	
144	**alternative**	形 代替の	形 alternate「交互の」
145	**eliminate**	動 ～を取り除く	名 elimination
146	**excessive**	形 過度の	名 excess 副 excessively
147	**tow away ～**	動 ～をレッカー車で 移動させる	動 tow「～をロープで引っ張る、～をけん引する」
148	**pedestrian**	形 歩行者用の	名 pedestrian
149	**fine ～ …**	動 ～に…（罰金）を科する	名 fine
150	**resurface**	動 ～を再舗装する	動 surface「～（道路）を舗装する」

➡ 本誌 p.171-175

141	I called to accept the **quote** and give my credit card number. 私は電話をかけて見積もりを承諾し、クレジットカード番号を伝えました。
142 143	Customers can get a free **diagnostic** from the technicians and don't need to pay anything if a device is **beyond repair**. 客は技術者の無料診断を受けることができ、機器が修理不可能な場合には何も支払う必要がありません。
144	A temporary **alternative** entranceway to those locations will be created. それらの場所への臨時の代替通路が作られます。
145 146	To help **eliminate excessive** traffic, please visit those places only when absolutely necessary. 過度な交通を削減できるよう、それらの場所に行くのは必要不可欠な場合だけにしてください。
147 148	Cars will be immediately **towed away** if parked next to **pedestrian** areas. 歩行者用区域に隣接して駐車中の車は、直ちにレッカー移動されます。
149	Owners of cars parked in the garage without a sticker displayed on the window will be **fined** $25 per day. ステッカーをウィンドーに掲示せずに立体駐車場内に駐車中の車の所有者は、1日につき25ドルの罰金が科せられます。
150	Parking areas are being **resurfaced.** 駐車場は再舗装中です。

165

WORDS 151-160

No.	Word	Meaning	Related
151	**candidate**	名 候補者	
152	**recipient**	名 受賞者、受領者	同 receiver
153	**initiative**	名 新しい試み、新構想	動 initiate「～を始める、～を起動する」
154	**ingenuity**	名 発明の才、創意、工夫	形 ingenious
155	**doctorate**	名 博士号	形 doctoral
156	**renowned**	形 有名な	名 renown
157	**arduous**	形 骨の折れる、困難な	名 arduousness
158	**regrettably**	副 残念ながら	名 regret 形 regrettable
159	**presumably**	副 おそらく	動 presume「～を推定する」
160	**stringent**	形 厳格な	副 stringently

➡ 本誌 p.179-183

151 152	Successful **candidates** will have the honor of being the first **recipients** of the Powell Internship. 合格した候補者は、Powell インターンシップを最初に受ける名誉を得ることになります。
153 154	PIP is the **initiative** of Tristan Powell, who wanted to honor the **ingenuity** of Henry J. Powell. PIP は Tristan Powell による新たな試みで、彼が Henry J. Powell の発明の才をたたえることを意図したものです。
155	Having earned his **doctorate** degree in engineering, he went on to found HJP Transport Solutions, Ltd. 彼は、工学博士号を取得後、次いで HJP 運送ソリューション社を創設しました。
156	Over time, he built the company into a successful, internationally **renowned** business. 長い時間を経て、彼はその会社を国際的に有名な成功事業に成長させました。
157	The two-hour train ride from London to your assigned location makes for an **arduous** daily commute. ロンドンから配属先まで 2 時間電車に乗るのは毎日のつらい通勤になります。
158	**Regrettably**, the company does not provide accommodations for interns. 残念ながら、会社はインターン向けの居住施設を提供しておりません。
159	He has lived in the city for many years and **presumably** will have some advice about housing options there. 彼は長年にわたってその市内で暮らしており、おそらく現地での住居の選択肢について助言してくれるでしょう。
160	Our design team produced a comfortable seat that meets the most **stringent** safety standards. 当社のデザインチームは、極めて厳格な安全基準を満たす快適な座席を製造しました。

166

WORDS 161-170

No.	Word	Meaning	Related
161	**durable**	形 耐久性のある	名 durability
162	**turnaround**	名 対応、処理	
163	**tentative**	形 仮の、暫定的な	副 tentatively
164	**withdraw**	動 (出場を) 取りやめる、辞退する	同 retreat
165	**elect**	動 ～を選出する	名 election
166	**modernize**	動 ～を現代化する、～を最新式にする	英 modernise 形 modern
167	**retain**	動 ～を維持する	名 retainment
168	**integrity**	名 統合性、一体性	動 integrate
169	**unoccupied**	形 使われていない、空き家になっている	対 occupied
170	**hotelier**	名 ホテル経営者	

➡ 本誌 p.183-191

161	Like all our products, it is made of lightweight yet **durable** materials, resulting in significant fuel-cost savings over time. 当社の全製品と同様、それは軽量ながらも耐久性のある素材で造られており、長い間には大きな燃料費節減となります。
162	Many thanks for your quick **turnaround** since we tested the product with a small group of consumers last month. 先月、少人数の消費者グループで製品をテストして以来、迅速なご対応を大変ありがとうございます。
163	I have filled the slots that were listed as still available on the **tentative** conference schedule for Wednesday. 私は水曜日の仮の会議予定表でまだ空きと記載されていた時間枠を埋めました。
164	Mr. Andrei Durchenko has informed me that he is **withdrawing** from the conference. Andrei Durchenko 氏は会議への参加を取りやめる予定だと知らせてきました。
165	She was recently **elected** STI president. 彼女は最近、STI の会長に選出されました。
166 167 168	We want to **modernize** the building while still **retaining** its historical **integrity**. 私たちは建物の歴史的統合性を維持しながら最新化することを望んでいます。
169	For almost three decades the building had been left **unoccupied**. 30 年近くの間、建物は使用されないまま放置されていました。
170	It was purchased two years ago by Steffan Griffiths, president of Griffiths **Hoteliers**. それは 2 年前、Griffiths Hoteliers 社の社長である Steffan Griffiths によって買い取られました。

167

WORDS 171-180

171	**plumbing**	名 配管、配管設備	名 plumber「配管工」
172	**outlet**	名 差し込み口、 コンセント	「直販店」という意味もある
173	**plug in ～**	動 ～を電源につなぐ	
174	**complimentary**	形 無料の	同 free
175	**on top of that**	その上、それに加え	同 in addition
176	**abandon**	動 ～を見捨てる、 ～を放棄する	名 abandonment
177	**showcase**	動 ～を紹介する、 ～を披露する	名 showcase
178	**reimburse**	動 ～に払い戻す	名 reimbursement 形 reimbursable
179	**attribute**	名 特性	動 attribute
180	**odor**	名 におい、臭気	同 scent, smell

➡ 本誌 p.191-199

171	The old building required extensive renovation to update the electrical, heating, and **plumbing** systems. その古い建物は、電気系統、暖房装置、配管系統を新しくするために、大規模な改修を必要としました。
172 173	The meeting room had more than enough electrical **outlets** to **plug in** equipment and charge mobile phones and computers. その会議室には、機器の電源接続や、携帯電話やコンピューターの充電用に十二分な数の電気コンセントがありました。
174	The **complimentary** wireless Internet service was easy to access. 無料の無線インターネットサービスは簡単にアクセスできました。
175	**On top of that**, the food was delicious and the guest rooms were beautiful. それに加えて、料理はとてもおいしく、客室は素晴らしかったです。
176	The station had been **abandoned** for many years. その駅は長年放置されていました。
177	The community project is going to **showcase** Pottersville artists. その地域プロジェクトは、ポッターズビルのアーティストを紹介することになります。
178	The city will **reimburse** artists for approved supplies up to a limit of $150. 市はアーティストに対して、承認された資材の費用を上限 150 ドルまで払い戻す予定です。
179	Consider all the desirable **attributes** of this useful material. この有用な素材の望ましい特性の数々についてよく考えてみてください。
180	Glass has no flavor or **odor** and is thus ideal for storing food or personal care products. ガラスには味やにおいがないため、食べ物やボディケア用品を保管するのに理想的です。

168

WORDS 181-190

No.	Word	Meaning	Notes
181	**impermeable**	形 不浸透性の	名 impermeability 対 permeable
182	**vessel**	名 容器	「(大型の) 船」という意味もある
183	**stand out**	動 目立つ	
184	**substantial**	形 しっかりした、頑丈な	名 substantiality
185	**surroundings**	名 環境	★この意味では複数形
186	**overpack**	動 何重にも梱包する	
187	**absorbent**	形 吸収性の高い	動 absorb
188	**transit**	名 輸送	「通過、通行」という意味もある
189	**postpone**	動 ～を延期する	名 postponement 同 put off
190	**unanticipated**	形 予期していなかった、不測の	名 anticipation 動 anticipate 対 anticipated

➡ 本誌 p.199-203

181	Glass is **impermeable** to air and water. ガラスは空気や水を通しません。
182	Choose from our catalog or work with our Euroful designers who can assist you in customizing a **vessel** for your product. 当社のカタログからお選びになるか、貴社の製品用に容器をカスタマイズ制作できる Euroful 社のデザイナーとお話し合いください。
183	The containers are quite unique and will certainly make our cosmetic products **stand out** from those of our competitors. その容器は非常に個性的で、間違いなく当社の化粧品を競合他社のものよりも目立たせることでしょう。
184 185	We are looking for a filling material that offers **substantial** protection for our product, but does minimal damage to the **surroundings**. 私たちは、当社の製品をしっかりと保護するけれども、環境への害は最小限で済む詰め物を求めています。
186	**Overpacking** is the safest method of transporting delicate items. 多重梱包は壊れやすい商品を輸送する最も安全な方法です。
187 188	An **absorbent** filling material is inserted between the two boxes, cushioning the smaller box from vibrations and movement during **transit**. 吸収性の高い詰め物を 2 つの箱の間に挟んで、小さい方の箱を輸送中の振動や動きの衝撃から保護します。
189 190	Construction was **postponed** for a time because of an **unanticipated** problem related to the ground conditions on the site. 用地の地盤状況に関連した不測の問題のために、建設作業は一時延期されました。

169

WORDS 191-200

191	**clerical**	形 事務の	「聖職者の」という意味もある 名 clerk
192	**give ～ a lift**	英 ～を車で送る	米 give ～ a ride
193	**unless otherwise specified**	特に明記のない限り	
194	**take into account ～**	～を考慮する	★ take ～ into account の語順でも使う
195	**ordinance**	名 条例	
196	**go into effect**	（法律などが）発効する	同 come into effect、take effect
197	**invalid**	形 無効な	対 valid
198	**grateful**	形 感謝している、ありがたい	
199	**stand behind ～**	動 ～を支持する、 ～を保証する	
200	**curb**	名 縁石	「拘束、抑制」という意味もある

➡ 本誌 p.203-259

191	For the project, a variety of jobs will be needed, from warehouse loaders and drivers to **clerical** positions. その計画のために、倉庫の荷積み作業員や運転手から事務員の職まで、さまざまな職務が必要となるでしょう。
192	Thanks for **giving** me **a lift** to the grand opening earlier this month. 今月は開業式典まで車で送っていただき、ありがとうございました。
193	All estimates are valid for one month **unless otherwise specified.** 全てのお見積もりは特記がない限り 1 カ月間有効です。
194	Specifically, does your estimate **take into account** any permits that would be needed for the job? 具体的に申し上げると、見積書では作業に必要とされる許可証が考慮されていますか。
195 196	There is an **ordinance** that **went into effect** last month requiring building permits for any renovation project. あらゆる改修計画に建設許可証が必要となる、先月に発効した条例があります。
197	The cost estimate will become **invalid** after April 15. 費用の見積もりは 4 月 15 日以降無効になります。
198	We saw the comments you posted about us on uopine.com, and we are **grateful** to you. お客さまが uopine.com に投稿された当社についてのコメントを拝見し、感謝しております。
199	We **stand behind** our products and services and look forward to seeing you again soon. 私たちは当社の製品やサービスに自信を持っており、また近日中のご利用をお待ちしております。
200	He's stepping off a **curb**. 彼は縁石から踏み出しています。

170 WORDS 201-210

No.	Word	Meaning	Notes
201	**prescription**	名 処方箋、処方薬	動 prescribe
202	**malfunction**	名 不具合、不調	動 malfunction
203	**consistent with ～**	～と一致している、～と首尾一貫している	対 inconsistent with ～
204	**yield**	動 ～（結果など）をもたらす、～を生む	「～を譲る」という意味もある
205	**premises**	名 土地、敷地、構内	★この意味では複数形
206	**distinguish ～ from …**	動 ～を…と区別する	名 distinction 形 distinguishable
207	**fundamental**	形 基本的な	副 fundamentally
208	**bureaucratic**	形 官僚的な	名 bureaucracy
209	**feasibility**	名 実現可能性、実行できること	形 feasible 副 feasibly
210	**discipline**	名 （学問の）分野、領域	「規律、鍛錬」という意味もある

➡ 本誌 p.285-323

201	The alerts feature lets them know when it's time to pick up a new **prescription**. その通知機能は、新しい処方薬を受け取る時間が来たらお客さまにお知らせするものです。
202	Unfortunately, the tour bus for tonight's main band, Songstar, had an engine **malfunction**. あいにく、今夜のメインバンドであるSongstarのツアーバスにエンジントラブルが起こりました。
203	The new software was developed to be **consistent with** current trends in education. その新しいソフトウエアは教育における現在の潮流に合うように開発されました。
204	The marketing team believes the customer survey they distributed will **yield** positive results. マーケティングチームは、自分たちが配布した顧客調査から肯定的な結果が出るだろうと考えています。
205	Journals in the library's periodical room may be read only on the library **premises**. 図書館の定期刊行物室にある専門誌は、図書館の館内でのみ閲覧が可能です。
206	A professional tea taster must be able to **distinguish** the various flavors **from** one another. プロの茶葉鑑定士はさまざまな風味を互いに識別できなければなりません。
207	The training for new call-center employees focuses on **fundamental** customer-service skills. コールセンターの新従業員の研修は、基本的な顧客サービス技能に焦点を当てています。
208	Until its reorganization last year, Relicum Estate Management was a highly **bureaucratic** company. 昨年の組織再編までは、Relicum不動産管理会社は非常に官僚的な会社でした。
209	Byrd Airlines will conduct research to determine the **feasibility** of building a new airline terminal. Byrd航空会社は新しい空港ターミナル建設の実現可能性を見極めるために調査を行う予定です。
210	We offer exceptional educational programs for students in every **discipline**. 当社は、あらゆる学問分野の学生向けのひときわ優れた教育プログラムをご提供しています。

171

WORDS 211-220

211	**patronage**	名 愛顧	「<集合的に>得意客」という意味もある
212	**portray**	動 ～を描く	名 portrayal、portrait
213	**encounter**	動 ～に遭遇する	名 encounter
214	**appropriate**	形 適切な	副 appropriately 対 inappropriate
215	**clientele**	名 顧客層、常連	★集合的に用いる 同 patronage
216	**credential**	名 経歴、資格	
217	**formalize**	動 ～を正式なものとする	英 formalise
218	**artisanal**	形 職人技の	名 artisan
219	**exclusively**	副 限定して、もっぱら	形 exclusive
220	**eligible**	形 資格のある、ふさわしい	名 eligibility

➡ 本誌 p.326-371

211	We value your **patronage** and look forward to seeing you at our next concert! お客さまのご愛顧に感謝するとともに、私たちの次のコンサートでお会いできるのを心待ちにしております！
212 213	Training takes the form of an interactive game, with characters **portrayed** as bank employees who **encounter** various security threats. 研修は双方向ゲームの形態を取り、キャラクターは、さまざまなセキュリティー上の脅威に遭遇する銀行員として描かれています。
214	An explanation is offered for each option as to why it is or is not **appropriate** and what its consequences may be. それぞれの選択肢について、適切な理由とそうでない理由、そしてそれがどのような結果を招き得るかが説明されます。
215	Please note that over the past eight years, we have built a solid **clientele** and reputation in Senegal. 過去 8 年間で、当社はセネガルで確固たる顧客層と評判を得ていることにご留意ください。
216	If your **credentials** meet our basic requirements, you will be invited to our job fair. あなたの経歴が当院の基本要件を満たすなら、どうぞ当院の就職説明会にいらしてください。
217	I would like to **formalize** the offer that was made then. あの時のご提示を正式なものにしたいと思います。
218	When we launched five years ago, we had one simple goal: to feature **artisanal** food items not sold in regular supermarkets. 当店が 5 年前に開店した当時は、当店には 1 つの分かりやすい目標がありました。それは、通常のスーパーマーケットでは販売されていない職人技による食品を目玉として扱うことです。
219	We work **exclusively** with suppliers that meet the following requirements. 当店は、以下の要件を満たす供給業者に限って取引をしています。
220	Remember that members of our department are **eligible** for a $15 restaurant gift card if they finish all training on time. 当部署の部員は、全ての研修を期限通りに修了した場合には、15 ドル分のレストラン用ギフトカードを受け取れるということをお忘れなく。

公式 TOEIC® Listening & Reading
800＋
別冊付録　**単語集**

2021 年 12 月 1 日　第 1 版第 1 刷発行
2024 年 1 月 30 日　第 1 版第 4 刷発行

著　者　ETS

制作協力　武藤 克彦（東洋英和女学院大学准教授）

編集協力　株式会社 エディット
株式会社 WIT HOUSE

表紙デザイン　山崎　聡

発 行 元　一般財団法人 国際ビジネスコミュニケーション協会
〒 100-0014
東京都千代田区永田町 2-14-2
山王グランドビル
電話　(03) 5521-5935

印　刷　大日本印刷株式会社

Printed in Japan
ISBN 978-4-906033-64-5

Section 3

本番形式テスト 200問

Practice Test

実際のテストでは問題用紙の裏側に、以下のようなテスト全体についての指示が印刷されています。この指示を念頭に置いてテストに取り組みましょう。

General Directions

This test is designed to measure your English language ability. The test is divided into two sections: Listening and Reading.

You must mark all of your answers on the separate answer sheet. For each question, you should select the best answer from the answer choices given. Then, on your answer sheet, you should find the number of the question and fill in the space that corresponds to the letter of the answer that you have selected. If you decide to change an answer, completely erase your old answer and then mark your new answer.

訳 **全体についての指示**

このテストはあなたの英語言語能力を測定するよう設計されています。テストはリスニングとリーディングという 2 つのセクションに分けられています。

答えは全て別紙の解答用紙にマークしてください。それぞれの設問について、与えられた選択肢から最も適切な答えを選びます。そして解答用紙の該当する問題番号に、選択した答えを塗りつぶしてください。答えを修正する場合は、元の答えを完全に消してから新しい答えをマークしてください。

LISTENING TEST

In the Listening test, you will be asked to demonstrate how well you understand spoken English. The entire Listening test will last approximately 45 minutes. There are four parts, and directions are given for each part. You must mark your answers on the separate answer sheet. Do not write your answers in your test book.

PART 1

Directions: For each question in this part, you will hear four statements about a picture in your test book. When you hear the statements, you must select the one statement that best describes what you see in the picture. Then find the number of the question on your answer sheet and mark your answer. The statements will not be printed in your test book and will be spoken only one time.

Statement (C), "They're sitting at a table," is the best description of the picture, so you should select answer (C) and mark it on your answer sheet.

1.

2.

Section 3

GO ON TO THE NEXT PAGE

3.

4.

5.

6.

Section 3

GO ON TO THE NEXT PAGE

PART 2

Directions: You will hear a question or statement and three responses spoken in English. They will not be printed in your test book and will be spoken only one time. Select the best response to the question or statement and mark the letter (A), (B), or (C) on your answer sheet.

7. Mark your answer on your answer sheet.
8. Mark your answer on your answer sheet.
9. Mark your answer on your answer sheet.
10. Mark your answer on your answer sheet.
11. Mark your answer on your answer sheet.
12. Mark your answer on your answer sheet.
13. Mark your answer on your answer sheet.
14. Mark your answer on your answer sheet.
15. Mark your answer on your answer sheet.
16. Mark your answer on your answer sheet.
17. Mark your answer on your answer sheet.
18. Mark your answer on your answer sheet.
19. Mark your answer on your answer sheet.
20. Mark your answer on your answer sheet.
21. Mark your answer on your answer sheet.
22. Mark your answer on your answer sheet.
23. Mark your answer on your answer sheet.
24. Mark your answer on your answer sheet.
25. Mark your answer on your answer sheet.
26. Mark your answer on your answer sheet.
27. Mark your answer on your answer sheet.
28. Mark your answer on your answer sheet.
29. Mark your answer on your answer sheet.
30. Mark your answer on your answer sheet.
31. Mark your answer on your answer sheet.

PART 3

Directions: You will hear some conversations between two or more people. You will be asked to answer three questions about what the speakers say in each conversation. Select the best response to each question and mark the letter (A), (B), (C), or (D) on your answer sheet. The conversations will not be printed in your test book and will be spoken only one time.

32. According to the woman, why is today special?

(A) A celebrity is giving a talk.
(B) A store is having a sale.
(C) A tour of the park is being offered.
(D) A club membership fee is discounted.

33. What is the man organizing at his office?

(A) A warehouse inventory
(B) An advertising campaign
(C) A book club
(D) A fitness program

34. What does the woman say can be found by the entrance?

(A) Event schedules
(B) A food display
(C) A discussion group
(D) Popular items

---

35. What product are the speakers discussing?

(A) A mobile phone
(B) A television set
(C) A laptop computer
(D) A digital camera

36. What complaint does the man mention about the product?

(A) It is too heavy.
(B) It is difficult to use.
(C) It is very expensive.
(D) It has a small screen.

37. What do the speakers plan to do next?

(A) Revise a budget
(B) Prepare a report
(C) Train sales representatives
(D) Choose focus group participants

---

38. Who most likely is the woman?

(A) A food critic
(B) A store clerk
(C) A health inspector
(D) A bank official

39. According to the man, what happened in the morning?

(A) A loan was approved.
(B) A window was replaced.
(C) Some customers reserved a dining area.
(D) Some food was delivered.

40. Why was the man surprised?

(A) He was overcharged for a purchase.
(B) He was not told about a visit.
(C) Some products were not available.
(D) Some employees are not happy.

---

41. Where most likely are the speakers?

(A) At a law firm
(B) At a medical lab
(C) At a post office
(D) At a photography studio

42. Why is the man unable to wait?

(A) He has to go back to work.
(B) He forgot a document.
(C) His parking has expired.
(D) He needs to catch a flight.

43. What does the woman suggest the man do?

(A) Contact a supervisor
(B) Pay by credit card
(C) Use a different entrance
(D) Arrive early

GO ON TO THE NEXT PAGE

44. Where does the conversation take place?

(A) At a restaurant
(B) At a pottery studio
(C) At a clothing store
(D) At a kitchen supply store

45. What does Marcela say about a product?

(A) It is on sale.
(B) It is sold out.
(C) It is fragile.
(D) It is handmade.

46. What does the man offer to do?

(A) Order some merchandise online
(B) Share some customer reviews
(C) Give the customer some samples
(D) Call a different location

---

47. Why is Yuri Schulz at the office?

(A) To inspect a facility
(B) To meet with some clients
(C) To interview for a position
(D) To discuss a project proposal

48. Why does the woman apologize?

(A) A room is locked.
(B) A meeting will begin late.
(C) Some data are not available.
(D) Some equipment is not set up.

49. What does the woman offer Yuri Schulz?

(A) A beverage
(B) A building tour
(C) A parking pass
(D) An identification badge

---

50. What does the man say he will do next week?

(A) Join a competition
(B) Present some data
(C) Clean out a supply closet
(D) Go on a research trip

51. What is the man concerned about?

(A) Running out of battery power
(B) Receiving enough funding
(C) Encountering bad weather
(D) Finding a suitable location

52. What does the woman suggest that the man do?

(A) Leave his contact information
(B) Take the afternoon off
(C) Speak to a manager
(D) Request a refund

---

53. Which industry do the speakers most likely work in?

(A) Clothing production
(B) Graphic design
(C) Aircraft assembly
(D) Car manufacturing

54. What technology upgrade do the speakers plan to discuss?

(A) Installing automated packaging machines
(B) Providing noise-canceling headphones
(C) Investing in laser cutting machines
(D) Increasing factory security

55. Why does the man say, "We're trying to increase production by 30 percent"?

(A) To emphasize his team's hard work
(B) To request hiring additional staff
(C) To provide a reason for production delays
(D) To disagree with the woman's suggestion

---

56. What kind of an organization do the speakers most likely work for?

(A) A sports team
(B) A movie studio
(C) A food distributor
(D) A magazine publisher

57. What does the man say he did this morning?

(A) He conducted an interview.
(B) He toured a production facility.
(C) He edited an instructional film.
(D) He gave a speech.

58. What does the woman say she will help with?

(A) Packaging some food
(B) Winning a competition
(C) Buying some electronics
(D) Scheduling a photography session

---

59. Where does the conversation most likely take place?

(A) At an electronics store
(B) At a car rental agency
(C) At a pharmacy
(D) At a fitness center

60. What did the business recently do?

(A) It merged with another business.
(B) It started a rewards program.
(C) It began offering free delivery.
(D) It upgraded its computer system.

61. Why does the man say, "Many of our customers really like the text-message alerts feature"?

(A) To criticize a business competitor
(B) To emphasize some research results
(C) To promote a service
(D) To correct a misunderstanding

Order Form	
Item	**Quantity**
Plastic trays	150
Shipping labels	300
Storage bags	400
Disposable gloves	600

62. Where does the conversation most likely take place?

(A) In a garden center
(B) In a laboratory
(C) In a post office
(D) In a cafeteria

63. Look at the graphic. Which item will be discounted?

(A) Plastic trays
(B) Shipping labels
(C) Storage bags
(D) Disposable gloves

64. What problem does the woman mention?

(A) There is not much storage space.
(B) There is not enough money in the budget.
(C) Some merchandise is not high quality.
(D) An item is no longer manufactured.

GO ON TO THE NEXT PAGE

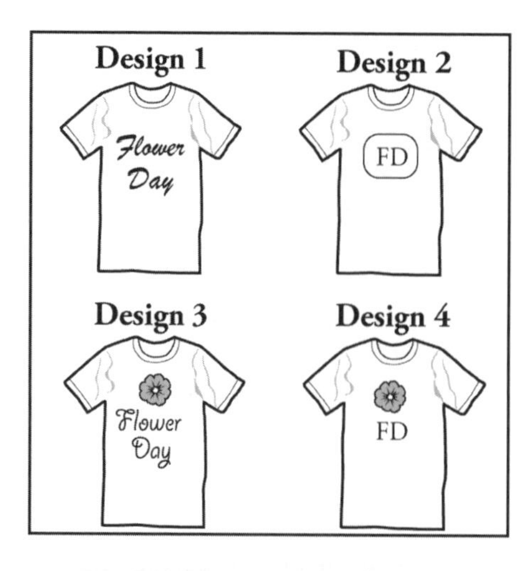

65. What are the speakers preparing to do?

(A) Attend a convention
(B) Enter a design competition
(C) Open a store branch
(D) Volunteer at a town festival

66. Look at the graphic. Which design do the speakers select?

(A) Design 1
(B) Design 2
(C) Design 3
(D) Design 4

67. What will the man do next?

(A) Take inventory
(B) Place an order
(C) Make a delivery
(D) Complete a registration form

Tuesday, March 19	
8:00 A.M.	*Staff meeting*
9:00 A.M.	*Shareholder conference call*
10:00 A.M.	*Laboratory facilities inspection*
11:00 A.M.	
12:00 P.M.	*Lunch with Mr. Kim*

68. What industry do the speakers work in?

(A) Mining
(B) Transportation
(C) Publishing
(D) Medicine

69. What will happen in eighteen months?

(A) Mr. Kim will retire.
(B) A building project will be completed.
(C) Some regulations will take effect.
(D) Some equipment will be delivered.

70. Look at the graphic. Which appointment will be rescheduled?

(A) The staff meeting
(B) The shareholder conference call
(C) The laboratory facilities inspection
(D) The lunch with Mr. Kim

PART 4

Directions: You will hear some talks given by a single speaker. You will be asked to answer three questions about what the speaker says in each talk. Select the best response to each question and mark the letter (A), (B), (C), or (D) on your answer sheet. The talks will not be printed in your test book and will be spoken only one time.

71. What type of product does the factory produce?
(A) Electronics
(B) Furniture
(C) Clothing
(D) Beverages

72. What does the speaker say happened last week?
(A) A budget was approved.
(B) A supervisor was promoted.
(C) A second production plant opened.
(D) A contract was signed.

73. What does the speaker say the listeners can do?
(A) Sign up for evening shifts
(B) Park in a designated area
(C) Enroll in some training
(D) Extend their lunch breaks

---

74. What most likely is the speaker's job?
(A) Newspaper publisher
(B) Musician
(C) Video editor
(D) Computer programmer

75. What was the speaker unable to do?
(A) Extend a deadline
(B) E-mail a file
(C) Repair some equipment
(D) Locate some records

76. What does the speaker ask the listener to do?
(A) Send an invoice
(B) Reschedule an appointment
(C) Update some software
(D) Provide some feedback

---

77. Who most likely are the listeners?
(A) Sound technicians
(B) Restaurant critics
(C) Concert attendees
(D) Bus passengers

78. According to the speaker, what has caused a delay?
(A) Some tools were misplaced.
(B) Some ingredients have run out.
(C) Bad weather was expected in the area.
(D) A vehicle broke down.

79. What are the listeners invited to do?
(A) Store their belongings in a locker
(B) Make a food purchase
(C) Choose alternate transportation
(D) Request a refund

---

80. Where does the speaker work?
(A) At a craft shop
(B) At a yoga studio
(C) At a bookstore
(D) At a stationery store

81. What does the speaker plan to do next month?
(A) Write a business blog
(B) Organize a book club
(C) Increase some inventory
(D) Interview job applicants

82. Why does the speaker say, "I'm running a workshop on Saturday"?
(A) To ask for assistance with a project
(B) To decline an invitation
(C) To confirm a date
(D) To correct an advertising error

GO ON TO THE NEXT PAGE

83. Who is the speaker?

(A) A museum director
(B) A park ranger
(C) A company president
(D) A city official

84. What does the speaker say Barbara Jenkins was known for?

(A) Architectural design
(B) Scientific research
(C) Nature photography
(D) Tourism promotion

85. Why does the speaker say, "We couldn't have done this without our volunteers"?

(A) To explain a project delay
(B) To recognize a contribution
(C) To complain about a budget
(D) To justify a training program

---

86. According to the speaker, what does Flyers Aviation plan to do?

(A) Replace airplane seats
(B) Design navigation systems
(C) Offer flights to more locations
(D) Provide additional staff training

87. What is the reason for the change?

(A) To reduce costs
(B) To satisfy new regulations
(C) To respond to customer requests
(D) To attract job applicants

88. What will the listeners hear next?

(A) Details for an upcoming contest
(B) Updates on local traffic conditions
(C) An advertisement from a radio sponsor
(D) An interview with a company executive

---

89. What type of business is the recorded message for?

(A) A hair salon
(B) A fitness club
(C) A medical office
(D) A tutoring center

90. Why does the speaker recommend arriving early?

(A) To find parking
(B) To fill out forms
(C) To tour a facility
(D) To avoid a wait

91. According to the speaker, what is on the Web site?

(A) Driving directions
(B) Business hours
(C) A list of services
(D) Online scheduling

---

92. What type of products does the speaker's company sell?

(A) Mobile devices
(B) Power tools
(C) Portable radios
(D) Exercise machines

93. According to the speaker, what did customers request?

(A) A longer battery life
(B) A comprehensive warranty
(C) A lighter-weight product
(D) A variety of colors

94. What does the speaker mean when she says, "John will be out for another two weeks"?

(A) John's work space is temporarily available.
(B) John is taking a longer holiday than usual.
(C) A process may be delayed.
(D) An error should be corrected.

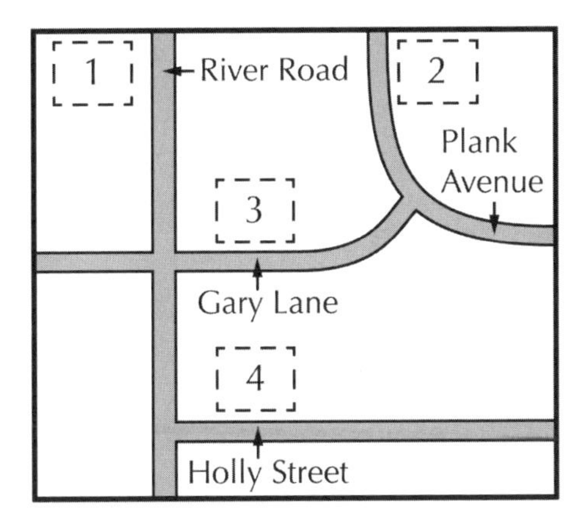

95. Why are the business owners able to open a second location?

(A) They improved their online sales.
(B) They reduced some costs.
(C) They found an investor.
(D) They purchased another company.

96. Look at the graphic. Which location does the speaker prefer?

(A) Location 1
(B) Location 2
(C) Location 3
(D) Location 4

97. What does the speaker like best about his preferred location?

(A) It is the least expensive.
(B) It is near a parking area.
(C) It is already furnished.
(D) It is available immediately.

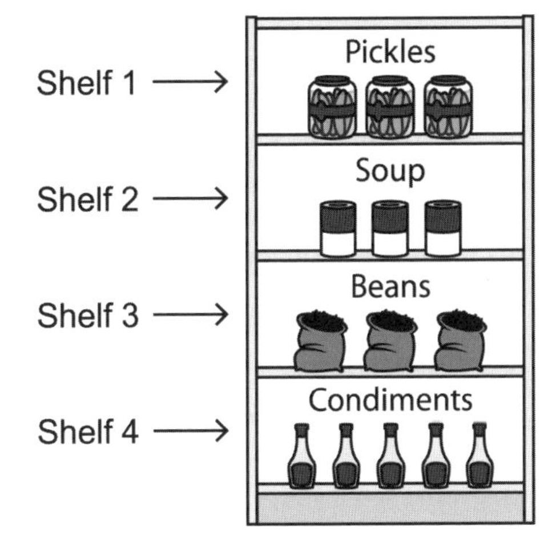

98. Where are the listeners?

(A) At a photography session
(B) At a product demonstration
(C) At an employee orientation
(D) At a marketing workshop

99. Look at the graphic. Where does the speaker recommend displaying crackers?

(A) On shelf 1
(B) On shelf 2
(C) On shelf 3
(D) On shelf 4

100. What does the speaker ask the listeners to do next?

(A) Watch a short video
(B) Have a small group discussion
(C) Unpack some equipment
(D) Try a new product

Section 3

This is the end of the Listening test. Turn to Part 5 in your test book.

GO ON TO THE NEXT PAGE

READING TEST

In the Reading test, you will read a variety of texts and answer several different types of reading comprehension questions. The entire Reading test will last 75 minutes. There are three parts, and directions are given for each part. You are encouraged to answer as many questions as possible within the time allowed.

You must mark your answers on the separate answer sheet. Do not write your answers in your test book.

PART 5

Directions: A word or phrase is missing in each of the sentences below. Four answer choices are given below each sentence. Select the best answer to complete the sentence. Then mark the letter (A), (B), (C), or (D) on your answer sheet.

101. Ms. Earlington sent a check to the furniture manufacturer to pay for ------- custom chair order.

(A) hers
(B) her
(C) she
(D) herself

102. Please do not share this document, as it contains ------- information.

(A) potential
(B) single
(C) average
(D) confidential

103. Last year, Blount Airlines' stock price ------- by 56 percent.

(A) is rising
(B) rose
(C) has risen
(D) rises

104. Chiquet Industries is ------- accepting applications for forklift drivers and packers.

(A) extremely
(B) powerfully
(C) accidentally
(D) currently

105. The new software was developed to be consistent with current trends in -------.

(A) educate
(B) educated
(C) education
(D) educationally

106. Ms. Cusak will ------- two presentations at the upcoming telecommunications conference.

(A) deliver
(B) speak
(C) decide
(D) satisfy

107. If customers are disappointed with any product from Garer Industries, the company will ------- replace it.

(A) glad
(B) gladden
(C) gladder
(D) gladly

108. The village center near Tidal Bay Apartments is home to a wide ------- of shops.

(A) source
(B) margin
(C) growth
(D) variety

109. The marketing team believes the customer survey they distributed will yield ------- results.

(A) positively
(B) positiveness
(C) positive
(D) positivity

110. We are pleased to announce ------- Ms. Anaya has been promoted to regional manager.

(A) so
(B) as
(C) if
(D) that

111. The clinical trial will be postponed until the organizers can obtain more ------- for the study.

(A) participants
(B) participating
(C) participates
(D) participate

112. The Singapore Youth Theatre can ------- electronic copies of its flyers upon request.

(A) surprise
(B) provide
(C) regard
(D) observe

113. Because of a prior commitment, Ms. Izzo ------- declined the invitation to the retirement party.

(A) politeness
(B) polite
(C) politely
(D) most polite

114. Journals in the library's periodical room may be read only ------- the library premises.

(A) to
(B) with
(C) of
(D) on

115. Mr. Hong will be interviewing several candidates ------- for the open position in Product Development.

(A) application
(B) applied
(C) applicant
(D) applying

116. ------- of the Northland Conservation Society helped with cleaning up the beach.

(A) Voters
(B) Respondents
(C) Members
(D) Residents

117. When the first day of the conference is over, please reset the chairs in a circle ------- we are ready for day two.

(A) that is
(B) so that
(C) following
(D) according to

118. A professional tea taster must be able to ------- the various flavors from one another.

(A) distinguish
(B) highlight
(C) conceal
(D) administer

119. Surpassing the ambitious goal of reducing energy usage by 20 percent over the past year was a remarkable -------.

(A) accomplishes
(B) accomplishment
(C) accomplished
(D) accomplishing

120. The training for new call-center employees focuses on ------- customer-service skills.

(A) accidental
(B) delayed
(C) fundamental
(D) entire

121. ------- has volunteered to work on the holiday, so Mr. Rhee will decide who will staff the front desk.

(A) Each other
(B) No one
(C) Anyone
(D) One another

GO ON TO THE NEXT PAGE

122. Clarkan's gummy vitamins have been ------- popular among teenagers.

(A) calmly
(B) promptly
(C) conditionally
(D) particularly

123. Sierra Property Holdings saw a significant drop in third-quarter earnings ------- the hard work of the sales team.

(A) compared to
(B) meanwhile
(C) despite
(D) indeed

124. Canada Backcountry Tours is offering ------- vacation packages for those who wish to explore wilderness areas on a budget.

(A) discounted
(B) relative
(C) primary
(D) agitated

125. Although formal evaluations are conducted just once per year, managers are expected to give feedback to employees much -------.

(A) frequent
(B) frequently
(C) more frequent
(D) more frequently

126. ------- signing page three of the document, the customer agrees to the terms of the contract.

(A) About
(B) By
(C) For
(D) Into

127. Until its reorganization last year, Relicum Estate Management was a highly ------- company.

(A) bureaucrat
(B) bureaucratic
(C) bureaucracy
(D) bureaucratically

128. ------- the renovations are large or small, please contact at least three construction companies before selecting one for the job.

(A) Otherwise
(B) Although
(C) Whether
(D) Because

129. Upon being -------, Mr. Karim was transferred to Graxon's office in Seoul.

(A) promoted
(B) promoter
(C) promotion
(D) promoting

130. Byrd Airlines will conduct research to determine the ------- of building a new airline terminal.

(A) source
(B) confidence
(C) feasibility
(D) review

PART 6

Directions: Read the texts that follow. A word, phrase, or sentence is missing in parts of each text. Four answer choices for each question are given below the text. Select the best answer to complete the text. Then mark the letter (A), (B), (C), or (D) on your answer sheet.

Questions 131-134 refer to the following notice.

International Academic Excursions (IAE) is one of Australia's ------- (131.) providers of study-abroad services. We offer exceptional educational programmes for students in every discipline. ------- (132.) . And we will help you every step of the way, from selecting the best classes for you to providing ------- (133.) experiences.

We ------- (134.) thousands of students all over the world for 40 years. IAE wants you to have the international experience of your dreams, so we make the application and preparation process easy. For information on what we are planning this year, visit our Web site at www.iae.com.au.

131. (A) leader
(B) leading
(C) leads
(D) leadership

132. (A) Ground transportation is included.
(B) A $150 registration fee is required.
(C) All of our trips can be adjusted according to customer preferences.
(D) Our tour guides are fully licensed and highly experienced.

133. (A) disqualified
(B) discontinued
(C) unappreciative
(D) unforgettable

134. (A) have sent
(B) will be sending
(C) will be sent
(D) were sending

GO ON TO THE NEXT PAGE

Questions 135-138 refer to the following letter.

Tauranga Publishers
10 Gower Street
Miami, FL 33109

December 3

Mr. Jeffrey Riggs
827 Ardsley Avenue
Billings, MT 59101

Dear Mr. Riggs,

Thank you for your inquiry regarding *The Brass Horn*, ------- **135.** most popular book for two years in a row. We have sold over 10,000 copies! We do currently have this product in stock, but it ------- **136.** quickly during this holiday season.

If you are interested in placing a large ------- **137.** for *The Brass Horn*, I will be happy to put you in touch with Ms. Berend, our marketing manager. But if you wish to purchase fewer than 25 units, I will call you to take care of your purchase. ------- **138.** . Once I have this information, I will be better able to assist you.

Sincerely,

Frederick Singh
Tauranga Publishers

135. (A) our
(B) your
(C) whose
(D) their

136. (A) had been sold
(B) sell
(C) sellers
(D) is selling

137. (A) item
(B) order
(C) range
(D) account

138. (A) You can return your purchase within 30 days.
(B) Let me know how many copies you would like to secure.
(C) Thanks for the shipping information you provided.
(D) Other books are available at a discount.

Questions 139-142 refer to the following e-mail.

To: Naomi McHale <nmchale@snmail.co.uk>
From: Liverpool Orchestra <info@liverpoolorchestra.co.uk>
Date: 22 August
Subject: More tickets for less!

Dear Member,

The Liverpool Orchestra membership policy is being updated to add an exciting option. Previously, members could purchase only a single ticket at the member price. -------(139.) , however, with each purchase of a ticket for themselves, members may purchase one additional ticket for a friend and pay for both at the membership rate.

From the first of next month, we will be making a few -------(140.) to our general ticketing policies as well. We will be -------(141.) a new ticketing system to allow purchases on our mobile application, which will charge an extra €1.00 on all ticket prices. -------(142.) .

We value your patronage and look forward to seeing you at our next concert!

Sincerely,

Liverpool Orchestra Audience Services

139. (A) Like
(B) Once
(C) Of course
(D) Now

140. (A) revisions
(B) revising
(C) revises
(D) revised

141. (A) suggesting
(B) implementing
(C) experiencing
(D) considering

142. (A) This is to cover the system's monthly service fee.
(B) Your membership will expire at the end of September.
(C) Those interested in the position should visit our Web site.
(D) Kindly forward your contact information.

Section 3

GO ON TO THE NEXT PAGE

Questions 143-146 refer to the following memo.

To: All Employees
From: Issei Takamoto
Subject: Office party
Date: 25 November

As you know, our end-of-year staff party ------- **143.** for 21 December. ------- **144.** , this event is being postponed. Management has just notified us that on 21 December, all branch offices of Witwood Travel will be holding an open house for current and potential clients. ------- **145.** . The end-of-year party will now be held on 4 January at Jeanine's Bistro on Morris Street from 4:00 P.M. to 6:30 P.M. I hope that ------- **146.** will be able to attend. If you have any questions about the upcoming open house or the staff party, please contact Yvette Bianco.

143. (A) schedules
(B) scheduling
(C) will be scheduled
(D) was scheduled

144. (A) Consequently
(B) However
(C) Ideally
(D) Likewise

145. (A) Large crowds are expected to attend.
(B) We hired new travel agents at our office in December.
(C) Book your trip before all the available dates are filled.
(D) I want to thank all of you for your hard work on the sale.

146. (A) he
(B) neither
(C) everybody
(D) they

PART 7

Directions: In this part you will read a selection of texts, such as magazine and newspaper articles, e-mails, and instant messages. Each text or set of texts is followed by several questions. Select the best answer for each question and mark the letter (A), (B), (C), or (D) on your answer sheet.

Questions 147-148 refer to the following notice.

Thyrsis University
SURPLUS SALE

Saturday, March 5
8:00 A.M.–1:00 P.M.
Building A, Room 102

Items no longer needed by the university are available for purchase, including:

Copy machines, projectors, cabinets, chairs, bookcases, tables, and more!

Preview of items:
Friday, March 4
2:00 P.M.–4:00 P.M.

Open to the public

147. What is indicated about the sale?

(A) It is limited to university staff.
(B) It features used office equipment.
(C) It takes place in several locations.
(D) It is an annual event.

148. When can customers begin to purchase items?

(A) On Friday morning
(B) On Friday afternoon
(C) On Saturday morning
(D) On Saturday afternoon

GO ON TO THE NEXT PAGE

Questions 149-150 refer to the following instructions from an employee handbook.

Submitting Travel Expense Reports

Part 4: Receipts

- Assemble all of your original receipts and arrange them in the following categories: Transportation, Lodging, Meals, Business (e.g., Internet charges), Miscellaneous.
- If a receipt is lost or unavailable (e.g., vending machine purchase), you must fill out an Individual Expense form in order to be reimbursed.
- Put all of your receipts in a departmental envelope along with the expense report. Do not staple the receipts to the report.

149. According to the instructions, how should receipts be organized?

(A) Alphabetically
(B) By date of purchase
(C) By amount of expense
(D) By type of expense

150. What should employees do if a receipt is missing?

(A) Complete a special form
(B) Attach a note to the report
(C) Exclude the expense amount
(D) Request a duplicate receipt

Questions 151-152 refer to the following article.

BURSDALE (February 8)—Work is set to begin today on the construction of Griffon Park Plaza, the $42 million residential and commercial project by developer Blocker-Reid, LLP. The complex will be situated on the site that for 60 years was home to the Candy Mountain Company's factory. The site has been vacant for the past decade since Candy Mountain's move to Chadwell.

With plans to feature well over 100 affordably priced apartment units and a dozen retail storefronts, Griffon Park Plaza will be the largest mixed-use development here in Bursdale in at least 40 years. The supermarket chain Merion Fields is in talks to lease a large space in the complex. Construction is expected to be complete by the end of next year.

151. What is the purpose of the article?

(A) To report the closing of a candy factory
(B) To outline the history of a city park
(C) To publicize a grand-opening event
(D) To announce the start of a construction project

152. What is indicated about Merion Fields?

(A) It is considering opening a store in Griffon Park Plaza.
(B) It recently purchased the Candy Mountain Company.
(C) It is headquartered in Chadwell.
(D) It has been in business for only a decade.

GO ON TO THE NEXT PAGE

Questions 153-154 refer to the following online chat discussion.

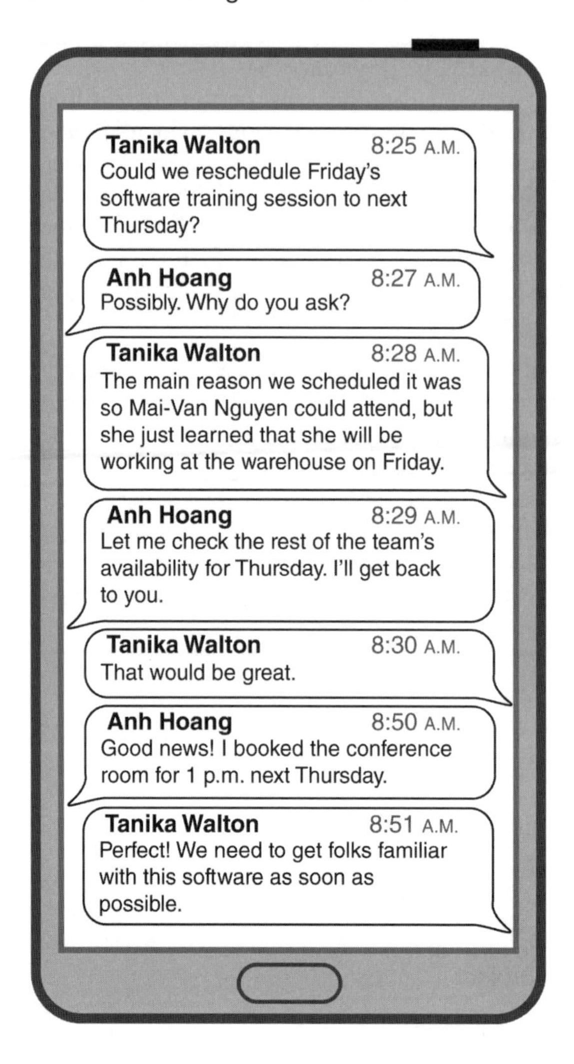

153. What is indicated about Ms. Nguyen?

(A) She is Ms. Walton's manager.
(B) She works in two locations.
(C) She has reserved a conference room.
(D) She was asked to lead a meeting.

154. At 8:50 A.M., what does Ms. Hoang most likely mean when she writes, "Good news"?

(A) A training session can be rescheduled.
(B) Some new software is ready to install.
(C) A conference room has a projector.
(D) Ms. Hoang heard back from Ms. Nguyen.

Questions 155-157 refer to the following e-mail.

To:	Deepak Gadhavi <dgadhavi@tayrotech.in>
From:	Anushka Bhamra <abhamra@alpireconsulting.in>
Subject:	Workshop survey
Date:	15 March

Dear Mr. Gadhavi:

We recently sent you an e-mail inviting you to take part in an important research project we are conducting. You were selected because our records show that you attended one or more of our workshops in the past year. — [1] —. We haven't yet heard back from you. — [2] —. We would appreciate it if you could complete the short online survey by 31 March. — [3] —.

The survey can be accessed on our Web site at https://alpireconsulting.in/workshopsurvey. Please use access code YZ68. Thank you in advance for your help. — [4] —.

Sincerely,

Anushka Bhamra
Alpire Consulting

155. Why did Ms. Bhamra send the e-mail?

(A) To thank a colleague for his contribution
(B) To respond to a job application
(C) To confirm an update to company records
(D) To follow up on a previous request

156. What is indicated about Mr. Gadhavi?

(A) He is a professional survey designer.
(B) He rescheduled a meeting with Ms. Bhamra.
(C) He had difficulty using a Web site.
(D) He has participated in an Alpire Consulting workshop.

157. In which of the positions marked [1], [2], [3], and [4] does the following sentence best belong?

"Doing so should take only a few minutes of your time."

(A) [1]
(B) [2]
(C) [3]
(D) [4]

GO ON TO THE NEXT PAGE

Questions 158-160 refer to the following Web page.

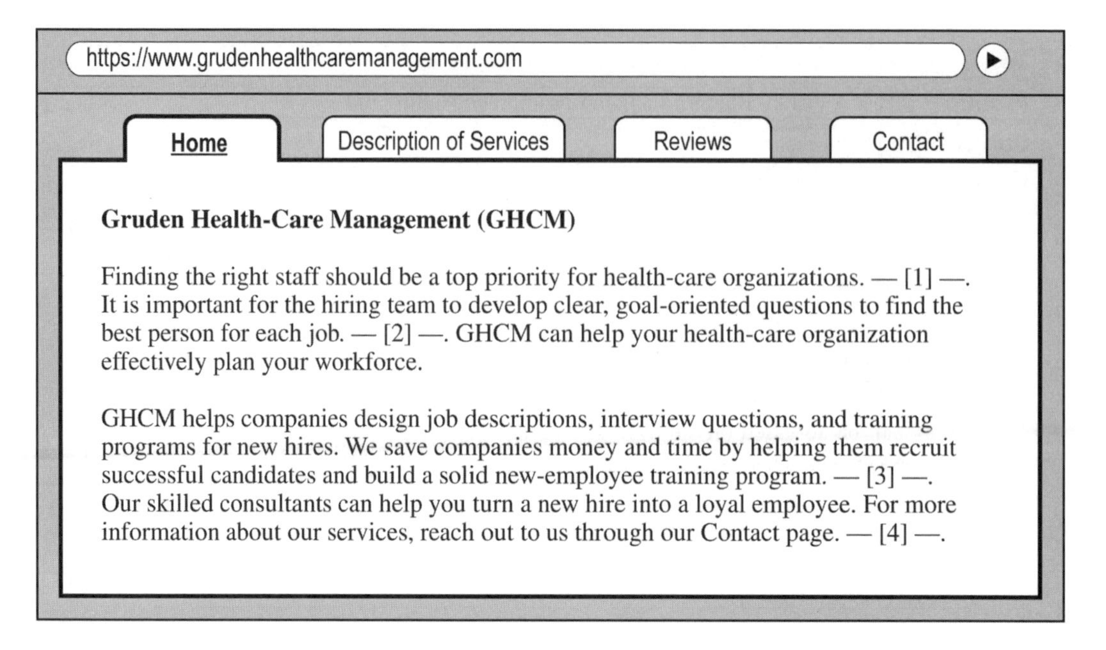

https://www.grudenhealthcaremanagement.com

Home | Description of Services | Reviews | Contact

Gruden Health-Care Management (GHCM)

Finding the right staff should be a top priority for health-care organizations. — [1] —. It is important for the hiring team to develop clear, goal-oriented questions to find the best person for each job. — [2] —. GHCM can help your health-care organization effectively plan your workforce.

GHCM helps companies design job descriptions, interview questions, and training programs for new hires. We save companies money and time by helping them recruit successful candidates and build a solid new-employee training program. — [3] —. Our skilled consultants can help you turn a new hire into a loyal employee. For more information about our services, reach out to us through our Contact page. — [4] —.

158. What is the purpose of the Web page?

(A) To advise job candidates on interviewing techniques
(B) To invite qualified candidates to apply for health-care jobs
(C) To educate the public on the shortage of health-care workers
(D) To inform health-care companies about GHCM's services

159. What does GHCM help design?

(A) Patient satisfaction surveys
(B) Training activities for new staff
(C) Human Resources budget forms
(D) Online job applications

160. In which of the positions marked [1], [2], [3], and [4] does the following sentence best belong?

"We also consistently reduce the number of employees who leave companies."

(A) [1]
(B) [2]
(C) [3]
(D) [4]

Questions 161-163 refer to the following manual page.

View Maker 4100 Wireless Projector: Troubleshooting Guide

Before contacting your local View Maker dealer or service professional, please check the following list of frequently occurring issues to determine whether repairs are in fact needed.

1. Make sure the projector is connected to a power source.
2. Make sure the device is powered on (indicated by a steady green light above the bulb housing).
3. Make sure the lens cap is removed.
4. Check to see that the projector is connected to a Wi-Fi network (indicated by a steady blue light on the back of the device).
5. Look for a flashing yellow or red light. These indicate low bulb life or bulb failure, respectively.
6. Make a note of any error codes you receive.

If your projector is still not working, contact us via e-mail at help@viewmaker.com or call our help desk at 1 (716) 555-0190. Please have your device's model, serial number, and error codes at the ready.

161. What is the purpose of the manual page?

(A) To help ensure that customers set up the projector correctly
(B) To recommend the best settings for a clear picture
(C) To compare different View Maker models
(D) To provide a list of service centers

162. The word "issues" in paragraph 1, line 2, is closest in meaning to

(A) topics
(B) outlets
(C) publications
(D) problems

163. According to the guide, what indicates bulb failure?

(A) A steady green light
(B) A steady blue light
(C) A flashing green light
(D) A flashing red light

GO ON TO THE NEXT PAGE

Questions 164-167 refer to the following notice.

Suburbi Offices

In accordance with the terms of your Suburbi Offices rental agreement, we are notifying you that monthly maintenance dues for your midsize office rental unit will increase by 5 percent effective June 1. Your monthly rental payment, however, will be unchanged for the rest of this calendar year.

You will continue to enjoy the following benefits of renting in the Suburbi Offices building:

- Free high-speed Internet
- A community kitchen with refrigerator, microwave oven, and complimentary hot beverages available 24 hours a day
- Complimentary service for travel arrangements as well as package pickup and delivery
- A fully equipped gym with showers and sauna, open from 5 A.M. to 10 P.M. daily

In addition, we would like to remind you that our award-winning Suburbi Café serves healthy snacks Monday through Friday from 7 A.M. to 3 P.M.

164. What is one purpose of the notice?

(A) To inform renters about a fee increase
(B) To highlight new rental properties
(C) To encourage renters to use a fitness center
(D) To remind renters to update their calendars

165. The word "rest" in paragraph 1, line 3, is closest in meaning to

(A) relaxation
(B) support
(C) start
(D) remainder

166. What is NOT offered free of charge to renters of Suburbi Offices?

(A) Hot drinks
(B) Healthy snacks
(C) Travel planning
(D) Internet access

167. What is suggested about Suburbi Café?

(A) It is closed on Saturdays.
(B) It was recently renovated.
(C) It has moved to a new location.
(D) It serves Suburbi Offices renters only.

Questions 168-171 refer to the following e-mail.

To:	<omar_keita@soleil.net.sn>
From:	<bwenitong@promovendi.com.au>
Date:	13 September
Subject:	RE: Request for information about Gateyes software

Dear Mr. Keita,

Thank you for your interest in Gateyes. I am happy to provide you with information.

Developed and distributed by Promovendi, Gateyes is a computer-delivered training programme designed to teach employees about ways to safeguard their company's confidential information. Specifically, they are taught a set of best practices aimed at preventing both the theft and destruction of sensitive data and the introduction and spread of harmful software. The programme is available in six languages, French included.

Training takes the form of an interactive game, with characters portrayed as bank employees who encounter various security threats. Trainees are asked to decide on the best action by choosing one of four options. An explanation is offered for each option as to why it is or is not appropriate and what its consequences may be.

The training can be customised to fit your department's needs, meaning that your team of junior lawyers would receive training in addressing only those threats they may encounter in performing their duties. While learners fully control the pace of the course, the average learner needs no more than 60 minutes to complete it. Employees are awarded a certificate upon successfully passing the post-training test.

I hope I have addressed your query to your satisfaction. In closing, please note that in the eight years since we started doing business in Senegal, we have built a solid clientele and reputation there. I would be happy to forward some references.

Sincerely,

Bruce Wenitong, Senior Marketing Manager
Promovendi

168. What is indicated about Gateyes?

(A) It can be downloaded free of charge.
(B) It provides users with practical feedback.
(C) It was developed specifically for the banking industry.
(D) It analyzes customer information.

169. In what industry does Mr. Keita most likely work?

(A) Law
(B) Finance
(C) Software engineering
(D) Data security

170. What does Mr. Wenitong state about Gateyes users?

(A) Most speak multiple languages.
(B) Most pass a certification test on their first attempt.
(C) They can control the amount of time needed to complete tasks.
(D) They work mainly in management roles.

171. What is indicated about Promovendi?

(A) It manufactures its products in Senegal.
(B) It has been in business for over ten years.
(C) Its best practices have been adopted by companies around the world.
(D) It is well respected in Senegal.

GO ON TO THE NEXT PAGE

Questions 172-175 refer to the following text-message chain.

Valerie Claussen (11:00 A.M.)
Hi, Dixie. This is Valerie over at LeVraie's.

Dixie Rodriguez (11:01 A.M.)
Hello, Valerie. What can I do for you?

Valerie Claussen (11:02 A.M.)
I was wondering if your boats had brought in any redfish. We had a rush in our shop this morning, and we'd like to get restocked before this afternoon.

Dixie Rodriguez (11:03 A.M.)
We got in 45 kilograms this morning. But we also need to unload 20 kilograms of blue crab. If you will take the crab, too, I can make a good deal for you on the redfish.

Valerie Claussen (11:04 A.M.)
Let me check with the sales floor. Norman, how are we on blue crab right now?

Norman Fontenot (11:10 A.M.)
We've sold about 12 kilograms this morning.

Valerie Claussen (11:11 A.M.)
How is the walk-in refrigerator looking?

Norman Fontenot (11:12 A.M.)
Two shelves just opened up in the past 30 minutes.

Valerie Claussen (11:12 A.M.)
Great. Dixie, we will take both the redfish and the blue crab. How much?

Dixie Rodriguez (11:13 A.M.)
The blue crab is going for $14.85 per kilogram today. I can give you the redfish for 15 percent less than you paid last time, but I will have to look that up.

Valerie Claussen (11:14 A.M.)
You've got it. Go ahead and send the order over.

Dixie Rodriguez (11:15 A.M.)
Sounds good. I will draw up the paperwork.

172. What most likely is LeVraie's?

(A) A food market
(B) A restaurant
(C) A fishing company
(D) A shipping company

173. Why does Ms. Claussen contact Ms. Rodriguez?

(A) To find out about boat rentals
(B) To ask about product availability
(C) To request a discount
(D) To negotiate a long-term contract

174. What is Mr. Fontenot asked to do?

(A) Check on storage space
(B) Pick up an order
(C) Complete some paperwork
(D) Unload items from a truck

175. At 11:14 A.M., what does Ms. Claussen most likely mean when she writes, "You've got it"?

(A) She is satisfied with the quality of a product.
(B) She agrees to the terms Ms. Rodriguez has offered.
(C) Ms. Rodriguez has already received some paperwork.
(D) Ms. Rodriguez has the correct delivery address.

GO ON TO THE NEXT PAGE

Questions 176-180 refer to the following Web page and e-mail.

http://www.thompsonhospital.co.uk/careers 

Job Fair, Wednesday 18 September, 3:00 P.M.–7:00 P.M.

Do you have what it takes? Apply now to join our team at Thompson Hospital. If your credentials meet our basic requirements, you will be invited to our job fair, where you will learn all about our part-time and full-time opportunities. Available positions and job requirements are as follows:

- Food service workers (must have experience working in a cafeteria or snack bar)
- Patient services representatives (must have advanced computer skills)
- Medical assistants (must be certified)
- Transport drivers (must be licensed)

Most positions require two years of experience. Thompson Hospital offers excellent benefits.

Qualified individuals are asked to apply through our online portal by Thursday, 12 September, to be considered. For more information, contact Olivia Davies in Human Resources: odavies@thompsonhospital.co.uk

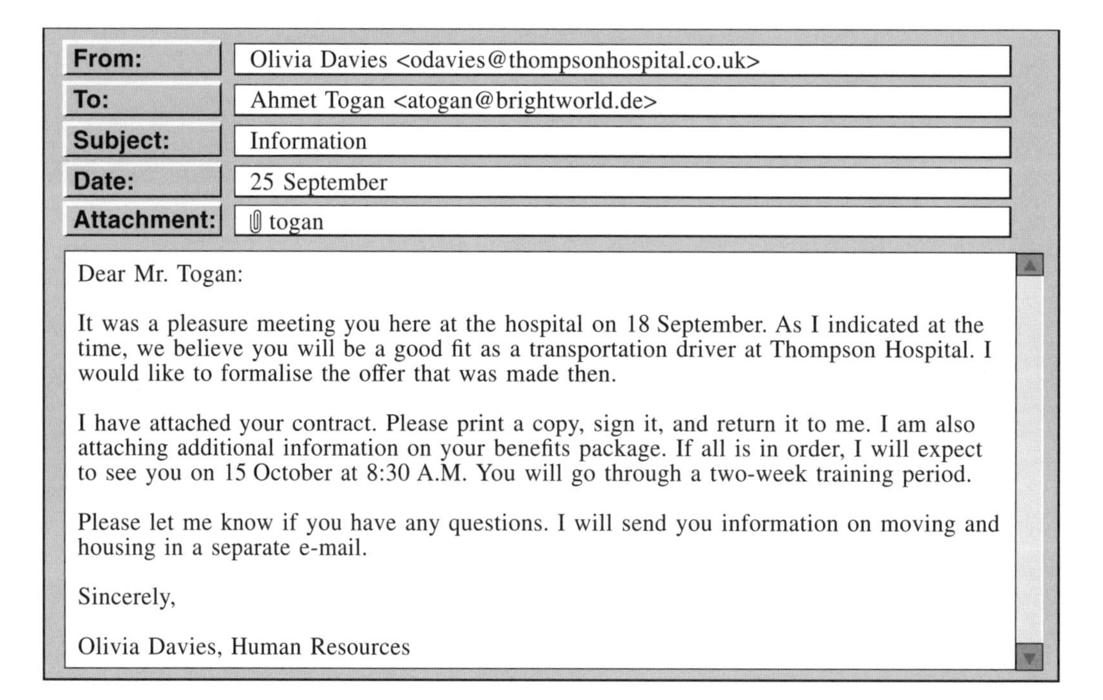

From: Olivia Davies <odavies@thompsonhospital.co.uk>
To: Ahmet Togan <atogan@brightworld.de>
Subject: Information
Date: 25 September
Attachment: togan

Dear Mr. Togan:

It was a pleasure meeting you here at the hospital on 18 September. As I indicated at the time, we believe you will be a good fit as a transportation driver at Thompson Hospital. I would like to formalise the offer that was made then.

I have attached your contract. Please print a copy, sign it, and return it to me. I am also attaching additional information on your benefits package. If all is in order, I will expect to see you on 15 October at 8:30 A.M. You will go through a two-week training period.

Please let me know if you have any questions. I will send you information on moving and housing in a separate e-mail.

Sincerely,

Olivia Davies, Human Resources

176. What was the deadline for applications to be received?

(A) September 12
(B) September 18
(C) September 25
(D) October 15

177. Where did the job fair most likely take place?

(A) At a medical center
(B) At a convention center
(C) At a computer store
(D) At a transportation office

178. What does the Web page indicate about the available positions?

(A) Only part-time positions are available.
(B) All of them require a current driver's license.
(C) Training will be provided.
(D) Most of them require some experience.

179. Why did Ms. Davies e-mail Mr. Togan?

(A) To thank him for solving a problem
(B) To request some references
(C) To confirm a job offer
(D) To list some changes to a contract

180. What is suggested about Mr. Togan in the e-mail?

(A) He has a medical license.
(B) He has advanced computer skills.
(C) He requested information on housing.
(D) He will soon deliver a lecture.

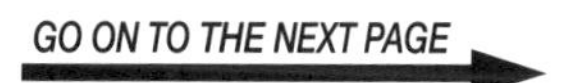

Questions 181-185 refer to the following customer review and e-mail.

https://www.noelispecialtyfoods.com/reviews

I frequently shop at Noeli Specialty Foods even though I have to travel all the way across town to get there. I particularly appreciate how much the employees know about all the products sold there. They are always able to answer my questions.

One thing I miss, though, is Lipina Energy Bars. They used to be at the end of aisle 10, but, sadly, they seem to have disappeared. I first learned about the Lipina Company when I was on vacation in Belfast, Maine, and took a tour of their manufacturing facility. It was so interesting to watch how the machines process the organic fruits and nuts, cut the bars into little rectangles, and then wrap them in several layers of plastic. The only other place I know to buy them is online through their Web site, but I'd rather get them here so I can do all my shopping at once and avoid paying for shipping.

–Tysha Mezzetti, tysha.mezzetti@nolomail.com

E-mail

To:	tysha.mezzetti@nolomail.com
From:	d.burgess@noelispecialtyfoods.com
Date:	Thursday, February 24
Subject:	Re: Lipina Energy Bars

Dear Ms. Mezzetti,

I apologize for not responding to your review sooner. As you may know, we are expanding our store, and the construction has taken a lot of my time. In response to your comments, you are right—we no longer carry Lipina Energy Bars.

When Noeli Specialty Foods launched five years ago, we had one simple goal: to feature artisanal food items not sold in regular supermarkets. Recently, however, we have updated our standards. We work exclusively with suppliers that meet the following requirements:

1. Producing locally, in or around the state of Maine

2. Using organic ingredients

3. Providing reusable nonplastic containers

4. Conveying ingredient-related information on their Web site

We published our updated policy in our December newsletter. If we no longer carry a product, it is most likely because the supplier has failed to meet one or more of these standards.

Kind regards,

Dale Burgess

181. What does Ms. Mezzetti like best about Noeli Specialty Foods?

(A) Its attractive decor
(B) Its knowledgeable staff
(C) Its selection of products
(D) Its convenient location

182. What does Ms. Mezzetti indicate about the Lipina Company?

(A) It should upgrade its machinery.
(B) It ships only in large quantities.
(C) It is experimenting with new flavors.
(D) It offers tours of its manufacturing plant.

183. Why was Mr. Burgess delayed in responding to Ms. Mezzetti's review?

(A) He needed time to consult with a supplier.
(B) He was working on a newsletter.
(C) He needed approval from the Lipina Company.
(D) He was busy with building renovations.

184. According to Mr. Burgess, what has Noeli Foods recently updated?

(A) Its contact information
(B) Its marketing strategy
(C) Its online shopping portal
(D) Its product standards

185. Which of Noeli's requirements is NOT met by the Lipina Company?

(A) Requirement 1
(B) Requirement 2
(C) Requirement 3
(D) Requirement 4

GO ON TO THE NEXT PAGE

Questions 186-190 refer to the following e-mails and Web page.

To:	Jenny Cho
From:	Cansone Internet
Date:	December 1
Subject:	Your bill

Your Cansone Internet bill is ready to view. Visit cansone.com/account to view your detailed bill and make an online payment.

Amount due:	$69.69
Statement date:	December 1
Payment due:	December 12
Cansone account number:	0420
Service address:	11480 Robinson Lane Dietsch, PA 16430

Save time and hassle by signing up for automatic payments. Simply sign in to your account, go to the Settings page, and select Auto Pay. You will be prompted to set up your payment method. As a thank-you from Cansone, you will receive 5 percent off your first automatic payment.

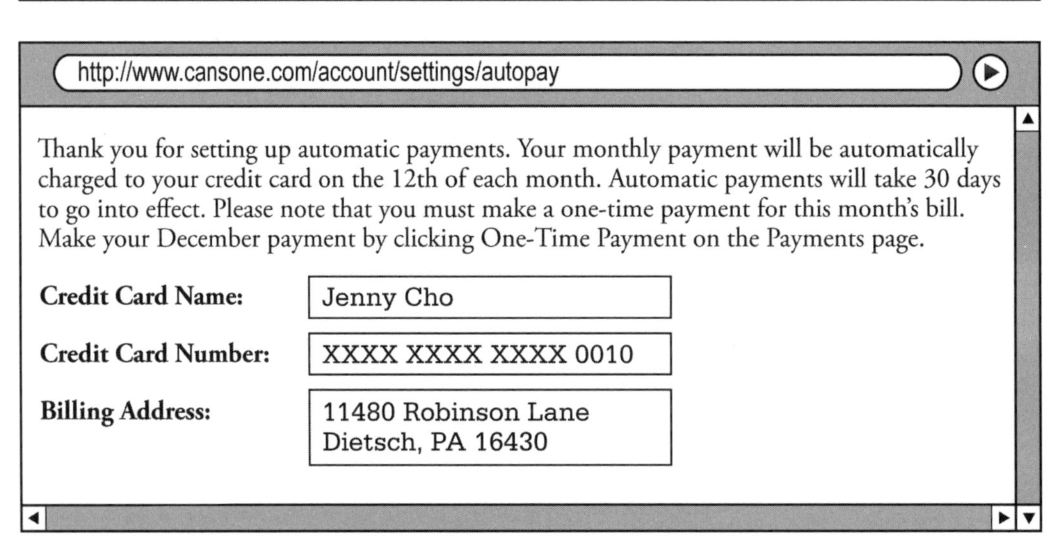

http://www.cansone.com/account/settings/autopay

Thank you for setting up automatic payments. Your monthly payment will be automatically charged to your credit card on the 12th of each month. Automatic payments will take 30 days to go into effect. Please note that you must make a one-time payment for this month's bill. Make your December payment by clicking One-Time Payment on the Payments page.

Credit Card Name:	Jenny Cho
Credit Card Number:	XXXX XXXX XXXX 0010
Billing Address:	11480 Robinson Lane Dietsch, PA 16430

E-mail

To: Cansone Internet Customer Service
From: Jenny Cho
Date: January 5
Subject: Billing issue

Hello,

I am writing about a problem with my January bill. On December 2, I signed up for automatic bill payments. I expected all of my payments, including December's, to be taken care of. However, my December payment was not charged to my credit card on December 12, and now I am being charged a $25 late fee. I set up automatic payments precisely to avoid this type of problem. Please ensure that my December and January payments are charged to the credit card I authorized on your Web site. I assume I will not have to pay the late fee. Please let me know if this is the case.

Additionally, I am opening a new business location at 9 Turner Place in Dietsch, PA. I need to schedule Internet installation there. Can you please help me schedule a visit by the end of next month?

Thank you,

Jenny Cho

186. In the first e-mail, what is Ms. Cho encouraged to do?

(A) Enroll in an automatic payment system
(B) Pay her outstanding bill immediately
(C) Update her contact information
(D) Give feedback on Cansone's customer service

187. What is suggested about Ms. Cho?

(A) She is a long-time Cansone customer.
(B) She used to pay her bills by check.
(C) She will start receiving her bills in the mail.
(D) She will be given a discount in January.

188. What error did Ms. Cho make?

(A) She e-mailed the wrong department.
(B) She did not make a one-time payment for her December bill.
(C) She did not enter correct credit card information.
(D) She misplaced her January bill.

189. In the second e-mail, what does Ms. Cho request?

(A) To have her monthly rate reduced
(B) To have a fee waived
(C) To change her payment due date
(D) To speak directly to a manager

190. When would Ms. Cho like to have additional Internet service installed?

(A) By December 2
(B) By December 12
(C) By January 5
(D) By February 28

Section 3

GO ON TO THE NEXT PAGE

Questions 191-195 refer to the following e-mails and table.

From:	Calvin Tobin
To:	Quantum Prospects Electronics—Springfield
Date:	September 25
Subject:	Information
Attachment:	Reservation form

Hello, everyone,

We have hired a contractor to conduct a deep cleaning and painting of the Springfield office on October 8 from 6 A.M. to 5 P.M. No one will be allowed to access the main building, Annex A, or the office complex for the entire day. On the other hand, the Information Center and Annexes B, C, and D will be cleaned and painted at a later date and so will remain open. You may schedule your teams to work in those spaces on October 8, but you must reserve them in advance.

To reserve a space, please e-mail Human Resources as soon as possible with a completed copy of the attached reservation form. Once all rooms are filled, Human Resources will e-mail the schedule to staff.

Sincerely,

Calvin Tobin

To: Springfield plant staff
From: Stella Jennings
Date: September 26
Subject: Schedule

Schedule for Annex B on October 8

Team/Contact	Time	Purpose
Marketing Carl Lankin	9:00 A.M.–12:30 P.M.	Preparing for the launch of the Quantum Prospects gaming system
Administration Aki Tanaka	12:30–1:30 P.M.	Meeting with potential new security vendor Viateur Secure
Research and Development Shira Dayan	1:30–3:00 P.M.	Reviewing quality control procedures
Finance Franklin Saft	3:00–5:00 P.M.	Preparing financial reports for auditors

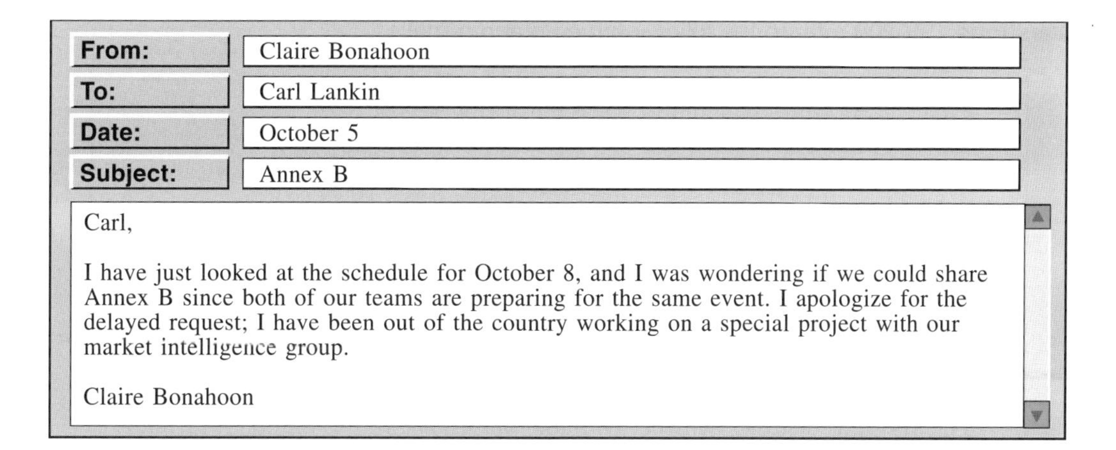

From: Claire Bonahoon
To: Carl Lankin
Date: October 5
Subject: Annex B

Carl,

I have just looked at the schedule for October 8, and I was wondering if we could share Annex B since both of our teams are preparing for the same event. I apologize for the delayed request; I have been out of the country working on a special project with our market intelligence group.

Claire Bonahoon

191. What is one purpose of the first e-mail?

(A) To request approval for a contractor
(B) To reschedule a team meeting
(C) To announce upcoming office maintenance
(D) To ask employees to report to work early

192. According to the first e-mail, what area will workers be unable to enter on October 8?

(A) Annex A
(B) Annex B
(C) Annex C
(D) The Information Center

193. In what department does Ms. Jennings most likely work?

(A) Marketing
(B) Human Resources
(C) Research and Development
(D) Administration

194. What will Ms. Bonahoon's team be discussing on October 8?

(A) A financial audit
(B) A new vendor
(C) An updated process
(D) A product launch

195. According to the second e-mail, why is Ms. Bonahoon late in writing to Mr. Lankin?

(A) She misunderstood a schedule.
(B) She was busy creating a new team.
(C) She had an international work assignment.
(D) She was attending a special hiring event.

GO ON TO THE NEXT PAGE

Questions 196-200 refer to the following memo and e-mails.

From: Masahiro Nakamura, Director of Operations
To: All Employees
Date: Monday, January 5
Subject: Annual training

In order to comply with regulations, all Amp Wiz employees must complete a series of online training courses annually. These courses include training on information security, record handling, and inventory control. Employees who deal directly with external clients must complete additional modules on ethics and conflict of interest issues.

The training modules will be available online beginning January 12, and all training should be completed by January 16. I will send a reminder on January 15, but it is your responsibility to finish your training on time. All departments that achieve a 100-percent completion rate by the deadline will be permitted to take the afternoon off on Friday, January 30. Specific departments may also choose to offer additional incentives to encourage employees to complete these required tasks in a timely manner.

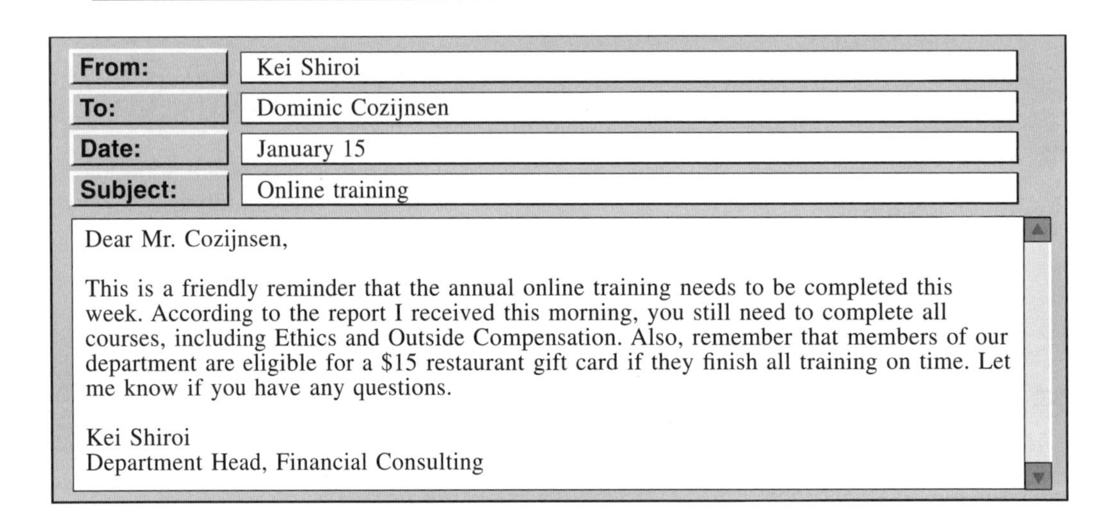

From: Kei Shiroi
To: Dominic Cozijnsen
Date: January 15
Subject: Online training

Dear Mr. Cozijnsen,

This is a friendly reminder that the annual online training needs to be completed this week. According to the report I received this morning, you still need to complete all courses, including Ethics and Outside Compensation. Also, remember that members of our department are eligible for a $15 restaurant gift card if they finish all training on time. Let me know if you have any questions.

Kei Shiroi
Department Head, Financial Consulting

From:	Dominic Cozijnsen
To:	Kei Shiroi
Date:	January 15
Subject:	RE: Online training

Dear Ms. Shiroi,

Thanks for your reminder. I have been at the International Management Congress in Yokohama since January 10, and I have not had time to do any of the training courses, since I have been busy attending panel sessions and networking events. I will be back in the office tomorrow afternoon and will finish the courses at that time, with a few hours to spare before the deadline.

Sincerely,

Dominic Cozijnsen

196. What does the memo indicate about the training courses?

(A) They are required by the company.
(B) They must be taken in the office.
(C) They are available for one month.
(D) They were created by Amp Wiz staff.

197. What will most likely happen on January 30?

(A) New policies will be enforced.
(B) Departments will review inventory records.
(C) Some employees will leave work early.
(D) New service features will be introduced.

198. What is suggested about Mr. Cozijnsen?

(A) He works with outside clients.
(B) He needs a new training password.
(C) He received a department prize.
(D) He was trained by Ms. Shiroi.

199. Why has Mr. Cozijnsen been unable to complete the training courses?

(A) He had technical problems accessing the courses.
(B) He received the relevant information late.
(C) He was busy organizing a networking event.
(D) He was participating in a conference.

200. When does Mr. Cozijnsen plan to complete the training courses?

(A) On January 10
(B) On January 12
(C) On January 15
(D) On January 16

Stop! This is the end of the test. If you finish before time is called, you may go back to Parts 5, 6, and 7 and check your work.

本番形式テスト
200問

Practice Test

解答と解説

Section 3 正解一覧

リスニングセクション

問題番号	正解
Part 1	
1	B
2	C
3	D
4	A
5	B
6	A
Part 2	
7	B
8	A
9	A
10	A
11	C
12	A
13	C
14	C
15	B
16	B
17	C
18	A
19	C
20	B
21	C
22	A
23	B
24	B
25	A
26	B
27	B
28	C
29	A
30	C
31	C
Part 3	
32	B
33	C
34	D
35	C
36	D
37	B
38	C
39	D
40	B
41	B
42	A
43	D
44	D
45	B
46	A
47	C
48	B
49	A
50	D

問題番号	正解
51	A
52	C
53	A
54	C
55	D
56	D
57	A
58	D
59	C
60	D
61	C
62	B
63	D
64	A
65	A
66	C
67	B
68	A
69	C
70	B
Part 4	
71	B
72	D
73	A
74	C
75	B
76	D
77	C
78	D
79	B
80	A
81	A
82	B
83	D
84	C
85	B
86	B
87	A
88	D
89	C
90	B
91	A
92	B
93	C
94	C
95	C
96	D
97	B
98	D
99	C
100	B

リーディングセクション

問題番号	正解
Part 5	
101	B
102	D
103	B
104	D
105	C
106	A
107	D
108	D
109	C
110	D
111	A
112	B
113	C
114	D
115	D
116	C
117	B
118	A
119	B
120	C
121	B
122	D
123	C
124	A
125	D
126	B
127	B
128	C
129	A
130	C
Part 6	
131	B
132	C
133	D
134	A
135	A
136	D
137	B
138	B
139	D
140	A
141	B
142	A
143	D
144	B
145	A
146	C
Part 7	
147	B
148	C
149	D
150	A

問題番号	正解
151	D
152	A
153	B
154	A
155	D
156	D
157	C
158	D
159	B
160	C
161	A
162	D
163	D
164	A
165	D
166	B
167	A
168	B
169	A
170	C
171	D
172	A
173	B
174	A
175	B
176	A
177	A
178	D
179	C
180	C
181	B
182	D
183	D
184	D
185	C
186	A
187	D
188	B
189	B
190	D
191	C
192	A
193	B
194	D
195	C
196	A
197	C
198	A
199	D
200	D

参考スコア範囲の換算表

以下の手順に従って、本番形式テストの正答数から「参考スコア範囲」を確認することができます。

1. 本番形式テストを受験後、左ページの「正解一覧」を参照し、正答数を数えてください。各セクションの正答数がそれぞれの素点となります。
2. 「参考スコア範囲の換算表」であなたの素点に対応する換算点範囲を見つけます。例えばリスニングセクションの素点が 45 であれば、あなたの換算点範囲は「160 ～ 230 点」です。各セクションの換算点範囲の合計が、あなたのトータルスコア（参考スコア範囲）となります。

あなたの参考スコア範囲　必要に応じて複数回受験しましょう。

	素点		換算点範囲
1 回目	________	▶	________
2 回目	________	▶	________

参考スコア範囲の換算表

リスニングセクション		リーディングセクション	
素点	換算点範囲	素点	換算点範囲
96 — 100	475 — 495	96 — 100	460 — 495
91 — 95	435 — 495	91 — 95	425 — 490
86 — 90	405 — 470	86 — 90	400 — 465
81 — 85	370 — 450	81 — 85	375 — 440
76 — 80	345 — 420	76 — 80	340 — 415
71 — 75	320 — 390	71 — 75	310 — 390
66 — 70	290 — 360	66 — 70	285 — 370
61 — 65	265 — 335	61 — 65	255 — 340
56 — 60	240 — 310	56 — 60	230 — 310
51 — 55	215 — 280	51 — 55	200 — 275
46 — 50	190 — 255	46 — 50	170 — 245
41 — 45	160 — 230	41 — 45	140 — 215
36 — 40	130 — 205	36 — 40	115 — 180
31 — 35	105 — 175	31 — 35	95 — 150
26 — 30	85 — 145	26 — 30	75 — 120
21 — 25	60 — 115	21 — 25	60 — 95
16 — 20	30 — 90	16 — 20	45 — 75
11 — 15	5 — 70	11 — 15	30 — 55
6 — 10	5 — 60	6 — 10	10 — 40
1 — 5	5 — 50	1 — 5	5 — 30
0	5 — 35	0	5 — 15

例 ▶ 41 — 45 / 160 — 230

1

2

3

1 W

(A) He's reading a street sign.
(B) He's stepping off a curb.
(C) He's opening an umbrella.
(D) He's pulling a suitcase.

(A) 彼は通りの標識を読んでいる。
(B) 彼は縁石から踏み出している。
(C) 彼は傘を開いている。
(D) 彼はスーツケースを引いている。

正解 B 男性は歩道の縁石から踏み出し、横断歩道を渡ろうとしている。curb はよく出る単語なので、押さえておこう。
(A) 男性は手に持った携帯電話を見ており、標識は写っていない。
(C) 男性は折り畳んだ傘を持っているが、それを開こうとはしていない。
(D) スーツケースらしき物は写っていない。

---

2 M

(A) They're talking on their telephones.
(B) They're jogging on a path.
(C) They're having a conversation.
(D) They're planting some flowers.

(A) 彼女たちは電話で話している。
(B) 彼女たちは遊歩道でジョギングをしている。
(C) 彼女たちは会話をしている。
(D) 彼女たちは花を植えている。

正解 C 2人の女性がベンチに座って会話をしている様子である。
(A) 2人の女性はベンチで向かい合って会話しており、電話は写っていない。
(B) 2人の女性は遊歩道にあるベンチに座っており、ジョギングはしていない。
(D) 2人の女性の背後に花が写っているが、それらを植えてはいない。

---

3 M

(A) The men are swimming.
(B) The men are unpacking some bags.
(C) The men are climbing some stairs.
(D) The men are holding onto a railing.

(A) 男性たちは泳いでいる。
(B) 男性たちはかばんから荷物を取り出している。
(C) 男性たちは階段を上がっている。
(D) 男性たちは手すりにつかまっている。

正解 D 2人の男性はどちらも手すりにつかまっている。
(A) 水は写っているが、男性たちはそこで泳いではいない。
(B) 男性の1人は肩にかばんを掛けており、もう1人の男性の足元にもかばんのような物が写っている。しかし、どちらの男性もそこから荷物を取り出してはいない。
(C) 階段のような物が写っているが、どちらの男性もそれを上がってはいない。

4  **5** **6** 

4 W

(A) A kitchen worker is wiping off a counter.
(B) A kitchen worker is reaching into an oven.
(C) Some workers are taking off their hats.
(D) Some workers are leaving a kitchen.

(A) 1 人の厨房スタッフがカウンターを拭いている。
(B) 1 人の厨房スタッフがオーブンの中に手を伸ばしている。
(C) 何人かのスタッフが帽子を脱いでいるところである。
(D) 何人かのスタッフが厨房から出るところである。

正解 A 厨房スタッフの 1 人が、布のような物でカウンターを拭いている。
(B) オーブンは写っていない。
(C) 2 人の厨房スタッフは帽子をかぶったままで、それを脱ごうとはしていない。
(D) 右側に厨房の出入口のような物が写っているが、2 人の厨房スタッフは厨房を出ようとはしていない。

---

5 W

(A) Some people are singing from a balcony.
(B) Some folding chairs are lined up in rows.
(C) One of the men is carrying a briefcase.
(D) One of the women is walking through a doorway.

(A) 人々がバルコニーで歌っている。
(B) 折り畳み椅子が数列に並べられている。
(C) 男性の 1 人が書類かばんを持っている。
(D) 女性の 1 人が出入口を通り抜けるところである。

正解 B 折り畳み式の椅子が幾つかの列に並べられている。
(A) 歌っているように見える人は写っているが、バルコニーは写っていない。
(C) 男性の 1 人が書類を持っているが、書類かばんは写っていない。
(D) 奥に出入口のような物は写っているが、そこを通り抜けている人はいない。

---

6 M

(A) There's a seating area next to a stone wall.
(B) Some sofas have been positioned facing a window.
(C) A wall has been decorated with photographs.
(D) Some magazines are displayed on some bookshelves.

(A) 石壁の隣に座るスペースがある。
(B) ソファが窓に面して配置されている。
(C) 壁が写真で飾られている。
(D) 雑誌が本棚に陳列されている。

正解 A 難問解説
写真の奥に石壁が写っており、その手前に幾つかの椅子やソファが置かれている。この場所を a seating area「座るスペース」として説明している (A) が正解。
(B) (C) (D) は前半＜S＋V＞部分までは正しく思えるが、文末まで聞くと誤りだと判断できる。選択肢の文の最後まで注意して聞き取ること。(B) と (C) には現在完了の受動態が使われており、物の様子を説明する際によく出てくるので慣れておこう。

語注 **1** step off ～　～から踏み出す／curb　縁石 **2** path　遊歩道／plant　～を植える
3 unpack　～の荷ほどきをする／hold onto ～　～につかまる／railing　手すり、柵
4 wipe off ～　～を拭く、～を拭き取る／reach into ～　～の中に手を伸ばす **5** folding chair　折り畳み式の椅子／line up ～　～を列に並べる／in a row　列にして、列になって／walk through ～　～を歩いて通り抜ける／doorway　出入口 **6** position　～を配置する／face　～の方を向く／decorate　～を飾り付ける／display　～を陳列する

7 W You installed the new software, right?

M (A) Hardwood floors are nicer.
(B) Yes, but I need to restart my computer.
(C) It's a large filing cabinet.

新しいソフトウエアをインストールしたんですよね？
(A) 硬材の床の方がすてきです。
(B) はい、でもコンピューターを再起動する必要があります。
(C) それは大きな書類整理棚です。

正解 B 肯定文の文末に ～, right? を付けて、新しいソフトウエアをインストールしたことを確認しているのに対し、Yes と肯定した上で、「コンピューターを再起動する必要がある」と次の手順を述べている (B) が応答として自然。
(A) 床についての応答はかみ合わない。
(C) It が何を指すのか不明で、応答になっていない。

---

8 M Which train will you take to New York?

W (A) The one that leaves at six o'clock.
(B) I bought some more packing tape.
(C) Because she likes traveling.

ニューヨークまでどの列車に乗るつもりですか。
(A) 6時発の列車です。
(B) 私は荷造り用のテープをもう少し買いました。
(C) 彼女は旅行が好きだからです。

正解 A Which ～？でどの列車に乗るのかを尋ねているのに対し、「6時発の列車だ」と具体的な列車を答えている (A) が正解。one は質問文の train を指す。
(B) Which ～？の質問文に対する応答になっていない。
(C) 理由については尋ねられておらず、she が誰を指すのか不明。

---

9 M Who reserved the meeting room?

W (A) I think it was Daniel.
(B) Tomorrow morning sounds good.
(C) The next contract.

誰が会議室を予約したのですか。
(A) Daniel だったと思います。
(B) 明日の午前は良さそうです。
(C) 次の契約です。

正解 A Who ～? で会議室を予約した人を尋ねているのに対し、「Daniel だったと思う」と具体的な人物を答えている (A) が正解。
(B) 時については尋ねられていない。
(C) 人物を尋ねる質問文に対する応答になっていない。

---

10 W Should I schedule a follow-up appointment?

M (A) No, that's not necessary.
(B) Could you point it out?
(C) Get plenty of rest.

私は次の約束の日時を設定すべきですか。
(A) いいえ、それは必要ありません。
(B) それを指摘してもらえますか。
(C) 十分な休息を取ってください。

正解 A Should I ～? で次の約束の日時の設定をすべきかを尋ねているのに対し、No と否定し、「それは必要ない」と答えている (A) が正解。
(B) it が何を指すのか不明で、応答になっていない。
(C) 質問文に対する応答になっていない。

---

11 W When do we need to submit our time sheets?

M (A) Three feet away.
(B) That clock's wrong.
(C) By Friday.

私たちはいつタイムシートを提出する必要がありますか。
(A) 3フィート離れた所です。
(B) あの時計は合っていません。
(C) 金曜日までにです。

正解 C When ～？でいつ提出する必要があるのかを尋ねているのに対し、「金曜日までに」と具体的な提出期日を答えている (C) が正解。
(A) 距離については尋ねられていない。
(B) 質問にある time と関連する名詞 clock「時計」が含まれるが、応答になっていない。

12 M Did you order coffee for the meeting this afternoon?

W (A) Yes, it's all set up.
(B) An hour at most.
(C) He left this morning.

今日の午後の会議用のコーヒーは注文しましたか。

(A) はい、全て用意ができています。
(B) せいぜい1時間です。
(C) 彼は今朝出発しました。

正解 A 「今日の午後の会議用のコーヒーは注文したか」と尋ねているのに対し、Yesと肯定した上で、「全て用意ができている」と補足して伝えている(A)が応答として自然。
(B) 時間については尋ねられていない。
(C) Heが誰を指すのか不明であり、応答になっていない。

---

13 M Why haven't the carpets arrived yet?

W (A) Yes, have you?
(B) Blue, red, and yellow.
(C) Because the delivery truck broke down.

なぜカーペットはまだ届いていないのですか。

(A) はい、あなたはしましたか。
(B) 青と赤と黄色です。
(C) 配送トラックが故障したためです。

正解 C Why ～? でカーペットがまだ届いていない理由を尋ねているのに対し、Because ～で「配送トラックが故障したためだ」と理由を答えている(C)が正解。
(A) 理由を尋ねられているので、YesやNoでは答えない。
(B) 色については尋ねられていない。

---

14 M Should I call the client or send an e-mail?

W (A) The hotel across the street.
(B) I'll do that right away.
(C) An e-mail is better.

私は顧客に電話をすべきですか、それともEメールを送るべきですか。

(A) 通りの向かい側のホテルです。
(B) 直ちにそれをします。
(C) Eメールの方がいいです。

正解 C *A* or *B*? の形で客への連絡方法を二者択一で尋ねているのに対し、「Eメールの方がいい」と選択して答えている(C)が応答として自然。
(A) 場所については尋ねられていない。
(B) thatが何を指すのか不明で、2択の質問に対する応答になっていない。

---

15 W Where can I have posters made for the conference?

M (A) Prices are reasonable.
(B) At the print shop on Green Street.
(C) On October fifteenth.

どこで会議用のポスターを作ってもらえますか。

(A) 価格は手頃です。
(B) グリーン通りの印刷店です。
(C) 10月15日です。

正解 B Where ～? でポスターを作ってもらえる場所を尋ねているのに対し、「グリーン通りの印刷店だ」と具体的な場所を答えている(B)が正解。
(A) 価格については尋ねられていない。
(C) 日付については尋ねられていない。

語注 **7** hardwood 硬材／filing cabinet 書類整理棚 **8** packing 荷造り **9** reserve ～を予約する、～を確保する／contract 契約、契約書 **10** schedule ～の日時を設定する／follow-up 引き続きの、再度の／appointment 約束、取り決め／point out ～ ～を指摘する／plenty of ～ 十分な～ **11** submit ～を提出する **12** set up ～ ～を用意する／at most せいぜい、多くとも **13** delivery 配送、配達／break down 故障する、壊れる **14** client 顧客／right away 直ちに、今すぐ **15** conference 会議、協議会／reasonable 手頃な、妥当な

16 W Would you like to review the floor plan for the house?

M (A) Two bedrooms.
(B) No, I've already seen it.
(C) Yes, they were.

家の間取り図を見直したいですか。

(A) 2つの寝室です。
(B) いいえ、すでに見ました。
(C) はい、そうでした。

正解 B Would you like to ～? で家の間取り図を見直したいかどうかを尋ねているのに対し、No と断り、「すでに見た」と答えている (B) が応答として自然。

(A) 質問にある floor plan と関連する名詞 bedroom「寝室」があるが、応答になっていない。

(C) they が何を指すのか不明であり、応答になっていない。

---

17 W Which office did they move you to?

M (A) At the very beginning of the month.
(B) Just turn the lights off before you leave the room.
(C) The room assignments haven't been announced yet.

彼らはあなたをどのオフィスへ移したのですか。

(A) 月頭にです。
(B) 部屋を出る前に明かりを消してください。
(C) 部屋の割り当てはまだ発表されていません。

正解 C 難問解説

質問文の they が誰を指すのか不明だが、文脈から、使用するオフィスを決める人物もしくは組織を指すと考えられる。正解の (C) は具体的なオフィスを答えていないが、まだどの部屋（＝オフィス）に移るか分からないということを示唆しており、自然な応答である。

Which office を聞き逃すと、move から時期を答えている (A) を選ぶかもしれない。さらに、office を「会社」としか覚えていない初級者は (C) の room が同意語だと気付きにくいことも難しい理由の一つである。office だけが耳に残っていた場合、部屋を出る際の手順を伝えている (B) を誤って選んでしまう可能性がある。

---

18 M The library is closed for renovations.

W (A) When will it reopen?
(B) Three books.
(C) Boxes and tape.

図書館は改装のため閉鎖されています。

(A) いつ再開する予定ですか。
(B) 3冊の本です。
(C) 箱とテープです。

正解 A 「図書館は改装のため閉鎖されている」という発言に対し、再開する時期を尋ねている (A) が応答として自然。it は質問文の The library を指す。

(B) 質問にある library と関連する名詞 book「本」があるが、応答になっていない。

(C) 応答としてかみ合わない。

19 M How many times have you led this training?

W (A) She got a big promotion.
(B) How to operate the new machines.
(C) I'm the training coordinator.

あなたは何回この研修を指導したことがあるのですか。

(A) 彼女は大きく昇進しました。
(B) 新しい機械の操作方法です。
(C) 私は研修のまとめ役なんです。

正解 C 難問解説

研修を指導した回数を尋ねる質問に、(C) は I'm the training coordinator. と答えている。少々つながりにくい返答だと感じるかもしれないが、「私（の役目）は研修の（leader ではなく）coordinator だ（から、指導したことはない）」という意味だ。つまり、役割が異なるので指導経験はないと間接的に伝えているのである。応答者の意図を素早く理解できるようにしたい。

(A) と (B) は「彼女の昇進」も「機械の操作方法」も発言とかみ合わず、即座に正解候補から外せるだろう。素早い正誤判断がポイントとなる問題である。

20 W Where do you want me to put the desks?

M (A) She's very organized.
(B) The maintenance workers will do it.
(C) Please open the window.

どこに机を置いてほしいですか。
(A) 彼女はとてもきちんとしています。
(B) それは保守作業員がします。
(C) 窓を開けてください。

正解 **B** Where ～? で机を置くべき場所を尋ねているのに対し、「それは保守作業員がする」と答え、机を置く作業は必要ないということを示唆している (B) が応答として自然。
(A) She が誰を指すのか不明であり、応答になっていない。
(C) 尋ねられていることに答えていない。

---

21 W Who works in our Payroll Services Department?

M (A) Sorry, we only accept cash payments.
(B) My apartment is in a nice location.
(C) The receptionist has a list.

誰が給与業務部で働いていますか。
(A) すみません、現金のお支払いしか受け付けておりません。
(B) 私のアパートはいい立地にあります。
(C) 受付係が名簿を持っています。

正解 **C** Who ～? で給与業務部で働いている人を尋ねているのに対し、「受付係が名簿を持っている」と答え、必要な情報を得る方法を伝えている (C) が応答として自然。
(A) 質問にある payroll と関連する payment「支払い」があるが、「誰が」という質問の応答になっていない。
(B) department と apartment の音の類似が紛らわしいが、アパートの場所については尋ねられていない。

---

22 W The shuttle bus should be here in ten minutes.

M (A) Great, right on time.
(B) Under the table.
(C) Yes, I did already.

シャトルバスは 10 分後にここに来るはずです。
(A) よかった、ちょうど時間通りですね。
(B) テーブルの下です。
(C) はい、私はすでにしました。

正解 **A** 「シャトルバスは 10 分後にここに来るはずだ」という発言に対し、Great, right on time. と肯定的な反応をしている (A) が応答として自然。
(B) 場所については尋ねられていない。
(C) 何を「すでにした」と言っているのか不明であり、応答になっていない。

---

23 M Which headline is better, the first or the second?

W (A) No, I don't read the newspaper.
(B) I think our readers prefer short headlines.
(C) It will be ready in one second.

どちらの見出しがいいですか、1 つ目ですか、それとも 2 つ目ですか。
(A) いいえ、私はその新聞を読みません。
(B) 当紙の読者は短い見出しの方を好むと思います。
(C) それはすぐに準備できます。

正解 **B** *A* or *B*? の形で、2 つの見出しのうちどちらがいいかを二者択一で尋ねているのに対し、「当紙の読者は短い見出しの方を好むと思う」と伝え、より良いと思う方を示唆している (B) が正解。
(A) 2 択の質問に、Yes や No では応じない。
(C) It が何を指すのか不明であり、応答になっていない。また、この second は「秒、少しの間」という意味で使われており、質問文の second と意味が異なる。

Section 3

語注 **16** review ～を見直す、～を検討する／floor plan 間取り図 **17** very まさにその、ちょうどその／assignment 割り当て／announce ～を発表する **18** renovation 改装、改修／reopen 再開する **19** promotion 昇進／operate ～を操作する、～を運転する／coordinator まとめ役、調整係 **20** organized きちんとした、整理された／maintenance 保守、整備 **21** payroll 給与台帳、従業員名簿／department 部署、部門／receptionist 受付係 **22** right まさに、ちょうど／on time 時間通りに **23** headline 見出し／in one second すぐに ★= in a second。second は「秒、少しの間」

24 W Do you have this shirt in a larger size?

M (A) No, just one sandwich, please.
(B) I don't work here.
(C) He wore a suit and tie.

このシャツのもっと大きなサイズはありますか。
(A) いいえ、サンドイッチを1つだけ下さい。
(B) 私はここで働いていません。
(C) 彼はスーツとネクタイを身に着けていました。

正解 B 難問解説

おそらく店員だと勘違いして向けられたこの質問に対し「私はここで働いていない」と答えることで、自分はその質問に答えられないということを暗に伝えている (B) が正解。何らかの理由で質問に答えることができないと示す応答もあり得ることを覚えておく必要がある。

Do you ～? に対しては Yes や No で応じるのが通常だが、No で始まる (A) は文脈に合わない sandwich について述べている。(C) には shirt と関連する名詞 suit と tie があるが、質問に答えておらず、He が誰を指すのかも不明なので、応答として不適切。

25 M That was an exciting movie, wasn't it?

W (A) I don't usually like action films.
(B) Let's sit in the balcony.
(C) Thanks, we'd love to.

あれはわくわくする映画でしたよね？
(A) 私は通常アクション映画は好きではないのです。
(B) バルコニー席に座りましょう。
(C) ありがとうございます、喜んで致します。

正解 A 難問解説

「あれはわくわくする映画だったよね？」という同意を求める付加疑問文に対しての返答。(A) は、通常アクション映画は好みではないと述べることで「私はその映画をあまりいいと思わなかった」と婉曲的に伝えて間接的な不同意を表している。I don't think so. などの直接的な表現を避けたこのような答え方は現実でもよくあるので、ピンとくるようにしておこう。

(B) は質問中の movie と関連する balcony「(劇場などの) バルコニー席」があるが、席については尋ねられていない。(C) は誘いを受けるときの返答で、かみ合わない。

---

26 W How much money has been allocated for the video marketing campaign?

M (A) We're located on the third floor.
(B) Ten thousand dollars.
(C) At the supermarket on Grove Street.

映像による販売促進キャンペーンにはどのくらいの資金が配分されているのですか。
(A) 当社は3階に位置しています。
(B) 1万ドルです。
(C) グローブ通りのスーパーマーケットです。

正解 B

How much ～? で割り当てられている資金の額を尋ねているのに対し、具体的な金額を答えている (B) が正解。

(A) 質問にある allocate と似た音の動詞 locate「～を配置する」があるが、会社の場所についての応答は質問とかみ合っていない。

(C) 場所については尋ねられていない。

---

27 M Why don't you bring the supplies over to the warehouse?

W (A) At the clothing store.
(B) I will, as soon as I can.
(C) The upstairs closet.

備品を倉庫に運んできてはいかがですか。
(A) 衣料品店です。
(B) できるだけ早く、そうします。
(C) 上の階の収納室です。

正解 B

Why don't you ～? で備品を倉庫に運んでくることを提案しているのに対し、「できるだけ早く、そうする」と答え、提案を受け入れている (B) が応答として自然。

(A) 場所については尋ねられていない。

(C) 備品を入れておく場所を述べていると捉えたとしても、提案に対する応答になっていない。

28 M When are we having the department dinner?

W (A) Twelve people are registered.
(B) A chef at the new restaurant.
(C) Check the company calendar.

部署の夕食会はいつ開かれますか。
(A) 12人が登録されています。
(B) 新しいレストランのシェフです。
(C) 会社の予定表を確認してください。

正解 C　When ～? で夕食会が開かれる日程を尋ねているのに対し、直接応答せず、その情報が分かる会社の予定表を確認するよう促している (C) が正解。
(A) 人数については尋ねられていない。
(B) 質問にある dinner と関連する名詞 chef や restaurant があるが、「いつ」を尋ねる質問文に答えていない。

---

29 W Why are we waiting until next year to hire more staff?

M (A) Maria makes all the hiring decisions.
(B) At the next director's meeting.
(C) No, I haven't met them yet.

私たちはなぜ追加の従業員を雇うのを来年まで待つのですか。
(A) Maria が全ての雇用の決定を下します。
(B) 次の部長会議です。
(C) いいえ、彼らにまだ会ったことがありません。

正解 A　Why ～? で追加の従業員を雇うのを来年まで待つ理由を尋ねているのに対し、Maria が全ての雇用の決定を下すので、自分には理由は分からないことを示唆している (A) が応答として自然。
(B)「なぜ」を尋ねる質問文に対する応答になっていない。
(C) 何に対して No と応じているのか不明であり、理由を答えていない。

---

30 M Didn't you prefer living in the city?

W (A) I'm going to take a tour of the city.
(B) There are some chairs in the living room.
(C) My apartment rent was going to be raised.

あなたは都会暮らしの方が好きなのではなかったのですか。
(A) 私はその都市を観光する予定です。
(B) 居間に何脚かの椅子があります。
(C) アパートの賃貸料が値上げされることになっていたのです。

正解 C　否定疑問文で、「あなたは都会暮らしの方が好きなのではなかったか」と確認しているのに対し、「アパートの賃貸料が値上げされることになっていた」と述べ、都市に住んでいないのはアパートの賃貸料が理由だということを示唆している (C) が応答として自然。
(A) 質問にある the city が含まれるが、過去形の質問に対して未来の予定を答えるのは応答として不自然。
(B) 質問にある living が含まれるが、ここでは living room「居間」を成す語であり、応答になっていない。

---

31 W I'd like to talk to someone about possible consulting work.

M (A) The equipment works very well.
(B) Is this possibly yours?
(C) Let me connect you to Human Resources.

可能性のあるコンサルティング職について、どなたかとお話ししたいのですが。
(A) その機器はとてもよく機能しています。
(B) これはもしかしてあなたのものですか。
(C) 人事部におつなぎしましょう。

正解 C　I'd like to ～で職の可能性について話したいという要望を述べているのに対し、「人事部におつなぎする」と応じ、要望への適切な応対をしている (C) が正解。
(A) 質問にある work が含まれるが、「機能する」という意味の動詞として使われており、応答になっていない。
(B) 質問にある possible の派生語 possibly が含まれるが、this が何を指すのか不明であり、応答になっていない。

語注 **25** balcony （劇場などの）バルコニー席、階上席 **26** allocate ～を配分する、～を割り当てる／**27** supplies ＜複数形で＞備品、用品／warehouse 倉庫／upstairs 上階の **28** department 部署、部門／register ～を登録する **29** hire ～を雇う／make a decision 決定を下す／director 部長、監督者 **30** live in the city 都会で暮らす／raise ～を上げる **31** possibly もしかすると、おそらく／connect ～ to … ～を…につなぐ／Human Resources 人事部

Questions 32 through 34 refer to the following conversation.

問題 32-34 は次の会話に関するものです。

W Welcome to the Carriage Park Bookstore. ❶You came on a perfect day—we're having a big storewide sale today! ❷Some of our books are up to 50 percent off.

Carriage Park 書店へようこそ。お客さまは最適な日にご来店されました──当店は本日、大規模な全店セールを開催中です！当店の本の一部が最大で 50 パーセント割引になります。

M Maybe you can help me. ❸I've just started a book club at my office, and ❹I'm trying to decide on a fiction book that will appeal to everyone.

もしかしたら助けていただけるかもしれません。私はちょうど職場で読書クラブを立ち上げたばかりで、皆の関心を引くフィクションの本を選ぼうとしているところなんです。

W Hmm… ❺you should take a look at the display stand by the store entrance. ❻That's where we put our most popular fiction titles. A lot of them would be good for discussion.

なるほど…当店入口近くの陳列台をご覧になるとよいでしょう。そこは、当店で最も人気のあるフィクション作品を置いてある場所なんです。その多くは話し合いに適していると思いますよ。

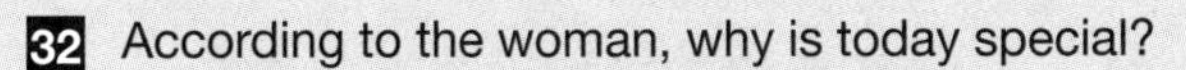

32 According to the woman, why is today special?

(A) A celebrity is giving a talk.
(B) A store is having a sale.
(C) A tour of the park is being offered.
(D) A club membership fee is discounted.

女性によると、今日はなぜ特別なのですか。

(A) 著名人が講演するから。
(B) 店がセールを開催しているから。
(C) 公園のツアーが提供されているから。
(D) クラブの会費が割引されているから。

正解 B 女性は冒頭で男性を書店に歓迎してから、❶「あなたは最適な日に来店した――当店は本日、大規模な全店セールを開催中だ」と述べ、続く❷で、一部の商品が割引になることを伝えている。よって、今日が特別なのは同店でセールを開催しているからだと分かる。(B) が正解。

(C) 冒頭の女性の発言にある park を含むが、Carriage Park Bookstore は店名であり、公園のツアーについては言及がない。

(D) 割引されるのはクラブの会費ではなく、書店の本。

---

33 What is the man organizing at his office?

(A) A warehouse inventory
(B) An advertising campaign
(C) A book club
(D) A fitness program

男性は職場で何のまとめ役をしていますか。

(A) 倉庫の在庫
(B) 広告キャンペーン
(C) 読書クラブ
(D) フィットネスプログラム

正解 C 女性が全店セールについて説明した後、男性は、❸「私はちょうど職場で読書クラブを立ち上げたばかりだ」と述べ、続けて❹で、「皆の関心を引くフィクションの本を選ぼうとしているところだ」と説明している。このことから、男性は職場の読書クラブの準備のため本を探していると分かる。(C) が正解。

(A) (B) (D) いずれも言及がない。

---

34 What does the woman say can be found by the entrance?

(A) Event schedules
(B) A food display
(C) A discussion group
(D) Popular items

女性は入口近くで何が見つかると言っていますか。

(A) イベントの予定表
(B) 食品の陳列
(C) 討論グループ
(D) 人気のある商品

正解 D 難問解説

できれば先に設問文に目を通し、入り口のそばにあるものを意識しながら会話を聞くとよい。フィクションの本を探している男性客に対し、女性店員は❺で、「当店入口近くの陳列台」を見ることを男性客に勧めており、❻で、その陳列台に「当店で最も人気のあるフィクション作品」が置かれていることを伝えている。fiction titles「フィクション作品」を items「商品」と抽象的に言い換えた (D) が正解。

聞き取れた一部の単語だけで判断すると、誤った選択肢を選んでしまいやすい。(B) は、会話に登場する語 display を含むが、食品については会話中で言及がない。同様に、(C) に含まれる discussion は女性の最後の発言にもあるが、女性は本の多くが話し合いに適していると言っているだけである。(A) の「イベントの予定表」は会話中に言及がない。

語注 storewide 全店の／up to ～ 最大で～まで／appeal to ～ ～の関心を引く／take a look at ～ ～をざっと見る／display 陳列／stand 台／title 作品 **32** celebrity 著名人／membership 会員資格
33 organize ～のまとめ役となる、～を組織する／warehouse 倉庫／inventory 在庫リスト、商品一覧／campaign キャンペーン、組織的活動 **34** item 商品

Questions 35 through 37 refer to the following conversation.

問題 35-37 は次の会話に関するものです。

M OK, Anya, ❶I've collected the consumer feedback about our latest laptop computer, the Nitro 3000. ❷Most of the feedback was positive.

さて、Anya、私は当社の最新のノートパソコンである Nitro 3000 に関する消費者からの意見を収集しました。意見の大多数が肯定的なものでした。

W Right. ❸Today, I'd actually like to focus on the negative reviews—things consumers didn't like about the laptop. We can use that information to help us improve the next one we develop.

分かりました。今日、実は否定的なレビューに焦点を当てたいと考えています──消費者がこのノートパソコンについて気に入らなかったところです。当社はその情報を活用し、当社が開発する次のモデルの改良に役立てることができます。

M That's a good idea. Well, ❹the biggest complaint was about the size of the screen. ❺Many customers said they'd like a bigger screen.

それは良い考えですね。ええと、最大の不満は画面の大きさに関するものでした。多くの顧客が、もっと大きい画面が望ましいと述べました。

W ❻Let's compile all the comments and put together a report. We can take that to the development team.

全ての意見を集めて、報告書をまとめ上げましょう。それを開発チームに渡すといいでしょう。

35 What product are the speakers discussing?

(A) A mobile phone
(B) A television set
(C) A laptop computer
(D) A digital camera

話し手たちは何の商品について話し合っていますか。

(A) 携帯電話
(B) テレビ
(C) ノートパソコン
(D) デジタルカメラ

正解 C 男性は❶「私は当社の最新のノートパソコンであるNitro 3000に関する消費者からの意見を収集した」と述べてから、❷で、意見の大多数が肯定的なものだったと伝えている。それを聞いた女性は、❸「今日、実は否定的なレビューに焦点を当てたいと考えている——消費者がこのノートパソコンについて気に入らなかったところだ」と述べ、それ以降も2人はノートパソコンに関する意見について話を続けている。よって、(C)が正解。

(A) (B) (D) いずれについても言及はない。

---

36 What complaint does the man mention about the product?

(A) It is too heavy.
(B) It is difficult to use.
(C) It is very expensive.
(D) It has a small screen.

男性は商品に関するどのような不満について述べていますか。

(A) 重過ぎる。
(B) 使いにくい。
(C) 非常に高価である。
(D) 画面が小さい。

正解 D 女性が❸でノートパソコンについての否定的なレビューに焦点を当てたいと述べた後、男性は❹「最大の不満は画面の大きさに関するものだった」と、否定的なレビューの具体的な内容に言及し、❺で、多くの顧客がもっと大きい画面を望んでいたと補足している。よって、(D)が正解。

(A) (B) (C) 重さ、使いやすさ、価格に関する消費者の意見は言及されていない。

---

37 What do the speakers plan to do next?

(A) Revise a budget
(B) Prepare a report
(C) Train sales representatives
(D) Choose focus group participants

話し手たちは次に何をする予定ですか。

(A) 予算を見直す
(B) 報告書を用意する
(C) 販売担当者を研修する
(D) フォーカスグループの参加者を選ぶ

正解 B 男性が最新のノートパソコンに関する顧客からの否定的な意見を伝えた後、女性は、❻「全ての意見を集めて、報告書をまとめ上げよう」と述べてから、その報告書を開発チームに渡すことを提案している。このことから、2人は顧客の意見を取りまとめて報告書を作成すると考えられる。

(A) (C) いずれについても言及はない。

(D) 女性の発言の中にfocusという語が含まれるが、focus groupについて述べているわけではない。

語注 latest 最新の／positive 肯定的な／focus on ～ ～に焦点を当てる／review レビュー、批評／compile ～を収集してまとめる／comment 意見／put together ～ ～をまとめ上げる
35 television set テレビ（受像機） **37** revise ～を見直す、～を訂正する／train ～を研修する／sales representative 販売担当者／focus group フォーカスグループ ★市場調査のために選ばれた消費者グループ

Questions 38 through 40 refer to the following conversation.	問題38-40は次の会話に関するものです。
W All right. ❶Your restaurant's in great shape. ❷You've passed the city health inspection required of all restaurants. But there is one problem you need to take care of today.	結構です。こちらのレストランは申し分のない状態ですね。貴店は全てのレストランに求められている市の衛生検査に合格しました。ですが、本日対処する必要のある問題が1つあります。
M What is it?	それは何ですか。
W You see all these boxes on the floor? ❸All food items must be kept at least fifteen centimeters above the floor.	床の上にこの諸々の箱があるでしょう？ 全ての食料品は、床から少なくとも15センチ上に保管しなければなりません。
M Ah, yes. ❹We received a big grocery delivery this morning, just before you arrived.	ああ、そうですね。当店は今朝、大量の食料品の配達物を受け取ったんです、ちょうどあなたが到着される前に。
W Well, you'll need to create a space for deliveries. I'll be back later to check on that.	なるほど、貴店は配達物用の場所を作る必要がありますね。後日出直して、その点を確認しようと思います。
M OK. And sorry — ❺this inspection took me by surprise. ❻Don't you send notice before these health inspections?	分かりました。あの、すみません——この検査は不意打ちで驚きました。このような衛生検査の前に通知を送らないのですか。
W Not anymore. ❼These yearly visits are routine, so we stopped sending alerts in advance.	もう送っていません。このような年に1度の訪問は決まったものなので、事前に通知を送るのをやめたのです。

38 Who most likely is the woman?

(A) A food critic
(B) A store clerk
(C) A health inspector
(D) A bank official

女性は誰だと考えられますか。

(A) 料理評論家
(B) 店員
(C) 衛生検査官
(D) 銀行職員

正解 C　女性は❶で、男性のレストランが申し分のない状態であると述べた後、❷「貴店は全てのレストランに求められている市の衛生検査に合格した」と伝えている。❸では、対処すべき問題として、食料品の保管場所について説明している。また、女性は❼で、検査の事前通知について、男性からの質問に答えている。これらのことから、女性は男性のレストランを検査しに来た衛生検査官であると考えられる。
(A) 会話中にfoodという語は登場するが、女性が料理評論家だと示唆する発言はない。
(B) 女性は検査のために来店しただけで、ここで働いてはいない。

---

39 According to the man, what happened in the morning?

(A) A loan was approved.
(B) A window was replaced.
(C) Some customers reserved a dining area.
(D) Some food was delivered.

男性によると、午前中に何が起こりましたか。

(A) 融資が承認された。
(B) 窓が交換された。
(C) 数人の客が食事エリアを予約した。
(D) 食料品が配達された。

正解 D　女性が❸で食料品の保管場所の問題を指摘した後、男性は❹「今朝、大量の食料品の配達物を受け取った」と事情を説明しているので、午前中に食料品が配達されたことが分かる。(D) が正解。
(A) (B) (C) いずれも言及がない。

---

40 Why was the man surprised?

(A) He was overcharged for a purchase.
(B) He was not told about a visit.
(C) Some products were not available.
(D) Some employees are not happy.

男性はなぜ驚いたのですか。

(A) 購入品の代金を余分に請求されたから。
(B) 訪問について知らされなかったから。
(C) 一部の製品が入手できなかったから。
(D) 一部の従業員が満足していないから。

正解 B　女性が問題への対処について確認するためにまた来ると伝えると、男性は❺「この検査は不意打ちで驚いた」と述べ、続けて女性に❻「このような衛生検査の前に通知を送らないのか」と尋ねている。このことから、男性は女性が検査のために来店することについて事前に知らされていなかったため驚いたと考えられる。(B) が正解。
(A) 食料品の配達についての発言はあるが、請求については言及されていない。
(C) (D) いずれも言及されていない。

語注 in great shape　申し分のない状態で／inspection　検査／require ～ of …　～を…に要求する／take care of ～　～に対処する／at least　少なくとも／grocery　食料品／check on ～　～を確認する／take ～ by surprise　～の不意をついて驚かせる／notice　通知／routine　所定の、決まっている／alert　通知、アラート／in advance　事前に **38** critic　評論家、批評家／official　職員 **39** approve　～を承認する／replace　～を交換する／reserve　～を予約する **40** overcharge ～ for …　～に…の代金を過剰請求する

Questions 41 through 43 refer to the following conversation.

問題 41-43 は次の会話に関するものです。

M Hi. ❶I just came from Dr. Patel's clinic next door, and she wants me to have some lab work done.

こんにちは。私は今、隣にある Patel 先生の診療所から来たところですが、先生が私に臨床検査を受けてほしいとのことです。

W ❷Can I see the doctor's note? OK, ❸this is just a routine test. We have a couple of people waiting ahead of you, but please take a seat in the waiting room, I'll call you when it's your turn.

先生のメモを見せてもらえますか。なるほど、これは通常の検査ですね。先にお待ちの方々が数名いらっしゃいますが、待合室でお座りになってください、あなたの番になったらお呼びしますので。

M ❹I can't wait now—I have to go back to my office right away. I'll just come back on a different day.

今は待てないんです――すぐに職場へ戻る必要があるので。別の日にまた来ようと思います。

W Sure. We're open every day at seven A.M. ❺I suggest you come early to avoid a long wait.

分かりました。当研究所は毎日午前 7 時に開きます。長く待つのを避けるには早い時間にお越しになるといいですよ。

41 Where most likely are the speakers?

(A) At a law firm
(B) At a medical lab
(C) At a post office
(D) At a photography studio

話し手たちはどこにいると考えられますか。

(A) 法律事務所
(B) 医療研究所
(C) 郵便局
(D) 写真撮影スタジオ

正解 B 男性は❶「私は今、隣にある Patel先生の診療所から来たところだが、先生が私に臨床検査を受けてほしいとのことだ」と用件を伝えている。それに対し、女性は❷で、医師のメモを見てから、❸で男性が受けるのは通常の検査だと述べ、男性に待合室で待つよう求めている。これらのことから、2人は医療検査を行う研究所にいると判断できる。(B)が正解。

(C) 男性の発言に office という語は登場するが、post office「郵便局」については述べられていない。

---

42 Why is the man unable to wait?

(A) He has to go back to work.
(B) He forgot a document.
(C) His parking has expired.
(D) He needs to catch a flight.

男性はなぜ待つことができないのですか。

(A) 仕事に戻らなければならないから。
(B) 書類を忘れたから。
(C) 駐車場の使用期限が切れたから。
(D) 飛行機に乗る必要があるから。

正解 A 男性は待合室で待つように言われた後、❹「今は待てない――すぐに職場へ戻る必要がある」と述べ、待つことができない理由を説明している。よって、(A) が正解。

(B) 会話中に医師のメモは登場するが、男性はそれを忘れてはいない。

(C) (D) いずれも言及されていない。

---

43 What does the woman suggest the man do?

(A) Contact a supervisor
(B) Pay by credit card
(C) Use a different entrance
(D) Arrive early

女性は男性に何をするよう提案していますか。

(A) 上司に連絡を取る
(B) クレジットカードで支払う
(C) 別の入り口を利用する
(D) 早く到着する

正解 D 男性が別の日にまた来ると述べると、女性はそれを了承し、研究所の開く時間を伝えてから、男性に、❺「長く待つのを避けるには早い時間に来るといい」と提案している。よって、(D) が正解。

(A) (B) いずれも言及されていない。

(C) 男性の発言に different が含まれるが、入り口への言及はなく、別の日にまた来ると述べているだけである。

語注 clinic 診療所／lab work 臨床検査 ★lab は laboratory の略／note メモ、覚書／routine 所定の、通常の／test 検査／a couple of ~ 幾つかの～／ahead of ~ ～より先に／take a seat 座る／waiting room 待合室／turn 順番／suggest (that) ~ ～(ということ)を勧める／avoid ～を避ける／wait 待つこと
41 law firm 法律事務所／photography 写真撮影 **42** parking 駐車場、駐車スペース／expire 有効期限が切れる、失効する **43** contact ～に連絡を取る／supervisor 監督者、上司

Questions 44 through 46 refer to the following conversation with three speakers.

問題44-46は3人の話し手による次の会話に関するものです。

W ❶Welcome to Garcia Kitchen Supplies. ❷I'm Marcela. How can I help you?

Garcia台所用品店へようこそ。私はMarcelaと申します。どのようなご用件でしょうか。

W Hi. ❸I'm looking for the blue dish set I saw here last week. It was on that shelf over there, but I don't see it anymore.

こんにちは。こちらで先週見掛けた青い食器セットを探しています。向こうのあの棚にあったのですが、もう見当たらないんです。

W ❹I'm afraid we're sold out, but I think a new shipment of kitchenware should be coming in soon. Robert, do you know when we'll get it?

あいにく売り切れておりますが、台所用品の新しい入荷が間もなくあるはずです。Robert、いつあれが手に入るか分かりますか。

M Hmm... at the earliest, by the end of next week. ❺But if you'd like, I could order that dish set online and have it shipped directly to your home. You'll get it in a couple of days.

そうですね…早ければ、来週末までには。ですが、ご希望であれば、その食器セットをオンラインで注文し、お客さまのご自宅に直接配送するよう手配できますよ。お客さまは数日でそれをお受け取りになれると思います。

44 Where does the conversation take place?

(A) At a restaurant
(B) At a pottery studio
(C) At a clothing store
(D) At a kitchen supply store

会話はどこで行われていますか。

(A) レストラン
(B) 陶芸工房
(C) 衣料品店
(D) 台所用品店

正解 **D** 1人目の女性は、2人目の女性に❶「Garcia 台所用品店へようこそ」と声を掛け、❷で名乗ってから用件を尋ねている。それに対して2人目の女性は❸「こちらで先週見掛けた青い食器セットを探している」と用件を答えている。よって、会話は台所用品店で行われていると考えられる。
(A) (B) (C) いずれも会話冒頭の女性の発言から不適切。

---

45 What does Marcela say about a product?

(A) It is on sale.
(B) It is sold out.
(C) It is fragile.
(D) It is handmade.

Marcela は商品について何と言っていますか。

(A) 特売中である。
(B) 売り切れである。
(C) 壊れやすい。
(D) 手作りである。

正解 **B** 1人目の女性は❷で Marcela と名乗っている。Marcela は❹で、2人目の女性が探している食器セットについて、「あいにく売り切れている」と伝えているので、(B) が正解。
(A) 商品は特売中という言及はない。
(C) (D) 商品の特徴として、いずれも言及がない。

---

46 What does the man offer to do?

(A) Order some merchandise online
(B) Share some customer reviews
(C) Give the customer some samples
(D) Call a different location

男性は何をすることを申し出ていますか。

(A) オンラインで商品を注文する
(B) 顧客レビューを伝える
(C) 客に見本品を提供する
(D) 別の店舗に電話する

正解 **A** 男性は、2人目の女性が探している食器セットが早ければ来週末までに入荷予定であると述べた後、❺「だが、ご希望であれば、その食器セット (that dish set) をオンラインで注文し、あなたの自宅に直接配送するよう手配できる」と述べ、商品をオンラインで注文することを申し出ている。that dish set を some merchandise「商品」と言い換えた (A) が正解。
(B) (C) (D) いずれも言及がない。

語注 supplies ＜複数形で＞用品、備品／shelf 棚／anymore もはや／sold out 売り切れで／shipment 配送物、出入荷品／kitchenware 台所用品／come in 届く、入ってくる／at the earliest 早い場合には／order ～を注文する／online オンラインで／ship ～を配送する／directly 直接に／a couple of ～ 幾つかの～
44 pottery studio 陶芸工房 **45** on sale 特売中で、販売中で／fragile 壊れやすい／handmade 手作りの
46 merchandise 商品／sample 見本品／location 場所、店舗

Questions 47 through 49 refer to the following conversation with three speakers.

問題 47-49 は 3 人の話し手による次の会話に関するものです。

M Good afternoon. ❶My name is Yuri Schulz. I have an appointment with Geeta Kavi in the advertising department at ten o'clock. ❷I'm interviewing for the graphic design position.

こんにちは。私の名前は Yuri Schulz と申します。宣伝部の Geeta Kavi 様と 10 時に面会のお約束をしています。私はグラフィックデザイン職の面接を受けることになっています。

M OK, I'll let Geeta know you're here. Oh, here she is now.

承知しました、Geeta にあなたがこちらにいらしていることを知らせます。ああ、今こちらに来ました。

W Hi Yuri, I'm Geeta Kavi. ❸I apologize, but we'll be starting a little late. Our head graphic designer will be joining us, and she's on the phone with a client. ❹Can I get you anything to drink while you wait?

こんにちは、Yuri、私が Geeta Kavi です。申し訳ありませんが、開始が少し遅れる見込みです。弊社の主任グラフィックデザイナーが同席することになっているのですが、彼女は顧客と電話中なのです。お待ちになる間、何かお飲み物をお持ちしましょうか。

M Yes, thank you. Some water would be great.

はい、ありがとうございます。お水を頂けるとありがたいです。

47 Why is Yuri Schulz at the office?

(A) To inspect a facility
(B) To meet with some clients
(C) To interview for a position
(D) To discuss a project proposal

Yuri Schulz はなぜ会社にいるのですか。

(A) 施設を点検するため
(B) 顧客と会うため
(C) 職の面接を受けるため
(D) 企画案について話し合うため

正解 C　1人目の男性は❶で Yuri Schulz と名乗ってから、Geeta Kavi という人物と面会の約束をしていることを伝え、❷「私はグラフィックデザイン職の面接を受けることになっている」と、訪問の理由を説明している。よって、(C) が正解。
(A) (D) いずれも言及されていない。
(B) 女性（Geeta）の発言で client「顧客」が言及されているが、面接の開始が遅れる理由を説明しているだけである。

---

48 Why does the woman apologize?

(A) A room is locked.
(B) A meeting will begin late.
(C) Some data are not available.
(D) Some equipment is not set up.

女性はなぜ謝っているのですか。

(A) 部屋に鍵が掛かっているから。
(B) 会合が遅れて開始するから。
(C) データが利用できないから。
(D) 機器が設置されていないから。

正解 B　女性は、1人目の男性（Yuri Schulz）にあいさつをして名乗った後、面接について、❸「申し訳ないが、開始が少し遅れる見込みだ」と謝罪し、続けてその理由を説明している。このことから、女性は予定されている面接の開始が遅れるため、謝っていると考えられる。
(A) (C) (D) いずれも言及されていない。

---

49 What does the woman offer Yuri Schulz?

(A) A beverage
(B) A building tour
(C) A parking pass
(D) An identification badge

女性は Yuri Schulz に何を勧めていますか。

(A) 飲み物
(B) 建物の見学
(C) 駐車許可証
(D) ID バッジ

正解 A　❶から、Yuri Schulz とは1人目の男性のことである。女性は面接が遅れる見込みだと伝えた後、Yuri Schulz に❹で、飲み物を持ってくることを申し出ている。会話中の anything to drink を A beverage と言い換えた (A) が正解。beverage は頻出語なので、しっかり覚えておきたい。
(B) (C) (D) いずれも言及されていない。

語注 appointment　面会の約束／advertising　宣伝、広告／department　部署／interview for ～　～の面接を受ける／graphic design　グラフィックデザイン　★各種メディア（主に紙媒体）や商品パッケージ・広告などのデザインのこと／position　職／apologize　謝罪する／head　最高位の　**47** inspect　～を点検する／facility　施設／proposal　提案　**48** equipment　機器／set up ～　～を設置する、～を設定する　**49** offer　～を勧める、～を提供する／beverage　飲み物　★通常は水以外の飲料を指す／tour　見学、ツアー／pass　通行許可証／identification　ID、身元証明書

Questions 50 through 52 refer to the following conversation.

問題 50-52 は次の会話に関するものです。

M Anjali, ❶I'm working on the packing list for my animal-behavior study trip in the mountains. ❷I'm leaving next week. Do you have a minute?

Anjali、私は山間部での動物行動学の研究旅行のために、荷造りリストを作っているところです。来週出発する予定です。少しお時間ありますか。

W Sure. And congratulations, by the way, on getting the funding for that research project.

もちろんです。ところで、その研究プロジェクトの資金が得られておめでとうございます。

M Thanks. ❸The thing is, we're taking a lot of computer equipment with us, and we'll be camping in a remote area. ❹We need to have some solar-powered battery chargers. Doesn't your team have some?

ありがとうございます。問題は、私たちが多くのコンピューター機器を持っていき、人里離れた地域でキャンプすることになっていることです。幾つか太陽光発電式の充電器が必要です。あなたのチームに幾つかありませんか。

W Those chargers belong to the lab, actually. ❺I'm sure you could use them if nobody else has checked them out. ❻The IT department manager can help you with that.

実は、それらの充電器は研究所のものなんです。他に誰も借り出していなければ使えると思いますよ。情報技術部の部長がその件で手助けしてくれるはずです。

M OK, I'll take care of it this afternoon.

分かりました、今日の午後、その件に対処します。

50 What does the man say he will do next week?

(A) Join a competition
(B) Present some data
(C) Clean out a supply closet
(D) Go on a research trip

男性は来週に何をすると言っていますか。

(A) 競技会に参加する
(B) データを発表する
(C) 備品収納室をきれいに片付ける
(D) 研究旅行に出掛ける

正解 D　男性は❶「私は山間部での動物行動学の研究旅行のために、荷造りリストを作っているところだ」と言ってから、❷「来週出発する予定だ」と述べている。よって、男性は来週に研究旅行に出掛けることが分かるので、(D) が正解。

(A) (B) いずれも言及されていない。

(C) 会話の内容から、太陽光発電式の充電器が研究所の備品であることが分かるが、備品収納室の片付けについては言及がない。

---

51 What is the man concerned about?

(A) Running out of battery power
(B) Receiving enough funding
(C) Encountering bad weather
(D) Finding a suitable location

男性は何について心配していますか。

(A) 電池が切れること
(B) 十分な資金を受けること
(C) 悪天候に遭遇すること
(D) 適切な場所を見つけること

正解 A　来週に山間部での研究旅行に出掛ける予定の男性は、❸「問題は、私たちが多くのコンピューター機器を持っていき、人里離れた地域でキャンプすることになっていることだ」と話を切り出し、続けて❹「幾つか太陽光発電式の充電器が必要だ」と述べた後、女性のチームが太陽光発電式の充電器を持っているかを尋ねている。このことから、男性は研究旅行中に機器の電池が切れることを心配していると考えられる。

(B) 女性の1つ目の発言から、男性はすでに十分な資金提供を受けたと分かる。

(C) (D) 男性はいずれについても心配だという言及はしていない。

---

52 What does the woman suggest that the man do?

(A) Leave his contact information
(B) Take the afternoon off
(C) Speak to a manager
(D) Request a refund

女性は男性に何をするよう提案していますか。

(A) 連絡先の情報を置いていく
(B) 午後に休暇を取る
(C) 部長と話をする
(D) 返金を依頼する

正解 C　女性は男性に、太陽光発電式の充電器が研究所のものであることを伝えてから、❺「他に誰も借り出していなければ使えると思う」と述べ、続けて❻「情報技術部の部長がその件で手助けしてくれるはずだ」と教えている。よって、女性は男性に情報技術部の部長と話をすることを勧めていると分かる。

(B) 男性の最後の発言に afternoon が含まれるが、午後の休暇については述べていない。

(D) 研究の資金についての言及はあるが、返金については述べられていない。

Section 3

語注 packing　荷造り／animal-behavior　動物行動（学）の／congratulations on ～　～についておめでとう／by the way　話は変わるが、ところで／funding　資金／the thing is ～　問題は～、要は～／equipment　機器／solar-powered　太陽光発電式の／battery charger　充電器／check out ～　～を借り出す／take care of ～　～に対処する
50 clean out ～　～をきれいに片付ける／supply closet　備品収納室　**51** run out of ～　～を切らす、～を使い果たす／encounter　～に遭遇する　**52** take ～ off　～を休暇として取る／refund　返金

Questions 53 through 55 refer to the following conversation.

問題 53-55 は次の会話に関するものです。

W Hello, Hiroshi. ❶I'm working on our proposal to increase production at our textile factory. Do you have time to go over the main points with me?

こんにちは、Hiroshi。私は、当織物工場における生産量を増やすための提案書を作成しているところです。一緒に主要な点について検討する時間はありますか。

M Sure. ❷We'll need to make a case for upgrading the equipment on the clothing production line. ❸I'd like to invest in five new laser cutting machines. They're much faster at cutting cloth than the ones we have now.

もちろんです。私たちは、衣料品の生産ラインの機器をより性能の高いものにすべきだと主張する必要があるでしょう。私は5台の新しいレーザー裁断機を購入したいと考えています。それらは、当社が現在所有しているものよりもはるかに速く布を裁断できます。

W ❹The newest ones aren't in our budget. ❺We could just repair the machines we have.

最新のものは私たちの予算外です。今ある機械を修理するだけで済むかもしれませんよ。

M We're trying to increase production by 30 percent.

私たちは生産量を30パーセント増やそうとしているのですよ。

W ❻That's true. ❼I guess we could ask for a larger budget from the board.

確かにそうですね。役員会に予算の増額を要求してもよさそうですね。

53 Which industry do the speakers most likely work in?

(A) Clothing production
(B) Graphic design
(C) Aircraft assembly
(D) Car manufacturing

話し手たちはどの業界で働いていると考えられますか。

(A) 衣料品の生産
(B) グラフィックデザイン
(C) 航空機の組み立て
(D) 自動車の製造

正解 A 女性は❶「当織物工場における生産量を増やすための提案書を作成しているところだ」と述べ、男性に提案書の主要な点について話そうと持ち掛けている。男性はそれに応じ、❷「私たちは、衣料品の生産ラインの機器をより性能の高いものにすべきだと主張する必要があるだろう」と述べている。❸では購入を希望する裁断機に言及し、予算についての話を続けている。よって、2人は衣料品の製造業に従事していると考えられる。
(B) (C) (D) いずれについても言及がない。

---

54 What technology upgrade do the speakers plan to discuss?

(A) Installing automated packaging machines
(B) Providing noise-canceling headphones
(C) Investing in laser cutting machines
(D) Increasing factory security

話し手たちはどんな技術改良について議論する予定ですか。

(A) 自動包装機を設置すること
(B) 雑音除去機能付きのヘッドホンを用意すること
(C) レーザー裁断機を購入すること
(D) 工場のセキュリティーを高めること

正解 C 男性は、工場の生産量を増やすための提案について、❷「私たちは、衣料品の生産ラインの機器をより性能の高いものにすべきだと主張する必要があるだろう」と述べてから、❸「私は5台の新しいレーザー裁断機を購入したい」と自分の考えを伝えている。それに対し、女性は❹で予算の制約について言及するが、最終的に❼「役員会に予算の増額を要求してもよさそうだ」と述べている。つまり、2人は新しいレーザー裁断機購入の提案をすることで意見が一致したと考えられる。
(A) 設置を提案しようとしているのは、レーザー裁断機。
(D) 高めようとしているのは、工場の生産量。

---

55 Why does the man say, "We're trying to increase production by 30 percent"?

(A) To emphasize his team's hard work
(B) To request hiring additional staff
(C) To provide a reason for production delays
(D) To disagree with the woman's suggestion

男性はなぜ "We're trying to increase production by 30 percent" と言っているのですか。

(A) 自分のチームの大変な努力を強調するため
(B) 追加の従業員の雇用を求めるため
(C) 生産の遅れの理由を伝えるため
(D) 女性の提案に反対するため

正解 D 難問解説
前後の文脈から発言の意図を押さえる。男性と女性は工場の生産量を増やす提案について話しており、男性は❸で、新しいレーザー裁断機の購入を提案している。それに対し、女性は❹で、最新の機器は予算に含まれておらず、❺「今ある機械を修理するだけで済むかもしれない」と、男性と異なる提案をしている。それに対して男性が下線部の発言をすると、女性は❻ That's true. と男性の発言が正しいことを認め、❹の考えを変えて❼で予算増額を要請することに賛成している。従って、男性は下線部の発言で女性の提案に反対し、女性は考えを改め始めたことが分かる。(D) が正解。
会話の流れを理解していないと、「生産を増やす」ことへの漠然としたイメージから、誤って (A) (B) (C) を選ぶ可能性がある。

語注 textile 織物／go over ～ ～を検討する、～を熟考する／make a case for ～ ～への賛成を主張する／upgrade ～を改良する、～（性能・機能など）を高める／invest in ～ ～に投資する、<口語で>～を購入する／budget 予算／board 役員会、重役会 **53** assembly 組み立て／manufacturing 製造
54 noise-canceling 雑音除去の

Questions 56 through 58 refer to the following conversation.

問題 56-58 は次の会話に関するものです。

W Hi, Alexi. ❶How's that article coming along? The one about home meal-delivery companies. ❷We do still hope to publish it in next month's issue.

こんにちは、Alexi。あの記事の進み具合はどうですか。食事宅配会社に関するものです。今も、それを来月号に掲載したいと思っています。

M ❸I'm right on schedule. ❹I even managed to get an interview with the president of a meal-delivery company that hasn't yet launched their service. ❺I just met with him this morning, and I think they'll be a major competitor in the field.

ちょうど予定通りに進んでいますよ。私はさらに、これからサービスを開始する食事宅配会社社長のインタビュー取材を取り付けることができました。ちょうど今日の午前中に彼と会ったところで、同社は業界大手の企業になると思います。

W Congratulations! Do you need anything from me?

よかったですね！ 私に何かしてほしいことはありますか。

M ❻They said we could come back on Thursday to take photos of their workers boxing up ingredients. ❼Can you help with that?

先方が言うには、私たちが木曜日に再訪して、食材を箱詰めしている従業員の写真を撮ってもよいということでした。それを手伝ってもらえますか。

W ❽I'll contact the photography team and make sure they're available.

私が撮影班に連絡して、必ず彼らに都合をつけてもらうようにします。

56 What kind of an organization do the speakers most likely work for?

(A) A sports team
(B) A movie studio
(C) A food distributor
(D) A magazine publisher

話し手たちはどのような種類の組織で働いていると考えられますか。

(A) スポーツチーム
(B) 映画スタジオ
(C) 食品流通業者
(D) 雑誌出版社

正解 D 女性は❶で、食事宅配会社に関する記事の進み具合を男性に尋ね、続けて❷「今も、それを来月号に掲載したいと思っている」と伝えている。それに対し、男性は❸「ちょうど予定通りに進んでいる」と報告し、❹ではインタビュー取材ができたことも述べている。この会話の内容から、2人は雑誌出版社に勤めていると考えられる。

(B) 取材に関連する写真撮影についての言及があるが、映画を制作しているわけではない。
(C) 彼らは食事宅配会社についての記事を書いているだけで、自らが食品流通業者であると分かる発言はない。

---

57 What does the man say he did this morning?

(A) He conducted an interview.
(B) He toured a production facility.
(C) He edited an instructional film.
(D) He gave a speech.

男性は今日の午前中に何をしたと言っていますか。

(A) インタビューを行った。
(B) 生産施設を見学した。
(C) 教育用の映像を編集した。
(D) 演説をした。

正解 A ❸で記事の進み具合を伝えた男性は、続いて❹「私はさらに、これからサービスを開始する食事宅配会社社長のインタビュー取材を取り付けることができた」と伝えてから、❺「ちょうど今日の午前中に彼と会ったところだ」と述べている。よって、男性は今日の午前中にインタビューを行ったと分かる。

(B) 食事宅配会社に行って作業の様子を写真撮影することが言及されているが、まだ実行されていない。
(C) 写真撮影についての言及はあるが、映像の編集については言及がない。

---

58 What does the woman say she will help with?

(A) Packaging some food
(B) Winning a competition
(C) Buying some electronics
(D) Scheduling a photography session

女性は何を手伝うと言っていますか。

(A) 食品を包装すること
(B) 競争に勝つこと
(C) 電子機器を購入すること
(D) 写真撮影の予定を組むこと

正解 D 女性が男性に何かしてほしいことはあるかを尋ねると、男性は❻で、木曜日に再び食事宅配会社を訪れて、食材の箱詰めをする従業員の写真を撮る機会があることに言及し、❼「それを手伝ってもらえるか」と頼んでいる。それに対し、女性は❽「私が撮影班に連絡して、必ず彼らに都合をつけてもらうようにする」と応じ、男性の依頼を承諾している。(D)が正解。

(A) 食事宅配会社の箱詰めの作業について言及されているが、女性はそれを手伝うとは言っていない。
(B) 会話中のcompetitorは、男性が食事宅配会社のことを指して使っている語であり、女性が何かの競争をするのを手伝うという話ではない。

語注 come along 順調に進む／meal-delivery 食事配達の／issue （雑誌などの）号／right ちょうど、ぴったり／on schedule 予定通りに／manage to *do* うまく～する／launch ～を開始する／competitor 参加企業、競合会社／box up ～ ～を箱詰めする／ingredient 食材／make sure (that) ～ 確実に～であるようにする
56 distributor 流通業者 **57** conduct ～を実施する／tour ～を見学する／facility 施設／instructional 教育上の
58 package ～を包装する、～を荷物にまとめる／competition 競争、競技会／electronics 電子機器／schedule ～の予定を組む／session 時間、集会

Questions 59 through 61 refer to the following conversation.

問題 59-61 は次の会話に関するものです。

W Hello, ❶I'm here to pick up my prescription medication. Here's my identification.

こんにちは、処方薬を受け取りに来ました。こちらが私の身元証明書です。

M Thanks—that's OK. ❷We recently installed new software, actually, and now all of our customers' information is in the system. All I need is your name and birthday.

ありがとうございます——そちらは結構です。実は、当店では最近新しいソフトウエアを導入し、現在ではお客さまに関する情報が全てシステムの中にあります。必要なのはお名前と誕生日だけです。

W Oh—it's Margaret Anderson, and my birthday is September eighth.

そうなんですね——Margaret Anderson で、誕生日は9月8日です。

M ❸OK… here's your medicine. You know, ❹the new computer system allows us to do a lot. Many of our customers really like the text-message alerts feature. ❺It lets them know when it's time to pick up a new prescription.

かしこまりました…こちらがお客さまのお薬です。ところで、新しいコンピューターシステムではさまざまなことができます。多くのお客さま方に、テキストメッセージの通知機能は大変好評です。新しい処方薬を受け取る時間が来たらお客さまにお知らせするものです。

W Sounds great. ❻Let me add my mobile phone number to your records, then.

素晴らしいですね。それでは、私の携帯電話番号をそちらのデータに追加させてください。

59 Where does the conversation most likely take place?

(A) At an electronics store
(B) At a car rental agency
(C) At a pharmacy
(D) At a fitness center

会話はどこで行われていると考えられますか。

(A) 電子機器店
(B) レンタカー店
(C) 薬局
(D) フィットネスセンター

正解 C 女性は❶「処方薬を受け取りに来た」と用件を伝えて、身元証明書を提示している。それに対し男性は、身元証明書が不要であることを伝え、❷で客の情報を管理する新しいソフトウエアについて説明している。また、男性は❸で、女性に処方薬を渡している。これらのことから、会話は薬局で行われていると考えられる。

(A) コンピューターシステムについての言及はあるが、それを販売している店であると判断できる発言はない。

---

60 What did the business recently do?

(A) It merged with another business.
(B) It started a rewards program.
(C) It began offering free delivery.
(D) It upgraded its computer system.

この企業は最近、何をしましたか。

(A) 別の企業と合併した。
(B) ポイントプログラムを開始した。
(C) 無料配達を提供し始めた。
(D) コンピューターシステムをアップグレードした。

正解 D 男性は、❷「実は、当店では最近新しいソフトウエアを導入し、現在では顧客に関する情報が全てシステムの中にある」と説明している。また、❹「新しいコンピューターシステムではさまざまなことができる」と説明し、テキストメッセージの通知機能に言及している。従って、コンピューターシステムが新しくアップグレードされたことが分かる。

(A) (B) (C) いずれも言及されていない。

---

61 Why does the man say, "Many of our customers really like the text-message alerts feature"?

(A) To criticize a business competitor
(B) To emphasize some research results
(C) To promote a service
(D) To correct a misunderstanding

男性はなぜ "Many of our customers really like the text-message alerts feature" と言っているのですか。

(A) 競合企業を批判するため
(B) 研究結果を強調するため
(C) サービスを宣伝するため
(D) 誤解を正すため

正解 C 男性は女性に処方薬を渡してから、❹「新しいコンピューターシステムではさまざまなことができる」と説明を始め、下線部の発言で、テキストメッセージの通知機能に言及している。その機能について、❺「新しい処方薬を受け取る時間が来たら顧客に知らせるものだ」と説明している。女性はこの機能に興味を持ち、❻で、自分の携帯電話番号をシステムのデータに追加させてほしいと伝えている。これらのことから、男性は、新しいサービスであるテキストメッセージの通知機能を女性に宣伝したかったのだと判断できる。

(A) (B) (D) いずれも、その意図があると判断できる要素は前後の発言にない。

語注 prescription 処方箋、処方薬／medication 薬／identification 身元証明書／allow ～ to *do* ～が…するのを可能にする／text-message テキストメッセージの／alert 通知、アラート／feature 機能／add ～ to … ～を…に追加する／record データ、記録 **59** electronics 電子機器／pharmacy 薬局 **60** merge with ～ ～と合併する／reward 報酬／upgrade ～をアップグレードする、～(性能・機能など)を高める **61** competitor 競合会社、競争相手／emphasize ～を強調する／promote ～を宣伝する、～を販売促進する

Questions 62 through 64 refer to the following conversation and order form.

問題62-64は次の会話と注文用紙に関するものです。

M Soo-Min, ❶I'm placing an order for lab supplies. ❷Should I order the same number of gloves and trays for our experiments as last month?

Soo-Min、今実験室の備品を注文しようとしているところです。私たちの実験用に、先月と同じ数の手袋とトレーを注文すればいいですか。

W Yes. And we'll need storage bags and shipping labels too… ❸you can actually just place the same order we did the last time.

はい。それから、保存用袋と発送ラベルも必要でしょう…実際のところ、前回したのと同じ注文をするだけでいいですよ。

M OK. There's a special, though. ❹Chroma's offering a ten-percent discount for items ordered in quantities of 500 or more. ❺Right now, we'll be getting the discount for only one of the items. Is there anything I can order extra of?

分かりました。でも、特売があります。Chroma社が、500個以上の数量での注文品に10パーセントの割引を提供しています。現時点では、注文品のうち1点しか割引を受けられません。余分に注文してもよい物は何かありますか。

W No… ❻we don't have much storage space, so I only want to order what we can use right away.

いいえ…保管場所があまりないので、すぐに使える分だけを注文したいです。

Order Form	
Item	Quantity
Plastic trays	150
Shipping labels	300
Storage bags	400
Disposable gloves	600

注文用紙	
商品	数量
プラスチック製トレー	150
発送ラベル	300
保存用袋	400
使い捨て手袋	600

62 Where does the conversation most likely take place?

(A) In a garden center
(B) In a laboratory
(C) In a post office
(D) In a cafeteria

会話はどこで行われていると考えられますか。

(A) 園芸用品店
(B) 実験室
(C) 郵便局
(D) 食堂

正解 B 男性は女性に、❶「今実験室の備品を注文しようとしているところだ」と話し掛け、続けて❷「私たちの実験用に、先月と同じ数の手袋とトレーを注文すればいいか」と注文内容について尋ねている。それに対し女性は、肯定した上で、❸で前回と同じ注文をすればいいと伝えている。これらのことから、2人は、自分たちの実験室で使う物について話していると分かるので、(B) が正解。

(A) 男性の発言に、園芸に関連しそうな gloves や trays が登場するが、園芸用品店だと分かる発言はない。
(C) 女性の発言に、郵便に関連しそうな shipping labels が登場するが、郵便局だと分かる発言はない。
(D) 2人の発言に、食堂に関連しそうな gloves や trays 、storage bags が登場するが、食堂だと分かる発言はない。

---

63 Look at the graphic. Which item will be discounted?

(A) Plastic trays
(B) Shipping labels
(C) Storage bags
(D) Disposable gloves

図を見てください。どの商品が割引されますか。

(A) プラスチック製トレー
(B) 発送ラベル
(C) 保存用袋
(D) 使い捨て手袋

正解 D 男性は特売があると言ってから、❹「Chroma 社が、500 個以上の数量での注文品に 10 パーセントの割引を提供している」と具体的な情報を伝え、続く❺で、現時点では注文する商品のうち 1 つしか割引にならないと述べている。注文用紙の図を見ると、数量が 500 以上の商品は使い捨て手袋だけなので、(D) が正解。

(A) (B) (C) いずれも数量が 500 未満なので割引にならない。

---

64 What problem does the woman mention?

(A) There is not much storage space.
(B) There is not enough money in the budget.
(C) Some merchandise is not high quality.
(D) An item is no longer manufactured.

女性はどのような問題について述べていますか。

(A) 保管スペースがあまりない。
(B) 予算に十分な資金がない。
(C) 一部の商品が高品質ではない。
(D) ある商品がもう製造されていない。

正解 A 男性が余分に注文できる商品があるかを尋ねると、女性は否定してから、男性に、❻「保管場所があまりないので、すぐに使える分だけを注文したい」と伝えている。よって、(A) が正解。

(B) 割引については言及があるが、予算については言及がない。
(C) (D) 商品の品質や製造については言及がない。

語注 place an order 注文をする／experiment 実験／storage 保存、保管／shipping 発送／special 特売、特価品、特別なもの／quantity 量／right away すぐに
図表 disposable 使い捨ての **62** garden center 園芸用品店 **64** budget 予算／merchandise 商品／no longer ～ もはや～ない／manufacture ～を製造する

Questions 65 through 67 refer to the following conversation and T-shirt designs.

問題 65-67 は次の会話と T シャツのデザインに関するものです。

M You know, ❶the florist's convention is coming up. ❷Do you think our company T-shirts will be ready in time for us to hand out at our booth?

ご存じの通り、生花店協議会が近々開催されます。当社の T シャツは、ブースで配るのに間に合うように用意できると思いますか。

W ❸Yes, as long as we finalize the design soon. These are the four options the designer gave us to consider.

はい、私たちがすぐにデザインを最終決定しさえすれば。これらが、デザイナーが検討用に提供してくれた 4 つの選択肢です。

M Well, ❹I definitely think the T-shirt should have our company flower logo on it. That'll make it easy for people to see from far away.

なるほど、絶対に T シャツには当社の花のロゴが入っているべきだと思います。そうすれば、遠くからでも人々に分かりやすくなるでしょう。

W I agree. ❺And the shirt should completely spell out the company name, not just the initials.

私も同意見です。それから、シャツにはイニシャルだけでなく、社名の文字が略されずに全て入っているべきです。

M ❻Then we agree! ❼I'll go put in an order for 200 of these shirts right away.

それなら、決まりですね！すぐに、このシャツを 200 枚注文しに行ってきます。

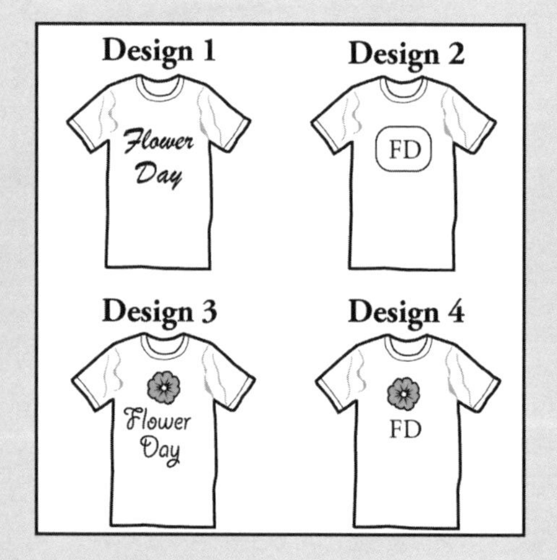

65 What are the speakers preparing to do?

(A) Attend a convention
(B) Enter a design competition
(C) Open a store branch
(D) Volunteer at a town festival

話し手たちは何をする準備をしていますか。

(A) 協議会に出席する
(B) デザインのコンクールに参加申し込みをする
(C) 支店を開設する
(D) 町の祭りでボランティアをする

正解 A 男性は❶「生花店協議会が近々開催される」と述べ、続けて女性に、❷「当社のTシャツは、ブースで配るのに間に合うように用意できると思うか」と尋ねている。それに対し女性は、❸で、Tシャツのデザインを最終決定できれば用意できると思うと答えており、以降で2人はTシャツのデザインについて話している。よって、話し手たちは協議会の準備をしていると分かる。
(B) デザインについて話しているが、コンクールについては言及がない。
(C) (D) いずれも言及がない。

---

66 Look at the graphic. Which design do the speakers select?

(A) Design 1
(B) Design 2
(C) Design 3
(D) Design 4

図を見てください。話し手たちはどのデザインを選択していますか。

(A) デザイン1
(B) デザイン2
(C) デザイン3
(D) デザイン4

正解 C デザイナーが提供してくれたTシャツのデザイン4つについて、男性は❹「絶対にTシャツには当社の花のロゴが入っているべきだと思う」と意見を述べている。女性は男性に同意し、続けて❺「シャツにはイニシャルだけでなく、社名の文字が略されずに全て入っているべきだ」と自分の考えを伝えている。男性はそれに対し、❻「それなら、決まりだ」と言って2人の意見が一致したことを示唆し、❼で、そのデザインのTシャツを注文すると述べている。図を見ると、花のロゴが入っており、かつ社名が略されずに入っているのはデザイン3。よって、(C)が正解。
(A) 社名は略されずに入っているが、花のロゴが入っていない。
(B) 花のロゴがなく、社名がイニシャルになっている。
(D) 花のロゴはあるが、社名がイニシャルになっている。

---

67 What will the man do next?

(A) Take inventory
(B) Place an order
(C) Make a delivery
(D) Complete a registration form

男性は次に何をしますか。

(A) 棚卸しをする
(B) 注文をする
(C) 配達をする
(D) 登録用紙に漏れなく記入する

正解 B Tシャツのデザインについて、女性と意見が一致したと分かった男性は、❼「すぐに、このシャツを200枚注文しに行ってくる」と伝えている。よって、男性はこの後Tシャツの注文をすると分かる。
(A) (C) (D) いずれも言及がない。

語注 convention 協議会、大会／come up 近づいてくる／in time 間に合って／as long as ～ ～しさえすれば／finalize ～を最終決定する／definitely 絶対に／far away 遠く離れて／spell out ～ ～（文字）を略さずに書く／put in an order for ～ ～を注文する **65** enter ～に参加申し込みをする／competition コンクール、競技会／branch 支店 **67** inventory 在庫（一覧） ★take inventoryで「棚卸しする」／complete ～に漏れなく記入する

Questions 68 through 70 refer to the following conversation and schedule.

問題 68-70 は次の会話と予定表に関するものです。

W Mr. Gonzalez, do you have some time on Tuesday? ❶The legal team has prepared a summary of what needs to be done to comply with the new regulations for copper-mining operations. ❷They'd like to meet with us.

Gonzalez さん、火曜日にお時間はありますか。法務チームが、銅採掘事業に関する新しい規則を順守するために必要となることの概略を用意してくれました。彼らは私たちと会合をしたいそうです。

M I can make some time. ❸Those take effect in… eighteen months? Is that right?

時間は作れます。それが発効するのは…18 カ月後？ そうですよね？

W ❹That's correct. But ❺we've been anticipating these regulations for a while. ❻Most of the procedures and equipment in our mines are in compliance already.

その通りです。ですが、当社はかなり前から、これらの規則を予期して準備してきました。当社の鉱山における手順や機器の大半はすでに規制に従っています。

M That's good to hear. Well, ❼I have an appointment at nine o'clock that morning that I can reschedule. ❽Is that a good time for you?

それは朗報です。そうですね、私はその朝 9 時に約束が入っていますが、日時を変更できます。その時間であなたのご都合はいかがですか。

Tuesday, March 19	
8:00 A.M.	Staff meeting
9:00 A.M.	Shareholder conference call
10:00 A.M.	Laboratory facilities inspection
11:00 A.M.	
12:00 P.M.	Lunch with Mr. Kim

3 月 19 日（火曜日）	
午前 8 時	従業員会議
午前 9 時	株主電話会議
午前 10 時	研究室設備の点検
午前 11 時	
正午	Kim さんとの昼食会

68 What industry do the speakers work in?

(A) Mining
(B) Transportation
(C) Publishing
(D) Medicine

話し手たちはどのような業界で働いていますか。

(A) 採掘
(B) 運送
(C) 出版
(D) 医療

正解 A 女性は男性に、火曜日に時間があるか尋ねた後、❶「法務チームが、銅採掘事業に関する新しい規則を順守するために必要となることの概略を用意してくれた」と説明し、❷で法務チームが話し手たちとの会合を希望していることを知らせている。また、女性は、❺「当社はかなり前から、これらの規則を予期して準備してきた」、❻「当社の鉱山における手順や機器の大半はすでに規則に従っている」とも述べている。従って、話し手たちの会社は採掘業を営んでいると分かる。(A) が正解。

---

69 What will happen in eighteen months?

(A) Mr. Kim will retire.
(B) A building project will be completed.
(C) Some regulations will take effect.
(D) Some equipment will be delivered.

18 カ月後に何が起きますか。

(A) Kim さんが退職する。
(B) 建設計画が完了する。
(C) 規則が発効する。
(D) 機器が配達される。

正解 C 男性は、銅採掘事業に対する新しい規則について、❸「それが発効するのは 18 カ月後？　そうですよね？」と確認している。それに対し女性は❹「その通り」と肯定しているので、(C) が正解。

(A) Kim さんの名は予定表に記載があるが、彼が退職すると分かる発言はない。
(B) 建設計画については言及がない。
(D) 女性の発言に equipment は登場するが、配達については言及がない。

---

70 Look at the graphic. Which appointment will be rescheduled?

(A) The staff meeting
(B) The shareholder conference call
(C) The laboratory facilities inspection
(D) The lunch with Mr. Kim

図を見てください。どの約束の日時が変更されますか。

(A) 従業員会議
(B) 株主電話会議
(C) 研究室設備の点検
(D) Kim さんとの昼食会

正解 B 男性は、火曜日に時間を作ることが可能だと話し、❼「私はその朝 9 時に約束が入っているが、日時を変更できる」と述べ、❽「その時間であなたの都合はどうか」と女性の都合を尋ねている。図を見ると、朝 9 時に入っている予定は株主電話会議なので、(B) が正解。

(A) (C) (D) いずれも予定表に記載があるが、午前 9 時に入っている予定ではない。

語注 summary　概略、要約／comply with ～　～に従う、～を順守する／regulation　規則、法規　★この意味では通常複数形／copper-mining　銅採掘の／operation　事業／take effect　発効する／anticipate　～を予期（して準備）する、～を見込む／for a while　しばらくの間／procedure　手順／mine　鉱山／in compliance　（法令や規則などを）順守していて／reschedule　～の日時を変更する／
図表 shareholder　株主／conference call　電話会議／facility　設備／inspection　点検　**68** transportation　運送

Questions 71 through 73 refer to the following excerpt from a meeting.

問題 71-73 は次の会議の抜粋に関するものです。

W

Hi, everyone. Before you start your day, ❶I need to talk to you about work shifts here at the factory. ❷Last week, we signed a contract with an office furniture store—so we have to increase our production of desks and chairs. In order to meet these demands, ❸we'll be hiring more workers and adding an evening shift. ❹If any of you are interested in changing your hours to work in the evening, let me know.

こんにちは、皆さん。一日を始める前に、当工場での勤務シフトについてお話しする必要があります。先週、当社はオフィス家具店と契約を結びました――そのため、当工場は机と椅子を増産する必要があります。これらの需要を満たすため、当社はさらに多くの作業員を雇って夜間シフトを追加する予定です。どなたか夜間勤務に勤務時間を変更したい方がいましたら、私までご連絡ください。

71 What type of product does the factory produce?

(A) Electronics
(B) Furniture
(C) Clothing
(D) Beverages

工場はどんな種類の製品を生産していますか。

(A) 電子機器
(B) 家具
(C) 衣料品
(D) 飲料

正解 B 話し手は❶で、工場での勤務シフトに言及してから、❷「先週、当社はオフィス家具店と契約を結んだ——そのため、当工場は机と椅子を増産する必要がある」と述べている。よって、工場では机や椅子などの家具を生産していると判断できる。
(A) (C) (D) いずれも言及がない。

---

72 What does the speaker say happened last week?

(A) A budget was approved.
(B) A supervisor was promoted.
(C) A second production plant opened.
(D) A contract was signed.

話し手は先週に何が起こったと言っていますか。

(A) 予算が承認された。
(B) 監督者が昇進した。
(C) 2つ目の生産工場が開業した。
(D) 契約が締結された。

正解 D 話し手は❷「先週、当社はオフィス家具店と契約を結んだ」と述べてから、机と椅子の生産を増やす必要性と、雇用する作業員を増やす意向について言及している。よって、先週には契約が締結されたと分かるので、(D) が正解。
(A) 予算については言及がない。
(B) 監督者や昇進については言及がない。
(C) 生産を増やす必要性が述べられているが、2つ目の工場の開業については言及がない。

---

73 What does the speaker say the listeners can do?

(A) Sign up for evening shifts
(B) Park in a designated area
(C) Enroll in some training
(D) Extend their lunch breaks

話し手は聞き手が何をすることができると言っていますか。

(A) 夜間シフトを申し込む
(B) 指定の区域に駐車する
(C) 研修に参加する
(D) 自分たちの昼休みを延長する

正解 A 話し手は❸で、会社が雇用する作業員を増やし、夜間シフトを追加する予定であると述べた後、❹「誰か夜間勤務に勤務時間を変更したい人がいたら、私まで連絡してほしい」と、夜間シフト勤務への変更が可能であることを聞き手に伝えている。よって、(A) が正解。
(B) (C) (D) いずれも言及がない。

語注 shift　シフト、交替勤務時間／sign　～に署名して契約を結ぶ／contract　契約書、契約／meet　～を満たす／demand　需要／hire　～を雇用する　**71** electronics　電子機器／beverage　飲料　**72** budget　予算／approve　～を承認する／supervisor　監督者／promote　～を昇進させる／plant　工場
73 sign up for ～　～を申し込む、～の契約をする／designate　～を指定する／enroll in ～　～に参加する／extend　～を延長する

Questions 74 through 76 refer to the following telephone message.

問題74-76は次の電話のメッセージに関するものです。

M

Ms. Sanchez, ❶this is Prashant Bora from Inspiration Visual Media calling about your promotional video. ❷The first draft is complete. ❸I just tried to send you the file as an e-mail attachment, but it was too large. **I've uploaded it to a secure Web site instead. I'm sending you a link with a password.** ❹Let me know what you think about the music and the sequencing of the scenes. ❺The sooner I get your feedback, the sooner I can work on the final version.

Sanchez さん、こちらは Inspiration Visual Media 社の Prashant Bora で、御社の宣伝用動画についてお電話しています。原案が完成しました。たった今、そのファイルをEメールの添付でお送りしようとしましたが、容量が大き過ぎました。その代わりに、安全なウェブサイトにアップロードしました。パスワード付きのリンクをお送りします。音楽と場面の配列について、御社のお考えをお知らせください。ご意見を頂くのが早ければ早いほど、それだけ早く最終版に取り掛かることができます。

74 What most likely is the speaker's job?

(A) Newspaper publisher
(B) Musician
(C) Video editor
(D) Computer programmer

話し手の職業は何だと考えられますか。

(A) 新聞発行者
(B) 音楽家
(C) 動画編集者
(D) コンピュータープログラマー

正解 C　話し手は聞き手に呼び掛けてから、❶「こちらはInspiration Visual Media社のPrashant Boraで、御社の宣伝用動画について電話している」と電話の用件を伝え、続けて❷「(動画の) 原案が完成した」と述べている。また、以降では、原案のファイルを聞き手に送ることを伝えたり、原案についての聞き手の意見を求めたりしている。これらのことから、話し手は動画を制作している編集者だと判断できる。

(B) 話し手は動画中の音楽について意見を求めているだけで、音楽家だと分かる発言はない。

(D) file、upload、Web siteなど、コンピューターに関連する語が幾つか登場するが、話し手は動画の原案の送付について話しているだけである。

---

75 What was the speaker unable to do?

(A) Extend a deadline
(B) E-mail a file
(C) Repair some equipment
(D) Locate some records

話し手は何をすることができませんでしたか。

(A) 締め切りを延長する
(B) ファイルをEメールで送る
(C) 機器を修理する
(D) データを見つける

正解 B　話し手は、原案の動画が完成したことを伝えてから、❸「たった今、そのファイルをEメールの添付で送ろうとしたが、容量が大き過ぎた」と述べ、動画ファイルがEメールの添付で送信できなかったことを伝えている。

(A) (C) (D) いずれも言及がない。

---

76 What does the speaker ask the listener to do?

(A) Send an invoice
(B) Reschedule an appointment
(C) Update some software
(D) Provide some feedback

話し手は聞き手に何をするよう求めていますか。

(A) 請求書を送る
(B) 面会の約束の日時を変更する
(C) ソフトウエアを更新する
(D) 意見を伝える

正解 D　話し手は、パスワード付きのリンクで原案の動画ファイルを送ると伝えてから、❹「音楽と場面の配列について、御社の考えを知らせてほしい」と聞き手に促し、続けて❺では、聞き手から意見を聞くのが早いほど、それだけ早く最終版に取り掛かることができるとも伝えている。よって、話し手は聞き手に、原案の動画について意見をもらうことを求めていると分かる。

(A) (B) (C) いずれも言及がない。

語注　promotional　宣伝の、販売促進の／first draft　原案、第1稿、初稿／complete　完成した／attachment　添付／secure　安全な／instead　代わりに／password　パスワード／sequencing　(時間順の) 配列、(物や出来事の) 並び／scene　場面／feedback　意見／version　版、バージョン　**75** extend　～を延長する／locate　～を見つける／record　(コンピューター上の) ひとまとまりのデータ　**76** invoice　請求書／reschedule　～の日時を変更する／update　～を更新する、～を最新にする

Questions 77 through 79 refer to the following announcement.

問題 77-79 は次のお知らせに関するものです。

W

❶Welcome to the Midtown Performing Arts Arena. ❷Our opening act, the Blue Sea Trio, will take the stage at seven P.M. as scheduled. ❸Unfortunately, the tour bus for tonight's main band, Songstar, had an engine malfunction. ❹But the problem was quickly fixed, so the band is on its way now and will only be slightly delayed. ❺While you are waiting for the show to begin, I encourage you to take advantage of our new food court behind seating area D, where you can purchase food from five local restaurants. Thank you and enjoy your evening!

Midtown 舞台芸術アリーナへようこそ。前座の Blue Sea Trio は、予定通り午後 7 時に舞台に上がります。あいにく、今夜のメインバンドである Songstar のツアーバスにエンジントラブルが起こりました。しかし、問題はすぐに解決されたため、バンドは現在会場に向かっている途中で、少しだけ遅れることになります。ショーの開始をお待ちになる間、座席エリア D の後方にある当会場の新しいフードコートをぜひご利用ください。そちらでは 5 軒の地元のレストランの料理が購入できます。ご来場ありがとうございます、そして今夜をお楽しみください！

77 Who most likely are the listeners?

(A) Sound technicians
(B) Restaurant critics
(C) Concert attendees
(D) Bus passengers

聞き手は誰だと考えられますか。

(A) 音響技術者
(B) レストラン評論家
(C) コンサートの来場者
(D) バスの乗客

正解 C 話し手は❶「Midtown 舞台芸術アリーナへようこそ」と聞き手を歓迎してから、❷「前座の Blue Sea Trio は、予定通り午後7時に舞台に上がる」と、公演の予定を知らせている。以降でも、演者の遅れや会場のフードコートなどについての情報を伝えている。よって、聞き手はコンサートの来場客だと判断できる。

(A) 舞台やバンドについての言及はあるが、聞き手が音響技術者だと分かる発言はない。

(B) フードコートのレストランについての言及はあるが、聞き手がレストラン評論家だと分かる発言はない。

(D) バンドのツアーバスについての言及があるだけである。

---

78 According to the speaker, what has caused a delay?

(A) Some tools were misplaced.
(B) Some ingredients have run out.
(C) Bad weather was expected in the area.
(D) A vehicle broke down.

話し手によると、何が遅れを引き起こしましたか。

(A) 道具が置き忘れられた。
(B) 材料が切れてなくなった。
(C) その地域で悪天候が予想された。
(D) 車両が故障した。

正解 D 難問解説

遅れに関連する情報に注意する。話し手は、❸「あいにく、今夜のメインバンドである Songstar のツアーバスにエンジントラブルが起こった」と知らせ、続けて❹で、同バンドの公演の遅れを伝えている。このことから、遅れの原因は❸にあるバスのエンジントラブルだと考えられるので、(D) が正解。(D) では、tour bus が vehicle、had an engine malfunction が broke down と言い換えられている。

正解を選ぶには上記の言い換えに瞬時に気付くことがポイントとなる。さらに遅れの原因について複数の情報をつなげて正確に判断しないと、(A) (B) (C) のような文脈に関連のない選択肢を選んでしまう可能性がある。

---

79 What are the listeners invited to do?

(A) Store their belongings in a locker
(B) Make a food purchase
(C) Choose alternate transportation
(D) Request a refund

聞き手は何をするよう勧められていますか。

(A) 自分の持ち物をロッカーに保管する
(B) 食べ物を購入する
(C) 代わりの交通手段を選ぶ
(D) 返金を依頼する

正解 B 話し手はバンドの到着の遅れについて知らせてから、❺「ショーの開始を待つ間、座席エリア D の後方にある当会場の新しいフードコートの利用をお勧めする。そこでは5軒の地元のレストランの料理が購入できる」と伝えている。よって、話し手は聞き手に、フードコートで食べ物を購入することを勧めていると分かる。

(C) バンドのツアーバスの遅れについて知らされているだけである。

(D) バンドの公演の遅れを知らせているが、聞き手は返金依頼を勧められてはいない。

語注 performing arts 舞台芸術／arena アリーナ、公演会場／act 演者、演目 ★ opening act は「前座」／as scheduled 予定通りに／malfunction 不具合、不調／take advantage of ～ ～を利用する **77** technician 技術者／critic 評論家／attendee 参加者、出席者 **78** misplace ～を置き忘れる／run out 尽きる **79** invite ～ to *do* ～に…するよう勧める／alternate 代わりの、代替の

Questions 80 through 82 refer to the following telephone message.

問題 80-82 は次の電話のメッセージに関するものです。

M

Hi, Karen. ❶Just calling to give you an update on how things are going at our crafts supply business. ❷Our sales of paper, ribbons, and beads have been doing well lately, and I think the plan to launch a blog online next month will help even more. We'll be able to write posts about all the creations our customers can make using our supplies. By the way, ❸thanks for inviting me to the craft fair in Treehaven this weekend. ❹It sounds like fun, but you'll have to tell me about it next week. I'm running a workshop on Saturday.

もしもし、Karen。当社の手工芸用品事業がどのような状況かに関する最新情報をお伝えするために電話しています。当社の紙、リボン、ビーズの売り上げは最近好調で、来月オンラインでブログを立ち上げる計画がさらなる追い風となると思います。私たちはお客さまが当社の用品を使って作れるさまざまな創作物について、投稿記事を書くことができるようになるでしょう。ところで、ツリーヘイブンで今週末に開かれる手工芸品見本市に私を誘ってくれてありがとうございます。面白そうですが、それについては来週あなたが教えてくれなければいけませんね。私は土曜日に講習会を運営することになっているのです。

80 Where does the speaker work?

(A) At a craft shop
(B) At a yoga studio
(C) At a bookstore
(D) At a stationery store

話し手はどこで働いていますか。

(A) 手工芸用品店
(B) ヨガスタジオ
(C) 書店
(D) 文房具店

正解 A 話し手は❶で、当社の手工芸用品事業の状況に関する最新情報を伝えるために、と電話の用件を切り出し、続けて❷で、紙、リボン、ビーズの売り上げは最近好調で、来月オンラインでブログを立ち上げる計画がさらなる追い風となるだろう、と具体的な情報を知らせている。このことから、話し手は手工芸用品を販売する店で働いていると分かる。
(C) (D) トーク中に paper という語が登場するが、話し手が書店や文房具店で働いていると分かる発言はない。

---

81 What does the speaker plan to do next month?

(A) Write a business blog
(B) Organize a book club
(C) Increase some inventory
(D) Interview job applicants

話し手は来月に何をする予定ですか。

(A) 事業用のブログを書く
(B) 読書クラブを組織する
(C) 在庫量を増やす
(D) 求職者を面接する

正解 A 話し手は、❷で、最近は事業が好調であることを伝えてから、「来月オンラインでブログを立ち上げる計画がさらなる追い風となると思う」と、来月の計画について述べている。よって、(A) が正解。
(B) 言及されていない。
(C) 事業が好調であることは述べられているが、在庫量を増やす計画があるかどうかは不明。
(D) fair という語が登場するが、会社説明会のことではない。

---

82 Why does the speaker say, "I'm running a workshop on Saturday"?

(A) To ask for assistance with a project
(B) To decline an invitation
(C) To confirm a date
(D) To correct an advertising error

話し手はなぜ "I'm running a workshop on Saturday" と言っているのですか。

(A) プロジェクトの手伝いを頼むため
(B) 誘いを断るため
(C) 日程を確認するため
(D) 広告の誤りを訂正するため

正解 B 前半で事業状況やブログの話をしていた話し手は、8 行目の By the way で話題を変え、❸で今週末の手工芸品見本市への誘いに対して聞き手に感謝を述べている。その後の❹ It sounds like fun, but you'll have to tell me about it next week. がこの問題のポイントだ。「面白そうだが、それについては来週あなたが教えてくれなければいけない」とは「残念だが私は行けないので、来週あなたから話を聞かなければならない」という意味だ。それが分かれば、直後の発言部分もその理由として即座に理解でき、話し手は誘いを間接的に断っているのだと分かる。
(A) workshop「講習会」は出てくるが、手伝ってくれるように頼んではいない。
(C) Saturday は出てくるが、日程確認をしているわけではない。
(D) 言及されていない。

語注 update 最新情報／crafts ＜複数形で＞手工芸品／sales ＜複数形で＞売上高／lately 最近は／launch ～を立ち上げる／post 投稿記事／creation 創作物／fair 見本市、フェア／run ～を運営する、～（講座など）を提供する／workshop 講習会 **80** stationery 文房具 **81** inventory 在庫（量）／interview ～を面接する／job applicant 求職者 **82** decline ～を（丁重に）断る／confirm ～を確認する／correct ～を訂正する／advertising 広告（の）

Questions 83 through 85 refer to the following speech.

問題 83-85 は次のスピーチに関するものです。

W

Good morning! ❶As town mayor, it's my pleasure to welcome you to the official opening of our newest public land, the Barbara Jenkins Park. ❷Most people are familiar with the name Barbara Jenkins because of her successful career as a nature photographer. ❸And many of her award-winning photographs were taken right here on her property. **Ms. Jenkins donated the land to the city with the request it be open for the public to enjoy.** ❹We had to add facilities for visitors. We couldn't have done this without our volunteers. ❺There was a surprising amount of work involved. ❻And now we can all enjoy this beautiful property.

おはようございます！町長として、私たちの一番新しい公有地であるBarbara Jenkins公園の正式な開園式に皆さんをお迎えすることができ光栄です。自然写真家として成功した経歴によって、ほとんどの方はBarbara Jenkinsの名前をよくご存じでしょう。そして、彼女の受賞写真の多くは、まさにこの彼女の所有地で撮影されました。**Jenkinsさんは、一般の人々が楽しめるように開放してほしいという要望とともに、その土地を市に寄付しました。**市では来園者向けの施設を増設する必要がありました。ボランティアの方々なくしては、これを成し遂げることはできなかったでしょう。驚くべき量の作業が必要でした。そうして現在、私たちは皆、この美しい土地を楽しむことができるのです。

83 Who is the speaker?

(A) A museum director
(B) A park ranger
(C) A company president
(D) A city official

話し手は誰ですか。

(A) 美術館の館長
(B) 公園の監視員
(C) 会社の社長
(D) 市の公職者

正解 D 難問解説

話し手は冒頭で❶「町長として、私たちの一番新しい公有地であるBarbara Jenkins公園の正式な開園式に皆さんをお迎えすることができ光栄だ」と述べている。続けて、土地の所有者だった写真家と、開園に至るまでの経緯について説明している。自身のことを「町長」と述べて、公有地である公園について具体的な情報を伝えていることから、話し手は(D)のA city official「市の公職者」だと判断できる。名詞officialの意味を知っていることが重要。

(A) (C)に関連する言及はないのですぐに除外できるが、公園についての情報だけで判断すると、(B)を誤って選んでしまう可能性がある。

---

84 What does the speaker say Barbara Jenkins was known for?

(A) Architectural design
(B) Scientific research
(C) Nature photography
(D) Tourism promotion

話し手はBarbara Jenkinsが何で知られていたと言っていますか。

(A) 建築設計
(B) 科学研究
(C) 自然の写真
(D) 観光業の振興

正解 C

話し手は、❶でBarbara Jenkins公園開園式への歓迎のあいさつを述べてから、❷「自然写真家として成功した経歴によって、ほとんどの方はBarbara Jenkinsの名前をよく知っているだろう」と述べ、Barbara Jenkinsが自然写真家であることを伝えている。また❸では、彼女の写真の多くが今回公園となった土地で撮影されたことにも言及している。よって、(C)が正解。

(A) 公園ができるまでの経緯が述べられているが、Barbara Jenkinsが建築設計をしたと分かる発言はない。

---

85 Why does the speaker say, "We couldn't have done this without our volunteers"?

(A) To explain a project delay
(B) To recognize a contribution
(C) To complain about a budget
(D) To justify a training program

話し手はなぜ"We couldn't have done this without our volunteers"と言っているのですか。

(A) プロジェクトの遅れについて説明するため
(B) 貢献をたたえるため
(C) 予算について不満を言うため
(D) 研修プログラムを正当化するため

正解 B 難問解説

下線部から話し手の意図を読み取る問題。仮定法過去完了を用いた文で「ボランティアの方々なくしては、これを成し遂げることはできなかっただろう」という意味だが、つまり「ボランティアの方々がいたからこそ、これを成し遂げられた」という感謝を述べていると分かる。❺で言及している「作業量の多さ」はその補足説明。すなわち、その感謝の表明を「貢献をたたえる」と言い換えた(B)が正解。

仮定法過去完了の文の意味を正しく捉えずに「(施設の増設が)できなかった」と言っていると解釈してしまうと、(A)や(C)を選んでしまう可能性が高い。仮定法の用法はしっかり押さえておきたい。

語注 award-winning 受賞した、賞を勝ち取った／property 所有地、土地／donate ~ to … ～を…に寄付する／the public 一般の人々／involve ～を伴う、～を必要とする **83** director 所長、管理者／ranger 監視員 **84** architectural 建築の／promotion 振興、促進 **85** recognize ～をたたえる、～(の功績)を認める／justify ～を正当化する

Questions 86 through 88 refer to the following broadcast.

問題 86-88 は次の放送に関するものです。

W

And now for the national news. ❶Flyers Aviation Company, the world's largest airplane manufacturer, announced yesterday that they'll be designing their own airplane navigation systems. ❷The goal of this change is to cut costs by relying less on outside suppliers. ❸The company claims that, by designing these navigation systems themselves, they'll spend much less money on development costs. ❹For more details, let's talk to Nadia Samir, the company's Director of Technology Services. ❺She's here in the studio with us for an interview, and will be answering our questions today… Welcome, Ms. Samir!

さて、全国ニュースのお時間です。世界最大の航空機メーカーである Flyers 航空会社は昨日、独自の航空機用ナビゲーションシステムを設計する予定であると発表しました。この転換の目的は、外部業者への依存度を減らすことによる経費の削減です。同社が主張するには、これらのナビゲーションシステムの自社設計によって、開発費に充てる資金が格段に減る見込みであるとのことです。より詳しいことについては、同社の技術サービス担当重役である Nadia Samir さんに伺いましょう。彼女はインタビューのために番組のスタジオに来てくださり、今日は私たちの質問に答えてくださいます…ようこそ、Samir さん！

86 According to the speaker, what does Flyers Aviation plan to do?

(A) Replace airplane seats
(B) Design navigation systems
(C) Offer flights to more locations
(D) Provide additional staff training

話し手によると、Flyers 航空会社は何をする計画ですか。

(A) 航空機の座席を交換する
(B) ナビゲーションシステムを設計する
(C) 飛行機便の目的地を増設する
(D) 追加の従業員研修を提供する

正解 B 話し手は、❶「世界最大の航空機メーカーである Flyers 航空会社は昨日、独自の航空機用ナビゲーションシステムを設計する予定であると発表した」とニュースの概要を伝え、以降では同社の計画の目的について言及している。よって、(B) が正解。
(A) 座席については言及がない。
(C) 飛行機便の目的地については言及がない。
(D) 従業員研修については言及がない。

---

87 What is the reason for the change?

(A) To reduce costs
(B) To satisfy new regulations
(C) To respond to customer requests
(D) To attract job applicants

転換の理由は何ですか。

(A) 経費を削減すること
(B) 新しい規則を満たすこと
(C) 顧客の要望に応えること
(D) 求職者を引き付けること

正解 A 話し手は、❶で Flyers 航空会社が独自の航空機用ナビゲーションシステムを設計する予定であることを伝えてから、❷「この転換の目的は、外部業者への依存度を減らすことによる経費の削減だ」と述べ、❸では、同社の開発費が格段に減る見込みについても言及している。よって、同社の方針転換の理由は経費の削減であることが分かる。
(B) 規則については言及がない。
(C) 顧客の要望については言及がない。
(D) 求職者については言及がない。

---

88 What will the listeners hear next?

(A) Details for an upcoming contest
(B) Updates on local traffic conditions
(C) An advertisement from a radio sponsor
(D) An interview with a company executive

聞き手は次に何を聞きますか。

(A) 今度の競技会の詳細
(B) 地元の交通状況に関する最新情報
(C) ラジオのスポンサーの広告
(D) 企業幹部のインタビュー

正解 D 話し手は、Flyers 航空会社が独自の航空機用ナビゲーションシステムを設計する目的について述べた後、❹「より詳しいことについては、同社の技術サービス担当重役である Nadia Samir さんに聞こう」と述べている。さらに❺「彼女はインタビューのために番組のスタジオに来てくれ、今日は私たちの質問に答えてくれる」と、この後の番組の予定を説明してから、Samir さんを番組に迎え入れている。よって、聞き手は次に Samir さんのインタビューを聞くことになると考えられる。Nadia Samir さんのことを a company executive と表した (D) が正解。
(A) 競技会については言及がない。
(B) ナビゲーションシステムについて言及されているが、地元の交通状況について述べられるわけではない。
(C) スポンサーや広告については言及がない。

語注 national 全国の／aviation 航空産業／manufacturer メーカー、製造業者／navigation ナビゲーション、航法／rely on ～ ～に頼る／development 開発／director 重役、取締役 **87** satisfy ～（要件や基準など）を満たす／regulation 規則、法規 ★この意味では通常複数形／respond to ～ ～に応じる **88** upcoming 近日中の、今度の／executive 幹部、重役

Questions 89 through 91 refer to the following recorded message.

問題89-91は次の録音メッセージに関するものです。

M

Hello, ❶you've reached Eastford Specialized Care Center. Our office is currently closed. ❷If you are calling to schedule an appointment with a doctor, please call between the hours of eight A.M. and six P.M., Monday through Friday. ❸We recommend arriving fifteen minutes prior to your appointment start time to complete any necessary paperwork. Also, please be aware that we are now located at 65 Springer Avenue. ❹Directions for traveling by car can be found on our Web site at www.eastfordcenter.com.

もしもし、こちらはEastford専門治療センターです。当院は現在、閉まっております。医師との診療予約の日時を決めるためにお電話されている場合、月曜日から金曜日までの午前8時から午後6時の時間中にお電話ください。必要書類への記入のため、ご予約開始時刻の15分前に到着されることをお勧めいたします。また、当院の所在地は現在、スプリンガー大通り65番地であることにご留意ください。車でお越しの際の道順は、当院のウェブサイトwww.eastfordcenter.comでご確認いただけます。

89 What type of business is the recorded message for?

(A) A hair salon
(B) A fitness club
(C) A medical office
(D) A tutoring center

録音メッセージはどのような業種のためのものですか。

(A) 美容院
(B) フィットネスクラブ
(C) 診療所
(D) 個別指導センター

正解 C 録音メッセージの冒頭で、話し手は❶「こちらは Eastford 専門治療センターだ」と事業所の名前を述べている。さらに、同センターが現在は閉まっていると述べてから、❷で、聞き手が医師との診療予約を入れるために電話すべき曜日と時間帯を伝えている。これらのことから、録音メッセージは診療所の電話応答メッセージだと判断できる。

(D) ❶に center という語が含まれるが、個別指導については言及がない。

---

90 Why does the speaker recommend arriving early?

(A) To find parking
(B) To fill out forms
(C) To tour a facility
(D) To avoid a wait

話し手はなぜ早めに到着することを勧めているのですか。

(A) 駐車場所を見つけるため
(B) 用紙に記入するため
(C) 施設を見学するため
(D) 待つことを避けるため

正解 B 難問解説

話し手の案内する内容について詳細情報を問う問題。設問文にある recommend arriving early に注意して聞き取る。冒頭から診療予約の手順説明へと続く文脈を追っていくと、中盤で❸「必要書類への記入のため、予約開始時刻の 15 分前に到着することを勧める」と述べ、センターの場所や道順の確認方法に関する案内を続けている。よって、早めに来る理由である「必要書類への記入」(to complete any necessary paperwork) を To fill out forms と表した (B) が正解。

頭に残る後半の情報だけで判断すると、(A) や (C) を誤って選んでしまう。また、「医師の診療」という状況だけを手掛かりにすると、(D) を選んでしまうかもしれない。文脈を意識し、かつトーク中のキーワードを聞き逃さないようにしよう。

---

91 According to the speaker, what is on the Web site?

(A) Driving directions
(B) Business hours
(C) A list of services
(D) Online scheduling

話し手によると、ウェブサイト上には何がありますか。

(A) 車での道順
(B) 営業時間
(C) サービスの一覧
(D) オンラインでの日時設定

正解 A 話し手はセンターの所在地を述べてから、❹「車で来る際の道順は、当院のウェブサイト www.eastfordcenter.com で確認できる」と、車でのセンターへの道順がウェブサイト上で確認できることを伝えている。よって、(A) が正解。

(B) 電話の受付時間は述べられているが、診療時間がウェブサイト上にあるかは不明。
(C) 言及されていない。
(D) 日時設定についての言及はあるが、それがオンラインでできるかどうかは不明。

語注 specialized 専門化した／care 治療、ケア／schedule ～の日時設定をする／recommend *doing* ～することを勧める／prior to ～ ～より前に／complete ～に漏れなく記入する／paperwork 書類、文書業務／be located 位置する／directions ＜複数形で＞道順 **89** tutor ～に個別指導をする **90** parking 駐車場所、駐車／tour ～を見学する／facility 施設／avoid ～を避ける **91** business hours ＜複数形で＞営業時間、業務時間

Questions 92 through 94 refer to the following excerpt from a meeting.

問題 92-94 は次の会議の抜粋に関するものです。

W

❶The development of our next-generation line of power tools is going quite well. ❷The prototypes look and feel great. Even better, ❸we were able to incorporate the feedback from our customers about the weight of the tools. ❹They'll weigh ten percent less than our previous models. ❺Now, the date to begin full production is fast approaching. ❻But we still have to perform the reliability tests, and John will be out for another two weeks. ❼He's our only certified tester.

当社の次世代型電動工具の製品ラインの開発は、かなり順調に進んでいます。試作品の見た目と使い勝手は素晴らしいです。さらに良いことに、私たちは工具の重量に関する顧客からの意見を取り入れることができました。新製品は当社の旧モデルよりも重さが 10 パーセント軽くなります。現在、本格生産の開始日が急速に近づいています。ですが、まだ信頼性試験を行う必要があり、John はもう 2 週間不在の予定です。彼が当社で唯一の認定試験者です。

92 What type of products does the speaker's company sell?

(A) Mobile devices
(B) Power tools
(C) Portable radios
(D) Exercise machines

話し手の会社はどんな種類の製品を販売していますか。

(A) 携帯機器
(B) 電動工具
(C) 携帯用ラジオ
(D) 運動器具

正解 B 話し手は❶「当社の次世代型電動工具の製品ラインの開発は、かなり順調に進んでいる」と、製品の開発の進行状況を報告している。続く❷では製品の試作品の見た目や使い勝手について述べ、❸では、工具の重量について顧客の意見を取り入れることができたと述べている。よって、話し手の会社は電動工具を製作販売していると分かる。

---

93 According to the speaker, what did customers request?

(A) A longer battery life
(B) A comprehensive warranty
(C) A lighter-weight product
(D) A variety of colors

話し手によると、顧客は何を要望しましたか。

(A) より長い電池寿命
(B) 包括的な保証
(C) より軽量の製品
(D) 多様な色

正解 C 話し手は、開発中の製品について、❸「私たちは工具の重量に関する顧客からの意見を取り入れることができた」と述べた後、❹「新製品は当社の旧モデルよりも重さが10パーセント軽くなる」と述べている。このことから、顧客はより軽量の工具を要望していたと判断できる。

(A) (B) いずれも言及がない。
(D) ❷に見た目についての言及があるだけで、色については述べられていない。

---

94 What does the speaker mean when she says, "John will be out for another two weeks"?

(A) John's work space is temporarily available.
(B) John is taking a longer holiday than usual.
(C) A process may be delayed.
(D) An error should be corrected.

話し手は "John will be out for another two weeks" という発言で、何を意味していますか。

(A) John の作業場所が一時的に利用可能である。
(B) John はいつもより長い休暇を取っている。
(C) 工程が遅れる可能性がある。
(D) 誤りが訂正されるべきである。

正解 C 難問解説

話し手の発言の意図を問う問題。話し手は❺で、新製品の本格生産の開始日が近づいてきていると述べた後、❻で、まだ信頼性試験を行う必要があることに言及している。続けて下線部の発言をし、最後に❼「彼が当社で唯一の認定試験者だ」と述べている。以上のことから、話し手は、製品の試験を行うことのできる会社で唯一の人物である John が、もうしばらくの間不在なので、新製品の生産工程が遅れる可能性を示唆していると考えられる。

(A) (B) (D) いずれも下線部の前後の文脈に合わない。

語注 next-generation 次世代の／line 製品ライン／power tool 電動工具／prototype 試作品／feel ～の感じがする／even better さらに良いことには／incorporate ～を取り入れる／feedback 意見／weight 重量／weigh ～の重さがある／previous 前の／fast 速く／approach 近づく／reliability 信頼性／certified 認定された、資格を持った／tester 試験者 **92** mobile 携帯式の／portable 携帯用の、持ち運び可能な **93** battery 電池／comprehensive 包括的な／warranty 保証 **94** temporarily 一時的に

Questions 95 through 97 refer to the following telephone message and map.

問題 95-97 は次の電話のメッセージと地図に関するものです。

M

Hi Valentina, it's George. ❶Now that Gryce Capital has decided to invest in our company, we finally have the funds to open a second store. I've sent you a map with the four best locations I could find so far. The place on River Road is closer to the center of town, but ❷I think the building on Holly Street is the best choice. That's because... uh... ❸it's mainly because it's right beside that new parking garage. Have a look, OK? The rent is pretty similar for all four locations, so price really isn't an issue.

もしもし、Valentina、こちらは George です。今や Gryce Capital 社が当社に出資することを決定したので、当社はようやく 2 号店の開店資金を得ました。私がこれまでに見つけることができた 4 カ所の最良の立地を示す地図をあなたに送りました。リバー通り沿いの場所は町の中心部により近いですが、私はホーリー通り沿いの建物が最良の選択肢だと思います。それはなぜなら…ええと…主に、そこは例の新しい立体駐車場のすぐそばにあるからです。見てみてくださいね？　賃貸料は 4 カ所全てほぼ同じなので、価格はあまり問題ではありません。

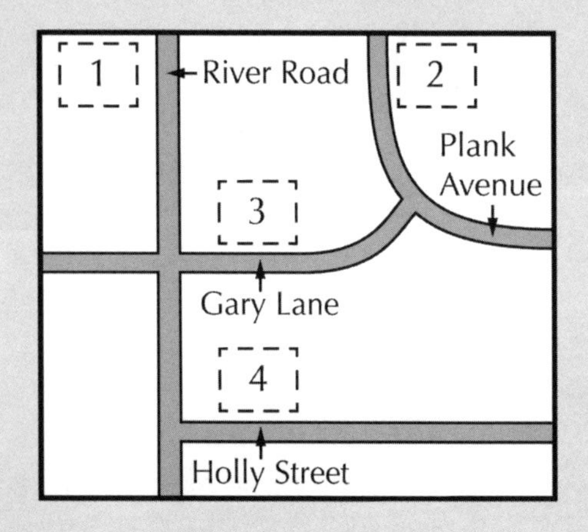

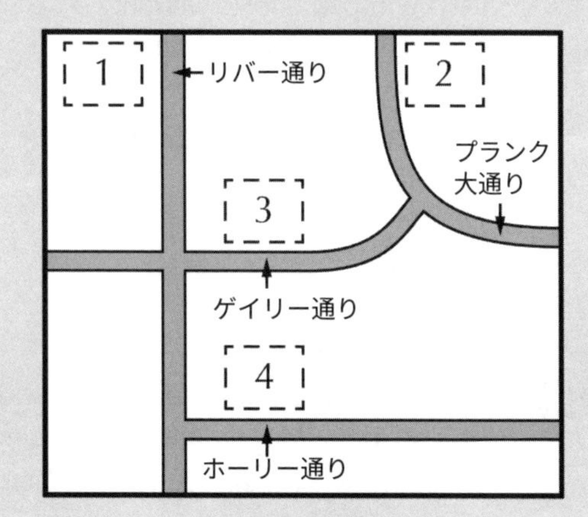

95 Why are the business owners able to open a second location?

(A) They improved their online sales.
(B) They reduced some costs.
(C) They found an investor.
(D) They purchased another company.

事業主たちはなぜ2号店を開店することができるのですか。

(A) オンラインでの売上高を伸ばしたから。
(B) 経費を削減したから。
(C) 出資者を見つけたから。
(D) 別の会社を買収したから。

正解 C　話し手は、聞き手に❶「今や Gryce Capital 社が当社に出資することを決定したので、当社はようやく2号店の開店資金を得た」と伝えている。以降では、2号店を開店する候補地について述べている。このことから、事業主である話し手と聞き手は、出資者が見つかったため2号店を開店できるのだと判断できる。よって (C) が正解。

(A) 言及されていない。
(B) 資金についての言及はあるが、経費については述べられていない。
(D) Gryce Capital 社は出資者であり、同社を買収したわけではない。

---

96 Look at the graphic. Which location does the speaker prefer?

(A) Location 1
(B) Location 2
(C) Location 3
(D) Location 4

図を見てください。話し手はどの場所が良いと思っていますか。

(A) 立地1
(B) 立地2
(C) 立地3
(D) 立地4

正解 D　話し手は、2号店の候補地が4カ所載っている地図を聞き手に送ったことを伝えた後、❷「ホーリー通り沿いの建物が最良の選択肢だと思う」と自身の考えを述べている。地図を見ると、立地4がホーリー通り沿いにあるので、(D) が正解。

(A) 話し手はリバー通り沿いの場所に言及しているが、この場所が町の中心部により近いことを伝えているだけである。

---

97 What does the speaker like best about his preferred location?

(A) It is the least expensive.
(B) It is near a parking area.
(C) It is already furnished.
(D) It is available immediately.

話し手は、希望の場所について何が一番気に入っていますか。

(A) 最も費用がかからない。
(B) 駐車場に近い。
(C) すでに設備が整っている。
(D) すぐに利用可能である。

正解 B　話し手は、ホーリー通り沿いの場所が最良の選択肢だと思う理由について、❸「主に、そこは例の新しい立体駐車場のすぐそばにあるからだ」と説明している。よって、(B) が正解。

(A) 話し手は、賃貸料が4カ所全てでほぼ同じなので、価格は問題ではないと述べている。
(C) (D) いずれも言及がない。

語注　now that ～　今や～なので／fund　資金／location　場所、立地／so far　これまでのところ／center　中心部／mainly　主に／beside　～のそばに／parking garage　立体駐車場／rent　賃貸料／pretty　かなり／similar　同じような、似ている／issue　争点、問題　図表 avenue　大通り／lane　通り　**95** business owner　事業主／investor　出資者　**97** furnished　設備付きの、家具付きの／immediately　すぐに

Questions 98 through 100 refer to the following talk and shelf layout.

問題 98-100 は次のトークと棚の配置に関するものです。

M

❶Thanks for attending this workshop for store owners. ❷To begin, I'd like to introduce a marketing strategy called "cross merchandizing." This strategy will help your store sell more products. ❸The idea is to take products that are often used together and display them close to each other. Take a look at this picture. It's a shelf from a grocery store. Consider the soup. ❹Based on research, soup is often eaten with crackers, so I'd recommend putting crackers on the shelf directly below the soup. This will help to increase cracker sales. ❺Now, please turn to the people sitting next to you. ❻In your group, discuss the products from your stores that are often used together.

店舗所有者向けの本講習会にご参加くださり、ありがとうございます。まず、「クロスマーチャンダイジング」と呼ばれるマーケティング戦略をご紹介したいと思います。この戦略は、皆さんの店舗が商品の販売数を伸ばすのに役立つでしょう。その狙いは、よく一緒に用いられる商品を選び、それらを互いに近くに陳列するというものです。この図を見てください。食料雑貨店の棚です。スープについて考えてみましょう。調査によれば、スープはよくクラッカーと一緒に食べられるので、クラッカーをスープの真下の棚に置くことをお勧めします。こうすれば、クラッカーの売り上げを増加させるのに役立つでしょう。さて、皆さんの隣に座っている人の方を向いてください。グループで、皆さんの店舗でよく一緒に用いられる商品について話し合ってください。

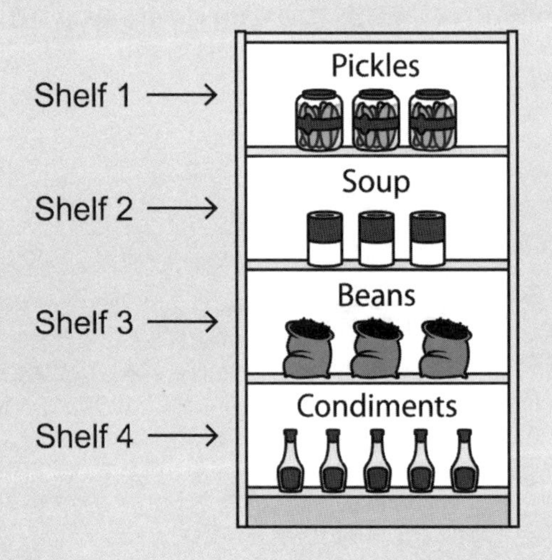

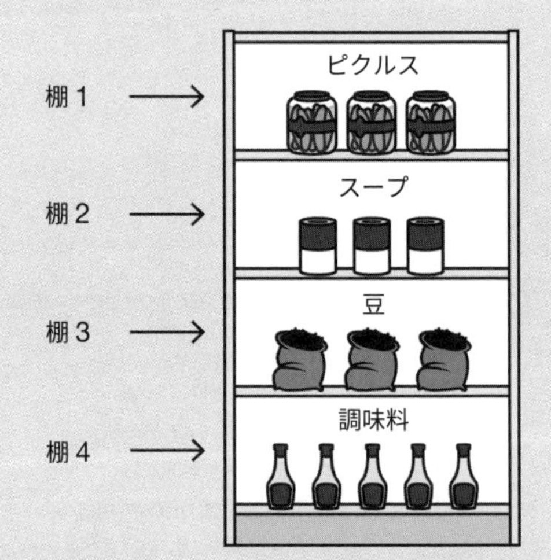

98 Where are the listeners?

(A) At a photography session
(B) At a product demonstration
(C) At an employee orientation
(D) At a marketing workshop

聞き手はどこにいますか。

(A) 写真撮影会
(B) 商品の実演会場
(C) 従業員向けの説明会
(D) マーケティングの講習会

正解 D 話し手は聞き手に❶で、店舗所有者向けの講習会への参加に対し謝意を表した後、❷「まず、『クロスマーチャンダイジング』と呼ばれるマーケティング戦略を紹介したいと思う」と本題に移っている。話し手は、以降で、そのマーケティング戦略について詳しく説明している。よって、聞き手はマーケティングの講習会に出席していると判断できる。

(A) トークにある picture と関連する語である photography を含むが、写真撮影会だと分かる言及はない。
(B) 商品についての言及はあるが、実演会場だと分かる言及はない。
(C) ❶より、行われているのは従業員向けの説明会ではなく、店舗所有者向けの講習会である。

---

99 Look at the graphic. Where does the speaker recommend displaying crackers?

(A) On shelf 1
(B) On shelf 2
(C) On shelf 3
(D) On shelf 4

図を見てください。話し手はクラッカーをどこに陳列することを勧めていますか。

(A) 棚 1
(B) 棚 2
(C) 棚 3
(D) 棚 4

正解 C 話し手は❸で、クロスマーチャンダイジングというマーケティング戦略について説明してから、聞き手に、スープについて考えるよう指示している。続けて❹「調査によれば、スープはよくクラッカーと一緒に食べられるので、クラッカーをスープの真下の棚に置くことを勧める」と述べている。棚の配置を示した図を見ると、スープは棚 2 に置いてあるので、話し手はその真下の棚 3 にクラッカーを置くことを勧めていると分かる。よって、(C) が正解。

(A) スープが置かれている棚の真上の棚なので、不適切。
(B) スープが置かれている棚なので、不適切。
(D) スープが置かれている棚の 2 段下の棚なので、不適切。

---

100 What does the speaker ask the listeners to do next?

(A) Watch a short video
(B) Have a small group discussion
(C) Unpack some equipment
(D) Try a new product

話し手は聞き手に、次に何をするよう求めていますか。

(A) 短い動画を見る
(B) 小グループでの話し合いを行う
(C) 機器を取り出す
(D) 新商品を試す

正解 B 話し手は聞き手に❺で、隣に座っている人の方を向くように指示し、続けて、❻「グループで、皆さんの店舗でよく一緒に用いられる商品について話し合ってほしい」と述べている。従って、話し手は聞き手に、近くの人同士のグループで話し合いをするよう求めているのだと分かる。

(A) (C) いずれも言及がない。
(D) 話し手は聞き手の店舗の商品について話し合うよう求めており、新商品を試すよう求めているわけではない。

語注 layout 配置／cross merchandizing クロスマーチャンダイジング ★関連商品を陳列して消費者の購買欲を高める手法／idea 狙い、意図／grocery store 食料雑貨店／based on ～ ～に基づけば／directly ちょうど、真っすぐに／turn to ～ ～の方を向く 図表 pickle ピクルス／condiments ＜複数形で＞調味料、薬味
98 orientation （新入社員・新入生向けの）説明会 100 unpack （箱・荷物などから）～を取り出す

101 Ms. Earlington sent a check to the furniture manufacturer to pay for ------- custom chair order.

(A) hers
(B) her
(C) she
(D) herself

Earlington さんは特注の椅子の支払いをするために、家具製造業者に小切手を送りました。

＊選択肢の訳は省略

正解 B 選択肢は全て代名詞。空所の前に前置詞 for があるので、続く ------- custom chair order が名詞句になるよう、空所に所有格の (B) を入れて、名詞句 custom chair order を限定する。
(A) (C) (D) いずれも空所の直後の custom chair order とつながらない。
(A) 所有代名詞。
(C) 主格。
(D) 再帰代名詞。

---

102 Please do not share this document, as it contains ------- information.

(A) potential
(B) single
(C) average
(D) confidential

機密情報を含んでいるため、この書類を共有しないでください。

(A) 潜在的な
(B) ただ一つの
(C) 平均的な
(D) 機密の

正解 D 選択肢は全て形容詞。as で始まる節では it が主語、contains が述語動詞、information が目的語だと考えられるので、空所には名詞 information を修飾する形容詞として文意に合うものを入れる。as 以降は理由を表す副詞節で「～であるから、この書類を共有しないでほしい」と言っていると考えられるので、(D) confidential「機密の」を入れると意味が通る。
(A) (B) (C) いずれも文の前半の意味に合わない。

---

103 Last year, Blount Airlines' stock price ------- by 56 percent.

(A) is rising
(B) rose
(C) has risen
(D) rises

昨年、Blount 航空会社の株価は 56 パーセント上昇した。

＊選択肢の訳は省略

正解 B 選択肢は全て動詞 rise「上昇する」が変化した形。Blount Airlines' stock price が主語で、述語動詞の働きをする語がないため、空所には述語動詞として適切なものが入ると考えられる。文頭に Last year「昨年」という過去の一時点を表す副詞句があるので、述語動詞としては過去形の (B) が適切。by は「～だけ、～の差で」の意味で程度や差異を表す。
(A) 現在進行形。
(C) 現在完了形。過去を表す副詞と共には用いない。
(D) 現在形（三人称単数）。

104 Chiquet Industries is ------- accepting applications for forklift drivers and packers.

(A) extremely
(B) powerfully
(C) accidentally
(D) currently

Chiquet 工業社は現在、フォークリフトの運転手と梱包作業員の求人応募を受け付けています。

(A) 極端に
(B) 強力に
(C) 偶然
(D) 現在

正解 D 選択肢は全て副詞。空所の語がなくても文はすでに成立しているので、空所には述語動詞 is accepting を修飾する副詞として文意に合うものを入れる。空所に (D) を入れると、現在進行形の述語動詞の意味に合い、適切な文意になる。
(A) (B) (C) いずれも述語動詞を修飾する語として意味が通らない。

---

105 The new software was developed to be consistent with current trends in -------.

(A) educate
(B) educated
(C) education
(D) educationally

その新しいソフトウエアは教育における現在の潮流に合うように開発されました。

(A) ～を教育する
(B) 教育された
(C) 教育
(D) 教育的に

正解 C 選択肢には動詞 educate「～を教育する」の原形、変化形、派生語が並ぶ。The new software が主語、was developed が述語動詞、to 以降が目的を表す不定詞句だと考えられる。in ------- は直前の名詞句 current trends を修飾している。空所の前に前置詞 in があるので、空所には名詞の (C) が適切。
(A) (B) (D) いずれも前置詞の直後に単独で続けることはできない。
(A) 動詞の原形。
(B) 過去形または過去分詞。
(D) 副詞。

---

106 Ms. Cusak will ------- two presentations at the upcoming telecommunications conference.

(A) deliver
(B) speak
(C) decide
(D) satisfy

Cusak さんは今度の通信会議で 2 つの発表をします。

(A) ～（演説など）をする
(B) ～を話す
(C) ～を決める
(D) ～を満足させる

正解 A 選択肢は全て動詞の原形。Ms. Cusak が主語、will ------- が述語動詞、two presentations が目的語だと考えられる。presentation「発表」を目的語として後に続けることができ、文意に合う動詞は (A) deliver。deliver a presentation「発表をする」。
(B)「発表」を目的語とする動詞として使用することはできない。
(C) (D) 文意に合わない。

語注 **101** check　小切手／manufacturer　製造業者、メーカー／custom　あつらえの、特別注文の
102 contain　～を含む　**103** stock price　株価　**104** application　応募、申し込み／forklift　フォークリフト／packer　梱包する人　**105** consistent with ～　～と一致している、～と首尾一貫している
106 upcoming　今度の、近日中の／telecommunications　<複数形で>通信

107 If customers are disappointed with any product from Garer Industries, the company will ------- replace it.

(A) glad
(B) gladden
(C) gladder
(D) gladly

もしお客さまが Garer 工業社のいずれかの製品に失望された場合、弊社は喜んでそれを交換いたします。

(A) うれしい
(B) 〜を喜ばせる
(C) よりうれしい
(D) 喜んで

正解 D　選択肢には形容詞 glad「うれしい」の変化した形や派生語が並ぶ。カンマ以降の主節は、the company が主語、will replace が述語動詞、it が目的語で、空所の語がなくても節の形が成立しているので、空所には動詞を修飾する副詞の (D) が適切。
(A) 形容詞。
(B) 動詞の原形。
(C) 形容詞の比較級。

---

108 The village center near Tidal Bay Apartments is home to a wide ------- of shops.

(A) source
(B) margin
(C) growth
(D) variety

Tidal Bay アパートに近い村の中心部は多種多様な店舗が集まっている場所です。

(A) 源
(B) 余白
(C) 成長
(D) 種類

正解 D　選択肢は全て名詞。a wide ------- of shops は、直前に前置詞 to があるため、名詞句になると考えられる。空所に (D) を入れて、a wide variety of shops「幅広い種類の店」とすると、文意が通る。a (wide) variety of 〜「さまざまな〜、多種多様の〜」は、このように名詞を前から修飾する形容詞句として非常によく使われる表現。
(A) (B) (C) いずれも空所に入れても意味が通らない。

---

109 The marketing team believes the customer survey they distributed will yield ------- results.

(A) positively
(B) positiveness
(C) positive
(D) positivity

マーケティングチームは、自分たちが配布した顧客調査から肯定的な結果が出るだろうと考えています。

(A) 肯定的に
(B) 積極性
(C) 肯定的な
(D) 肯定感

正解 C　選択肢は全て形容詞 positive「肯定的な」の派生語。the customer survey から文末までがこの文の述語動詞 believes の目的語である名詞節になっており、the customer survey they distributed が名詞節の主語、will yield が名詞節の動詞、------- results がその目的語だと考えられる。よって、空所には名詞 results を修飾する形容詞の (C) を入れるのが適切。
(A) 副詞。
(B) (D) 名詞。

110 We are pleased to announce -------
Ms. Anaya has been promoted to regional manager.

当社は、Anaya さんが地域統括責任者に昇進したことを喜んでお知らせします。

(A) so
(B) as
(C) if
(D) that

(A) それで
(B) ～なので
(C) もし～なら
(D) ～ということ

正解 D 選択肢は全て接続詞。空所の前後の 2 つの節をつなぐ接続詞として、文意に合うものを選ぶ。述語動詞 announce「～を知らせる」の後の空所に、接続詞 that を入れると、that 以降が announce の目的語として知らせる内容を表す節になり、文の意味が通る。(D) が正解。
(A) (B) (C) いずれも空所に入れても文意に合わない。

---

111 The clinical trial will be postponed until the organizers can obtain more ------- for the study.

臨床試験は、実施団体がこの研究にもっと多くの参加者を集められるまで延期されます。

(A) participants
(B) participating
(C) participates
(D) participate

(A) 参加者
(B) 参加している
(C) 参加する
(D) 参加する

正解 A 選択肢には動詞 participate「参加する」の原形、変化形、派生語が並ぶ。until で始まる節では、the organizers が主語で、more ------- は動詞 can obtain の目的語になると考えられる。よって、空所には名詞の (A) が適切。
(B) 現在分詞。空所の前後とつながらない。
(C) 動詞の三人称単数現在形。
(D) 動詞の原形。

---

112 The Singapore Youth Theatre can ------- electronic copies of its flyers upon request.

シンガポール青少年劇場は、ご要望に応じて、電子版のちらしをご提供しています。

(A) surprise
(B) provide
(C) regard
(D) observe

(A) ～を驚かせる
(B) ～を提供する
(C) ～だと見なす
(D) ～を観察する

正解 B 選択肢は全て動詞の原形。The Singapore Youth Theatre が主語、can ------- が述語動詞、electronic copies of its flyers が目的語だと考えられるので、空所には述語動詞として文意に合う動詞を選ぶ。(B) が適切。
(A) (C) (D) 主語と目的語の意味を考えると、いずれも文意に合わない。

語注 **107** replace ～を交換する **108** be home to ～ ～の拠点である、～がある **109** survey 調査／distribute ～を配布する／yield ～（結果など）をもたらす、～を生む **110** be pleased to *do* 喜んで～する／promote ～を昇進させる／regional 地域の **111** clinical trial 臨床試験、治験／postpone ～を延期する／organizer 実施者、主催者 **112** youth 青少年、若者／flyer ちらし／upon request 要求に応じて、依頼に応じて

113 Because of a prior commitment, Ms. Izzo ------- declined the invitation to the retirement party.

(A) politeness
(B) polite
(C) politely
(D) most polite

先約があるため、Izzo さんは退職パーティーへの招待を丁重に断りました。

(A) 丁重さ
(B) 丁重な
(C) 丁重に
(D) 最も丁重な

正解 C 選択肢には形容詞 polite「丁寧な」の変化した形や派生語が並ぶ。この文は、Ms. Izzo が主語、declined が述語動詞、the invitation が目的語だと考えられ、空所の語がなくても文が成立しているので、空所には述語動詞を修飾する副詞の (C) が適切。
(A) 名詞。
(B) 形容詞。
(D) 形容詞の最上級。

---

114 Journals in the library's periodical room may be read only ------- the library premises.

(A) to
(B) with
(C) of
(D) on

図書館の定期刊行物室にある専門誌は、図書館の館内でのみ閲覧が可能です。

(A) ～へ
(B) ～を使って
(C) ～の
(D) ～で

正解 D 難問解説 適切な前置詞を選ぶ問題。空所の直後には the library premises という名詞句が続いている。premises は複数形で「(建物を含む) 敷地」を表し、on the premises「敷地内で」のように、前置詞 on を伴って用いられることが多い。正解は (D)。この表現を知っていれば即答できる問題。上級者を目指すなら、文法だけでなく、幅広い単語の用法の知識を身に付けたい。
(A) (B) (C) は全て前置詞で、文法上は名詞句の前に置くことができるが、空所の前ともつながらず、意味を成さない。on the premises という表現を知らないと、当て推量で誤った選択肢を選んでしまう可能性がある。知らなかった場合はこの機会に覚えておこう。

---

115 Mr. Hong will be interviewing several candidates ------- for the open position in Product Development.

(A) application
(B) applied
(C) applicant
(D) applying

Hong さんは製品開発部の求人に応募している数名の候補者を面接する予定です。

(A) 応募
(B) 応募された
(C) 応募者
(D) 応募している

正解 D 選択肢には動詞 apply「応募する」の変化した形や派生語が並ぶ。Mr. Hong が主語、will be interviewing が述語動詞、several candidates が目的語で、空所から文末までの語句が several candidates を修飾していると考えられる。apply の現在分詞である (D) を入れると、「製品開発部の求人に応募している数名の候補者」という意味になり、文意が通る。
(A) 名詞。
(B) 過去分詞。文法的には several candidates を修飾できるが、意味が通らない。
(C) 名詞。

 **116** ------- of the Northland Conservation Society helped with cleaning up the beach.

(A) Voters
(B) Respondents
(C) Members
(D) Residents

Northland 環境保護協会の会員が、砂浜の清掃を手伝いました。

(A) 有権者
(B) 回答者
(C) 会員
(D) 住民

正解 C 難問解説 文意に合う名詞を選ぶ問題。空所に入る語を修飾している of the Northland Conservation Society の society はここでは「協会、団体」という意味で用いられている。よって、この語句に修飾される名詞として文に合うのは、(C) Members「会員」。文意に合わせて単語の意味を判断することも重要である。society は「社会、共同体」という意味でも用いられる名詞なので、その意味で解釈してしまうと、(A) や (D) が文意に合うと誤解してしまう。この場合は、the Northland Conservation Society と語頭大文字表記になっているのも団体名であると判断するヒントとなる。(B) は文意に合わないが、単語の意味が分からないと誤って選んでしまう可能性がある。

---

117 When the first day of the conference is over, please reset the chairs in a circle ------- we are ready for day two.

(A) that is
(B) so that
(C) following
(D) according to

会議の１日目が終わったら、２日目の準備をするために、椅子を円形に置き直してください。

(A) つまり
(B) ～するために
(C) ～に続いて
(D) ～によると

正解 B 空所の前には please から始まる命令文があり、空所の後には<主語＋動詞>の節が続いているので、空所の前後の意味をつなぐ語句として接続詞の働きをする語句で適切なものを選ぶ。空所の前の「椅子を円形に置き直してほしい」と、空所の後の「私たちは２日目の準備ができている」を適切につなぐのは、(B) so that「～するために、～できるように」。
(A) 直前の内容を直後で言い換えるときに挿入する句。
(C) (D) 後には名詞または名詞句が続く。

---

118 A professional tea taster must be able to ------- the various flavors from one another.

(A) distinguish
(B) highlight
(C) conceal
(D) administer

プロの茶葉鑑定士はさまざまな風味を互いに識別できなければなりません。

(A) ～を識別する
(B) ～を強調する
(C) ～を隠す
(D) ～を管理する

正解 A 選択肢は全て動詞の原形。A professional tea taster が主語、must be able to ------- が述部、the various flavors が目的語だと考えられる。文意に合う動詞は (A) の distinguish「～を識別する」。
(B) (C) (D) いずれも文意に合わない。

語注 **113** prior　先の、前の／commitment　約束、用事／decline　～を（丁重に）断る **114** journal　専門誌、雑誌／premises　<複数形で>（建物を含めた）土地、敷地、構内 **115** open position　求人、空いている職
116 voter　有権者、投票者／respondent　回答者／resident　住民 **117** over　終わって／reset　～を置き直す／in a circle　円形に **118** taster　味の鑑定人、試食・試飲者／distinguish ～ from …　～を…と区別する

119 Surpassing the ambitious goal of reducing energy usage by 20 percent over the past year was a remarkable -------.

(A) accomplishes
(B) accomplishment
(C) accomplished
(D) accomplishing

過去1年間で、エネルギー使用量を20パーセント削減するという野心的な目標を上回ったことは、驚くべき成果でした。

(A) ～を成し遂げる
(B) 成果
(C) 成し遂げられた
(D) ～を成し遂げること

正解 B 選択肢には動詞 accomplish「～を成し遂げる」の変化した形や派生語が並ぶ。文頭から over the past year までが主語、was が述語動詞だと考えられる。a remarkable ------- が補語の働きをする名詞句になれば文として成立するので、空所には名詞の (B) accomplishment が適切。
(A) 動詞の三人称単数現在形。
(C) 動詞の過去分詞。
(D) 動名詞または現在分詞。

---

120 The training for new call-center employees focuses on ------- customer-service skills.

(A) accidental
(B) delayed
(C) fundamental
(D) entire

コールセンターの新従業員の研修は、基本的な顧客サービス技能に焦点を当てています。

(A) 偶然の
(B) 遅れた
(C) 基本的な
(D) 全体の

正解 C 選択肢は全て形容詞。前置詞 on に続く ------- customer-service skills が、文意に合う名詞句になればよい。主語の The training for new call-center employees と、述語動詞の focuses の意味を考えると、空所には (C) fundamental を入れて、前置詞 on の後に「基本的な顧客サービス技能」という意味の名詞句を続けるのが適切だと判断できる。
(A) (B) いずれも空所に入れても意味が通らない。
(D) 複数形の名詞を修飾しない。

---

121 ------- has volunteered to work on the holiday, so Mr. Rhee will decide who will staff the front desk.

(A) Each other
(B) No one
(C) Anyone
(D) One another

その休日に働くことを申し出た人は誰もいなかったので、Rheeさんが、誰が受付業務に当たるかを決めます。

(A) (2者の間で) お互い
(B) 誰も～ない
(C) 誰でも
(D) (3者以上の間で) お互い

正解 B so「だから」の前と後に節があるので、前半の節が後半の節の理由になればよい。空所には前半の節の主語として適切なものが入ると考えられる。後半の節の「Rheeさんが、誰が受付業務に当たるかを決める」という意味から判断すると、空所には (B) No one を入れて、前半の節が「その休日に働くことを申し出た人は誰もいなかった」という意味になれば意味が通る。(B) が正解。
(A) (C) (D) いずれも前半の節の主語として、文意に合わない。

122 Clarkan's gummy vitamins have been ------- popular among teenagers.

(A) calmly
(B) promptly
(C) conditionally
(D) particularly

Clarkan 社のビタミングミは、特に 10 代の若者の間で人気を博しています。

(A) 穏やかに
(B) 速やかに
(C) 条件付きで
(D) 特に

正解 D 選択肢は全て副詞。Clarkan's gummy vitamins が主語、have been が述語動詞、popular が補語で、空所に入る副詞が形容詞 popular を修飾すると考えられる。「10 代の若者の間で人気を博している」という文意に合う副詞は (D) particularly。
(A) (B) (C) いずれも空所に入れても文意が通らない。

---

123 Sierra Property Holdings saw a significant drop in third-quarter earnings ------- the hard work of the sales team.

(A) compared to
(B) meanwhile
(C) despite
(D) indeed

Sierra 不動産ホールディングス社は、営業チームの大変な努力にもかかわらず、第 3 四半期の収益において著しい減少を見ました。

(A) ～と比較して
(B) 一方
(C) ～にもかかわらず
(D) 確かに

正解 C Sierra Property Holdings が主語、saw が述語動詞、a significant drop in third-quarter earnings が目的語だと考えられ、空所の前は「Sierra 不動産ホールディングス社は第 3 四半期の収益において著しい減少を見た」という意味。空所後の名詞句「営業チームの大変な努力」は、空所の前の残念な結果に対しポジティブな内容である。よって、空所には逆接の意味を表す前置詞 (C) を入れると文意が通る。
(A) 空所の前後の意味がつながらない。
(B) (D) 副詞。空所の前後をつなぐことができない。

---

124 Canada Backcountry Tours is offering ------- vacation packages for those who wish to explore wilderness areas on a budget.

(A) discounted
(B) relative
(C) primary
(D) agitated

カナダ秘境ツアー社は、予算の範囲内で手付かずの大自然を探検したい方々のために、割引価格の休暇パッケージ旅行をご提供しています。

(A) 割引された
(B) 相対的な
(C) 一次の
(D) 動揺した

正解 A 選択肢には動詞の過去分詞や形容詞が並ぶ。Canada Backcountry Tours が主語、is offering が述語動詞、------- vacation packages が目的語で、空所の語は vacation packages を修飾すると考えられる。for から文末までの部分は「予算の範囲内で手付かずの大自然を探検したい人々のために」という意味なので、空所に「割引された」という意味の (A) を入れると文意が通る。
(B) (C) 形容詞。for から文末までの意味と合わない。
(D) 過去分詞。vacation packages を修飾するものとして意味が通らない。

語注 **119** surpass　～を上回る／ambitious　野心的な、大掛かりな　**120** fundamental　基本的な
121 volunteer to *do*　～することを申し出る／staff　～（場所）の職員・スタッフを務める／front desk　フロント、受付
122 gummy　ガム状の、（菓子が）グミタイプの　**123** quarter　四半期／earnings　<複数形で>収益
124 backcountry　奥地、未開地／package　パッケージ旅行／wilderness　手付かずの自然／on a budget　限られた予算内で

125 Although formal evaluations are conducted just once per year, managers are expected to give feedback to employees much -------.

正式な評価は1年に1度しか行われませんが、管理者は従業員に対してもっとはるかに頻繁にフィードバックを行うことを求められています。

(A) frequent
(B) frequently
(C) more frequent
(D) more frequently

(A) 頻繁な
(B) 頻繁に
(C) より頻繁な
(D) より頻繁に

正解 D　難問解説　適切な修飾語（句）を選ぶ問題。まず、空所に入るのが形容詞か副詞かを判断する。カンマの後の節は、much ------- の部分がなくても文の形が成立しているので、空所には文全体を修飾するための副詞が入ると考えられる。次に、適切なのは原級か比較級かを判断する。空所の直前にある much は形容詞・副詞の比較級を修飾して「はるかに」を意味すること、またカンマの前にある逆接の接続詞 although に続く節で just once per year という頻度を示す副詞句があることから、それより高い頻度を対比させている比較級の (D) が適切。文の構造と文意の両方から判断することが求められる。

比較級を含む文でよく用いられる than「～よりも」がないという理由で (A) や (B) を選ぶと誤ってしまう。また、文の構造を理解せずに、much ------- が補語の働きをすると誤解してしまうと、誤って (C) を選ぶ可能性がある。

---

126 ------- signing page three of the document, the customer agrees to the terms of the contract.

その文書の第3ページに署名することによって、顧客は契約条件に同意するものとします。

(A) About
(B) By
(C) For
(D) Into

(A) ～について
(B) ～によって
(C) ～のために
(D) ～の中へ

正解 B　選択肢は全て前置詞。カンマの後に節があり、空所からカンマまでの語句が文全体を修飾すると考えられる。カンマの前の「その文書の第3ページに署名すること」と、後の「顧客は契約条件に同意する」という意味を適切につなぐのは (B) の By「～によって」。

(A) (C) (D) いずれもカンマの前後の意味をつなぐのに不適切。

---

127 Until its reorganization last year, Relicum Estate Management was a highly ------- company.

昨年の組織再編までは、Relicum 不動産管理会社は非常に官僚的な会社でした。

(A) bureaucrat
(B) bureaucratic
(C) bureaucracy
(D) bureaucratically

(A) 官僚
(B) 官僚的な
(C) 官僚制
(D) 官僚的に

正解 B　選択肢は名詞 bureaucracy「官僚制」とその派生語。Relicum Estate Management が主語、was が述語動詞、a highly ------- company が補語に当たると考えられる。副詞 highly「非常に」によって修飾され、かつ名詞 company を修飾する語として適切なのは、形容詞の (B)。

(A) (C) 名詞。
(D) 副詞。

128 ------- the renovations are large or small, please contact at least three construction companies before selecting one for the job.

(A) Otherwise
(B) Although
(C) Whether
(D) Because

改築が大規模であっても小規模であっても、その仕事のために1社を選定する前に、少なくとも3社の建設会社に連絡を取ってください。

(A) そうでなければ
(B) ～だけれども
(C) ～であろうと…であろうと
(D) ～なので

正解 C カンマの前に「改築は大規模または小規模だ」という意味の節があり、後には「その仕事のために1社を選定する前に、少なくとも3社の建設会社に連絡を取ってほしい」という意味の命令文がある。これら2つの意味を適切につなぐのは接続詞の(C)。whether ～ or …の形で、「～であろうと…であろうと」という意味を表す。
(A) 副詞。節と命令文をつなぐことができない。
(B) (D) 接続詞。いずれも空所に入れても意味が通らない。

---

129 Upon being -------, Mr. Karim was transferred to Graxon's office in Seoul.

(A) promoted
(B) promoter
(C) promotion
(D) promoting

昇進すると同時に、Karim さんは Graxon 社のソウル支社に転勤になりました。

(A) 昇進させられた
(B) 興行主
(C) 昇進
(D) 昇進させている

正解 A 選択肢には動詞 promote「～を昇進させる」の変化した形や派生語が並ぶ。カンマの後の節は文の形が成立しているので、文頭からカンマまでの部分は、文全体を修飾するのだと分かる。主語が Mr. Karim という人物であり、述語動詞の was transferred「転勤になった」から判断すると、空所に (A) promoted を入れて、「昇進すると同時に」という意味の修飾語句を作るのが適切。promote が目的語を取る他動詞であり、Mr. Karim は昇進させられる対象であることを即座に見極めるのがポイント。
(B) (C) 名詞。
(D) 現在分詞。文意に合わない。

---

130 Byrd Airlines will conduct research to determine the ------- of building a new airline terminal.

(A) source
(B) confidence
(C) feasibility
(D) review

Byrd 航空会社は新しい空港ターミナル建設の実現可能性を見極めるために調査を行う予定です。

(A) 源
(B) 信頼
(C) 実現可能性
(D) 批評

正解 C 難問解説 適切な名詞を選ぶ問題。Byrd Airlines will conduct research「Byrd 航空会社は調査を行う予定だ」という文の意味を、to から文末まで続く目的を表す不定詞句が修飾していると考えられる。動詞 determine の目的語として意味が通り、かつ、of building a new airline terminal という後ろからの修飾語句に自然につながる名詞は、(C) feasibility である。
feasibility という単語の意味を知っているかどうかが決め手となる問題。知らなければ、何となく (A) (B) (D) が文意に関連しそうだと判断し、誤って選んでしまう可能性がある。未知語に出合ったら、すぐに意味と用法を頭に入れて語彙力増強を図るようにしよう。

語注 **125** evaluation 評価／conduct ～を実施する **126** terms <複数形で>条件、条項／contract 契約
127 reorganization 再編成、再組織／bureaucratic 官僚的な **128** renovation 改築、改修／construction 建設
129 upon *doing* ～すると同時に／transfer ～を転勤させる **130** feasibility 実現可能性、実行できること

Questions 131-134 refer to the following notice.

❶ International Academic Excursions (IAE) is one of Australia's -------(131.) providers of study-abroad services. We offer exceptional educational programmes for students in every discipline. -------(132.) . And we will help you every step of the way, from selecting the best classes for you to providing -------(133.) experiences.

❷ We -------(134.) thousands of students all over the world for 40 years. IAE wants you to have the international experience of your dreams, so we make the application and preparation process easy. For information on what we are planning this year, visit our Web site at www.iae.com.au.

問題 131-134 は次のお知らせに関するものです。

International Academic Excursions (IAE) は、オーストラリア有数の海外留学サービス提供業者の一つです。当社は、あらゆる学問分野の学生向けのひときわ優れた教育プログラムをご提供しています。*当社の全旅行はお客さまの優先事項に応じて調整可能です。そして当社は、皆さまにとって最良の講座の選択から忘れられない体験のご提供に至るまで、あらゆる面でお手伝いいたします。

当社は 40 年間にわたり、世界中に何千もの学生の方々を派遣してきました。IAE は皆さまに、ご自身の理想の国際的体験をしていただきたく、お申し込みや準備の過程を簡易化しています。当社が今年企画している内容詳細につきましては、当ウェブサイト www.iae.com.au にアクセスしてください。

*Q132 の挿入文の訳

131 (A) leader
(B) leading
(C) leads
(D) leadership

(A) 指導者
(B) 有数の
(C) ～を率いる
(D) 統率力

正解 **B** 空所には、後に続く名詞 providers「提供業者」を修飾できる語が入る。形容詞である (B) を入れると、お知らせの主体が、海外留学サービスを提供しているオーストラリアにおける主要な業者の一つであることを紹介する内容になり、文意が通る。
(A) (D) 名詞。いずれも providers を修飾して複合名詞を作るが、文意が通らない。
(C) 動詞の三人称単数現在形。

---

132 (A) Ground transportation is included.
(B) A $150 registration fee is required.
(C) All of our trips can be adjusted according to customer preferences.
(D) Our tour guides are fully licensed and highly experienced.

(A) 陸上交通費が含まれます。
(B) 150 ドルの登録料が必要です。
(C) 当社の全旅行はお客さまの優先事項に応じて調整可能です。
(D) 当社のツアーガイドは完全な資格を持っており、非常に経験豊富です。

正解 **C** 空所の前の文では、IAE が多様な学問分野で教育プログラムを提供していること、後の文では、参加者への手厚い支援について述べている。よって、提供サービスのもう１つの優れた点を述べている (C) を入れると、一連のサービスの長所について紹介する流れになり自然。
(A) 交通費は前後の文脈と関係なく不自然。
(B) サービスの長所について説明している文脈で、登録料について言及するのは不自然。
(D) ❶ 1 ～ 2 行目より、IAE は海外留学サービスの提供元なので、文脈に合わない。

---

133 (A) disqualified
(B) discontinued
(C) unappreciative
(D) unforgettable

(A) 不適格とされた
(B) 中止された
(C) 感謝の気持ちがない
(D) 忘れられない

正解 **D** 空所の語は、名詞 experiences「体験」を修飾している。さらに、空所以降がその前にある動名詞 providing の目的語になっている。空所を含む文の前半、カンマまでに「私たちはあらゆる面でお手伝いする」とあることから、from 以降では、from *A* to *B*「*A* から *B* まで」の形で、IAE が参加者の手伝いをする範囲を示していると考えられる。サービスの長所を説明している文脈なので、(D) を入れて肯定的な内容にすると文意が通る。
(A) (B) (C) いずれも否定的な内容になり、文意に合わない。

---

134 (A) have sent
(B) will be sending
(C) will be sent
(D) were sending

＊選択肢の訳は省略

正解 **A** 空所を含む文の主語 We は、お知らせの主体である IAE を指す。目的語は thousands of students「何千もの学生」。文末に for 40 years とあるので、文意に合う動詞の時制を選ぶ。現在完了形の (A) を入れて、同団体が学生を派遣してきた継続年数を示す時制にすると文意に合う。
(B) 未来進行形。
(C) 受動態の未来形。
(D) 過去進行形。

語注 notice お知らせ ❶ excursion 小旅行／exceptional ひときわ優れた、類まれな／discipline （学問の）分野、領域／❷ application 申し込み **132** preference 優先事項、好み／license ～に許可を与える
133 disqualify ～を不適格と判定する／unappreciative 感謝の気持ちがない

Questions 135-138 refer to the following letter.

Tauranga Publishers
10 Gower Street
Miami, FL 33109

December 3

Mr. Jeffrey Riggs
827 Ardsley Avenue
Billings, MT 59101

Dear Mr. Riggs,

❶ Thank you for your inquiry regarding *The Brass Horn*, -------(135.) most popular book for two years in a row. We have sold over 10,000 copies! We do currently have this product in stock, but it -------(136.) quickly during this holiday season.

❷ If you are interested in placing a large -------(137.) for *The Brass Horn*, I will be happy to put you in touch with Ms. Berend, our marketing manager. But if you wish to purchase fewer than 25 units, I will call you to take care of your purchase. -------(138.) . Once I have this information, I will be better able to assist you.

Sincerely,

Frederick Singh
Tauranga Publishers

問題 135-138 は次の手紙に関するものです。

Tauranga 出版社
ガウワー通り 10 番地
マイアミ、FL 33109

12 月 3 日

Jeffrey Riggs 様
アーズリー大通り 827 番地
ビリングス、MT 59101

Riggs 様

当社で 2 年連続最も人気のある書籍『ブラス・ホーン』に関してお問い合わせいただき、ありがとうございます。当社ではこの本を 1 万部以上売り上げております！ 現在、この商品の在庫はございますが、この休暇シーズンの間に飛ぶように売れております。

『ブラス・ホーン』の大量注文にご関心をお持ちでしたら、当社のマーケティング部長である Berend 氏に喜んでおつなぎします。しかし、25 部未満の購入をご希望の場合、私からお電話を差し上げ、お客さまのご購入に対応いたします。*何部の確保を希望されるかをお知らせください。この情報を得られれば、よりお客さまのお力になれることと存じます。

敬具

Frederick Singh
Tauranga 出版社

*Q138 の挿入文の訳

135 (A) our
(B) your
(C) whose
(D) their

(A) 私たちの
(B) あなたの
(C) そしてそれの
(D) それらの

正解 A 空所に入る語は、直後にある名詞句 most popular book を修飾しており、*The Brass Horn* とカンマ以降の内容が同格の関係にある。この文の直後で、具体的な販売部数に言及しているので、(A) を入れると「当社で 2 年連続最も人気のある書籍『ブラス・ホーン』」となり自然。
(B) 手紙の受取人は出版社の書籍の購入を希望する顧客なので、文意に合わない。
(C) 所有格の関係代名詞。空所の後ろに動詞がないので不適切。
(D) 何を指しているのか不明なので、不適切。

---

136 (A) had been sold
(B) sell
(C) sellers
(D) is selling

(A) 売られた
(B) 売れる
(C) 売り手
(D) 売れている

正解 D 空所以降に動詞がないので、動詞が入ると分かる。空所の直前にある主語の it は、同じ文中の this product を指す。文の前半で「現在、この商品の在庫はあるが」とあり、それと対比される but 以降の文後半の最後には during this holiday season と現在の期間を表す副詞句があるので、現在進行形の (D) を入れると自然。
(A) 受動態の過去完了形。
(B) 現在形。主語が it であるのに対し三人称単数形でないので不適切。
(C) 名詞。

---

137 (A) item
(B) order
(C) range
(D) account

(A) 品目
(B) 注文
(C) 範囲
(D) 預金口座

正解 B 空所は動名詞 placing の目的語の働きをしており、直前の a large はそれを修飾していると考えられる。次の文では 25 部未満の注文方法に言及しているので、(B) を入れると、それと対比的な大量注文を希望する場合の方法を述べる内容になり、文意に合う。place an order「注文する」。
(A) (C) (D) いずれも文意に合わない。

---

138 (A) You can return your purchase within 30 days.
(B) Let me know how many copies you would like to secure.
(C) Thanks for the shipping information you provided.
(D) Other books are available at a discount.

(A) ご購入品は 30 日以内は返品可能です。
(B) 何部の確保を希望されるかをお知らせください。
(C) ご提供いただいた配送情報について感謝いたします。
(D) 他の書籍は割引価格でお求めいただけます。

正解 B ❷の 1 ～ 3 行目で、注文部数に応じた対応方法について説明されており、大量の注文をするか 25 部未満の注文をするかで出版社の対応が異なると分かる。空所の文の直後に「この情報を得られれば、よりあなたの力になれると思う」と続いているので、(B) を入れると、this information が手紙の受取人の購入希望部数についての情報を指すことになり、自然な流れになる。
(A) (C) (D) いずれも文脈に合わない。

語注 publisher 出版社 ❶ inquiry 問い合わせ／regarding ～に関して／in a row 連続して／copy (出版物の) 部／in stock 在庫があって ❷ place ～ (注文や広告など) を出す／fewer than ～ (数が) ～未満で／unit 一個、単位 ★ここでは copy と同じ意味で使っている **137** range 範囲 **138** secure ～を確保する

Questions 139-142 refer to the following e-mail.

To: Naomi McHale <nmchale@snmail.co.uk>
From: Liverpool Orchestra <info@liverpoolorchestra.co.uk>
Date: 22 August
Subject: More tickets for less!

Dear Member,

❶ The Liverpool Orchestra membership policy is being updated to add an exciting option. Previously, members could purchase only a single ticket at the member price. ------- (139.), however, with each purchase of a ticket for themselves, members may purchase one additional ticket for a friend and pay for both at the membership rate.

❷ From the first of next month, we will be making a few ------- (140.) to our general ticketing policies as well. We will be ------- (141.) a new ticketing system to allow purchases on our mobile application, which will charge an extra €1.00 on all ticket prices. ------- (142.).

❸ We value your patronage and look forward to seeing you at our next concert!

Sincerely,

Liverpool Orchestra Audience Services

問題 139-142 は次の E メールに関するものです。

受信者：Naomi McHale <nmchale@snmail.co.uk>
送信者：リバプールオーケストラ <info@liverpoolorchestra.co.uk>
日付：8 月 22 日
件名：より多くのチケットをさらにお安く！

会員の皆さま

リバプールオーケストラの会員方針がもうすぐ改定され、うれしいオプションが付きます。以前は、会員はチケット 1 枚のみを会員価格でご購入いただけました。ですが、今後はご本人用チケット 1 枚のご購入につき、会員の皆さまは、ご友人用のチケットをもう 1 枚ご購入になり、2 枚とも会員料金でお支払いいただくことができます。

来月 1 日より、当社は全般的なチケット販売方針も幾つか改定する予定です。当社は、携帯用アプリでご購入いただける新しいチケット販売システムを実装予定で、それにより全てのチケット価格に 1 ユーロの追加料金が発生します。*これはシステムの月額サービス使用料を賄うためです。

お客さまのご愛顧に感謝するとともに、私たちの次のコンサートでお会いできるのを心待ちにしております！

敬具

リバプールオーケストラ観客サービス部

*Q142 の挿入文の訳

語注 ❶ membership　会員資格／update　～を新しくする、～を更新する／single　たった一つの
❷ ticketing　チケット販売／allow　～を可能にする／charge　～を請求する／extra　追加の　❸ value　～を重んじる／patronage　愛顧　**141** implement　～を実行する、～を実装する　**142** cover　～（費用）を負担する、～を賄う／forward　～を送る

 **139** (A) Like
(B) Once
(C) Of course
(D) Now

(A) ～のような
(B) かつては
(C) もちろん
(D) 今後は

正解 D 難問解説

文意に合う副詞（句）を選ぶ。空所を含む文の前では、以前はチケット1枚のみを会員価格で購入できたとあり、続く空所を含む文では、チケット2枚を会員料金で購入できるとある。空所に(D)を入れると以後可能になることを以前と対比して説明する自然な流れになる。
(A) 通常、前置詞として用いられ、後には名詞が続くので不適切。
(B) 今後の改定内容を説明するには不適切。
(C) 内容が予想通りであることを表すが、受信者は改定内容を予想できないので不適切。

---

140 (A) revisions
(B) revising
(C) revises
(D) revised

(A) 改定
(B) ～を改定すること
(C) ～を改定する
(D) 改定された

正解 A

空所の前に will be making に続けて a few があり、後ろに前置詞 to が続いていることから、空所には making の目的語となる複数形の名詞が入ると考えられる。❷では、❶の方針変更とは別に、チケット販売方針の改定内容を知らせているので(A)が適切。
(B) 現在分詞または動名詞。動名詞だとしても、a few には続けられないので不適切。
(C) 動詞の三人称単数現在形。
(D) 動詞の過去分詞または形容詞。

 **141** (A) suggesting
(B) implementing
(C) experiencing
(D) considering

(A) ～を提案する
(B) ～を実装する
(C) ～を経験する
(D) ～を検討する

正解 B 難問解説

未来進行形を作る現在分詞として、文意に合うものを選ぶ。空所の前文に、チケットの販売方針が改定されるとある。空所に(B)を入れると、「アプリで購入してもらえる新しいチケット販売システムを実装予定だ」となり、文意に合う。implement は難語だがよく登場するので確実に覚えておきたい。
(A)(D) 変更開始日とEメールの日付から、新システムの採用は決定事項と考えられるので、文意に合わない。
(C) 新システム「を経験する」ことになるのはEメールの受信者である会員の側なので、文の主語に合わない。

---

142 (A) This is to cover the system's monthly service fee.
(B) Your membership will expire at the end of September.
(C) Those interested in the position should visit our Web site.
(D) Kindly forward your contact information.

(A) これはシステムの月額サービス使用料を賄うためです。
(B) お客さまの会員資格は9月末に失効します。
(C) この職に関心のある方は当ウェブサイトにアクセスしてください。
(D) どうかお客さまの連絡先情報をお送りください。

 **正解 A**

空所の前まででは、チケットを携帯用アプリで購入できる新システムが来月に実装される予定であり、それによって全てのチケット価格に追加料金が課されることについて説明している。よって、空所にはその理由を述べている(A)が適切。This は前文にある追加料金の発生を指す。
(B)(D) 全会員に向けて新システムの詳細について説明する文脈の中で、個人的な会員情報を求めるのは不自然。
(C) 職に関する言及はないので、不適切。

Questions 143-146 refer to the following memo.

To: All Employees
From: Issei Takamoto
Subject: Office party
Date: 25 November

❶ As you know, our end-of-year staff party -------(143.) for 21 December. -------(144.) , this event is being postponed. Management has just notified us that on 21 December, all branch offices of Witwood Travel will be holding an open house for current and potential clients. -------(145.) . The end-of-year party will now be held on 4 January at Jeanine's Bistro on Morris Street from 4:00 P.M. to 6:30 P.M. I hope that -------(146.) will be able to attend. If you have any questions about the upcoming open house or the staff party, please contact Yvette Bianco.

問題 143-146 は次のメモに関するものです。

宛先：従業員各位
差出人：Issei Takamoto
件名：会社の懇親会
日付：11月25日

ご存じのように、当社の年末の従業員懇親会は12月21日に予定されていました。しかし、この行事は延期されます。経営陣からたった今通告があり、12月21日にはWitwood Travel社の全支店にて、現顧客と潜在顧客向けのオープンハウスが開催される予定であるとのことです。*大勢の方々が出席する見込みです。年末の懇親会は現在のところ、1月4日に、Morris通りにあるJeanine'sビストロにて、午後4時から午後6時30分まで開催される予定です。全員が出席できることを望んでいます。今度のオープンハウスもしくは従業員懇親会に関して何か疑問があれば、Yvette Biancoに連絡してください。

*Q145の挿入文の訳

143 (A) schedules
(B) scheduling
(C) will be scheduled
(D) was scheduled

＊選択肢の訳は省略

正解 **D** 空所を含む文の主語は our end-of-year staff party「年末の従業員懇親会」なので、受動態が適切。また、同じ文の後半に this event is being postponed という近未来の予定変更を表す表現があるので、それと対比される内容となる過去形の (D) を入れて「懇親会は 12 月 21 日に予定されていた」とすると自然な流れになる。
(A) (B) 主語 our end-of-year staff party の予定を表すには受動態にする必要があるので、不適切。
(C) 懇親会はすでに延期になっているので、未来形は不適切。

---

144 (A) Consequently
(B) However
(C) Ideally
(D) Likewise

(A) その結果
(B) しかし
(C) 理想的に
(D) 同様に

正解 **B** 文意に合う副詞を選ぶ。空所の前の文では、会社の年末の従業員懇親会が 12 月 21 日に予定されていたことが述べられ、空所の後ろには「この行事は延期される」とある。この 2 つの内容をつなぐには逆接を表す (B) が適切。
(A) (C) (D) いずれも文意に合わない。

---

145 (A) Large crowds are expected to attend.
(B) We hired new travel agents at our office in December.
(C) Book your trip before all the available dates are filled.
(D) I want to thank all of you for your hard work on the sale.

(A) 大勢の方々が出席する見込みです。
(B) 当社は 12 月に、当店勤務の新規の旅行代理業者を採用しました。
(C) 全ての利用可能な日程が埋まる前に旅行をご予約ください。
(D) 販売における多大な努力に対し、皆さん方の全員に感謝したいと思います。

正解 **A** 空所の前の文では、会社の全支店で顧客向けに開催される予定のオープンハウスについて言及しているので、たくさんの人々が出席する見込みであると伝えている (A) を入れると、オープンハウスについて補足する内容が続くことになり、自然。
(B) 新しい従業員についての言及はない。
(C) 従業員に対し懇親会やオープンハウスについて知らせる社内メモなので、顧客向けと思われる、旅行の予約を依頼する内容は不適切。
(D) 販売については言及されていない。

---

146 (A) he
(B) neither
(C) everybody
(D) they

(A) 彼は
(B) どちらも～ない
(C) 全員
(D) 彼らは

正解 **C** 選択肢は全て代名詞。空所を含む文の前では、開催予定の懇親会の詳細について説明しているので、(C) を入れて、従業員全員の出席を望んでいることを伝える内容にすると、自然な流れになる。
(A) (B) (D) 誰を指すのか不明なので、不適切。

語注 ❶ end-of-year 年末の／postpone ～を延期する／management 経営陣／notify ～ that … ～に…ということを知らせる／branch office 支店／current 現在の／upcoming 今度の、もうすぐ来る **144** consequently その結果／ideally 理想的に／likewise 同様に

Questions 147-148 refer to the following notice.

Thyrsis University
SURPLUS SALE

❶ Saturday, March 5
8:00 A.M.–1:00 P.M.
Building A, Room 102

❷ Items no longer needed by the university are available for purchase, including:

❸ Copy machines, projectors, cabinets, chairs, bookcases, tables, and more!

❹ Preview of items:
Friday, March 4
2:00 P.M.–4:00 P.M.

❺ Open to the public

問題 147-148 は次のお知らせに関するものです。

Thyrsis 大学
余剰品セール

3月5日（土曜日）
午前8時～午後1時
A号館、102教室

当大学がもう必要としない、以下の物品の購入が可能です

コピー機、プロジェクター、整理棚、
椅子、本棚、テーブル、他にも多数！

物品の内覧会
3月4日（金曜日）
午後2時～午後4時

誰でも入場可能

147 What is indicated about the sale?

(A) It is limited to university staff.
(B) It features used office equipment.
(C) It takes place in several locations.
(D) It is an annual event.

セールについて何が示されていますか。

(A) 大学職員に限られている。
(B) 中古のオフィス備品を目玉としている。
(C) 複数の場所で開催される。
(D) 年に1度のイベントである。

正解 B お知らせの見出しに「余剰品セール」とあり、❷に「当大学がもう必要としない、以下の物品の購入が可能だ」とあることから、セールでは大学が中古の物品を販売すると分かる。また、❸では、「コピー機、プロジェクター、整理棚、椅子、本棚、テーブル」と購入可能な物品が列挙されている。よって、セールでは中古のオフィス備品を目玉としていると判断できる。購入可能な物品をoffice equipmentと表した(B)が正解。

(A) ❺より、セールには誰でも入場可能。
(C) 開催場所は❶の3行目に記載されているが、1カ所のみ。
(D) イベントの開催頻度については言及がない。

---

148 When can customers begin to purchase items?

(A) On Friday morning
(B) On Friday afternoon
(C) On Saturday morning
(D) On Saturday afternoon

客はいつ物品を購入し始めることができますか。

(A) 金曜日の午前
(B) 金曜日の午後
(C) 土曜日の午前
(D) 土曜日の午後

正解 C セールの開催日時と場所を示している❶の1～2行目に、「3月5日（土曜日）　午前8時～午後1時」とあるので、物品を購入できるようになるのは土曜日の午前からだと分かる。(C)が正解。

(A) お知らせに記載がない。
(B) ❹より、金曜日の午後に開催されるのは内覧会なので、この時点ではまだ物品の購入はできない。
(D) ❶に午後1時とあるが、セールの終了時刻である。

Section 3

語注 surplus　余剰　❷ no longer ～　もはや～ない／available　入手できる／purchase　購入
❸ cabinet　整理棚、キャビネット／bookcase　本棚　❹ preview　内覧会
❺ open to the public　一般公開されていて、一般の入場が可能で　**147** be limited to ～　～に限られている／feature　～を呼び物・目玉にする／equipment　備品、設備／annual　年に1度の　**148** purchase　～を購入する

Questions 149-150 refer to the following instructions from an employee handbook.

Submitting Travel Expense Reports
Part 4: Receipts

❶ • Assemble all of your original receipts and arrange them in the following categories: Transportation, Lodging, Meals, Business (e.g., Internet charges), Miscellaneous.
❷ • If a receipt is lost or unavailable (e.g., vending machine purchase), you must fill out an Individual Expense form in order to be reimbursed.
❸ • Put all of your receipts in a departmental envelope along with the expense report. Do not staple the receipts to the report.

問題 149-150 は次の従業員ハンドブックにある指示に関するものです。

出張費報告書の提出
第 4 部：領収書

・領収書の原本を全て集め、それらを以下の区分に従って整理してください：
交通費、宿泊費、食費、業務費（例：インターネット使用料）、雑費。
・領収書を紛失した場合、もしくは入手不可能な場合（例：自動販売機での購入）は、払い戻しを受けるには個別経費の用紙に記入する必要があります。
・領収書は全て、経費報告書と一緒に部署の封筒に入れてください。領収書を報告書にホチキスで留めないでください。

149 According to the instructions, how should receipts be organized?

(A) Alphabetically
(B) By date of purchase
(C) By amount of expense
(D) By type of expense

指示書によると、領収書はどのように整理されるべきですか。

(A) アルファベット順に
(B) 購入日に基づいて
(C) 経費の額に基づいて
(D) 経費の種類に基づいて

正解 D ❶1～2行目に「領収書の原本を全て集め、それらを以下の区分に従って整理してほしい」とあり、続けて経費区分が列挙されている。よって、領収書は経費の種類に基づいて整理される必要があると分かる。(D)が正解。

---

150 What should employees do if a receipt is missing?

(A) Complete a special form
(B) Attach a note to the report
(C) Exclude the expense amount
(D) Request a duplicate receipt

従業員は領収書がない場合、何をすべきですか。

(A) 専用の用紙に記入する
(B) 報告書に注釈を添付する
(C) その経費額を除外する
(D) 領収書の写しを要請する

正解 A 指示書は、出張費報告書の提出に関する従業員向けのもの。❷に「領収書を紛失した場合、もしくは入手不可能な場合は、払い戻しを受けるには個別経費の用紙に記入する必要がある」と明記されている。このことから、従業員は領収書がない場合、専用の用紙に記入する必要があると分かるので、(A)が正解。
(B) (C) (D) 注釈の添付、経費額の除外、領収書の写しの要請についてはいずれも言及がない。

語注 instructions　<複数形で>指示（書）／handbook　ハンドブック、手引書、便覧／submit　～を提出する／travel　出張／expense　費用、経費／receipt　領収書　❶ assemble　～を集める／arrange　～を整理する／transportation　交通機関、移動手段、運賃／lodging　宿泊施設／business　業務／e.g.　例えば　★ラテン語 exempli gratia の略／charge　使用料／miscellaneous　雑多な　❷ lost　紛失した／unavailable　入手できない／vending machine　自動販売機／purchase　購入／fill out ～　～に記入する／individual　個別の／reimburse　～に払い戻す　❸ departmental　部署の／envelope　封筒／along with ～　～と一緒に／staple ～ to …　～を…にホチキスで留める　**149** organize　～を整理する／alphabetically　アルファベット順に　**150** missing　見当たらない／complete　～に漏れなく記入する／attach ～ to …　～を…に添付する／note　注釈／exclude　～を除外する／duplicate　複製の、写しの

Questions 151-152 refer to the following article.

❶ BURSDALE (February 8)—Work is set to begin today on the construction of Griffon Park Plaza, the $42 million residential and commercial project by developer Blocker-Reid, LLP. The complex will be situated on the site that for 60 years was home to the Candy Mountain Company's factory. The site has been vacant for the past decade since Candy Mountain's move to Chadwell.

❷ With plans to feature well over 100 affordably priced apartment units and a dozen retail storefronts, Griffon Park Plaza will be the largest mixed-use development here in Bursdale in at least 40 years. The supermarket chain Merion Fields is in talks to lease a large space in the complex. Construction is expected to be complete by the end of next year.

問題 151-152 は次の記事に関するものです。

バースデイル（2月8日）――土地開発業者の Blocker-Reid 有限責任事業組合による 4,200 万ドルをかけた住宅兼商業プロジェクトである Griffon Park Plaza の建設作業が、本日開始される予定だ。この複合施設は、60 年間にわたり Candy Mountain 社の工場があった場所に位置することになる。同地は、Candy Mountain 社のチャドウェルへの移転以来、この 10 年間空き地になっていた。

100 戸以上もの手頃な価格のアパートと 10 店舗余りの路面小売店を特色とする計画を持つ Griffon Park Plaza は、少なくともこの 40 年間で、ここバースデイルにおける最大規模の多目的開発となる。スーパーマーケットチェーンの Merion Fields は、同複合施設内の広いスペースを賃借する話し合いの最中である。建設作業は来年末までに完了する見通しだ。

 **151** What is the purpose of the article?

(A) To report the closing of a candy factory
(B) To outline the history of a city park
(C) To publicize a grand-opening event
(D) To announce the start of a construction project

記事の目的は何ですか。

(A) 菓子工場の閉鎖について報道すること
(B) 市の公園の歴史の概略を述べること
(C) 開店記念イベントを宣伝すること
(D) 建設計画の開始を知らせること

正解 D 難問解説 記事の目的を問う問題。概要が書かれていると思われる冒頭を中心に全体に目を通し、何を伝える文書であるかを見極める。まず❶1～5行目に「土地開発業者のBlocker-Reid有限責任事業組合による4,200万ドルをかけた住宅兼商業プロジェクトであるGriffon Park Plazaの建設作業が、本日開始される予定だ」とあり、これが記事の主目的だろうと見当がつく。さらに、同5～7行目と7～9行目でこの施設の建設予定地、❷1～5行目と5～7行目では施設内の住宅戸数や店舗数、計画の規模、施設内のリースを検討している会社、同7～9行目では建設作業の完了予定時期という詳細情報が示されている。これらのことから、記事の目的は、Griffon Park Plazaという新しい複合施設の建設計画の開始を知らせることだと分かるので、(D)が正解。

(A) 本文中にCandy Mountain Company's factoryの話が出てくるが、❶の最後の文から同工場が移転したのは10年前だと分かるため、不適切。
(B) 新しく建設される予定の複合施設名にParkが含まれるが、市の公園やその歴史についての言及はないので、不適切。
(C) ❷の最後の文から、複合施設の建設完了予定時期は来年末だと分かり、オープンはかなり先であるため、不適切。

---

152 What is indicated about Merion Fields?

(A) It is considering opening a store in Griffon Park Plaza.
(B) It recently purchased the Candy Mountain Company.
(C) It is headquartered in Chadwell.
(D) It has been in business for only a decade.

Merion Fieldsについて何が示されていますか。

(A) Griffon Park Plaza内に店舗を開店することを検討している。
(B) 最近、Candy Mountain社を買収した。
(C) チャドウェルに本社を置いている。
(D) 創業からわずか10年である。

正解 A ❷5～7行目に、「スーパーマーケットチェーンのMerion Fieldsは、同複合施設内の広いスペースを賃借する話し合いの最中である」とある。ここでの「複合施設」とは、記事で報じられているGriffon Park Plazaのことなので、Merion FieldsはGriffon Park Plaza内に店舗を構えることを検討していると分かる。(A)が正解。
(B)(C)(D)のいずれについても言及はない。

Section 3

語注 ❶ be set to *do* ～する予定である／construction 建設／plaza 複合商業施設、広場／residential 住宅の／commercial 商業用の／developer (住宅、土地などの)開発業者、造成業者／LLP 有限責任事業組合 ★Limited Liability Partnershipの略／complex 複合施設／be situated 位置する／site 用地／be home to ～ ～の所在地である、～がある／vacant 使用されていない、空き地の／decade 10年(間)
❷ feature ～を目玉とする／affordably priced 手頃な価格の／unit (集合住宅の)1戸／dozen 10余りの／retail 小売りの／storefront 店頭、店の正面／mixed-use 多目的の／in talks to *do* ～する協議・話し合いをしていて／lease ～を賃借する／be expected to *do* ～する見通しである **151** report ～について報道する／closing 閉鎖／outline ～の概略を述べる／publicize ～を宣伝する／grand-opening 開店記念の、グランドオープンの
152 consider *doing* ～することを検討する／be headquartered in ～ ～に本部を置いている／in business 営業して

Questions 153-154 refer to the following online chat discussion.

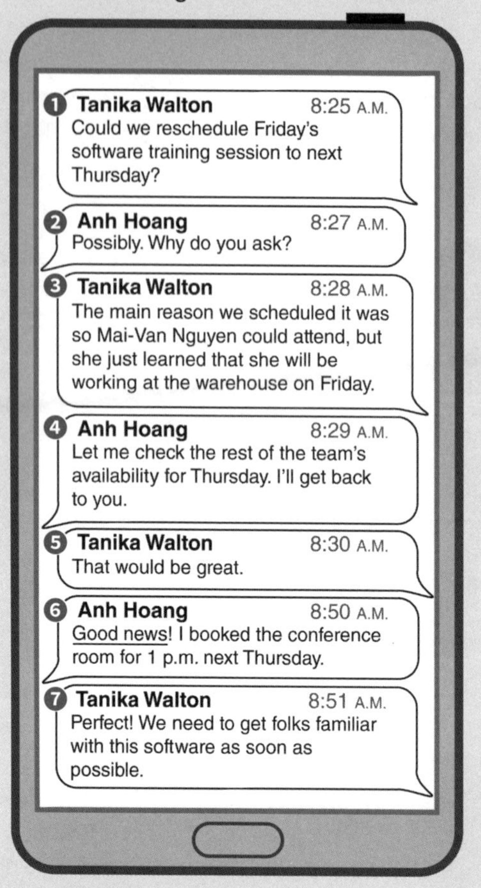

1 Tanika Walton 8:25 A.M.
Could we reschedule Friday's software training session to next Thursday?

2 Anh Hoang 8:27 A.M.
Possibly. Why do you ask?

3 Tanika Walton 8:28 A.M.
The main reason we scheduled it was so Mai-Van Nguyen could attend, but she just learned that she will be working at the warehouse on Friday.

4 Anh Hoang 8:29 A.M.
Let me check the rest of the team's availability for Thursday. I'll get back to you.

5 Tanika Walton 8:30 A.M.
That would be great.

6 Anh Hoang 8:50 A.M.
Good news! I booked the conference room for 1 p.m. next Thursday.

7 Tanika Walton 8:51 A.M.
Perfect! We need to get folks familiar with this software as soon as possible.

問題 153-154 は次のオンラインチャットの話し合いに関するものです。

Tanika Walton　午前 8 時 25 分
金曜日のソフトウエア研修会の予定を来週の木曜日に変更できますか。

Anh Hoang　午前 8 時 27 分
たぶん。なぜ聞くのですか。

Tanika Walton　午前 8 時 28 分
私たちがその予定を決めた主な理由は、Mai-Van Nguyen が出席できるようにするためでしたが、彼女はたった今、金曜日は倉庫勤務になると分かったところなんです。

Anh Hoang　午前 8 時 29 分
残りのチームメンバーの木曜日の都合を確認させてください。あらためてご連絡します。

Tanika Walton　午前 8 時 30 分
とても助かります。

Anh Hoang　午前 8 時 50 分
朗報です！来週の木曜日の午後 1 時に会議室を予約しました。

Tanika Walton　午前 8 時 51 分
素晴らしい！みんなにこのソフトウエアにできるだけ早く精通してもらう必要がありますからね。

153 What is indicated about Ms. Nguyen?

(A) She is Ms. Walton's manager.
(B) She works in two locations.
(C) She has reserved a conference room.
(D) She was asked to lead a meeting.

Nguyen さんについて何が示されていますか。

(A) Walton さんの上司である。
(B) 2 カ所で働いている。
(C) 会議室を予約した。
(D) 会議を主導するよう頼まれた。

正解 B Walton さんは❸で、研修会を金曜日に設定した主な理由について、Nguyen さんが出席できるようにするためだったと述べてから、「彼女はたった今、金曜日は倉庫勤務になると分かったところだ」と書いている。よって、Nguyen さんは少なくとも 2 カ所で勤務していると判断できるので、(B) が正解。
(C) ❻より、会議室の予約をしたのは Nguyen さんではなく Hoang さん。
(D) Nguyen さんが研修会に欠かせない人物であることは示唆されているが、彼女が研修会の主導を頼まれたかどうかは示されていない。

---

154 At 8:50 A.M., what does Ms. Hoang most likely mean when she writes, "Good news"?

(A) A training session can be rescheduled.
(B) Some new software is ready to install.
(C) A conference room has a projector.
(D) Ms. Hoang heard back from Ms. Nguyen.

午前 8 時 50 分に、"Good news" と書くことで、Hoang さんは何を意味していると考えられますか。

(A) 研修会は予定日時を変更することができる。
(B) 新しいソフトウエアのインストールの準備ができている。
(C) 会議室にプロジェクターがある。
(D) Hoang さんが Nguyen さんから返事をもらった。

正解 A 下線部は、❶で研修会の予定を来週の木曜日に変更することができるか尋ねる Walton さんに対し、❹で Hoang さんが「残りのチームメンバーの木曜日の都合を確認させてほしい。あらためて連絡する」と述べてから約 20 分後に書いた発言。❻で Hoang さんは下線部に続けて、「来週の木曜日の午後 1 時に会議室を予約した」と知らせている。よって Hoang さんは下線部の発言で、研修会の予定を Walton さんの希望通りに変更できることを示唆していると考えられる。(A) が正解。
(B) (C) ソフトウエアやプロジェクターについては言及がない。
(D) Hoang さんが確認したのは、Nguyen さんの都合ではなく、残りのチームメンバーの都合。

語注 ❶ reschedule　～の予定日時を変更する／training　研修／session　集会、集まり
❷ possibly　ひょっとしたら、たぶん　❸ schedule　～の予定日時を決める／learn (that) ～　～(ということ) を知る／warehouse　倉庫　❹ the rest　残り／availability　都合／get back to ～　～にあらためて連絡する、～に折り返し連絡する
❻ book　～を予約する／conference　会議　❼ folks　<口語で>皆さん／familiar with ～　～を熟知して、～に精通して
153 lead　～を主導する　**154** hear back from ～　～から返事をもらう

Questions 155-157 refer to the following e-mail.

To:	Deepak Gadhavi <dgadhavi@tayrotech.in>
From:	Anushka Bhamra <abhamra@alpireconsulting.in>
Subject:	Workshop survey
Date:	15 March

Dear Mr. Gadhavi:

❶ We recently sent you an e-mail inviting you to take part in an important research project we are conducting. You were selected because our records show that you attended one or more of our workshops in the past year. — [1] —. We haven't yet heard back from you. — [2] —. We would appreciate it if you could complete the short online survey by 31 March. — [3] —.

❷ The survey can be accessed on our Web site at https://alpireconsulting.in/workshopsurvey. Please use access code YZ68. Thank you in advance for your help. — [4] —.

Sincerely,

Anushka Bhamra
Alpire Consulting

問題 155-157 は次の E メールに関するものです。

受信者：Deepak Gadhavi <dgadhavi@tayrotech.in>
送信者：Anushka Bhamra <abhamra@alpireconsulting.in>
件名：講習会の調査
日付：3 月 15 日

Gadhavi 様

先頃当社より、私どもが実施予定の重要な調査プロジェクトへの参加をご依頼する E メールをお送りしました。あなたが選出されたのは、当社の記録から、あなたが過去 1 年で 1 つ以上の当社講習会に参加されたことが分かったためです。まだ、あなたからのお返事を頂いておりません。3 月 31 日までに、簡潔なオンライン調査票にご記入いただけましたら幸いです。*それをなさるには、ほんの数分しかお時間がかからないはずです。

調査には当社のウェブサイト https://alpireconsulting.in/workshopsurvey にてアクセス可能です。アクセスコード YZ68 をご利用ください。ご協力に前もってお礼申し上げます。

敬具

Anushka Bhamra
Alpire Consulting 社

*Q157 の挿入文の訳

155 Why did Ms. Bhamra send the e-mail?
(A) To thank a colleague for his contribution
(B) To respond to a job application
(C) To confirm an update to company records
(D) To follow up on a previous request

Bhamra さんはなぜ E メールを送信したのですか。
(A) 同僚に貢献に対して感謝するため
(B) 求職申し込みに返答するため
(C) 会社のデータ更新を確認するため
(D) 以前の依頼について追って確認するため

正解 D E メールは、Bhamra さんが Gadhavi さん宛てに書いたもの。Bhamra さんは❶ 1 〜 2 行目で「先頃当社より、私たちが実施予定の重要な調査プロジェクトへの参加を依頼する E メールを送った」と述べた後、同 2 〜 3 行目で、Gadhavi さんが選出された理由を説明している。以降は、Gadhavi さんからまだ返事をもらっていないことの確認、およびオンライン調査票への回答の依頼が続く。よって、Bhamra さんは、以前 Gadhavi さんに依頼した調査票への回答について再度依頼するために E メールを送ったのだと考えられる。(D) が正解。
(A) (B) (C) それぞれに関する言及はない。

---

156 What is indicated about Mr. Gadhavi?
(A) He is a professional survey designer.
(B) He rescheduled a meeting with Ms. Bhamra.
(C) He had difficulty using a Web site.
(D) He has participated in an Alpire Consulting workshop.

Gadhavi さんについて何が示されていますか。
(A) 彼はプロの調査設計者である。
(B) 彼はBhamraさんとの会議の予定を変更した。
(C) 彼はウェブサイトを利用するのに苦労した。
(D) 彼は Alpire Consulting 社の講習会に参加したことがある。

正解 D E メール末尾の署名欄から、Bhamra さんは Alpire Consulting 社に所属していると分かる。Bhamra さんは❶ 2 〜 3 行目で、「あなたが選出されたのは、当社の記録から、あなたが過去 1 年で 1 つ以上の当社講習会に参加したことが分かったためだ」と述べている。よって、E メールの受信者である Gadhavi さんは、これまでに Alpire Consulting 社の講習会に参加したことがあると分かる。(D) が正解。

---

157 In which of the positions marked [1], [2], [3], and [4] does the following sentence best belong?

"Doing so should take only a few minutes of your time."

(A) [1] (B) [2] (C) [3] (D) [4]

[1]、[2]、[3]、[4] と記載された箇所のうち、次の文が入るのに最もふさわしいのはどれですか。

「それをなさるには、ほんの数分しかお時間がかからないはずです」

正解 C ❶ 1 〜 2 行目から、Bhamra さんは以前、Gadhavi さんに調査プロジェクトへの参加依頼をしたと分かり、同 3 行目で、Bhamra さんは Gadhavi さんからの返事をまだもらっていないと書いている。続く同 4 〜 5 行目に「3 月 31 日までに、簡潔なオンライン調査票に記入してもらえたら幸いだ」と丁寧に依頼している。この直後の [3] の箇所に挿入文を続けると、挿入文中の Doing so が調査票に記入することを指し、短い回答所要時間という依頼に応えてもらうための補足情報を追加することになり、流れに合う。(C) が正解。

語注 survey 調査（票） ❶ invite ～ to *do* ～に…するよう依頼する／take part in ～ ～に参加する／conduct ～を実施する／record 記録、データ／hear back from ～ ～から返事をもらう／complete ～に漏れなく記入する ❷ access code アクセスコード ★リンク先のページを参照するのに必要な文字列
155 contribution 貢献／respond to ～ ～に返事をする／application 申し込み／confirm ～を確認する／update 更新、最新情報／follow up on ～ ～について追いかけて確認する **156** reschedule ～の予定日時を変更する／have difficulty *doing* ～するのに苦労する／participate in ～ ～に参加する

Questions 158-160 refer to the following Web page.

https://www.grudenhealthcaremanagement.com

Home | Description of Services | Reviews | Contact

Gruden Health-Care Management (GHCM)

❶ Finding the right staff should be a top priority for health-care organizations. — [1] —. It is important for the hiring team to develop clear, goal-oriented questions to find the best person for each job. — [2] —. GHCM can help your health-care organization effectively plan your workforce.

❷ GHCM helps companies design job descriptions, interview questions, and training programs for new hires. We save companies money and time by helping them recruit successful candidates and build a solid new-employee training program. — [3] —. Our skilled consultants can help you turn a new hire into a loyal employee. For more information about our services, reach out to us through our Contact page. — [4] —.

問題 158-160 は次のウェブページに関するものです。

https://www.grudenhealthcaremanagement.com

ホーム　サービスの説明　レビュー　連絡先

Gruden ヘルスケアマネジメント社（GHCM）

ふさわしい職員を見つけることは、医療組織にとっての最優先事項であるはずです。採用チームは、各職に最も適任な人物を見つけるために、明確かつ目標指向の質問を編み出すことが大切です。GHCM 社は、皆さまの医療組織が全従業員を効率的に計画する上でお手伝いができます。

GHCM 社は、企業の皆さまが新入社員向けの職務内容記述書、面接時の質問、研修プログラムを考案するのを支援いたします。当社は企業の皆さまが適任の候補者を採用し、しっかりした新入社員研修プログラムを構築するお手伝いをすることで、皆さまの費用と時間を節約いたします。*また当社は、退職する従業員数を着実に削減いたします。当社の熟練コンサルタントが、新入社員を忠実な従業員へと転換させるお手伝いをします。当社のサービスの詳細につきましては、連絡先ページを通してご連絡ください。

*Q160 の挿入文の訳

158 What is the purpose of the Web page?

(A) To advise job candidates on interviewing techniques
(B) To invite qualified candidates to apply for health-care jobs
(C) To educate the public on the shortage of health-care workers
(D) To inform health-care companies about GHCM's services

ウェブページの目的は何ですか。

(A) 職の候補者に、面接の技術について助言すること
(B) 有資格の候補者に、医療職に応募するよう勧めること
(C) 一般の人々に、医療従事者の不足について教えること
(D) 医療事業者に、GHCM 社のサービスについて知らせること

正解 D ウェブページは Home のメニューが選択されており、見出しに「Gruden ヘルスケアマネジメント社 (GHCM)」とあるため、企業のホームページで同社の概要が紹介されていると推測できる。❶2～3行目では、医療組織の採用チームにとって大切なことについて述べている。さらに、同3～4行目に「GHCM 社は、あなたの医療組織が全従業員を効率的に計画する上で手伝いができる」とあり、❷では、さらに同社の支援サービスの詳細を具体的に示している。(D) が正解。
(A) (B) (C) ❶3～4行目より、ウェブページは医療組織に向けたものであると分かる。

---

159 What does GHCM help design?

(A) Patient satisfaction surveys
(B) Training activities for new staff
(C) Human Resources budget forms
(D) Online job applications

GHCM 社は何を考案するのを支援しますか。

(A) 患者満足度調査
(B) 新しい従業員向けの研修活動
(C) 人事部の予算の書式
(D) オンラインでの求職申込書

正解 B ❷1～2行目に「GHCM 社は、企業が新入社員向けの職務内容記述書、面接時の質問、研修プログラムを考案するのを支援する」とある。(B) が正解。

160 In which of the positions marked [1], [2], [3], and [4] does the following sentence best belong?

"We also consistently reduce the number of employees who leave companies."

(A) [1] (B) [2] (C) [3] (D) [4]

[1]、[2]、[3]、[4] と記載された箇所のうち、次の文が入るのに最もふさわしいのはどれですか。

「また当社は、退職する従業員数を着実に削減いたします」

正解 C 難問解説 挿入文問題では、挿入文中に文脈に関連する語句や指示語があるかどうか、挿入文が何について述べているか、という2点を押さえる。ここでは、also から、空所の前文にある情報への追加説明の働きをする文と推測できる。「退職する従業員数を削減する」という企業にとってのメリットを述べているので、同種の情報が述べられている箇所を探す。このサイトでは大きく分けて、❶では、主に採用プロセスの重要性と GHCM 社による採用支援の申し出、❷では、主に採用時と採用後の同社による具体的支援内容が述べられている。そこで、❷のどこかに入りそうだと見当をつけることができる。[3] の前では、新人研修プログラム考案の手伝い、[3] の後では、新入社員を忠実な従業員へと転換させる手伝いについて述べられている。そこで、この [3] の箇所に挿入文を入れると、前後の文脈が自然につながる。よって、(C) が正解。

語注 ❶ top priority 最優先事項／goal-oriented 目標指向の／workforce 全従業員、総労働力
❷ job description 職務内容記述書／candidate 候補者／reach out to ～ ～とコミュニケーションを取る
158 invite ～ to *do* ～に…するよう勧める／qualified 必要条件を満たした、資格のある／educate ～ on … ～に…について啓発する **159** Human Resources 人事部 **160** consistently 一貫して、絶えず、着実に

Section 3

Questions 161-163 refer to the following manual page.

View Maker 4100 Wireless Projector: Troubleshooting Guide

❶ Before contacting your local View Maker dealer or service professional, please check the following list of frequently occurring issues to determine whether repairs are in fact needed.

❷ **1.** Make sure the projector is connected to a power source.
❸ **2.** Make sure the device is powered on (indicated by a steady green light above the bulb housing).
❹ **3.** Make sure the lens cap is removed.
❺ **4.** Check to see that the projector is connected to a Wi-Fi network (indicated by a steady blue light on the back of the device).
❻ **5.** Look for a flashing yellow or red light. These indicate low bulb life or bulb failure, respectively.
❼ **6.** Make a note of any error codes you receive.

❽ If your projector is still not working, contact us via e-mail at help@viewmaker.com or call our help desk at 1 (716) 555-0190. Please have your device's model, serial number, and error codes at the ready.

問題 161-163 は次のマニュアルのページに関するものです。

View Maker 4100 ワイヤレスプロジェクター：トラブル解決の手引き

お近くの View Maker 販売店や修理専門業者に連絡する前に、修理が本当に必要かどうかを見極めるため、以下の頻繁に発生する問題のリストを確認してください。

1. プロジェクターが電源に接続されていることを確かめてください。
2. 装置の電源がオンになっていることを確かめてください（電球カバー上部の常時点灯の緑色のライトで示されます）。
3. レンズキャップが取り外されていることを確かめてください。
4. プロジェクターが Wi-Fi ネットワークに接続されていることを確かめてください（装置背面の常時点灯の青色のライトで示されます）。
5. 点滅する黄色もしくは赤色のライトを探してください。これらの色は電球の寿命が残り少ないこと、もしくは電球の故障をそれぞれ示しています。
6. 表示されたエラーコードを全て書き留めてください。

お客さまのプロジェクターがそれでもなお作動しない場合、E メールで help@viewmaker.com まで当社にご連絡いただくか、当社ヘルプデスクの 1 (716) 555-0190 までお電話ください。ご使用の装置のモデル、製造番号、エラーコードをお手元にご用意ください。

161 What is the purpose of the manual page?

(A) To help ensure that customers set up the projector correctly
(B) To recommend the best settings for a clear picture
(C) To compare different View Maker models
(D) To provide a list of service centers

このマニュアルのページの目的は何ですか。

(A) 顧客が確実にプロジェクターを正しく設定できるよう手助けすること
(B) 鮮明な画像のための最適な設定を推奨すること
(C) 異なる View Maker モデルを比較すること
(D) 修理センターの一覧を提供すること

正解 A マニュアルのページの見出しに「View Maker 4100 ワイヤレスプロジェクター：トラブル解決の手引き」とあり、❶1～3行目で「近くの View Maker 販売店や修理専門業者に連絡する前に、修理が本当に必要かどうかを見極めるため、以下の頻繁に発生する問題のリストを確認してほしい」と促している。❷以降では、この装置の利用者が確認すべき事項を列挙し、最後の❽では、それでも問題解決に至らない場合の問い合わせ先を伝えている。以上のことから、この文書の目的は、View Maker 4100 というプロジェクターを正しく使える状態にする手引きを提供することだと分かるので、(A) が正解。
(C) このページで言及されているのは View Maker 4100 というモデルのみ。

---

162 The word "issues" in paragraph 1, line 2, is closest in meaning to

(A) topics
(B) outlets
(C) publications
(D) problems

第1段落・2行目にある "issues" に最も意味が近いのは

(A) 話題
(B) 差し込み口
(C) 出版物
(D) 問題

正解 D issues を含む文では、この装置の利用者に向け、「修理が本当に必要かどうかを見極めるため、以下の頻繁に発生する ------- のリストを確認してほしい」と促しているので、以降にどのような内容が示されているのかを押さえる。見出しに「トラブル解決の手引き」とあり、❷～❼では、電源の接続など、装置の利用者が確認すべき事項を6つ列挙している。❽では最終的に装置が作動しない場合の対処法を提示しているので、この❷～❼の項目は、装置のよくあるトラブルへの対処法を説明したものだと判断できる。よって、(D) problems が正解。

---

163 According to the guide, what indicates bulb failure?

(A) A steady green light
(B) A steady blue light
(C) A flashing green light
(D) A flashing red light

手引きによると、何が電球の故障を示しますか。

(A) 常時点灯の緑色のライト
(B) 常時点灯の青色のライト
(C) 点滅する緑色のライト
(D) 点滅する赤色のライト

正解 D ❻1行目に「点滅する黄色もしくは赤色のライトを探してほしい」とあり、続けて同1～2行目で「これらの色は電球の寿命が残り少ないこと、もしくは電球の故障をそれぞれ示している」と説明されている。よって、電球の故障を示すのは、点滅する赤色のライト。(D) が正解。
(A) ❸より、電源がオンになっていることを示す光。
(B) ❺より、Wi-Fi ネットワークに接続されていることを示す光。
(C) 点滅する緑色のライトについては言及がない。

語注 ❶ service　修理、点検／issue　問題、トラブル／determine　～を決定する　❸ steady　動かない、一定の／bulb　バルブ、電球／housing　カバー、覆い　❻ flash　点滅する、ぴかっと光る／failure　故障／respectively　それぞれ　❼ make a note of ～　～をメモする　❽ serial number　シリアルナンバー、製造番号／at the ready　準備できた状態で
161 ensure (that) ～　～（であること）を確実にする　**162** outlet　差し込み口、（壁の）コンセント

Questions 164-167 refer to the following notice.

Suburbi Offices

❶ In accordance with the terms of your Suburbi Offices rental agreement, we are notifying you that monthly maintenance dues for your midsize office rental unit will increase by 5 percent effective June 1. Your monthly rental payment, however, will be unchanged for the rest of this calendar year.

❷ You will continue to enjoy the following benefits of renting in the Suburbi Offices building:

- Free high-speed Internet
- A community kitchen with refrigerator, microwave oven, and complimentary hot beverages available 24 hours a day
- Complimentary service for travel arrangements as well as package pickup and delivery
- A fully equipped gym with showers and sauna, open from 5 A.M. to 10 P.M. daily

❸ In addition, we would like to remind you that our award-winning Suburbi Café serves healthy snacks Monday through Friday from 7 A.M. to 3 P.M.

問題 164-167 は次のお知らせに関するものです。

Suburbi Offices 社

Suburbi Offices 社の賃貸借契約の条件に従い、中型オフィスの賃貸一室の月々の保守管理費が、6 月 1 日より 5 パーセント増額となることをお知らせします。しかし、毎月の賃貸料は、今暦年の残りの期間、変更はありません。

皆さまは引き続き、Suburbi Offices 社の建物での賃借に付随する以下の特典をお楽しみいただけます。

・無料の高速インターネット
・24 時間ご利用可能な、冷蔵庫、電子レンジ、無料の温かい飲み物を備えた共用キッチン
・旅行手配と、小包の集荷および配達の無料サービス
・シャワーとサウナ完備のジムが、毎日午前 5 時から午後 10 時まで営業

さらに、受賞歴のある Suburbi カフェが、月曜日～金曜日の午前 7 時から午後 3 時まで、健康的な軽食をご提供していることをあらためてお知らせしたいと思います。

語注 ❶ in accordance with ～　～に従って／terms　＜複数形で＞条件／notify ～ that …　～に…だと知らせる／dues　＜複数形で＞使用料、手数料／midsize　中型の／effective　有効で、実施されて／calendar year　暦年
❷ community　共用、共有／complimentary　無料の／fully equipped with ～　～を完備した
❸ award-winning　賞を勝ち取った **164** renter　賃借人、借家人／fee　料金／property　不動産、土地
165 remainder　残り **167** renovate　～を改修する

164 What is one purpose of the notice?

(A) To inform renters about a fee increase
(B) To highlight new rental properties
(C) To encourage renters to use a fitness center
(D) To remind renters to update their calendars

お知らせの１つの目的は何ですか。

(A) 賃借人に料金の値上げについて知らせること
(B) 新しい賃貸物件を強調すること
(C) 賃借人にフィットネスセンターを利用するよう奨励すること
(D) 賃借人に自分の予定表を更新するよう念押しすること

正解 A ❶の冒頭に「Suburbi Offices 社の賃貸借契約の条件に従い、中型オフィスの賃貸一室の月々の保守管理費が、6月1日より5パーセント増額となることを知らせる」とある。よって、値上げの通知がお知らせの主目的だと分かる。(A) が正解。
(D) ❶ 4行目に calendar year とあるが、これは「暦年」の意味で「予定表」とは関係がない。

---

165 The word "rest" in paragraph 1, line 3, is closest in meaning to

(A) relaxation
(B) support
(C) start
(D) remainder

第１段落・3行目にある "rest" に最も意味が近いのは

(A) 休養
(B) 支援
(C) 開始
(D) 残り

正解 D rest を含む文は「しかし、毎月の賃貸料は、今暦年の ------- の期間、変更はない」という意味になっている。その直前の文は、毎月の保守管理費が6月1日から値上げされると知らせている。毎月の保守管理費が上がるのに対し、毎月の賃貸料は今暦年の残りの期間は変わらないという趣旨だと考えると、自然な流れになる。(D) remainder が正解。

---

166 What is NOT offered free of charge to renters of Suburbi Offices?

(A) Hot drinks
(B) Healthy snacks
(C) Travel planning
(D) Internet access

Suburbi Offices 社の賃借人には、無料で提供されていないものは何ですか。

(A) 温かい飲み物
(B) 健康的な軽食
(C) 旅行計画の立案
(D) インターネットアクセス

正解 B Suburbi Offices 社の賃借人への無料サービスについては、❷に「・」の箇条書きで記載されている。(A) は2項目目の「24時間ご利用可能な、冷蔵庫、電子レンジ、無料の温かい飲み物を備えた共用キッチン」に、(C) は3項目目の「旅行手配と、小包の集荷および配達の無料サービス」に、(D) は1項目目の「無料の高速インターネット」にそれぞれ記載があり、いずれも無料で提供されていると分かる。健康的な軽食については❸に記載があり、ここでは Suburbi カフェが健康的な軽食を提供していることについて紹介しているが、それが賃借人に無料で提供されているとは述べられていない。よって、(B) が正解。

---

167 What is suggested about Suburbi Café?

(A) It is closed on Saturdays.
(B) It was recently renovated.
(C) It has moved to a new location.
(D) It serves Suburbi Offices renters only.

Suburbi カフェについて何が分かりますか。

(A) 土曜日は休業している。
(B) 最近、改修された。
(C) 新しい場所に移転した。
(D) Suburbi Offices 社の賃借人だけに食事を出している。

正解 A ❸に「さらに、受賞歴のある Suburbi カフェが、月曜日～金曜日の午前7時から午後3時まで、健康的な軽食を提供している」とある。つまり、カフェは土曜日には営業していないと考えられるので、(A) が正解。
(D) Suburbi カフェが客を Suburbi Offices 社の賃借人に限定しているという記載はない。

Section 3

Questions 168-171 refer to the following e-mail.

To:	<omar_keita@soleil.net.sn>
From:	<bwenitong@promovendi.com.au>
Date:	13 September
Subject:	RE: Request for information about Gateyes software

Dear Mr. Keita,

❶ Thank you for your interest in Gateyes. I am happy to provide you with information.

❷ Developed and distributed by Promovendi, Gateyes is a computer-delivered training programme designed to teach employees about ways to safeguard their company's confidential information. Specifically, they are taught a set of best practices aimed at preventing both the theft and destruction of sensitive data and the introduction and spread of harmful software. The programme is available in six languages, French included.

❸ Training takes the form of an interactive game, with characters portrayed as bank employees who encounter various security threats. Trainees are asked to decide on the best action by choosing one of four options. An explanation is offered for each option as to why it is or is not appropriate and what its consequences may be.

❹ The training can be customised to fit your department's needs, meaning that your team of junior lawyers would receive training in addressing only those threats they may encounter in performing their duties. While learners fully control the pace of the course, the average learner needs no more than 60 minutes to complete it. Employees are awarded a certificate upon successfully passing the post-training test.

❺ I hope I have addressed your query to your satisfaction. In closing, please note that in the eight years since we started doing business in Senegal, we have built a solid clientele and reputation there. I would be happy to forward some references.

Sincerely,

Bruce Wenitong, Senior Marketing Manager
Promovendi

問題 168-171 は次の E メールに関するものです。

受信者：<omar_keita@soleil.net.sn>
送信者：<bwenitong@promovendi.com.au>
日付：9 月 13 日
件名：RE: Gateyes ソフトウエアに関する情報提供の依頼

Keita 様

Gateyes へのご関心をありがとうございます。ぜひ情報をご提供させていただきます。

Promovendi 社によって開発・販売されている Gateyes は、従業員に自社の機密情報を保護する方法について教えるために設計された、コンピューター上で受講する研修プログラムです。具体的には、従業員は機密データの窃盗・破壊および有害なソフトウエアの導入・拡散の防止を目的とした一連の最良実践例を教わります。プログラムはフランス語を含め、6 カ国語でご利用いただけます。

研修は双方向ゲームの形態を取り、キャラクターは、さまざまなセキュリティー上の脅威に遭遇する銀行員として描かれています。研修受講者は、4 つの選択肢のうち 1 つを選択することで、最良の行動を決断するよう求められます。それぞれの選択肢について、適切な理由とそうでない理由、そしてそれがどのような結果を招き得るかが説明されます。

研修は、お客さまの部署のニーズに合わせて変更できます。つまり、貴社の若手弁護士チームは、職務遂行上遭遇する可能性のある脅威のみに対処する研修を受けられるのです。受講者は受講ペースを完全にコントロールできますが、平均的な受講者はこの講座を修了するのにわずか 60 分しかかかりません。従業員は、研修終了後の試験に見事合格した暁には修了証を授与されます。

ご質問に対してご満足いただける対応ができていることを願っています。最後に、セネガルでの営業開始以来 8 年間で、当社は現地で確固たる顧客層と評判を得ていることにご留意ください。ぜひとも参考事例をお送りいたします。

敬具

Bruce Wenitong、上級マーケティングマネジャー
Promovendi 社

語注 ❷ computer-delivered　コンピューター上で提供される／safeguard　～を保護する／confidential　機密の、内密の／sensitive　機密に属する ❸ portray　～を描く／encounter　～に遭遇する／appropriate　適切な ❹ address　～に対処する／certificate　修了証／post-training　研修修了後の ❺ clientele　顧客層、常連

168 What is indicated about Gateyes?

(A) It can be downloaded free of charge.
(B) It provides users with practical feedback.
(C) It was developed specifically for the banking industry.
(D) It analyzes customer information.

Gateyes について何が示されていますか。

(A) それは無料でダウンロード可能である。
(B) それは利用者に実践的な評価を提供する。
(C) それは特に銀行業界向けに開発された。
(D) それは顧客情報を分析する。

正解 B 難問解説 ❷から、Gateyes とはコンピューター上で受講する企業の機密情報保護についての研修プログラムであることが分かる。❸1～2行目に同プログラムは双方向ゲームの形態を取るとあり、また続く同3～4行目に「(受講者が選んだ) それぞれの選択肢について、適切な理由とそうでない理由、そしてそれがどのような結果を招き得るかが説明される」とあるので、Gateyes は研修受講者に、実践的な評価を提供するように作られていると分かる。(B) が正解。practical feedback が表す内容を文書中から読み取る力が必要である。
(C) ❸1～2行目に、ゲームのキャラクターとしての銀行員について言及があるだけである。

---

169 In what industry does Mr. Keita most likely work?

(A) Law
(B) Finance
(C) Software engineering
(D) Data security

Keita さんはどのような業界で働いていると考えられますか。

(A) 法律
(B) 金融
(C) ソフトウエア工学
(D) データの機密保護

正解 A Keita さんはこの E メールの受信者。件名と❶から、この E メールは、Gateyes ソフトウエアに関する Keita さんからの問い合わせへの返信だと分かる。送信者の Promovendi 社の Wenitong さんは❹1～3行目で「(Gateyes による) 研修は、あなたの部署のニーズに合わせて変更できる。つまり、貴社の若手弁護士チームは、職務遂行上遭遇する可能性のある脅威のみに対処する研修を受けられる」と説明している。このことから、Keita さんが働いているのは法律業界だと考えられるので、(A) が正解。

---

170 What does Mr. Wenitong state about Gateyes users?

(A) Most speak multiple languages.
(B) Most pass a certification test on their first attempt.
(C) They can control the amount of time needed to complete tasks.
(D) They work mainly in management roles.

Wenitong さんは Gateyes の利用者について何と述べていますか。

(A) 大半が多数の言語を話す。
(B) 大半が修了試験を初回で合格する。
(C) 作業完了に必要な時間をコントロールできる。
(D) 主に管理職を務めている。

正解 C Wenitong さんは Gateyes について、❹3行目で「受講者は受講ペースを完全にコントロールできる」と述べている。このことから、(C) が正解。

---

171 What is indicated about Promovendi?

(A) It manufactures its products in Senegal.
(B) It has been in business for over ten years.
(C) Its best practices have been adopted by companies around the world.
(D) It is well respected in Senegal.

Promovendi 社について何が示されていますか。

(A) 同社はセネガルで自社製品を製造している。
(B) 同社は10年以上にわたり営業している。
(C) 同社の最良実践例は世界中の企業に採用されている。
(D) 同社はセネガルで評判が高い。

正解 D Promovendi 社に所属する Wenitong さんは、❺の1～2行目で「セネガルでの営業開始以来8年間で、当社は現地で確固たる顧客層と評判を得ていることに留意してほしい」と述べている。よって、Promovendi 社はセネガルにおける評判が高いと分かる。(D) が正解。
(A) ❺からセネガルで営業していることは分かるが、同地で製造しているとは述べられていない。
(B) ❺の1～2行目の「セネガルでの営業開始以来8年間で」と矛盾する。
(C) セネガル以外の場所での企業活動については述べられていない。

Section 3

Questions 172-175 refer to the following text-message chain.

❶ **Valerie Claussen (11:00 A.M.)**
Hi, Dixie. This is Valerie over at LeVraie's.

❷ **Dixie Rodriguez (11:01 A.M.)**
Hello, Valerie. What can I do for you?

❸ **Valerie Claussen (11:02 A.M.)**
I was wondering if your boats had brought in any redfish. We had a rush in our shop this morning, and we'd like to get restocked before this afternoon.

❹ **Dixie Rodriguez (11:03 A.M.)**
We got in 45 kilograms this morning. But we also need to unload 20 kilograms of blue crab. If you will take the crab, too, I can make a good deal for you on the redfish.

❺ **Valerie Claussen (11:04 A.M.)**
Let me check with the sales floor. Norman, how are we on blue crab right now?

❻ **Norman Fontenot (11:10 A.M.)**
We've sold about 12 kilograms this morning.

❼ **Valerie Claussen (11:11 A.M.)**
How is the walk-in refrigerator looking?

❽ **Norman Fontenot (11:12 A.M.)**
Two shelves just opened up in the past 30 minutes.

❾ **Valerie Claussen (11:12 A.M.)**
Great. Dixie, we will take both the redfish and the blue crab. How much?

❿ **Dixie Rodriguez (11:13 A.M.)**
The blue crab is going for $14.85 per kilogram today. I can give you the redfish for 15 percent less than you paid last time, but I will have to look that up.

⓫ **Valerie Claussen (11:14 A.M.)**
You've got it. Go ahead and send the order over.

⓬ **Dixie Rodriguez (11:15 A.M.)**
Sounds good. I will draw up the paperwork.

問題 172-175 は次のテキストメッセージのやりとりに関するものです。

Valerie Claussen (午前 11 時 00 分)
こんにちは、Dixie。こちらは LeVraie's の Valerie です。

Dixie Rodriguez (午前 11 時 01 分)
こんにちは、Valerie。ご用件は何ですか。

Valerie Claussen (午前 11 時 02 分)
そちらの船でサケが獲れたかしらと思っていたんです。今朝、うちの店で注文が殺到し、今日の午後までに新たに仕入れたいんです。

Dixie Rodriguez (午前 11 時 03 分)
今朝は 45 キログラム獲れました。でも、アオガニも 20 キログラム売りさばく必要があります。カニも購入していただけるなら、サケをお買い得にできますが。

Valerie Claussen (午前 11 時 04 分)
売り場と相談させてください。Norman、現時点でアオガニはどんな状況ですか。

Norman Fontenot (午前 11 時 10 分)
今朝、約 12 キログラムを販売しました。

Valerie Claussen (午前 11 時 11 分)
冷蔵室はどんな様子ですか。

Norman Fontenot (午前 11 時 12 分)
この 30 分間で、ちょうど棚が 2 つ空いたところです。

Valerie Claussen (午前 11 時 12 分)
よかった。Dixie、サケとアオガニを両方買います。お幾らですか。

Dixie Rodriguez (午前 11 時 13 分)
アオガニは今日、1 キログラム当たり 14.85 ドルで売っています。サケは前回のお支払時の 15 パーセント割引でお売りできますが、それについては調べなければいけません。

Valerie Claussen (午前 11 時 14 分)
了解しました。それで進めて、注文品を送ってください。

Dixie Rodriguez (午前 11 時 15 分)
問題なさそうですね。必要書類を作成します。

172 What most likely is LeVraie's?

(A) A food market
(B) A restaurant
(C) A fishing company
(D) A shipping company

LeVraie's とは何だと考えられますか。

(A) 食品市場
(B) レストラン
(C) 漁業会社
(D) 配送会社

正解 A ❶より、LeVraie's とはClaussen さんが現在いる場所だと分かる。用件を尋ねられたClaussen さんは、❸で、Rodriguez さんの船でサケが獲れたか知りたいと述べた後、「今朝、うちの店で注文が殺到し、今日の午後までに新たに仕入れたい」と、サケが欲しい理由を伝えている。以降では、Claussen さんは売り場のFontenot さんにアオガニや貯蔵スペースの状況を尋ねている。これらのことから、Claussen さんは、サケやアオガニを販売する店で働いており、食品を仕入れるために、魚介類を小売店に販売する仕事をしていると思われるRodriguez さんに連絡しているところだと判断できる。(A) が正解。
(B) メッセージの内容から、LeVraie's では魚介類そのものを販売していると分かるので不適切。
(C) LeVraie's の取引先であるRodriguez さんの会社の業種と考えられる。
(D) LeVraie's が配送業に携わっていると判断できる言及はない。

---

173 Why does Ms. Claussen contact Ms. Rodriguez?

(A) To find out about boat rentals
(B) To ask about product availability
(C) To request a discount
(D) To negotiate a long-term contract

Claussen さんはなぜRodriguez さんに連絡しているのですか。

(A) 船のレンタルについて情報を得るため
(B) 商品の入手の可能性について尋ねるため
(C) 割引を求めるため
(D) 長期契約を取り決めるため

正解 B Claussen さんは❸で、Rodriguez さんに対し「そちらの船でサケが獲れたかしらと思っていた」と述べてから、サケを新たに仕入れたい旨を伝えている。よって、Claussen さんは、Rodriguez さんが取り扱っているサケが手に入るかどうかを尋ねるために連絡していると判断できる。(B) が正解。
(A) (D) いずれについても言及はない。
(C) Rodriguez さんは❹で割引を自分から申し出ており、Claussen さんが割引を求めたのではない。

174 What is Mr. Fontenot asked to do?

(A) Check on storage space
(B) Pick up an order
(C) Complete some paperwork
(D) Unload items from a truck

Fontenotさんは何をするよう求められていますか。

(A) 貯蔵スペースを確認する
(B) 注文品を受け取る
(C) 書類に全て記入する
(D) トラックから商品を荷下ろしする

正解 A ❺で売り場に勤務するFontenotさんにアオガニの販売状況を尋ねたClaussenさんは、引き続き❼で「冷蔵室はどんな様子か」と貯蔵スペースの様子を尋ねている。それに対し、Fontenotさんは❽で「この30分間で、ちょうど棚が2つ空いたところだ」と空き状況を伝えているので、(A)が正解。

 **175** At 11:14 A.M., what does Ms. Claussen most likely mean when she writes, "You've got it"?

(A) She is satisfied with the quality of a product.
(B) She agrees to the terms Ms. Rodriguez has offered.
(C) Ms. Rodriguez has already received some paperwork.
(D) Ms. Rodriguez has the correct delivery address.

午前11時14分に"You've got it"と書くことで、Claussenさんは何を意図していると考えられますか。

(A) 彼女は商品の品質に満足している。
(B) 彼女はRodriguezさんが申し出た条件に同意している。
(C) Rodriguezさんはすでに幾つか書類を受け取っている。
(D) Rodriguezさんは正しい配達住所を持っている。

正解 B 難問解説 発言意図を問う問題を解くには、下線部の発言前後の文脈を正確に把握することが重要。サケを新たに仕入れたいと言うClaussenさんに対し、Rodriguezさんは❹でアオガニも購入してもらうという条件付きでサケの割引の提供を申し出ている。それを受け、Claussenさんは❺～❽で売り場のアオガニの在庫状況と貯蔵スペースの空き状況を確認し、❾でサケとアオガニの両方を購入するとRodriguezさんに伝えている。そして❿でRodriguezさんは、アオガニの価格とサケの割引率を提示しており、それに対する応答としてClaussenさんは下線部の発言をし、その直後、注文品を送るようRodriguezさんに依頼している。以上のことから、下線部はRodriguezさんの言い値に対して了解を示す発言と判断でき、(B)が正解だと分かる。
他の選択肢は、いずれも下線部の発言だけを見ると意図としては十分にあり得るが、文脈に合わない。(A)と(D)は、注文商品の品質や配達住所への言及がないことから、(C)は、⓬より書類はこれから作成されると分かるので、状況に合わない。

Section 3

語注 ❸ bring in ～　～を収穫する／redfish　サケ／rush　注文殺到、大需要／restock　～に新たに仕入れる
❹ get in ～　～を収穫する／unload　～（積み荷など）を降ろす、～（処分したいもの）を売る／
blue crab　アオガニ　★ワタリガニの一種／take　～を買う／good deal　安い買い物、お買い得の品
❺ check with ～　～に相談する、～に確認する
❼ walk-in refrigerator　ウォークイン冷蔵庫、冷蔵室　★人が立って入れるサイズの冷蔵庫
❿ go for ～　～（金額）で売れる／look up ～　～を調べる　⓬ draw up ～　～を作成する／paperwork　（必要）書類
173 find out about ～　～について情報を得る　**174** complete　～に漏れなく記入する　**175** terms　<複数形で>条件

Questions 176-180 refer to the following Web page and e-mail.

1 ウェブページ

http://www.thompsonhospital.co.uk/careers

Job Fair, Wednesday 18 September, 3:00 P.M.–7:00 P.M.

❶ Do you have what it takes? Apply now to join our team at Thompson Hospital. If your credentials meet our basic requirements, you will be invited to our job fair, where you will learn all about our part-time and full-time opportunities. Available positions and job requirements are as follows:

❷
- Food service workers (must have experience working in a cafeteria or snack bar)
- Patient services representatives (must have advanced computer skills)
- Medical assistants (must be certified)
- Transport drivers (must be licensed)

❸ Most positions require two years of experience. Thompson Hospital offers excellent benefits.

❹ Qualified individuals are asked to apply through our online portal by Thursday, 12 September, to be considered. For more information, contact Olivia Davies in Human Resources: odavies@thompsonhospital.co.uk

2 Eメール

From: Olivia Davies <odavies@thompsonhospital.co.uk>
To: Ahmet Togan <atogan@brightworld.de>
Subject: Information
Date: 25 September
Attachment: togan

Dear Mr. Togan:

❶ It was a pleasure meeting you here at the hospital on 18 September. As I indicated at the time, we believe you will be a good fit as a transportation driver at Thompson Hospital. I would like to formalise the offer that was made then.

❷ I have attached your contract. Please print a copy, sign it, and return it to me. I am also attaching additional information on your benefits package. If all is in order, I will expect to see you on 15 October at 8:30 A.M. You will go through a two-week training period.

❸ Please let me know if you have any questions. I will send you information on moving and housing in a separate e-mail.

Sincerely,

Olivia Davies, Human Resources

問題 176-180 は次のウェブページと E メールに関するものです。

http://www.thompsonhospital.co.uk/careers

就職説明会、9 月 18 日（水曜日）午後 3 時〜午後 7 時

必要な能力をお持ちですか？ Thompson 病院の当チームに加わるために、今すぐご応募ください。あなたの経歴が当院の基本要件を満たすなら、どうぞ当院の就職説明会にいらしてください。そこで当院の非常勤および常勤の機会に関する全てのことを知っていただけます。応募可能な職と職務要件は以下の通りです。

・給食従事者（カフェテリアもしくは軽食堂での勤務経験必須）
・患者サービス担当者（高度なコンピューター技能必須）
・医療助手（資格必須）
・送迎運転手（免許必須）

ほとんどの職には 2 年の経験が必要です。Thompson 病院は手厚い福利厚生を提供しています。

要件を満たしている方は、検討対象の候補となるには、9 月 12 日（木曜日）までに当院のポータルサイトからお申し込みください。詳しくは、以下の人事部 Olivia Davies までご連絡ください。
odavies@thompsonhospital.co.uk

送信者：Olivia Davies <odavies@thompsonhospital.co.uk>
受信者：Ahmet Togan <atogan@brightworld.de>
件名：情報
日付：9 月 25 日
添付：togan

Togan 様

9 月 18 日に当院にてあなたにお会いできて光栄でした。その時にお伝えした通り、当院はあなたが Thompson 病院の送迎運転手として適任であろうと考えています。あの時のご提示を正式なものにしたいと思います。

ご契約書を添付しました。1 部印刷し、ご署名の上、私までご返送ください。また、諸手当に関する追加情報も添付しました。全て整いましたら、10 月 15 日午前 8 時 30 分にお会いしましょう。あなたには 2 週間の研修期間を経ていただきます。

何かご質問がありましたらお知らせください。お引っ越しと住居に関する情報は別の E メールでお送りします。

敬具

Olivia Davies、人事部

176 What was the deadline for applications to be received?

応募受け付けの最終期限はいつでしたか。

(A) September 12 (A) 9月12日
(B) September 18 (B) 9月18日
(C) September 25 (C) 9月25日
(D) October 15 (D) 10月15日

正解 A Thompson 病院での就職説明会および求人情報について知らせている1ウェブページの❹1～2行目に、「要件を満たしている人は、検討対象の候補となるには、9月12日（木曜日）までに当院のポータルサイトから申し込んでほしい」とある。このことから、求人応募受け付けの最終期限は9月12日だと分かるので、(A) が正解。
(B) 1の見出しより、就職説明会の開催日。
(C) 2の日付より、Davies さんが Togan さんにEメールを送信した日。
(D) 2❷2～3行目より、Togan さんの初出勤予定日。

---

177 Where did the job fair most likely take place?

就職説明会はどこで開催されたと考えられますか。

(A) At a medical center (A) 医療センター
(B) At a convention center (B) コンベンションセンター
(C) At a computer store (C) コンピューター専門店
(D) At a transportation office (D) 輸送事務所

正解 A Eメールの送信者である Davies さんは、1ウェブページの❹2～3行目より、就職説明会を開催した Thompson 病院の人事担当者だと分かる。その Davies さんが Togan さん宛てに書いた2Eメールの❶1行目に、「9月18日に当院にてあなたに会えて光栄だった」とあり、1の見出しには「就職説明会、9月18日（水曜日）」と書かれている。このことから、就職説明会は9月18日に Thompson 病院で開催されたと考えられるので、病院を medical center「医療センター」と言い表している (A) が正解。

---

178 What does the Web page indicate about the available positions?

ウェブページは、応募可能な職について何を示していますか。

(A) Only part-time positions are available.
(B) All of them require a current driver's license.
(C) Training will be provided.
(D) Most of them require some experience.

(A) 非常勤の職だけが応募可能である。
(B) それら全てが、有効期限内の自動車運転免許証を必要とする。
(C) 研修が提供される。
(D) それらほとんどが、ある程度の経験を必要とする。

正解 D 1ウェブページの❷で、Thompson 病院で募集している職が4つ示され、❸に「ほとんどの職には2年の経験が必要だ」とある。よって、この内容に合う (D) が正解。
(A) 1❶より、常勤の職も募集されていると分かる。
(B) 1❷より、運転免許証が必須なのは運転手の職のみ。
(C) 研修については2❷3行目で言及されているが、応募可能な職を列挙した1には言及がない。

179 Why did Ms. Davies e-mail Mr. Togan?

Davies さんはなぜ Togan さんに E メールを送ったのですか。

(A) To thank him for solving a problem
(B) To request some references
(C) To confirm a job offer
(D) To list some changes to a contract

(A) 問題を解決してくれたことに対して感謝するため
(B) 推薦状を求めるため
(C) 職の提示を確定するため
(D) 契約書の変更点を列挙するため

正解 C Davies さんは2 E メールの❶1行目で、Togan さんに会えて光栄だったと述べてから、同1～2行目で「その時に伝えた通り、当院はあなたが Thompson 病院の送迎運転手として適任であろうと考えている」と書いている。続けて同2～3行目で、「あの時の提示を正式なものにしたい」と伝え、❷で契約手続きや就業開始日、研修期間について説明している。これらのことから、Davies さんは、Togan さんと会った際の口頭での職の提示を正式なものとするために E メールを送信したと考えられる。(C) が正解。

180 What is suggested about Mr. Togan in the e-mail?

E メールで、Togan さんについて何が示唆されていますか。

(A) He has a medical license.
(B) He has advanced computer skills.
(C) He requested information on housing.
(D) He will soon deliver a lecture.

(A) 医療免許を持っている。
(B) 高度なコンピューター技能を持っている。
(C) 住居に関する情報を求めた。
(D) 間もなく講演をする。

正解 C 難問解説 What is suggested about ～?「～について何が示唆されているか」という質問。このタイプの問題では、文書中に明示はされていないが示唆されていることが正解となるので、本文を注意深く読む必要がある。質問文に in the e-mail「E メールで」とあるので、2 E メールから、受信者の Togan さんについて分かる情報を探る。送信者の Davies さんは、2❶で Togan さんに正式な職の提示をし、❷で契約手続きや就業開始日、研修期間に言及している。そして❸で、質問があれば知らせるように述べた後、最後に「引っ越しと住居に関する情報は別の E メールで送る」と付け加えている。このことから Togan さんは、事前に引っ越しと住居に関する情報提供を求めていたと推測できるので、(C) が正解。

(A) (B) 1❷より、医療免許と高度なコンピューター技能はそれぞれ、募集されている医療助手と患者サービス担当者の職の必須要件だと分かるが、2❶1～2行目より、Togan さんが提示を受けたのは運転手の職なので、彼にとってはどちらも必須要件ではない。そのため、Togan さんがそれらを有しているかどうかは本文からは読み取れない。

(D) 講演に関する言及はない。

Section 3

語注 1ウェブページ job fair　就職説明会　❶ take　～を必要とする／apply to *do*　～することを申し込む／credential　経歴、資格／meet　～を満たす／part-time　非常勤の／full-time　常勤の　❷ food service　給食部門／cafeteria　カフェテリア　★セルフサービス式の食堂／snack bar　軽食堂／advanced　高度な／certified　有資格の／transport　輸送／licensed　免許を持っている　❸ benefit　<主に複数形で>手当、福利厚生
❹ qualified　必要条件を満たした／portal　ポータル　★入り口となるウェブサイト／Human Resources　人事部
2Eメール attachment　添付物　❶ indicate　～(ということ) を示す　★ここでは目的語が省略されている／at the time　その時に／fit　ぴったり合うこと／formalise　～を正式なものとする　★米国表記は formalize／offer　提示、申し出　★ make an offer で「提示・申し出をする」　❷ attach　～を添付する／contract　契約書／copy　1部／benefits package　諸手当／in order　きちんと整って／go through ～　～(段階など) を経る
❸ moving　引っ越し／housing　住居
177 convention center　コンベンションセンター　★会議場や宿泊施設を完備した総合ビル
178 current　現行の、最新の　**179** reference　推薦状／confirm　～を確認する、～を正式に承認する
180 deliver a lecture　講演をする

Questions 181-185 refer to the following customer review and e-mail.

1 顧客レビュー

https://www.noelispecialtyfoods.com/reviews

❶ I frequently shop at Noeli Specialty Foods even though I have to travel all the way across town to get there. I particularly appreciate how much the employees know about all the products sold there. They are always able to answer my questions.

❷ One thing I miss, though, is Lipina Energy Bars. They used to be at the end of aisle 10, but, sadly, they seem to have disappeared. I first learned about the Lipina Company when I was on vacation in Belfast, Maine, and took a tour of their manufacturing facility. It was so interesting to watch how the machines process the organic fruits and nuts, cut the bars into little rectangles, and then wrap them in several layers of plastic. The only other place I know to buy them is online through their Web site, but I'd rather get them here so I can do all my shopping at once and avoid paying for shipping.

–Tysha Mezzetti, tysha.mezzetti@nolomail.com

2 Eメール

E-mail

To: tysha.mezzetti@nolomail.com
From: d.burgess@noelispecialtyfoods.com
Date: Thursday, February 24
Subject: Re: Lipina Energy Bars

Dear Ms. Mezzetti,

❶ I apologize for not responding to your review sooner. As you may know, we are expanding our store, and the construction has taken a lot of my time. In response to your comments, you are right—we no longer carry Lipina Energy Bars.

❷ When Noeli Specialty Foods launched five years ago, we had one simple goal: to feature artisanal food items not sold in regular supermarkets. Recently, however, we have updated our standards. We work exclusively with suppliers that meet the following requirements:

❸ 1. Producing locally, in or around the state of Maine

2. Using organic ingredients

3. Providing reusable nonplastic containers

4. Conveying ingredient-related information on their Web site

❹ We published our updated policy in our December newsletter. If we no longer carry a product, it is most likely because the supplier has failed to meet one or more of these standards.

Kind regards,

Dale Burgess

問題 181-185 は次の顧客レビューと E メールに関するものです。

https://www.noelispecialtyfoods.com/reviews

そこに行くにははるばる町を横切らなくてはなりませんが、私はよく Noeli 特産食品店で買い物をします。特に、従業員が店の全ての商品について実によく知っていることを高く評価しています。彼らは常に私の質問に答えることができるのです。

しかし、1 つ残念に思うのが Lipina エネルギーバーです。以前は 10 番通路の突き当たりに置いてありましたが、悲しいことに、なくなってしまったようです。私が初めて Lipina 社について知ったのは、休暇でメイン州のベルファストを訪れた時のことで、同社の製造施設を見学しました。機械が有機栽培の果物やナッツ類を加工し、バーを小さな長方形に切断してから、それらを何層かのプラスチックで包んでいく様子を目にするのは大変興味深いものでした。私の知る限り、それらを購入できる他の場所は同社ウェブサイト経由のオンライン上だけですが、全ての買い物を一度に済ませ、送料を支払わなくても済むように、この店で買えたらと思っています。
──Tysha Mezzetti、tysha.mezzetti@nolomail.com

受信者：tysha.mezzetti@nolomail.com
送信者：d.burgess@noelispecialtyfoods.com
日付：2 月 24 日（木曜日）
件名：Re: Lipina エネルギーバー

Mezzetti 様

もっと早くお客さまのレビューにお返事できず、申し訳ございません。ご存じかもしれませんが、当店は店舗を拡張しており、工事に多くの時間を取られておりました。ご意見にお答えしますと、おっしゃる通りです──当店では Lipina エネルギーバーはもう取り扱っておりません。

Noeli 特産食品店が 5 年前に開店した当時は、当店には 1 つの分かりやすい目標がありました。それは、通常のスーパーマーケットでは販売されていない職人技による食品を目玉として扱うことです。しかし、最近、当店は基準を新しくしました。当店は、以下の要件を満たす供給業者に限って取引をしています。

1. メイン州内もしくは周辺で、地元生産されていること

2. 有機栽培の食材を使用していること

3. 再利用可能な非プラスチック容器を提供していること

4. 成分関連情報をウェブサイト上で知らせていること

当店の 12 月の会報に最新の方針を掲載しました。当店がある商品をもう扱っていない場合、おそらく、供給業者がこれらの基準の 1 つ以上を満たすことができていないためであると考えられます。

敬具

Dale Burgess

181 What does Ms. Mezzetti like best about Noeli Specialty Foods?

(A) Its attractive decor
(B) Its knowledgeable staff
(C) Its selection of products
(D) Its convenient location

Mezzetti さんは Noeli 特産食品店について、何が一番気に入っていますか。

(A) 魅力的な室内装飾
(B) 知識豊富なスタッフ
(C) 商品の品ぞろえ
(D) 便利な場所

正解 B Mezzetti さんは、1の顧客レビューの❶1～2行目で、よく Noeli 特産食品店で買い物をすると述べた後、同2～3行目で「特に、従業員が店の全ての商品について実によく知っていることを高く評価している」と書いている。続く同3行目でも、同店の従業員は常に自分の質問に答えることができると伝えているので、Mezzetti さんは、Noeli 特産食品店の従業員が店で販売されている商品に精通している点をとりわけ好ましく思っていると判断できる。よって、(B) が正解。
(A) 室内装飾については言及がない。
(C) Mezzetti さんは1の❷で、店にもう置かれていない商品について残念だと言及し、店がその商品を取り扱ってほしい旨を伝えているため、商品の品ぞろえが一番気に入っているとは考えにくい。
(D) 1の❶1～2行目に「そこに行くにははるばる町を横切らなくてはならない」とあるので、店は Mezzetti さんにとって便利な場所にあるとは言えない。

---

182 What does Ms. Mezzetti indicate about the Lipina Company?

(A) It should upgrade its machinery.
(B) It ships only in large quantities.
(C) It is experimenting with new flavors.
(D) It offers tours of its manufacturing plant.

Mezzetti さんは Lipina 社について何を示していますか。

(A) 機械類を高性能なものにするべきである。
(B) 大量購入の場合のみ発送している。
(C) 新しい風味を試みている。
(D) 製造工場の見学を提供している。

正解 D 1の Mezzetti さんによる顧客レビューの❷2～3行目で、「私が初めて Lipina 社について知ったのは、休暇でメイン州のベルファストを訪れた時のことで、同社の製造施設を見学した」と自身の体験を語っており、続く同3～5行目にはそのときの様子が説明されている。このことから、Lipina 社は同社の製造施設の見学を提供していると分かるので、レビュー中の facility を plant「工場」と言い換えた (D) が正解。
(A) 施設内の機械についての言及はあるが、商品製造の様子について述べているだけである。

---

183 Why was Mr. Burgess delayed in responding to Ms. Mezzetti's review?

(A) He needed time to consult with a supplier.
(B) He was working on a newsletter.
(C) He needed approval from the Lipina Company.
(D) He was busy with building renovations.

Burgess さんはなぜ Mezzetti さんのレビューへの返事が遅れたのですか。

(A) 供給業者と相談する時間が必要だった。
(B) 会報に取り組んでいた。
(C) Lipina 社の承認が必要だった。
(D) 建物の改修作業で忙しかった。

正解 D Burgess さんが、Mezzetti さんのレビューへの返事に手間取った理由を問う設問。Burgess さんとは、2の Mezzetti さん宛ての E メールの送信者である。Burgess さんは2の❶1行目で「もっと早くあなたのレビューに返事できず、申し訳ありません」と謝罪してから、続く同1～2行目で「ご存じかもしれないが、私どもは店舗を拡張しており、工事に時間をかなり取られていた」と、返事が遅れた理由について釈明している。このことから Burgess さんは、店舗の拡張工事で多忙だったため、Mezzetti さんのレビューへの返事が遅れたと判断できるので、(D) が正解。
(A) (B) (C) 2に、供給業者、会報、Lipina 社についての言及がそれぞれあるが、返事の遅れとは関連がない。

184 According to Mr. Burgess, what has Noeli Foods recently updated?

(A) Its contact information
(B) Its marketing strategy
(C) Its online shopping portal
(D) Its product standards

Burgess さんによると、Noeli 特産食品店は最近、何を更新しましたか。

(A) 連絡先情報
(B) マーケティング戦略
(C) オンラインショッピングのポータルサイト
(D) 商品基準

正解 D Burgess さんは、2の❷ 1～2 行目で、Noeli 特産食品店が開店した時点での目標が職人技による食品を目玉とすることだったと述べた後、続く同 2～3 行目で「しかし、最近、当店は基準を新しくした」と商品基準が変更になったことを知らせている。そして、2の❸では、新たに定められた基準下での 4 つの要件が示されているので、(D) が正解。

185 Which of Noeli's requirements is NOT met by the Lipina Company?

(A) Requirement 1
(B) Requirement 2
(C) Requirement 3
(D) Requirement 4

Noeli 店の要件のうち、どれが Lipina 社によって満たされていませんか。

(A) 要件 1
(B) 要件 2
(C) 要件 3
(D) 要件 4

正解 C 難問解説 NOT 問題である点に注意。選択肢の 4 つの要件は、2の E メールの❸に示されている 4 つの要件のことで、Noeli 特産食品店の現行の基準下での要件を表している。Burgess さんは2の❹ 1～3 行目で、「当店がある商品をもう扱っていない場合、おそらく、供給業者がこれらの基準の 1 つ以上を満たすことができていないためであると考えられる」と述べている。1の Mezzetti さんによる顧客レビューの❷ 2～5 行目に、彼女が Lipina 社の製造施設を見学した際の感想が述べられているが、Lipina エネルギーバーの製造工程について、同❷の 4 文目に「機械が有機栽培の果物やナッツ類を加工し、バーを小さな長方形に切断してから、それらを何層かのプラスチックで包んでいく様子を目にするのは大変興味深いものだった」とある。このことから、Lipina 社は2の要件 3「再利用可能な非プラスチック容器を提供していること」を満たすことができていないと分かる。よって、(C) が正解。

(A) 要件 1「メイン州内もしくは周辺で、地元生産されていること」は、1の❷ 2～3 行目から、Lipina 社の製造施設はメイン州のベルファストに位置すると分かるので、満たされている。
(B) 要件 2「有機栽培の食材を使用していること」は、上記1❷の 4 行目から、Lupina 社のエネルギーバーは有機栽培の食材を使っていることが分かるため、満たされている。
(D) 要件 4「成分関連情報をウェブサイト上で知らせていること」については、文書中で明示されていないため、満たされているかどうかは分からない。

Section 3

語注 **1顧客レビュー** ❶ specialty 特産品／even though ～ ～ではあるけれども／all the way はるばる／appreciate ～を高く評価する、～を称賛する ❷ energy bar エネルギーバー ★棒状の栄養補助食品／end 突き当たり／aisle 通路／manufacturing 製造（の）／facility 施設／process ～を加工する／organic 有機栽培の／rectangle 長方形／layer 層／I'd rather *do* むしろ～したい／at once 一度に／shipping 配送料
2Eメール ❶ apologize for ～ ～のことでわびる／respond to ～ ～に返事する／expand ～を拡張する／construction 建設（工事）／in response to ～ ～に答えて／no longer ～ もはや～しない／carry ～（商品）を取り扱っている ❷ launch 開始する／feature ～を呼び物にする／artisanal 職人技の／exclusively 限定して、もっぱら／supplier 供給業者／meet ～を満たす ❸ state 州／ingredient 食材、成分／reusable 再利用可能な／convey ～を伝える／～-related ～関連の ❹ publish ～を掲載する／updated 最新の／fail to *do* ～することができない **181** decor 室内装飾／knowledgeable 知識豊富な／selection 品ぞろえ **182** upgrade ～を高性能なものに替える、～をグレードアップする／machinery 機械類／ship ～を発送する／quantity 量／experiment with ～ ～を試みる、～の実験をする **183** consult with ～ ～と相談する／work on ～ ～に取り組む／approval 承認、同意 **184** marketing マーケティング、市場戦略

Questions 186-190 refer to the following e-mails and Web page.

1 Eメール1

To:	Jenny Cho
From:	Cansone Internet
Date:	December 1
Subject:	Your bill

① Your Cansone Internet bill is ready to view. Visit cansone.com/account to view your detailed bill and make an online payment.

②

Amount due:	$69.69
Statement date:	December 1
Payment due:	December 12
Cansone account number:	0420
Service address:	11480 Robinson Lane Dietsch, PA 16430

③ Save time and hassle by signing up for automatic payments. Simply sign in to your account, go to the Settings page, and select Auto Pay. You will be prompted to set up your payment method. As a thank-you from Cansone, you will receive 5 percent off your first automatic payment.

2 ウェブページ

http://www.cansone.com/account/settings/autopay

① Thank you for setting up automatic payments. Your monthly payment will be automatically charged to your credit card on the 12th of each month. Automatic payments will take 30 days to go into effect. Please note that you must make a one-time payment for this month's bill. Make your December payment by clicking One-Time Payment on the Payments page.

②

Credit Card Name:	Jenny Cho
Credit Card Number:	XXXX XXXX XXXX 0010
Billing Address:	11480 Robinson Lane Dietsch, PA 16430

3 Eメール2

E-mail

To:	Cansone Internet Customer Service
From:	Jenny Cho
Date:	January 5
Subject:	Billing issue

Hello,

① I am writing about a problem with my January bill. On December 2, I signed up for automatic bill payments. I expected all of my payments, including December's, to be taken care of. However, my December payment was not charged to my credit card on December 12, and now I am being charged a $25 late fee. I set up automatic payments precisely to avoid this type of problem. Please ensure that my December and January payments are charged to the credit card I authorized on your Web site. I assume I will not have to pay the late fee. Please let me know if this is the case.

② Additionally, I am opening a new business location at 9 Turner Place in Dietsch, PA. I need to schedule Internet installation there. Can you please help me schedule a visit by the end of next month?

Thank you,

Jenny Cho

問題 186-190 は次の 2 通の E メールとウェブページに関するものです。

受信者：Jenny Cho
送信者：Cansone インターネット社
日付：12 月 1 日
件名：お客さまの請求書

お客さまの Cansone インターネットの料金請求書が閲覧可能になっています。cansone.com/account にアクセスして、明細書をご覧いただき、オンラインでお支払いください。

支払金額：69.69 ドル
明細作成日：12 月 1 日
支払期日：12 月 12 日
Cansone アカウント番号：0420
サービス提供先住所：ロビンソン通り 11480 番地
ディーチェ、PA 16430

自動支払登録をすることで、お時間とお手間を省いてください。ご自分のアカウントにサインインして、「設定」ページへ進み、「自動支払い」を選択するだけです。お客さまはお支払方法を設定するよう指示されます。Cansone 社からの感謝の気持ちとして、初回の自動支払分から 5 パーセントの割引をお受けになれます。

---

http://www.cansone.com/account/settings/autopay

自動支払いをご設定いただき、ありがとうございます。月々のお支払いは毎月 12 日にお使いのクレジットカードに自動的に請求されます。自動支払いがご利用可能になるには 30 日かかります。今月分のご請求に関しては 1 回払いをしていただく必要があることにご注意ください。「お支払い」ページの「1 回払い」をクリックして、12 月分をお支払いください。

クレジットカード名義：Jenny Cho
クレジットカード番号：XXXX XXXX XXXX 0010
請求先住所：ロビンソン通り 11480 番地
ディーチェ、PA 16430

受信者：Cansone インターネット顧客サービス部
送信者：Jenny Cho
日付：1 月 5 日
件名：請求書に関する問題

こんにちは

1 月分の請求書に関する問題についてご連絡しています。12 月 2 日に、私は請求書の自動支払いの登録をしました。12 月分も含め、私の支払いの全てが処理されるものと思っていました。しかし、私の 12 月分の支払いは、12 月 12 日に私のクレジットカードに請求されず、現在、私には 25 ドルの延滞料が請求されています。私は、まさにこの種の問題を回避するために、自動支払いを設定しました。確実に、私の 12 月分および 1 月分の支払いが、貴社のウェブサイトで私が承認したクレジットカードに請求されるようにしてください。私は当然、延滞料を支払う必要はないと思っています。もしそれが正しければ、私に知らせてください。

加えて、私はペンシルベニア州ディーチェのターナー通り 9 番地に新規事業所を開設する予定です。そこのインターネット設定の予定を立てる必要があります。来月末までに訪問の予定を入れていただけるように助けてもらえますか。

よろしくお願いします。

Jenny Cho

186 In the first e-mail, what is Ms. Cho encouraged to do?

(A) Enroll in an automatic payment system
(B) Pay her outstanding bill immediately
(C) Update her contact information
(D) Give feedback on Cansone's customer service

1通目のEメールで、Choさんは何をするよう勧められていますか。

(A) 自動支払システムに登録する
(B) すぐに未払料金を支払う
(C) 連絡先情報を更新する
(D) Cansone社の顧客サービスに関する意見を伝える

正解 A 1のCansone社からのChoさん宛てのEメールは、❶・❷より、12月分のインターネット料金の請求情報についてChoさんに知らせるもの。❸1行目に、「自動支払登録をすることで、時間と手間を省いてほしい」とあり、その後は自動支払いの登録方法や、自動支払いをすることで得られる特典を説明している。よって、1のEメールは、顧客であるChoさんに自動支払いを利用するよう勧めていると分かるので、(A)が正解。

187 What is suggested about Ms. Cho?

(A) She is a long-time Cansone customer.
(B) She used to pay her bills by check.
(C) She will start receiving her bills in the mail.
(D) She will be given a discount in January.

Choさんについて何が示唆されていますか。

(A) 長年にわたりCansone社の顧客である。
(B) 以前、請求金額を小切手で支払っていた。
(C) 郵便で請求書を受け取り始める。
(D) 1月に割引を受けられる。

正解 D 難問解説 What is suggested about ～?「～について何が示唆されているか」という設問。ただし、対象の文書が示されていないので、複数の文書の情報をチェックする必要がある。2のウェブページの❶1行目に自動支払設定のお礼が述べられ、❷のクレジットカード名義の欄にJenny Choと記載されている。また3のChoさんが書いたEメールの❶1～2行目に「12月2日に、私は請求書の自動支払いの登録をした」とあることから、Choさんは1のEメールの❸で紹介されている自動支払いに申し込んだと考えられる。また、2の❶1～2行目から、自動支払いでは毎月12日に自動的に月々の請求額が支払われることが、同2～3行目から、自動支払いが利用可能になるには30日かかることが、続く同3行目から、そのためChoさんは12月分の請求金額に関しては1回払いをする必要があることが分かる。さらに、1の❸3～4行目に、「Cansone社からの感謝の気持ちとして、初回の自動支払分から5パーセントの割引を受けられる」とある。以上のことから、12月2日に登録を済ませたChoさんが自動支払いを利用できるようになるのは、登録から30日が経過した以降の請求日である1月12日に請求される1月分から。彼女にとっては、その1月分の請求金額が自動支払い扱いになる初回の料金となり、これに5パーセントのdiscount「割引」が提供されると判断できるので、(D)が正解。
(A) (B) (C)の選択肢にある内容は本文中からは読み取れない。

---

188 What error did Ms. Cho make?

(A) She e-mailed the wrong department.
(B) She did not make a one-time payment for her December bill.
(C) She did not enter correct credit card information.
(D) She misplaced her January bill.

Choさんはどのような間違いをしましたか。

(A) 誤った部署にEメールを送った。
(B) 12月分の請求に対して1回払いをしなかった。
(C) 正しいクレジットカード情報を入力しなかった。
(D) 1月分の請求書を置き忘れた。

正解 B Choさんは3のCansoneインターネット顧客サービス部宛てのEメールの❶2～3行目で、12月2日に自分が登録した自動支払いについて、「12月分も含め、私の支払いの全てが処理されるものと思っていた」と述べている。続く同3～4行目からは、12月分の支払いがクレジットカードに請求されず、Choさんに延滞料が発生している状況だと分かる。一方、Choさんに自動支払いの登録完了を知らせる2のウェブページの❶2～3行目に、「自動支払いが利用可能になるには30日かかる」とあり、続く同3行目に、「今月分の請求に関しては1回払いをする必要があることに注意してほしい」とある。これらのことから、Choさんは、「今月分」つまり12月分の請求料金を1回払いで支払わなかったために延滞料を課されているのだと判断できる。(B)が正解。
(A) (C) (D)いずれも言及がなく、Choさんの支払いとの関連も不明。

189 In the second e-mail, what does Ms. Cho request?

(A) To have her monthly rate reduced
(B) To have a fee waived
(C) To change her payment due date
(D) To speak directly to a manager

2通目のEメールで、Choさんは何を求めていますか。

(A) 月額料金を減額してもらうこと
(B) ある料金を免除してもらうこと
(C) 支払期日を変更すること
(D) 責任者と直接話をすること

正解 B　難問解説　設問文にIn the second e-mail「2通目のEメールで」とあるので、Choさんが Cansoneインターネット顧客サービス部宛てに送信した3のEメールで、Choさんが何を希望しているかを見極める。3の❶3～4行目から、Choさんは12月分の支払いがクレジットカードに請求されず、延滞料が発生している状況だと分かる。Choさんは同5～6行目で、12月分と1月分の支払いがクレジットカードに請求されるように求めた後、同6～7行目に「私は当然、延滞料を支払う必要はないと思っている」と書き、同7行目で「もしそれが正しければ、私に知らせてほしい」と伝えている。以上のことから、Choさんは、発生している延滞料の免除を求めていると考えられるので、(B)が正解。(B)のa fee「ある料金」とは3の❶4行目のa $25 late fee「25ドルの延滞料」のことである。waiveは「～（料金・罰金など）を免除する」という意味でよく使われる動詞なので、押さえておこう。
(A)(C)(D)いずれもEメールで言及されておらず、Choさんが求めていることではない。

---

190 When would Ms. Cho like to have additional Internet service installed?

(A) By December 2
(B) By December 12
(C) By January 5
(D) By February 28

Choさんはいつ追加のインターネットサービスを設定してもらいたいと思っていますか。

(A) 12月2日までに
(B) 12月12日までに
(C) 1月5日までに
(D) 2月28日までに

正解 D　Choさんは、3の1月5日付のEメールの❷1文目で、新規事業所の住所を示し、続く同2文目で、「そこのインターネット設定の予定を立てる必要がある」と述べている。その後、同3文目で「来月末までに訪問の予定を入れてもらえるように助けてもらえるか」と依頼している。よって、Choさんは手紙を書いた翌月末である2月末までに新規事業所にインターネットサービスを設定してほしいと思っていることが分かるので、(D)が正解。
(A) 12月2日は、3の❶1～2行目より、Choさんの自動支払いの登録日。
(B) 12月12日は、1の❷より、Choさんの12月分のインターネット請求料金の支払期日。
(C) 1月5日は、3のヘッダーの日付より、ChoさんがCansoneインターネット顧客サービス部宛てにEメールを送信した日。

語注　1Eメール1　bill　請求書　❶ detailed　詳細な　❷ amount　金額／due　支払期日が来て／statement　明細書／lane　通り　❸ hassle　面倒／sign up for ～　～の登録をする／sign in to ～　～にサインインする　★オンライン上のサービスなどにIDとパスワードでログインすること／setting　設定／prompt ～ to *do*　（コンピュータープログラムが）～に…するよう指示する
2ウェブページ　❶ charge ～ to …　～を…（の勘定）に付ける／go into effect　発効する、実施される／note (that) ～　～（ということ）に留意する／one-time　1回（限り）の、一括の／❷ billing　請求書作成
3Eメール2　❶ take care of ～　～を処理する／precisely　まさに、正確に／ensure (that) ～　～（であること）を確実にする／authorize　～を承認する／assume (that) ～　当然～（である）と思う／case　事実、真相　❷ additionally　加えて／～ Place　～通り／installation　設置、導入
186 encourage ～ to *do*　～に…するよう勧める／enroll in ～　～に登録する／outstanding　未払いの／feedback　意見
187 long-time　長年の／check　小切手　**188** misplace　～を置き間違える、～を置き忘れる
189 have ～ *done*　～を…してもらう／waive　～（権利など）を放棄する、～の適用を控える
190 install　～を設置する、～を導入する

Section 3

Questions 191-195 refer to the following e-mails and table.

1 Eメール1

From:	Calvin Tobin
To:	Quantum Prospects Electronics—Springfield
Date:	September 25
Subject:	Information
Attachment:	Reservation form

Hello, everyone,

❶ We have hired a contractor to conduct a deep cleaning and painting of the Springfield office on October 8 from 6 A.M. to 5 P.M. No one will be allowed to access the main building, Annex A, or the office complex for the entire day. On the other hand, the Information Center and Annexes B, C, and D will be cleaned and painted at a later date and so will remain open. You may schedule your teams to work in those spaces on October 8, but you must reserve them in advance.

❷ To reserve a space, please e-mail Human Resources as soon as possible with a completed copy of the attached reservation form. Once all rooms are filled, Human Resources will e-mail the schedule to staff.

Sincerely,

Calvin Tobin

2 表

To: Springfield plant staff
From: Stella Jennings
Date: September 26
Subject: Schedule

Schedule for Annex B on October 8

❶ Team/Contact	Time	Purpose
Marketing Carl Lankin	9:00 A.M.–12:30 P.M.	Preparing for the launch of the Quantum Prospects gaming system
Administration Aki Tanaka	12:30–1:30 P.M.	Meeting with potential new security vendor Viateur Secure
Research and Development Shira Dayan	1:30–3:00 P.M.	Reviewing quality control procedures
Finance Franklin Saft	3:00–5:00 P.M.	Preparing financial reports for auditors

3 Eメール2

From:	Claire Bonahoon
To:	Carl Lankin
Date:	October 5
Subject:	Annex B

Carl,

❶ I have just looked at the schedule for October 8, and I was wondering if we could share Annex B since both of our teams are preparing for the same event. I apologize for the delayed request; I have been out of the country working on a special project with our market intelligence group.

Claire Bonahoon

問題 191-195 は次の 2 通の E メールと表に関するものです。

送信者：Calvin Tobin
受信者：Quantum Prospects 電子機器社――スプリングフィールド
日付：9 月 25 日
件名：通知
添付：予約用紙

こんにちは、皆さん

当社は請負業者を雇い、10 月 8 日の午前 6 時から午後 5 時まで、スプリングフィールドのオフィスの徹底的な清掃と塗装を実施してもらうことになりました。終日、どなたも本館、別館 A、オフィス総合ビルに入ることはできません。一方、インフォメーションセンター、別館 B、別館 C、別館 D は、後日に清掃および塗装される予定なので、開館しています。ご自身のチームが 10 月 8 日にこれらの場所で業務を行う予定を組んでも構いませんが、事前予約が必要となります。

場所を予約するには、添付の予約用紙に全て記入して、できるだけ早く人事部に E メールでご連絡ください。全ての部屋が埋まり次第、人事部が予定表を従業員に E メールで送ります。

よろしくお願いします。

Calvin Tobin

受信者：スプリングフィールド工場従業員各位
送信者：Stella Jennings
日付：9 月 26 日
件名：予定表

10 月 8 日の別館 B の予定表		
チーム / 窓口	**時間**	**目的**
マーケティング部 Carl Lankin	午前 9 時～午後 0 時 30 分	Quantum Prospects ゲーム機の発売に向けての準備
管理部 Aki Tanaka	午後 0 時 30 分～午後 1 時 30 分	新しいセキュリティー業者候補 Viateur Secure 社との会合
研究開発部 Shira Dayan	午後 1 時 30 分～午後 3 時	品質管理手順の見直し
財務部 Franklin Saft	午後 3 時～午後 5 時	会計監査官への財務報告書の準備

送信者：Claire Bonahoon
受信者：Carl Lankin
日付：10 月 5 日
件名：別館 B

Carl さん

私はたった今 10 月 8 日の予定表を見たところですが、私たちの両チームとも同じイベントに向けて準備をしているので、別館 B を共同で使用できないだろうかと思っていました。遅れてのご依頼になり申し訳ありません。私はずっと国外にいて、当社の市場情報グループとの特別プロジェクトに携わっていたのです。

Claire Bonahoon

191 What is one purpose of the first e-mail?

(A) To request approval for a contractor
(B) To reschedule a team meeting
(C) To announce upcoming office maintenance
(D) To ask employees to report to work early

1通目のEメールの1つの目的は何ですか。

(A) 請負業者に対する承認を求めること
(B) チーム会議の予定を変更すること
(C) 近日中のオフィスの保守作業を知らせること
(D) 従業員に早い時間に出社するよう頼むこと

正解 C 1の1通目のEメールの受信者は「Quantum Prospects電子機器社――スプリングフィールド」で、同地勤務の全従業員に宛てたものと考えられる。1の❶1～2行目で「当社は請負業者を雇い、10月8日の午前6時から午後5時まで、スプリングフィールドのオフィスの徹底的な清掃と塗装を実施してもらうことになった」と述べ、以降では、当日に入ることができなくなる建物や開館している建物を知らせている。よって、1通目のEメールの1つの目的は、近々予定されているスプリングフィールドのオフィスの清掃と塗装について従業員に知らせることだと考えられる。清掃と塗装をmaintenance「保守作業」と表した(C)が正解。
(A) 請負業者についての言及はあるが、承認については言及がない。
(B) 10月8日の予定に関連し、チームで場所を使用したい場合は予約が必要だと述べられているだけである。
(D) 保守作業の時間は言及されているが、社員の出社時間に関する要請は述べられていない。

---

192 According to the first e-mail, what area will workers be unable to enter on October 8?

(A) Annex A
(B) Annex B
(C) Annex C
(D) The Information Center

1通目のEメールによると、従業員は10月8日に、どの区域に入ることができませんか。

(A) 別館A
(B) 別館B
(C) 別館C
(D) インフォメーションセンター

正解 A 1の❶1～2行目から、10月8日にはオフィスの清掃と塗装が行われることが分かる。10月8日について、同2～3行目に「終日、誰も本館、別館A、オフィス総合ビルに入ることはできない」とある。よって、(A)が正解。
(B) (C) (D) 1の❶3～5行目より、いずれの建物も10月8日に開館している予定である。

---

193 In what department does Ms. Jennings most likely work?

(A) Marketing
(B) Human Resources
(C) Research and Development
(D) Administration

Jenningsさんはどの部署で働いていると考えられますか。

(A) マーケティング部
(B) 人事部
(C) 研究開発部
(D) 管理部

正解 B Jenningsさんとは、スプリングフィールド工場に勤める従業員に宛てられた2の表の送信者である。複数の文書に書かれた情報を集めて、Jenningsさんの部署がどこかを判断する。2の表は「10月8日の別館Bの予定表」である。1の❶5～6行目で、スプリングフィールドの従業員は、10月8日に開いている予定のインフォメーションセンター、別館B、別館C、別館Dを使用する場合、事前予約が必要だと述べられている。1の❷1～2行目で、その予約方法が説明され、同2～3行目で「全ての部屋が埋まり次第、人事部が予定表を従業員にEメールで送る」と述べられている。以上のことから、決定した部屋の予定表を従業員に送付しているJenningsさんは(B)人事部に所属していると考えられる。
(A) (C) (D) いずれも2の表に記載のある部署だが、Jenningsさんが所属していると分かる記載はない。

194 What will Ms. Bonahoon's team be discussing on October 8?

(A) A financial audit
(B) A new vendor
(C) An updated process
(D) A product launch

Bonahoon さんのチームは 10 月 8 日に、何について話し合いますか。

(A) 財務監査
(B) 新規の供給業者
(C) 最新の手順
(D) 製品の発売

正解 D 難問解説 Bonahoon さんとは、3の Lankin さん宛ての E メールの送信者。Bonahoon さんは3の❶ 1 ～ 2 行目で、「私はたった今 10 月 8 日の予定表を見たところだが、私たちの両チームとも同じイベントに向けて準備をしているので、別館 B を共同で使用できないだろうかと思っていた」と述べ、Lankin さんに別館 B を共同で使用することを提案している。10 月 8 日の別館 B の予定を示している2の表の❶から、Lankin さんのチームは、「Quantum Prospects ゲーム機の発売に向けての準備」に取り組むことが分かる。Bonahoon さんのチームは 10 月 8 日に、Lankin さんのチームと同じイベントに向けて準備を行う予定なので、(D) が正解。3の E メールの送受信者→同本文→2の表の Team/Contact 欄→同 Purpose 欄の順で内容をチェックして複数の情報を関連付けて正解を導き出す必要がある。
(A) (B) (C) 2の表の Purpose 欄より、それぞれ、Lankin さん以外のチームに関連する議題。

---

195 According to the second e-mail, why is Ms. Bonahoon late in writing to Mr. Lankin?

(A) She misunderstood a schedule.
(B) She was busy creating a new team.
(C) She had an international work assignment.
(D) She was attending a special hiring event.

2 通目の E メールによると、Bonahoon さんはなぜ Lankin さんに E メールを書くのが遅れたのですか。

(A) 予定表について誤解したから。
(B) 新しいチーム作りに忙しかったから。
(C) 国際的な担当業務があったから。
(D) 特別な採用イベントに出席していたから。

正解 C Bonahoon さんは3の❶ 1 ～ 2 行目で、10 月 8 日に別館 B を共同で使用することを Lankin さんに提案した後、同 2 ～ 3 行目で「遅れての依頼になり申し訳ない。私はずっと国外にいて、当社の市場情報グループとの特別プロジェクトに携わっていた」と、Lankin さんへの連絡が遅れた理由について説明している。よって、Bonahoon さんの国外での仕事を、「国際的な担当業務」と表した (C) が正解。
(A) 予定表をちょうど見たところだと述べられているだけである。
(B) 自チームへの言及はあるが、新しいチーム作りについては述べられていない。
(D) 言及されているイベントが採用に関するものだとは述べられていない。

語注 1Eメール 1 ❶ hire ～ to *do* ～を雇って…してもらう／contractor 請負業者／deep 徹底的な／access ～に入る／annex 別館／complex 複合ビル／entire day 全日、丸一日／schedule ～の予定を組む／in advance 事前に ❷ Human Resources 人事部／complete ～に漏れなく記入する／a copy of ～ 1 部の～／attached 添付された／fill ～を埋める 2表 ❶ contact 連絡先／marketing マーケティング、市場戦略／launch 売り出し／gaming system ゲーム機／administration 管理／potential 潜在的な／vendor 供給業者／review ～を見直す／finance 財務／financial 財務の／auditor 会計監査官
3Eメール 2 ❶ share ～を共同で使用する／apologize for ～ ～について謝罪する／delayed 遅れた／intelligence 機密情報 **191** approval 承認／announce ～を知らせる／upcoming 近日中の／report to work 職場に出勤する、出社する **194** audit 監査／updated 最新の、更新された
195 assignment 任務、割当業務

Questions 196-200 refer to the following memo and e-mails.

1 メモ

From: Masahiro Nakamura, Director of Operations
To: All Employees
Date: Monday, January 5
Subject: Annual training

❶ In order to comply with regulations, all Amp Wiz employees must complete a series of online training courses annually. These courses include training on information security, record handling, and inventory control. Employees who deal directly with external clients must complete additional modules on ethics and conflict of interest issues.

❷ The training modules will be available online beginning January 12, and all training should be completed by January 16. I will send a reminder on January 15, but it is your responsibility to finish your training on time. All departments that achieve a 100-percent completion rate by the deadline will be permitted to take the afternoon off on Friday, January 30. Specific departments may also choose to offer additional incentives to encourage employees to complete these required tasks in a timely manner.

2 Eメール 1

From:	Kei Shiroi
To:	Dominic Cozijnsen
Date:	January 15
Subject:	Online training

Dear Mr. Cozijnsen,

❶ This is a friendly reminder that the annual online training needs to be completed this week. According to the report I received this morning, you still need to complete all courses, including Ethics and Outside Compensation. Also, remember that members of our department are eligible for a $15 restaurant gift card if they finish all training on time. Let me know if you have any questions.

Kei Shiroi
Department Head, Financial Consulting

3 Eメール 2

From:	Dominic Cozijnsen
To:	Kei Shiroi
Date:	January 15
Subject:	RE: Online training

Dear Ms. Shiroi,

❶ Thanks for your reminder. I have been at the International Management Congress in Yokohama since January 10, and I have not had time to do any of the training courses, since I have been busy attending panel sessions and networking events. I will be back in the office tomorrow afternoon and will finish the courses at that time, with a few hours to spare before the deadline.

Sincerely,

Dominic Cozijnsen

問題 196-200 は次のメモと 2 通の E メールに関するものです。

差出人：Masahiro Nakamura、事業担当役員
宛先：従業員各位
日付：1 月 5 日（月曜日）
件名：年次研修

規定に従い、Amp Wiz 社の全従業員は、一連のオンライン研修講座を毎年修了する必要があります。これらの講座には、情報セキュリティー、データの取り扱い、在庫管理に関する研修が含まれます。外部の顧客に直接対応している従業員は、倫理規範および利益相反の問題に関する追加のモジュールを修了する必要があります。

研修モジュールは 1 月 12 日よりオンラインで受講可能になり、全ての研修は 1 月 16 日までに修了される必要があります。1 月 15 日に通知をお送りしますが、ご自身の責任において期限通りに研修を修了してください。最終期限までに 100 パーセントの修了率を達成した全ての部署は、1 月 30 日金曜日の午後に休暇を取ることが認められます。各部署は、従業員が適時にこれらの必要な課題を修了することを促すために、追加の報奨提供を選択しても構いません。

送信者：Kei Shiroi
受信者：Dominic Cozijnsen
日付：1 月 15 日
件名：オンライン研修

Cozijnsen さん

これは、年次オンライン研修が今週修了される必要があります、という念のためのお知らせです。私が今朝受け取った報告書によると、あなたはまだ、「倫理規範および外部補償」を含めた全講座を修了する必要があります。また、当部署の部員は、全ての研修を期限通りに修了した場合には、15 ドル分のレストラン用ギフトカードを受け取れるということをお忘れなく。何か質問があれば私にお知らせください。

Kei Shiroi
財務コンサルティング部　部長

送信者：Dominic Cozijnsen
受信者：Kei Shiroi
日付：1 月 15 日
件名：RE: オンライン研修

Shiroi さん

通知をありがとうございました。私は 1 月 10 日から横浜で開催されている国際経営会議に出席していて、討論会や人脈作りの行事に出席するのに忙しかったので、研修講座を一つも受講する時間がありませんでした。私は明日の午後に会社に戻る予定で、そのときに、最終期限までに数時間の余裕を持って講座を修了するつもりです。

よろしくお願いします。

Dominic Cozijnsen

196 What does the memo indicate about the training courses?

メモは研修講座について何を示していますか。

(A) They are required by the company.
(B) They must be taken in the office.
(C) They are available for one month.
(D) They were created by Amp Wiz staff.

(A) 会社によって要求されている。
(B) オフィスで受講されなければならない。
(C) 1カ月間、受講可能である。
(D) Amp Wiz社の従業員によって作られた。

正解 A 1のメモは、事業担当役員であるNakamuraさんが全従業員に宛てて書いたもの。1の❶1～2行目に「規定に従い、Amp Wiz社の全従業員は、一連のオンライン研修講座を毎年修了する必要がある」とあり、以降では、修了すべき研修講座についての詳細が説明されている。また、❷2～3行目で「1月15日に通知を送るが、自身の責任において期限通りに研修を修了してほしい」と述べられている。よって、研修は会社によって要求されているものだと分かるので、(A)が正解。
(B) 研修講座を受講すべき場所についての言及はない。
(C) 1の❷1文目より、講座の受講可能期間は1月12日から16日までの5日間。
(D) 研修講座の制作者についての言及はない。

---

197 What will most likely happen on January 30?

1月30日に何が起こると考えられますか。

(A) New policies will be enforced.
(B) Departments will review inventory records.
(C) Some employees will leave work early.
(D) New service features will be introduced.

(A) 新しい方針が施行される。
(B) 各部署が在庫記録を精査する。
(C) 一部の従業員が早く退社する。
(D) 新しいサービスの特徴が紹介される。

正解 C 1のAmp Wiz社の全従業員に宛てたメモの❷3～5行目で「最終期限までに100パーセントの修了率を達成した全ての部署は、1月30日金曜日の午後に休暇を取ることが認められる」と述べられている。よって、午後休暇を取ることをleave work early「早く退社する」と表した(C)が正解。
(A) (D) いずれも言及がない。
(B) 研修講座に在庫管理についての内容が含まれると述べられているだけである。

---

198 What is suggested about Mr. Cozijnsen?

Cozijnsenさんについて何が分かりますか。

(A) He works with outside clients.
(B) He needs a new training password.
(C) He received a department prize.
(D) He was trained by Ms. Shiroi.

(A) 外部の顧客と仕事をしている。
(B) 新しい研修用パスワードが必要である。
(C) 部署の賞を受賞した。
(D) Shiroiさんから研修を受けた。

正解 A Cozijnsenさんとは、2のEメールの受信者。送信者であるShiroiさんは、2の❶2～3行目で「私が今朝受け取った報告書によると、あなたはまだ、『倫理規範および外部補償』を含めた全講座を修了する必要がある」とCozijnsenさんに知らせている。また、1のメモの❶3～5行目に、「外部の顧客に直接対応している従業員は、倫理規範および利益相反の問題に関する追加のモジュールを修了する必要がある」とある。これらのことから、Cozijnsenさんは外部の顧客と取引をしていると考えられる。(A)が正解。
(B) パスワードについては言及がない。
(C) 賞については言及がない。
(D) 2のEメールの文面と送信者の肩書から、ShiroiさんはCozijnsenさんの所属部署の部署長と考えられるが、CozijnsenさんがShiroiさんによる研修を受けたかどうかは不明。

199 Why has Mr. Cozijnsen been unable to complete the training courses?

(A) He had technical problems accessing the courses.
(B) He received the relevant information late.
(C) He was busy organizing a networking event.
(D) He was participating in a conference.

Cozijnsen さんはなぜ研修講座を修了することができていないのですか。

(A) 講座にアクセスするのに技術的な問題があったから。
(B) 関連情報を遅れて受け取ったから。
(C) 人脈作りの行事を取りまとめるのに忙しかったから。
(D) 協議会に参加していたから。

正解 D 研修講座が未修了であることを知らせる**2**の Shiroi さんによる E メールに対し、Cozijnsen さんは**3**の E メールを返信している。Cozijnsen さんは**3**の❶ 1～3 行目で、「私は 1 月 10 日から横浜で開催されている国際経営会議に出席していて、討論会や人脈作りの行事に出席するのに忙しかったので、研修講座を一つも受講する時間がなかった」と述べ、研修講座を修了できていない理由を述べている。よって、the International Management Congress を a conference「ある協議会」と表した (D) が正解。
(A) (B) いずれも言及がない。
(C) **3**の❶ 1～3 行目から、Cozijnsen さんは人脈作りの行事に出席していただけで、取りまとめをしていたわけではない。

---

200 When does Mr. Cozijnsen plan to complete the training courses?

(A) On January 10
(B) On January 12
(C) On January 15
(D) On January 16

Cozijnsen さんはいつ研修講座を修了するつもりですか。

(A) 1 月 10 日
(B) 1 月 12 日
(C) 1 月 15 日
(D) 1 月 16 日

正解 D Cozijnsen さんは**3**の❶ 3～5 行目で、「私は明日の午後に会社に戻る予定で、そのときに、最終期限までに数時間の余裕を持って講座を修了するつもりだ」と述べている。この E メールの送信日は 1 月 15 日なので、Cozijnsen さんは 1 月 16 日に研修講座を修了しようとしていると分かる。(D) が正解。
(A) **3**の❶ 1～3 行目より、Cozijnsen さんが出席している国際経営会議の開催初日。
(B) **1**の❷ 1～2 行目より、研修講座が受講可能となる日。
(C) **1**の❷ 2～3 行目で言及されている通知、および**2**と**3**の E メールの送信日。

語注 **1メモ** director 重役、部長、責任者／operation 事業 ❶ comply with ～ ～に従う／regulation 規定、規則／a series of ～ 一連の～／handling 取り扱い、処理／inventory 在庫／external 外部の／module モジュール ★履修講座などの単位／ethics 倫理規範／conflict of interest 利害衝突、利益相反
❷ reminder （思い出させるための）通知／on time 期限通りに／completion 修了／rate 率、割合／deadline 最終期限／take ～ off ～を休暇として取る／specific 特定の／incentive 報奨、励みとなるもの／in a timely manner 適時に、タイミングよく ★ manner は「やり方、方法」
2Eメール 1 ❶ friendly 友好的な、互助的な／compensation 補償／eligible 資格のある、ふさわしい／head （部署などの）長／financial 財務の
3Eメール 2 ❶ management 経営／congress 協議会、（大規模な）会議／panel 討論者団／session 会議、集まり／networking 人脈作り／with ～ to spare ～（時間など）の余裕を持って ★ spare は「～を（使わないで）取っておく」
197 enforce ～を施行する／review ～を精査する **199** technical 技術的な／relevant 関連のある

mp3 音声ファイル一覧表

本 誌	
Section 1	
001	Part 1 例題 Q1
002	Part 2 例題 Q1
003	例題 Q2
004	例題 Q3
005	Part 3 例題 Q1-3 会話
006	例題 Q1-3 問題
007	Part 4 例題 Q1-3 トーク
008	例題 Q1-3 問題

Section 2	
009	Part 1 Q1
010	Q2
011	Part 2 Q3
012	Q4
013	Q5
014	Q6
015	Q7
016	Q8
017	Q9
018	Q10
019	Q11
020	Q12
021	Q13
022	Q14
023	Q15
024	Q16
025	Part 3 Q17-19 会話
026	Q17-19 問題
027	Q20-22 会話
028	Q20-22 問題
029	Q23-25 会話
030	Q23-25 問題
031	Q26-28 会話
032	Q26-28 問題
033	Q29-31 会話
034	Q29-31 問題
035	Q32-34 会話
036	Q32-34 問題
037	Q35-37 会話
038	Q35-37 問題
039	Q38-40 会話
040	Q38-40 問題
041	Q41-43 会話
042	Q41-43 問題
043	Q44-46 会話
044	Q44-46 問題
045	Part 4 Q47-49 トーク
046	Q47-49 問題
047	Q50-52 トーク
048	Q50-52 問題
049	Q53-55 トーク
050	Q53-55 問題
051	Q56-58 トーク
052	Q56-58 問題
053	Q59-61 トーク
054	Q59-61 問題
055	Q62-64 トーク
056	Q62-64 問題
057	Q65-67 トーク
058	Q65-67 問題
059	Q68-70 トーク
060	Q68-70 問題
061	Q71-73 トーク
062	Q71-73 問題
063	Q74-76 トーク
064	Q74-76 問題
065	Q77-79 トーク
066	Q77-79 問題
067	Q80-82 トーク
068	Q80-82 問題

Section 3	
069	Listening Test/Part 1 Directions
070	Part 1 Q1
071	Q2
072	Q3
073	Q4
074	Q5
075	Q6
076	Part 2 Directions
077	Part 2 Q7
078	Q8
079	Q9
080	Q10
081	Q11
082	Q12
083	Q13
084	Q14
085	Q15
086	Q16
087	Q17
088	Q18
089	Q19
090	Q20
091	Q21
092	Q22
093	Q23
094	Q24
095	Q25
096	Q26
097	Q27
098	Q28
099	Q29
100	Q30
101	Q31
102	Part 3 Directions
103	Part 3 Q32-34 会話
104	Q32-34 問題
105	Q35-37 会話
106	Q35-37 問題
107	Q38-40 会話
108	Q38-40 問題

109	Q41-43 会話
110	Q41-43 問題
111	Q44-46 会話
112	Q44-46 問題
113	Q47-49 会話
114	Q47-49 問題
115	Q50-52 会話
116	Q50-52 問題
117	Q53-55 会話
118	Q53-55 問題
119	Q56-58 会話
120	Q56-58 問題
121	Q59-61 会話
122	Q59-61 問題
123	Q62-64 会話
124	Q62-64 問題
125	Q65-67 会話
126	Q65-67 問題
127	Q68-70 会話
128	Q68-70 問題
129	Part 4 Directions
130	Part 4 Q71-73 トーク
131	Q71-73 問題
132	Q74-76 トーク
133	Q74-76 問題
134	Q77-79 トーク
135	Q77-79 問題
136	Q80-82 トーク
137	Q80-82 問題
138	Q83-85 トーク
139	Q83-85 問題
140	Q86-88 トーク
141	Q86-88 問題
142	Q89-91 トーク
143	Q89-91 問題
144	Q92-94 トーク
145	Q92-94 問題
146	Q95-97 トーク
147	Q95-97 問題
148	Q98-100 トーク
149	Q98-100 問題

別冊付録 単語集	
150	Words 001-010
151	Words 011-020
152	Words 021-030
153	Words 031-040
154	Words 041-050
155	Words 051-060
156	Words 061-070
157	Words 071-080
158	Words 081-090
159	Words 091-100
160	Words 101-110
161	Words 111-120
162	Words 121-130
163	Words 131-140
164	Words 141-150
165	Words 151-160
166	Words 161-170
167	Words 171-180
168	Words 181-190
169	Words 191-200
170	Words 201-210
171	Words 211-220

※ CD-ROM に収録の問題音声は全て、*TOEIC*® 公式スピーカーによるものです。Section 1 と Section 2 の問題指示文、別冊付録の音声は日本で別途収録したもので、標準的な北米発音を採用しています。

公式 TOEIC® Listening & Reading 800＋

（CD-ROM 1 枚付）

2021 年 12 月 1 日　第 1 版第 1 刷発行
2024 年 1 月 30 日　第 1 版第 4 刷発行

著　者　ETS

制作協力　武藤 克彦（東洋英和女学院大学准教授）

編集協力　株式会社 エディット
株式会社 WIT HOUSE

表紙デザイン　山崎　聡

発 行 元　一般財団法人 国際ビジネスコミュニケーション協会
〒 100-0014
東京都千代田区永田町 2-14-2
山王グランドビル
電話　(03) 5521-5935

印　刷　大日本印刷株式会社

Printed in Japan
ISBN 978-4-906033-64-5

Test
解答用紙

REGISTRATION No. 受験番号							

フリガナ	
NAME 氏名	

LISTENING SECTION

PART 1		PART 2						PART 3						PART 4					
No.	ANSWER A B C D	No.	ANSWER A B C D	No.	ANSWER A B C D	No.	ANSWER A B C D	No.	ANSWER A B C D	No.	ANSWER A B C D	No.	ANSWER A B C D	No.	ANSWER A B C D	No.	ANSWER A B C D	No.	ANSWER A B C D
1	Ⓐ Ⓑ Ⓒ Ⓓ	11	Ⓐ Ⓑ Ⓒ	21	Ⓐ Ⓑ Ⓒ	31	Ⓐ Ⓑ Ⓒ	41	Ⓐ Ⓑ Ⓒ Ⓓ	51	Ⓐ Ⓑ Ⓒ Ⓓ	61	Ⓐ Ⓑ Ⓒ Ⓓ	71	Ⓐ Ⓑ Ⓒ Ⓓ	81	Ⓐ Ⓑ Ⓒ Ⓓ	91	Ⓐ Ⓑ Ⓒ Ⓓ
2	Ⓐ Ⓑ Ⓒ Ⓓ	12	Ⓐ Ⓑ Ⓒ	22	Ⓐ Ⓑ Ⓒ	32	Ⓐ Ⓑ Ⓒ Ⓓ	42	Ⓐ Ⓑ Ⓒ Ⓓ	52	Ⓐ Ⓑ Ⓒ Ⓓ	62	Ⓐ Ⓑ Ⓒ Ⓓ	72	Ⓐ Ⓑ Ⓒ Ⓓ	82	Ⓐ Ⓑ Ⓒ Ⓓ	92	Ⓐ Ⓑ Ⓒ Ⓓ
3	Ⓐ Ⓑ Ⓒ Ⓓ	13	Ⓐ Ⓑ Ⓒ	23	Ⓐ Ⓑ Ⓒ	33	Ⓐ Ⓑ Ⓒ Ⓓ	43	Ⓐ Ⓑ Ⓒ Ⓓ	53	Ⓐ Ⓑ Ⓒ Ⓓ	63	Ⓐ Ⓑ Ⓒ Ⓓ	73	Ⓐ Ⓑ Ⓒ Ⓓ	83	Ⓐ Ⓑ Ⓒ Ⓓ	93	Ⓐ Ⓑ Ⓒ Ⓓ
4	Ⓐ Ⓑ Ⓒ Ⓓ	14	Ⓐ Ⓑ Ⓒ	24	Ⓐ Ⓑ Ⓒ	34	Ⓐ Ⓑ Ⓒ Ⓓ	44	Ⓐ Ⓑ Ⓒ Ⓓ	54	Ⓐ Ⓑ Ⓒ Ⓓ	64	Ⓐ Ⓑ Ⓒ Ⓓ	74	Ⓐ Ⓑ Ⓒ Ⓓ	84	Ⓐ Ⓑ Ⓒ Ⓓ	94	Ⓐ Ⓑ Ⓒ Ⓓ
5	Ⓐ Ⓑ Ⓒ Ⓓ	15	Ⓐ Ⓑ Ⓒ	25	Ⓐ Ⓑ Ⓒ	35	Ⓐ Ⓑ Ⓒ Ⓓ	45	Ⓐ Ⓑ Ⓒ Ⓓ	55	Ⓐ Ⓑ Ⓒ Ⓓ	65	Ⓐ Ⓑ Ⓒ Ⓓ	75	Ⓐ Ⓑ Ⓒ Ⓓ	85	Ⓐ Ⓑ Ⓒ Ⓓ	95	Ⓐ Ⓑ Ⓒ Ⓓ
6	Ⓐ Ⓑ Ⓒ Ⓓ	16	Ⓐ Ⓑ Ⓒ	26	Ⓐ Ⓑ Ⓒ	36	Ⓐ Ⓑ Ⓒ Ⓓ	46	Ⓐ Ⓑ Ⓒ Ⓓ	56	Ⓐ Ⓑ Ⓒ Ⓓ	66	Ⓐ Ⓑ Ⓒ Ⓓ	76	Ⓐ Ⓑ Ⓒ Ⓓ	86	Ⓐ Ⓑ Ⓒ Ⓓ	96	Ⓐ Ⓑ Ⓒ Ⓓ
7	Ⓐ Ⓑ Ⓒ	17	Ⓐ Ⓑ Ⓒ	27	Ⓐ Ⓑ Ⓒ	37	Ⓐ Ⓑ Ⓒ Ⓓ	47	Ⓐ Ⓑ Ⓒ Ⓓ	57	Ⓐ Ⓑ Ⓒ Ⓓ	67	Ⓐ Ⓑ Ⓒ Ⓓ	77	Ⓐ Ⓑ Ⓒ Ⓓ	87	Ⓐ Ⓑ Ⓒ Ⓓ	97	Ⓐ Ⓑ Ⓒ Ⓓ
8	Ⓐ Ⓑ Ⓒ	18	Ⓐ Ⓑ Ⓒ	28	Ⓐ Ⓑ Ⓒ	38	Ⓐ Ⓑ Ⓒ Ⓓ	48	Ⓐ Ⓑ Ⓒ Ⓓ	58	Ⓐ Ⓑ Ⓒ Ⓓ	68	Ⓐ Ⓑ Ⓒ Ⓓ	78	Ⓐ Ⓑ Ⓒ Ⓓ	88	Ⓐ Ⓑ Ⓒ Ⓓ	98	Ⓐ Ⓑ Ⓒ Ⓓ
9	Ⓐ Ⓑ Ⓒ	19	Ⓐ Ⓑ Ⓒ	29	Ⓐ Ⓑ Ⓒ	39	Ⓐ Ⓑ Ⓒ Ⓓ	49	Ⓐ Ⓑ Ⓒ Ⓓ	59	Ⓐ Ⓑ Ⓒ Ⓓ	69	Ⓐ Ⓑ Ⓒ Ⓓ	79	Ⓐ Ⓑ Ⓒ Ⓓ	89	Ⓐ Ⓑ Ⓒ Ⓓ	99	Ⓐ Ⓑ Ⓒ Ⓓ
10	Ⓐ Ⓑ Ⓒ	20	Ⓐ Ⓑ Ⓒ	30	Ⓐ Ⓑ Ⓒ	40	Ⓐ Ⓑ Ⓒ Ⓓ	50	Ⓐ Ⓑ Ⓒ Ⓓ	60	Ⓐ Ⓑ Ⓒ Ⓓ	70	Ⓐ Ⓑ Ⓒ Ⓓ	80	Ⓐ Ⓑ Ⓒ Ⓓ	90	Ⓐ Ⓑ Ⓒ Ⓓ	100	Ⓐ Ⓑ Ⓒ Ⓓ

READING SECTION

PART 5						PART 6				PART 7									
No.	ANSWER A B C D	No.	ANSWER A B C D	No.	ANSWER A B C D	No.	ANSWER A B C D	No.	ANSWER A B C D	No.	ANSWER A B C D	No.	ANSWER A B C D	No.	ANSWER A B C D	No.	ANSWER A B C D	No.	ANSWER A B C D
101	Ⓐ Ⓑ Ⓒ Ⓓ	111	Ⓐ Ⓑ Ⓒ Ⓓ	121	Ⓐ Ⓑ Ⓒ Ⓓ	131	Ⓐ Ⓑ Ⓒ Ⓓ	141	Ⓐ Ⓑ Ⓒ Ⓓ	151	Ⓐ Ⓑ Ⓒ Ⓓ	161	Ⓐ Ⓑ Ⓒ Ⓓ	171	Ⓐ Ⓑ Ⓒ Ⓓ	181	Ⓐ Ⓑ Ⓒ Ⓓ	191	Ⓐ Ⓑ Ⓒ Ⓓ
102	Ⓐ Ⓑ Ⓒ Ⓓ	112	Ⓐ Ⓑ Ⓒ Ⓓ	122	Ⓐ Ⓑ Ⓒ Ⓓ	132	Ⓐ Ⓑ Ⓒ Ⓓ	142	Ⓐ Ⓑ Ⓒ Ⓓ	152	Ⓐ Ⓑ Ⓒ Ⓓ	162	Ⓐ Ⓑ Ⓒ Ⓓ	172	Ⓐ Ⓑ Ⓒ Ⓓ	182	Ⓐ Ⓑ Ⓒ Ⓓ	192	Ⓐ Ⓑ Ⓒ Ⓓ
103	Ⓐ Ⓑ Ⓒ Ⓓ	113	Ⓐ Ⓑ Ⓒ Ⓓ	123	Ⓐ Ⓑ Ⓒ Ⓓ	133	Ⓐ Ⓑ Ⓒ Ⓓ	143	Ⓐ Ⓑ Ⓒ Ⓓ	153	Ⓐ Ⓑ Ⓒ Ⓓ	163	Ⓐ Ⓑ Ⓒ Ⓓ	173	Ⓐ Ⓑ Ⓒ Ⓓ	183	Ⓐ Ⓑ Ⓒ Ⓓ	193	Ⓐ Ⓑ Ⓒ Ⓓ
104	Ⓐ Ⓑ Ⓒ Ⓓ	114	Ⓐ Ⓑ Ⓒ Ⓓ	124	Ⓐ Ⓑ Ⓒ Ⓓ	134	Ⓐ Ⓑ Ⓒ Ⓓ	144	Ⓐ Ⓑ Ⓒ Ⓓ	154	Ⓐ Ⓑ Ⓒ Ⓓ	164	Ⓐ Ⓑ Ⓒ Ⓓ	174	Ⓐ Ⓑ Ⓒ Ⓓ	184	Ⓐ Ⓑ Ⓒ Ⓓ	194	Ⓐ Ⓑ Ⓒ Ⓓ
105	Ⓐ Ⓑ Ⓒ Ⓓ	115	Ⓐ Ⓑ Ⓒ Ⓓ	125	Ⓐ Ⓑ Ⓒ Ⓓ	135	Ⓐ Ⓑ Ⓒ Ⓓ	145	Ⓐ Ⓑ Ⓒ Ⓓ	155	Ⓐ Ⓑ Ⓒ Ⓓ	165	Ⓐ Ⓑ Ⓒ Ⓓ	175	Ⓐ Ⓑ Ⓒ Ⓓ	185	Ⓐ Ⓑ Ⓒ Ⓓ	195	Ⓐ Ⓑ Ⓒ Ⓓ
106	Ⓐ Ⓑ Ⓒ Ⓓ	116	Ⓐ Ⓑ Ⓒ Ⓓ	126	Ⓐ Ⓑ Ⓒ Ⓓ	136	Ⓐ Ⓑ Ⓒ Ⓓ	146	Ⓐ Ⓑ Ⓒ Ⓓ	156	Ⓐ Ⓑ Ⓒ Ⓓ	166	Ⓐ Ⓑ Ⓒ Ⓓ	176	Ⓐ Ⓑ Ⓒ Ⓓ	186	Ⓐ Ⓑ Ⓒ Ⓓ	196	Ⓐ Ⓑ Ⓒ Ⓓ
107	Ⓐ Ⓑ Ⓒ Ⓓ	117	Ⓐ Ⓑ Ⓒ Ⓓ	127	Ⓐ Ⓑ Ⓒ Ⓓ	137	Ⓐ Ⓑ Ⓒ Ⓓ	147	Ⓐ Ⓑ Ⓒ Ⓓ	157	Ⓐ Ⓑ Ⓒ Ⓓ	167	Ⓐ Ⓑ Ⓒ Ⓓ	177	Ⓐ Ⓑ Ⓒ Ⓓ	187	Ⓐ Ⓑ Ⓒ Ⓓ	197	Ⓐ Ⓑ Ⓒ Ⓓ
108	Ⓐ Ⓑ Ⓒ Ⓓ	118	Ⓐ Ⓑ Ⓒ Ⓓ	128	Ⓐ Ⓑ Ⓒ Ⓓ	138	Ⓐ Ⓑ Ⓒ Ⓓ	148	Ⓐ Ⓑ Ⓒ Ⓓ	158	Ⓐ Ⓑ Ⓒ Ⓓ	168	Ⓐ Ⓑ Ⓒ Ⓓ	178	Ⓐ Ⓑ Ⓒ Ⓓ	188	Ⓐ Ⓑ Ⓒ Ⓓ	198	Ⓐ Ⓑ Ⓒ Ⓓ
109	Ⓐ Ⓑ Ⓒ Ⓓ	119	Ⓐ Ⓑ Ⓒ Ⓓ	129	Ⓐ Ⓑ Ⓒ Ⓓ	139	Ⓐ Ⓑ Ⓒ Ⓓ	149	Ⓐ Ⓑ Ⓒ Ⓓ	159	Ⓐ Ⓑ Ⓒ Ⓓ	169	Ⓐ Ⓑ Ⓒ Ⓓ	179	Ⓐ Ⓑ Ⓒ Ⓓ	189	Ⓐ Ⓑ Ⓒ Ⓓ	199	Ⓐ Ⓑ Ⓒ Ⓓ
110	Ⓐ Ⓑ Ⓒ Ⓓ	120	Ⓐ Ⓑ Ⓒ Ⓓ	130	Ⓐ Ⓑ Ⓒ Ⓓ	140	Ⓐ Ⓑ Ⓒ Ⓓ	150	Ⓐ Ⓑ Ⓒ Ⓓ	160	Ⓐ Ⓑ Ⓒ Ⓓ	170	Ⓐ Ⓑ Ⓒ Ⓓ	180	Ⓐ Ⓑ Ⓒ Ⓓ	190	Ⓐ Ⓑ Ⓒ Ⓓ	200	Ⓐ Ⓑ Ⓒ Ⓓ